Het ontwerpen van een onderzoek

Het ontwerpen van een onderzoek

Piet Verschuren en Hans Doorewaard

Vijfde druk

Boom Lemma uitgevers
Amsterdam
2015

Omslagontwerp: Textcetera, Den Haag
Foto omslag: Shutterstock
Opmaak binnenwerk: Textcetera, Den Haag

© 2015 P.J.M. Verschuren & J.A.C.M. Doorewaard | Boom Lemma uitgevers

Behoudens de in of krachtens de Auteurswet gestelde uitzonderingen mag niets uit deze uitgave worden verveelvoudigd, opgeslagen in een geautomatiseerd gegevensbestand, of openbaar gemaakt, in enige vorm of op enige wijze, hetzij elektronisch, mechanisch, door fotokopieën, opnamen of enige andere manier, zonder voorafgaande schriftelijke toestemming van de uitgever.

Voor zover het maken van reprografische verveelvoudigingen uit deze uitgave is toegestaan op grond van artikel 16h Auteurswet dient men de daarvoor wettelijk verschuldigde vergoedingen te voldoen aan de Stichting Reprorecht (Postbus 3051, 2130 KB Hoofddorp, www.reprorecht.nl). Voor het overnemen van (een) gedeelte(n) uit deze uitgave in bloemlezingen, readers en andere compilatiewerken (art. 16 Auteurswet) kan men zich wenden tot de Stichting PRO (Stichting Publicatie- en Reproductierechten Organisatie, Postbus 3060, 2130 KB Hoofddorp, www.stichting-pro.nl).

No part of this book may be reproduced in any form, by print, photoprint, microfilm or any other means without written permission from the publisher.

ISBN 978-94-6236-507-0
ISBN 978-94-6274-200-0 (e-book)
NUR 916

www.hetontwerpenvaneenonderzoek.nl
www.boomlemma.nl

Voorwoord

Op het terrein van methoden van onderzoek zijn al vele handboeken geschreven. Hieruit kan de lezer putten zodra hij een onderzoek gaat uitvoeren. Maar voorafgaand aan de uitvoering moet het onderzoek eerst worden opgezet. Boeken over de methodologie hiervan ontbreken nagenoeg, ondanks het feit dat de meeste beginnende onderzoekers hier aanzienlijke moeite mee hebben. Vaak leidt dat niet alleen tot ernstige vertraging, ook het onderzoek zelf komt dan niet helemaal uit de verf en de resultaten blijven ondermaats.
Met dit boek willen wij de lezer met een scala aan richtlijnen, procedures en methoden helpen bij deze lastige beginfase van een onderzoek. Deze illustreren we met een groot aantal voorbeelden die zijn ontleend aan diverse terreinen uit de sociale wetenschappen, de beleids- en de managementwetenschappen. Het boek stelt de lezer in staat om een onderzoek op te zetten dat vlot kan worden uitgevoerd en dat uitzicht biedt op relevante en bruikbare resultaten.

Aantekeningen bij de vijfde herziene druk

In zijn vorige vorm bleek dit boek al in sterke mate tegemoet te komen aan de wensen en behoeften van opleidingen. Toch zijn in deze vijfde druk enkele belangrijke aanpassingen, vernieuwingen en uitbreidingen doorgevoerd. In deze herziene druk is vooral veel aandacht besteed aan de vormgeving van het boek, waardoor het voor de lezer nog eenvoudiger is om de lijn van het betoog te volgen. Bovendien helpt deze vormgeving om snel de voorbeelden te herkennen die de aangereikte leerstof illustreren. Daarnaast zijn sommige passages in het boek herschreven, omdat we van lezers begrepen dat deze passages moeilijk te volgen waren. We hebben daarom gekozen voor meer alledaags taalgebruik en een vereenvoudigde manier van formuleren. Los van deze passages zijn daarnaast ook een paar belangrijke tekstwijzigingen doorgevoerd.
Tot slot willen we nog het volgende benadrukken. Het boek bevat diverse voorbeelden van studenten die met hun afstudeerthese een bijdrage proberen te leveren aan de oplossing van een problematiek van een externe opdrachtgever. In deze voorbeelden worden de keuzen toegelicht die deze studenten maken om een betrouwbaar en haalbaar onderzoek uit te voeren. Soms lijkt het erop dat deze studenten deze keuzen allemaal zelf maken. Dat is natuurlijk niet zo. Achter elke student moet een deskundig begeleider staan die goed ingevoerd is in het betreffende praktijkvraagstuk en die ervaren is in praktijkgerichte vormen van onderzoek. Het is juist deze begeleider die de student moet helpen bij het maken van de juiste keuzen, en bij een uitvoering die kan leiden tot valide en bruikbare resultaten. Daarom hopen we dat dit boek niet alleen studenten

in staat stelt om hun onderzoek goed op te zetten, maar ook een steun kan zijn voor hun begeleiders.

Piet Verschuren
Hans Doorewaard

Nijmegen, augustus 2015

Inhoud

Inleiding		**9**
1	**Projectontwerp**	**15**
	1.1 Inleiding	15
	1.2 Projectontwerp in vogelvlucht	16
	1.3 Iteratief ontwerpen	25
Deel I	**Conceptueel ontwerp**	**31**
2	**Doelstelling**	**33**
	2.1 Inleiding	33
	2.2 Projectkader en doelstelling	35
	2.3 Theoriegericht onderzoek	44
	2.4 Praktijkgericht onderzoek	47
3	**Onderzoeksmodel**	**65**
	3.1 Inleiding	65
	3.2 Modelbouw	67
	3.3 Methodiek	71
4	**Vraagstelling**	**93**
	4.1 Inleiding	93
	4.2 Functie- en vormeisen van onderzoeksvragen	95
	4.3 Het splitsen van het onderzoeksmodel	102
	4.4 Ondersteunende kennissoorten	108
	4.5 Uiteenrafeling van kernbegrippen	117
5	**Begripsbepaling**	**131**
	5.1 Inleiding	131
	5.2 Afbakening	134
	5.3 Operationalisering	140
	5.4 Afstemming op het onderzoek	145

Deel II Onderzoekstechnisch ontwerp 153

6 Onderzoeksstrategieën 155
6.1 Inleiding 155
6.2 Vijf strategieën in vogelvlucht 157
6.3 Het survey-onderzoek 162
6.4 Het experiment 170
6.5 De casestudy 179
6.6 De gefundeerde theoriebenadering 188
6.7 Bureauonderzoek 197

7 Onderzoeksmateriaal 205
7.1 Inleiding 205
7.2 Soorten gegevens en bronnen 207
7.3 De ontsluiting van bronnen 222
7.4 Voor- en nadelen 234

8 Onderzoeksplanning 243
8.1 Inleiding 243
8.2 Karakteristieken van planning 244
8.3 Activiteitenplan 248
8.4 Tijdsplan 260

Appendix: Conceptueel model 267
1 De samenstelling van een conceptueel model 267
2 Soorten relaties en relatiepatronen 271
3 Verschillend gebruik van een conceptueel model 276
4 Afbakenen en richting geven 282
5 De ontwikkeling van een conceptueel model; stappenplan 290

Literatuur 303

Trefwoordenregister 307

Inleiding

Waarom dit boek?

Voor velen is de beginfase van een onderzoek de moeilijkste. Dit geldt zowel voor mensen die in het kader van hun werk een onderzoek moeten uitvoeren als voor studenten en promovendi die een afstudeer- of promotieproject beginnen. De eersten kennen de problemen die kunnen rijzen om duidelijk te krijgen wat nu eigenlijk het probleem is dat moet worden opgelost, en/of wat de vraag is van de opdrachtgever. Ook levert de start van een afstudeer- of promotieproject vaak problemen op. De student of promovendus weet vaak niet precies wat hem te wachten en te doen staat. Er komt van alles op hem af, en het is moeilijk om structuur te onderkennen of aan te brengen. Deze startproblemen vormen een bron van onzekerheid voor zowel de uitvoerders als de begeleiders van het onderzoek, wat de kwaliteit van het onderzoeksproject niet ten goede komt. Bovendien is een dergelijke slechte start niet bevorderlijk voor het plezier in het werk. Daarom is het van belang dat men zo goed mogelijk voorbereid aan het onderzoek kan beginnen.

Een van de meest voorkomende tekortkomingen van onderzoekers is dat zij te snel en ondoordacht aan het onderzoek beginnen. Dat kan bijvoorbeeld gelden voor de uitvoerder van een praktijkgericht onderzoek. Nog voordat precies duidelijk is wat het probleem is van de opdrachtgever, wordt al met de uitvoering van het onderzoek begonnen. Dit leidt niet zelden tot problemen tussen opdrachtgever en onderzoeker, terwijl ook de onderzoeksresultaten achteraf weinig bruikbaar blijken. Studenten die aan hun afstudeerproject beginnen, kan hetzelfde overkomen. Zodra er een stageplaats is gevonden waar het onderzoek zal gaan plaatsvinden en globaal het onderzoeksthema is vastgesteld, wordt er meteen al met de verzameling van de onderzoeksgegevens begonnen. Zo'n overhaaste start betekent dat men niet precies weet op wat voor soort vragen het onderzoek antwoord moet geven of wat er nu precies in het onderzoek moet gebeuren. Het welslagen van een onderzoek, zowel wat betreft de uitvoering ervan als de resultaten die het oplevert, staat of valt dan ook met een adequaat ontwerp van het onderzoek.

De achtergrond van de hier geconstateerde problematiek is volgens ons dat het gros van de methodologieopleidingen en van de bestaande methodologische handboeken impliciet of expliciet is gericht op de uitvoering van een onderzoek. Veel aandacht wordt er besteed aan de verzameling en vooral ook de analyse van het onderzoeksmateriaal. Te weinig gaat men in op de fase die daaraan vooraf moet gaan, te weten die van het ontwerpen van het onderzoek. In deze lacune voorziet dit boek.

Doel en doelgroep

Het doel van dit boek is om beginnende onderzoekers, zoals afstudeerders en promovendi, maar ook onderzoekers werkzaam in het contractonderzoek te leren hoe ze over het algemeen een adequaat onderzoeksontwerp moeten maken. Dat wil zeggen, we presenteren een methodologie om een onderzoek te ontwerpen. Door deze methodologie te volgen en te bestuderen en de daarbij behorende opdrachten uit te voeren, kan de lezer zich trainen in een planmatige aanpak bij het ontwerpen van een onderzoek. In principe kan de inhoud gebruikt worden bij elk type onderzoek in de sociale wetenschappen, ongeacht het inhoudelijke thema van het onderzoek en ongeacht de gekozen onderzoeksbenadering.

Aan bod komen de formulering van het projectkader, de afbakening van het onderzoek tot haalbare proporties, de keuze van een realistisch onderzoeksdoel, de formulering van een adequaat sturende vraagstelling, de heldere definiëring van begrippen en het vertalen ervan in waarnemingen, de keuze en uitwerking van een geschikte onderzoeksstrategie, het maken van een gedetailleerd plan voor de verzameling of productie van het benodigde onderzoeksmateriaal, en ten slotte het maken van een projectplanning. In de appendix schenken we aandacht aan een methode voor het maken van een conceptueel model.

De doelgroep die wij met deze uitgave beogen, zijn op de eerste plaats studenten en promovendi in de sociale wetenschappen, bestuurskunde, beleidswetenschappen, organisatiekunde, communicatiewetenschappen, ontwikkelingsstudies, en bedrijfs- en consumentenwetenschappen. Het merendeel van de voorbeelden in dit boek is ontleend aan de genoemde terreinen.

Daarnaast beogen wij met deze uitgave de begeleiders van studenten en promovendi te bereiken. Menig docent in het wetenschappelijk en hoger beroepsonderwijs kent de problemen die zich voordoen bij de begeleiding. Met name de vaak te lange voorbereidingstijd en looptijd van de afstudeerprojecten is een veel gesignaleerd probleem. Daarnaast wordt vaak gewezen op de onsamenhangendheid en gebrekkige onderbouwing van beweringen in geproduceerde stukken. De student is in veel gevallen wel in staat om naar behoren een werkstuk te schrijven, maar zodra het gaat om een meer omvangrijke activiteit als een afstudeerproject, dan heeft hij moeite om de draad vast te houden en te komen tot een navolgbaar betoog. Dit alles wordt voor een niet onbelangrijk deel in de hand gewerkt door het ontbreken van een goed uitgewerkt onderzoeksontwerp. Zo'n ontwerp maakt van tevoren duidelijk wat het onderzoek moet opleveren en wat daarvoor allemaal moet gebeuren.

Ook promotoren en begeleiders van dissertatieprojecten kennen deze problematiek. Normaliter start een dissertatieproject met een onderzoeksvoorstel op basis waarvan onderzoeksgelden zijn toegewezen. Deze onderzoeksvoorstellen zijn in de meeste gevallen niet vergelijkbaar met wat in deze uitgave wordt verstaan onder een onderzoeksontwerp. Om de benodigde financiën te verwerven laten deze voorstellen vooral de wetenschappelijkheid en complexiteit van het aangevraagde project zien. Een onderzoeksontwerp daarentegen dat een sturend vermogen heeft en aldus de weg wijst bij de uitvoering, vraagt om heel andere kwaliteiten. Hier gaat het er bijvoorbeeld niet om de omvangrijkheid van een project te laten zien, maar is het juist zaak om te komen tot de vereiste concreetheid en afbakening. De gevolgen van een gebrek aan aandacht voor deze zaken zijn een onevenredig lange periode van voorbereiding en literatuurstudie die soms wel een tot anderhalf jaar duurt, en het voortijdig afhaken van promovendi. Vandaar dat in dit boek vele richtlijnen en gedachtegangen worden geboden die de promotor en de begeleider kunnen benutten om een vlottere aanloop en uitvoering van het onderzoek te bewerkstelligen. Bovendien kan dit leiden tot een verhoging van de kwaliteit van onderzoeksresultaten.

Een derde doelgroep wordt gevormd door diegenen die in hun beroepspraktijk te maken krijgen met het uitvoeren van een onderzoek, dan wel met het verlenen van opdrachten voor een onderzoek, en dus ook met een adequaat gebruik van de resultaten van onderzoek. Een veelgehoorde klacht is dat onderzoeksresultaten achteraf vaak niet blijken te voldoen en daardoor ook weinig worden toegepast. Een belangrijke oorzaak hiervan is vaak een gebrekkige afstemming tussen aan de ene kant de problemen waarmee men in de praktijk zit en waarvoor men een oplossing probeert te vinden, en een vertaling van deze problematiek in een kennisprobleem aan de andere kant. Vooral in het eerste deel van dit boek, dat gaat over het conceptuele ontwerp van een onderzoek, komt deze vertaalslag uitgebreid aan bod. De geboden inzichten en door oefening opgedane vaardigheden zullen potentiële opdrachtgevers van onderzoek beter in staat stellen om datgene aan onderzoeksresultaten te verwerven wat ook daadwerkelijk aansluit bij het gevoerde beleid of strategisch management van de organisatie waarvoor zij werken.

Een waarschuwing is hier op zijn plaats. Door gebruik te maken van de in dit boek ver uitgewerkte ontwerpmethodiek is de ontwikkeling van een uitermate sturend onderzoeksontwerp mogelijk. Men kan dit vergelijken met de tekeningen en het bestek van een architect. Normaliter maken deze een vlotte uitvoering van de bouw mogelijk. Zo ook de ontwerper die zich de hier gepresenteerde ontwerpmethodologie eigen maakt en in praktijk brengt. Toch verdient het voor diegenen die het ontworpen onderzoek ook zelf gaan uitvoeren, aanbeveling om aan de hand van het ontwerp aanvullende methodologische literatuur te bestuderen die aansluit bij de gekozen onderzoeksstrategie en onderzoeksmethoden. De reden is dat we ons in deel II van dit boek, dat gaat over het maken van een technisch ontwerp, in hoofdzaak beperken tot datgene uit de algemene onderzoeksmethodologie wat de *ontwerper* nodig heeft.

Leeswijzer

Dit boek vereist geen speciale voorkennis. Door de opbouwende betoogtrant, door de vele min of meer uitgewerkte handleidingen en heuristieken hoe tot bepaalde resultaten te komen, en door de vele voorbeelden is het in principe geschikt voor zelfstudie. Door deze kenmerken komt men naar verwachting bij het doorlezen van de tekst weinig problemen tegen. Vanwege de toch al zeer moeilijke situatie waarin iemand aan de start van een onderzoek verkeert, zijn de teksten met richtlijnen en stappenplannen zo eenvoudig mogelijk gehouden. Maar pas op: een en ander kan er ook gemakkelijk toe leiden dat men over de problemen heen leest. De indruk van eenvoud zal dan ook flink veranderen zodra men het gepresenteerde zelf gaat toepassen. Dan zal blijken dat diverse onderdelen van het ontwerpproces veel moeilijker zijn dan ze er op het eerste oog uitzien. Dit probleem wordt nog versterkt door het gegeven dat voor het maken van een onderzoeksontwerp, naast vakkennis, enige creativiteit en fantasie nodig zijn.

De enige remedie hiertegen is oefenen en de inhoud systematisch in praktijk brengen. Om die reden wordt de lezer aangemoedigd om de opgaven te maken en om na het lezen van elk hoofdstuk het gepresenteerde toe te passen op een zelf te ontwerpen onderzoek. Een aanbeveling is dit niet alleen achter de studeertafel te doen, maar de stof te verwerken in samenspraak met iemand anders die voor dezelfde taak staat. Dit werken in koppels verhoogt de creativiteit en fantasie, terwijl kandidaten elkaar ook voortdurend kunnen wijzen op onduidelijkheden, inconsistenties of hiaten in het ontwerp in wording. Behalve voor zelfstudie is het boek bruikbaar in trainingscursussen, waarin de deelnemers in werkgroepen en onder begeleiding van docenten de diverse onderdelen van het opzetten van een onderzoek bespreken en oefenen. Op verschillende universiteiten en hbo-instellingen hebben de studenten en promovendi de mogelijkheid om dergelijke cursussen te volgen.

Met het oog op het toepassen van de inhoud op concrete voorbeelden is aan het eind van elk hoofdstuk een stappenplan opgenomen. Let hierbij op het volgende. Door telkens het stappenplan van een hoofdstuk te volgen kan de in dit boek voorgestane *iteratieve* ontwerpstrategie in het gedrang komen (zie ook hoofdstuk 1). Kort gezegd komt deze erop neer dat de ontwerper een voortdurende heen en weer gaande beweging maakt tussen de diverse onderdelen van het ontwerp. Daarom bevelen we sterk aan dat de gepresenteerde ontwerpmethodologie in twee fasen eigen wordt gemaakt. In de eerste fase oefent de lezer de diverse methodieken en heuristieken per onderdeel van het ontwerp. Grofweg komt dit neer op het zich eigen maken van kennis en vaardigheden per hoofdstuk uit het boek. Pas als hij kennis heeft van en vaardigheden in (het hanteren van) de diverse afzonderlijke methodieken en heuristieken, de losse bouwstenen, start deze als oefening een totaalproces van ontwerpen. Pas dan zal een iteratieve ontwerpbenadering tot zijn recht komen.

Het boek kan ook worden gehanteerd als een overzichtelijk naslagwerk voor iedereen die aan het begin staat van een contractonderzoek of van een activiteit die vergelijkbaar is met een onderzoek. Te noemen zijn het maken van rapporten en werkstukken, het schrijven van artikelen en het opzetten van kortlopende, toegepaste onderzoeksprojecten. Het blijkt altijd handig om in specifieke gevallen nog eens de mogelijkheid te hebben om de grondbeginselen van het ontwerpen van een onderzoek na te lezen.

Een volgende waarschuwing is op zijn plaats. Doordat in elk hoofdstuk aan het eind een stappenplan is opgenomen, ontstaat het gevaar dat men deze stappenplannen slaafs uitvoert, zonder kritisch na te denken. Dit leidt ertoe dat de lezer weinig van het boek leert, en ook dat het ontwerp dat dit oplevert doorgaans weinig kwaliteit heeft. Onderzoek is te complex en veelvormig om het geheel in van tevoren bedachte stappen te kunnen vangen. De stappenplannen vormen dan ook slechts een hulpmiddel en een globale leidraad bij het ontwerpen. Bovendien vormen ze steeds slechts één manier om een bepaald deel van het ontwerp vorm te geven. De lezer wordt aangeraden om steeds zélf kritisch te blijven nadenken bij en over elke te nemen stap. Voorkom een soort automatisme bij het werken volgens de gepresenteerde stappenplannen.

Opbouw

In hoofdstuk 1 wordt de logica van ontwerpen en de opbouw van dit boek als geheel aan de hand van een concreet voorbeeld toegelicht. In de hoofdstukken 2 tot en met 8 en in de Appendix worden vervolgens de verschillende onderdelen van het ontwerp toegelicht en uitgewerkt. Per hoofdstuk zijn de teksten als volgt opgebouwd. Aan het begin van elk hoofdstuk ziet de lezer een praktijkvoorbeeld waarin datgene wat we in dit hoofdstuk willen overdragen, wordt geproblematiseerd. Vervolgens worden methoden, richtlijnen, procedures en methodieken uitgewerkt die men bij het vormgeven van het betreffende onderdeel van een ontwerp kan benutten. Dit geheel mondt uit in een stappenplan. Tot slot wordt het gebruik van dit stappenplan gedemonstreerd aan de hand van het praktijkvoorbeeld waarmee het hoofdstuk begon.

Bij het boek hoort een website, www.hetontwerpenvaneenonderzoek.nl, met daarop de KODANI-handleiding en aanvullend lesmateriaal voor studenten, waaronder een vogelvluchtcollege en flitscolleges. Docenten kunnen op deze website powerpointpresentaties vinden, voorbeeldopdrachten en richtlijnen voor het beoordelen van deze opdrachten.

Projectontwerp 1

Ontwerpen is als het maken van een schilderij. Men is voortdurend op alle plekken van het doek bezig. Vormen en kleuren op het ene onderdeel inspireren tot vormen en kleuren van een ander deel. Af en toe neemt men even afstand om door de oogharen kijkend de kwaliteit en de harmonie van het geheel te overzien.

1.1 Inleiding

Het opzetten en uitvoeren van een onderzoek is een complexe bezigheid. Er komen heel wat indrukken op de onderzoeker af. Ook stellen de betrokken partijen vaak allerlei en soms aan elkaar tegengestelde eisen. In zo'n situatie blijkt het voor de meeste mensen moeilijk om doelgericht te handelen. Het is voor henzelf en de overige betrokkenen dan niet duidelijk wat er moet gebeuren. Het volgende voorbeeld geeft een schets van zo'n situatie.

Voorbeeld Logistieke problemen (1)

Een student organisatiekunde krijgt als afstudeeropdracht om een onderzoek te doen bij een warenhuisconcern. Er zijn in dit concern problemen met betrekking tot de sturing van goederenstromen tussen de afdelingen binnen de afzonderlijke warenhuizen. Na een korte rondleiding in een daarvan en enkele gesprekken met zijn begeleider verdiept deze student zich in de literatuur over logistiek. Ook stelt hij een lijst met mogelijke logistieke problemen samen. Hij legt deze lijst voor aan enkele functionarissen in het bedrijf. Dan blijkt dat het eigenlijk niet zozeer gaat om de logistieke problemen zelf, maar om de verschillen in inzicht over de achtergronden van deze problemen bij diverse groepen in het bedrijf. Omdat deze student intussen al meer dan een maand bezig is met zijn afstudeerproject, bedenkt hij dat hij dan maar snel een interviewlijst moet maken om mensen te ondervragen over hun visie op de logistieke problemen. Maar wie moet hij nu voor een interview benaderen? En wat moet hij precies vragen? Moet hij zich nu wel of niet verdiepen in logistieke problemen? En wat hoort er nu eigenlijk allemaal wel en wat niet onder de logistiek van een bedrijf? Bovendien, de tijdsdruk wordt groter en de student voert daarom snel wat gesprekken met enkele leidinggevenden, maar veel informatie krijgt hij niet. Zijn begeleider vraagt hem hoever hij met het onderzoek is. Onze onderzoeker in spe maakt vlug wat verslagen van de interviews, maar voelt op zijn klompen aan dat dit onvoldoende is voor een scriptie. Wat moet er in de scriptie staan? En op welke manier kan hij enige theoretische verdieping bereiken? Het lijkt al met al een niet zo'n succesvol afstudeerproject te worden.

Kader 1.1

De student-onderzoeker in dit voorbeeld mist een overzicht van de diverse stappen die bij de voorbereiding en de uitvoering van een afstudeerproject moeten worden gezet. Voor hem is het een kluwen van activiteiten zonder dat er sprake is van een weloverwogen en planmatige aanpak.

In dit eerste hoofdstuk geven we een totaalbeeld van de verschillende onderdelen van een onderzoeksontwerp zoals die in dit boek worden uitgewerkt. In paragraaf 1.2 volgt in vogelvlucht een projectontwerp en de verschillende onderdelen ervan. Deze paragraaf laat zien welke structuur het *product* van ontwerpactiviteiten dient te hebben. In paragraaf 1.3 volgt een schets van het proces waarlangs zo'n product tot stand komt, het ontwerp*proces*.

1.2 Projectontwerp in vogelvlucht

Het ontwerp van een onderzoek bestaat uit twee onderdelen, te weten het conceptuele ontwerp en het technische ontwerp. Grofweg gaat het conceptuele ontwerp over *wat* we in en met het onderzoek willen bereiken of waaraan we een bijdrage willen leveren. Meestal betreft het de oplossing van een of ander probleem, het nemen van een belangrijke beslissing of het bereiken van een doel. Het technische ontwerp geeft aan *hoe* we dit denken te bereiken.

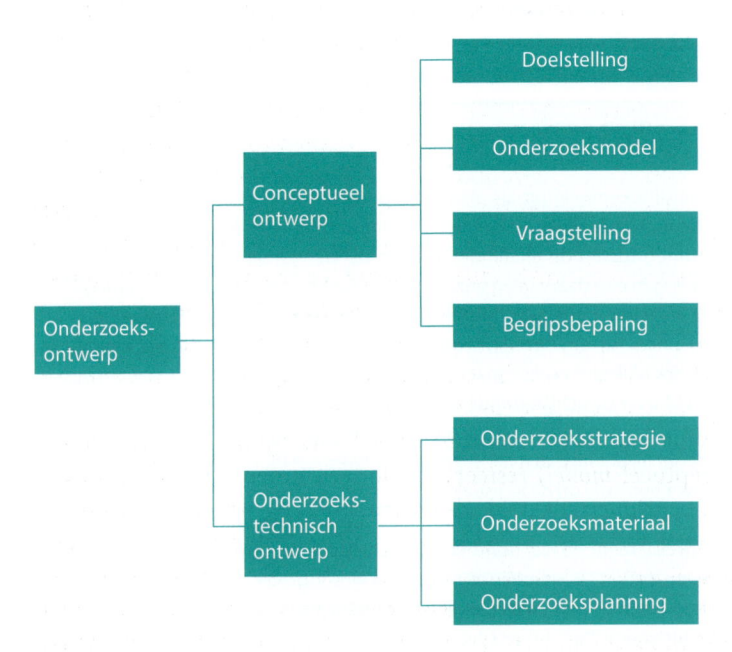

Figuur 1.1   Totaalbeeld onderzoeksontwerp

Meer in het bijzonder bepaalt het conceptueel ontwerp *wat, waarom en hoeveel* we gaan onderzoeken. Dit is het onderwerp van deel I van dit boek. Het bestaat uit vier onderdelen (zie ook figuur 1.1). In het eerste onderdeel wordt de *doelstelling* van het onderzoek geformuleerd. Deze doelstelling dient te zijn afgeleid van en ingebed in wat we zullen noemen het *projectkader*. De doelstelling is datgene wat men met een onderzoek wil (helpen) bereiken. Het is, zoals gezegd, een of ander bestaand streven waaraan men met het onderzoek wil bijdragen. Het gaat hier dus om de bijdrage die de onderzoeker wil leveren aan iets buiten het onderzoek. Daarom wordt deze ook wel aangeduid als het doel **van** onderzoek, ofwel het ***externe*** doel. Het betreft hier de vraag waarom het onderzoek wordt uitgevoerd. Met andere woorden, de doelstelling betreft het beoogde *gebruik* dat later anderen van de geproduceerde kennis gaan maken, *niet* die kennis zelf.

De globale wijze waarop het onderzoek wordt gestructureerd, wordt vervolgens vormgegeven in een *onderzoeksmodel*. Dit is een schematische weergave van de belangrijkste stappen die de onderzoeker denkt nodig te hebben om de doelstelling te bereiken.

Deze doelstelling tracht de onderzoeker te (helpen) bereiken door het produceren van kennis. Dus de volgende stap is te bepalen welke kennis nodig is voor, of kan bijdragen aan, het bereiken van de doelstelling. Deze benodigde kennis formuleren we in de vorm van een *vraagstelling*. Dit is een verzameling van onderzoeksvragen die in de loop van het onderzoek moeten worden beantwoord. De antwoorden op deze vragen vormen precies de kennis die het onderzoek gaat opleveren, niet minder maar ook niet meer. Het is ook precies de kennis die nodig is om de doelstelling te kunnen bereiken. Dit betreft het ***interne*** doel van het onderzoek, ofwel het doel **in** het onderzoek.

Een belangrijk onderdeel van het maken van de vraagstelling is het vaststellen van het theoretisch kader van waaruit naar het onderzoeksobject wordt gekeken. Later in dit boek wordt dit de 'onderzoeksoptiek' genoemd. Soms bestaat het theoretisch kader uit (een korte weergave van) een kant-en-klare theorie die wordt gevonden tijdens een literatuurstudie. Maar vaak ook moet men als onderzoeker zelf een mening, visie of theorie bedenken die geheel op het onderzoek in kwestie is afgestemd. Een veelvoorkomende schematische vorm waarin een theoretisch kader wordt weergegeven, is het zogenoemde conceptueel *model*. In de Appendix van dit boek geven we een uitgebreide instructie over de wijze waarop een conceptueel model kan worden ontwikkeld.

In het kader van het maken van een conceptueel *ontwerp* (let wel, niet bedoeld is hier een conceptueel *model*) resteert tot slot een groep activiteiten waarin de belangrijkste begrippen uit de doel- en vraagstelling worden omschreven. Het betreft hier de *definiëring* van kernbegrippen. Een belangrijke functie hiervan is de eerdergenoemde afbakening van het onderzoek. Dat wil zeggen, door bewust strakke en afperkende begripsomschrijvingen te kiezen geeft de onderzoeker aan de kernbegrippen een specifieke en op het onderzoek afgestemde betekenis. Vervolgens moeten de begrippen worden vertaald in zintuiglijke waarnemingen. Dit betreft de *operationalisering* van kernbegrippen. Daarmee is het conceptuele ontwerp voltooid.

Het tweede onderdeel van het onderzoeksontwerp is het *onderzoekstechnisch ontwerp*. Dit staat centraal in deel II van dit boek (zie figuur 1.1). Grofweg worden in het onderzoekstechnisch ontwerp beslissingen genomen over *hoe*, *waar* en *wanneer* we gaan onderzoeken, bedoeld om de onderzoeksvragen naar behoren te kunnen beantwoorden. Een eerste stap die op dit vlak moet worden gezet, is de bepaling van de te volgen onderzoeksbenadering ofwel *onderzoeksstrategie*. Kernvragen die hier moeten worden beantwoord, zijn: streeft de ontwerper (en in diens navolging straks de uitvoerder van het onderzoek) naar breedte of diepgang, naar een kwalitatieve of een kwantitatieve benadering, naar een waarneming uit de eerste hand of wordt het een nadere bezinning op en analyse van door anderen geproduceerde kennis of gegevens?

De volgende stap in het ontwerpproces is het vaststellen van het soort onderzoeksmateriaal dat nodig is om de onderzoeksvragen te kunnen beantwoorden. Ook moet worden bepaald waar dit materiaal te vinden is, en/of hoe het kan worden geproduceerd. Dit geheel van beargumenteerde beslissingen duiden we aan als het *plan voor het genereren van het onderzoeksmateriaal*. In kwantitatief onderzoek staat dit ook wel bekend als het proces van dataverzameling.

Een derde en laatste stap die in het kader van het maken van een technisch ontwerp nodig is, betreft een heldere, consistente en haalbare *planning* van het onderzoek.

De onderdelen rechts in figuur 1.1 worden in de zeven hierna volgende hoofdstukken achtereenvolgens uitgewerkt. Met het oog op het verkrijgen van een totaalbeeld worden ze hieronder nog eens op een rij gezet en kort toegelicht. We doen dit aan de hand van het eerder gegeven voorbeeldproject over logistieke problemen.

Doelstelling

Bij de start van een onderzoek is er sprake van een bestaande problematiek waarbinnen men het onderzoek een plaats wil geven. We duiden dit aan als het *projectkader*. Meestal is dit kader aanvankelijk veel te ruim en te complex om met een empirisch onderzoek te kunnen bestrijken. De eerste stap in een conceptueel ontwerp voor empirisch onderzoek is dan ook *afbakenen*. Uit het projectkader wordt een deel afgezonderd dat in de beschikbare tijd voor de onderzoeker behapbaar is. Het resultaat hiervan is een welomschreven en niet te omvangrijk probleem of een deel daarvan. Het moet zo beperkt zijn dat met het onderzoek een daadwerkelijke bijdrage aan de oplossing ervan mogelijk is. Indien dit deel van het projectkader wordt geformuleerd als een (bijdrage aan een) te behalen doel of op te lossen probleem, dan noemen we dit de *doelstelling* van het onderzoek.

1 Projectontwerp

Voorbeeld   Logistieke problemen (2)

Projectkader
Een warenhuisconcern heeft te kampen met verschillende problemen met de levering van goederen. Dit heeft vele facetten: de logistieke aansturing, transportmanagement, afspraken met toeleveranciers, klantvriendelijkheid, de kosten van de levering, enzovoort. Ondanks verschillende pogingen tot het oplossen van de problemen ziet men geen verbetering. Het is bovendien niet duidelijk waar de problemen nu precies vandaan komen. Sommigen geven de schuld aan een starre organisatie. Anderen wijzen op de in hun ogen weinig commercieel ingestelde organisatie. Weer anderen brengen naar voren dat de medewerkers eigenlijk niet bereid zijn om hun manier van werken te veranderen. Het hoofd Logistiek & Distributie vraagt een adviesbureau een onderzoek te doen naar de achtergronden van de logistieke problemen.

Doelstelling
Het doen van aanbevelingen aan het hoofd Logistiek & Distributie voor verbetering van het logistieke beleid door een inventarisatie te maken van de meningen van verschillende groepen binnen de organisatie over de achtergronden en oorzaken van de logistieke problemen en over de oplossingen ervan.

Kader 1.2

De ervaring leert dat het afbakenen van de doelstelling voor de meeste beginnende onderzoekers een van de lastigste hobbels is. Toch is het de belangrijkste voorwaarde om tot een geslaagd onderzoek te komen. Hoe dit precies in zijn werk gaat, wordt uitgewerkt in hoofdstuk 2 van dit boek.

Onderzoeksmodel en theoretisch kader

Voordat aan het formuleren van de vraagstelling van het onderzoek kan worden begonnen, is het raadzaam om eerst in grote lijnen aan te geven op welke wijze men de doelstelling denkt te bereiken. In heel veel gevallen is het van belang om allereerst het theoretisch kader van het onderzoek aan te geven. Dit theoretisch kader vormt als het ware de *onderzoeksoptiek*. Dit theoretisch kader kan de vorm aannemen van een conceptueel model. Dit is een model waarin de oorzaken en eventueel ook de gevolgen van een bepaald fenomeen of probleem zijn vermeld. Een verdere uitwerking van het maken van een theoretisch kader in de vorm van een conceptueel model is te vinden in de Appendix.

Voor het voorbeeld over logistieke problemen zou zo'n conceptueel model eruit kunnen zien als weergegeven in figuur 1.2.

Het ontwerpen van een onderzoek

```
┌─────────────────────────────┐
│ Organisatiestructuur:       │
│ • hiërarchie                │──┐
│ • onderlinge afstemming     │  │
└─────────────────────────────┘  │
┌─────────────────────────────┐  ▼
│ Organisatiecultuur:         │  ┌──────────────────────────────────────┐
│ • rituelen                  │─▶│ Effectiviteit van logistiek en besturing │
│ • impliciete normen         │  └──────────────────────────────────────┘
└─────────────────────────────┘  ▲
┌─────────────────────────────┐  │
│ Organisatieverandering:     │  │
│ • veranderbereidheid        │──┘
│ • verandergezindheid        │
└─────────────────────────────┘
```

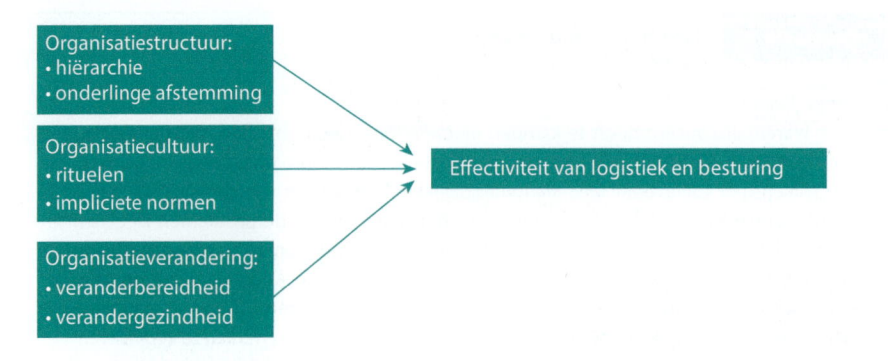

Figuur 1.2   Conceptueel model voor het onderzoek naar logistieke problemen

---

Voorbeeld   Logistieke problemen (3)

Dit conceptueel model lezen we als volgt. Op basis van een literatuurstudie en een vooronderzoek hebben de onderzoekers ervoor gekozen om de invloeden te onderzoeken van de organisatiestructuur (hiërarchie en onderlinge afstemming), de organisatiecultuur (rituelen en impliciete normen) en de organisatieverandering (de veranderingsbereidheid en veranderingsgezindheid van medewerkers) op de effectiviteit van logistiek en besturing.

Kader 1.3

Op de tweede plaats is het aan te bevelen om de verschillende stappen van het onderzoek aan te geven. Het maken van een overzichtelijk onderzoeksmodel is daarbij behulpzaam. Het onderzoeksmodel is een *schematische en sterk visuele weergave* van de stappen die globaal in een onderzoek moeten worden gezet om de doelstelling te bereiken. Het maken van een onderzoeksmodel gebeurt op basis van een bepaalde systematiek die van groot belang is voor de in dit boek uitgewerkte algemene aanpak van onderzoek. We laten nu het onderzoeksmodel zien dat behoort bij het voorbeeld 'logistieke systemen' (zie figuur 1.3).

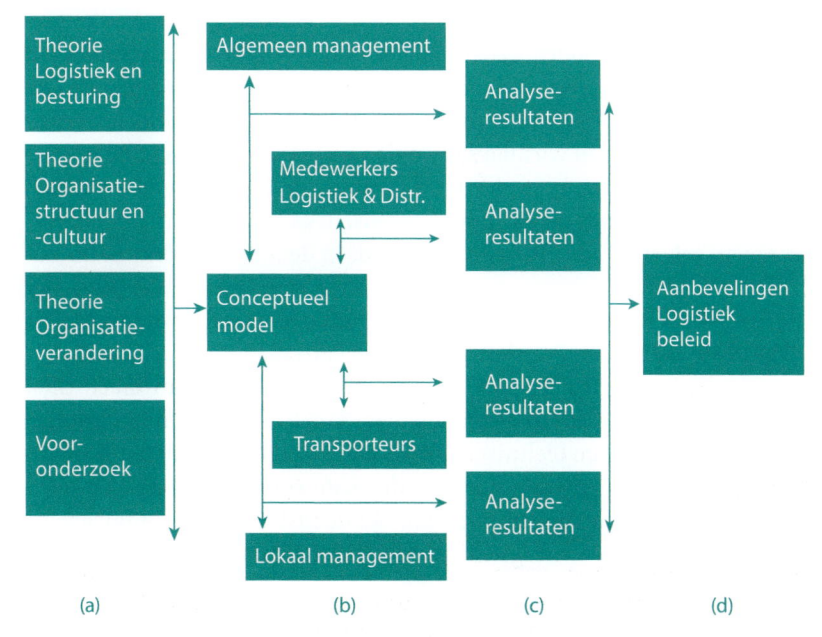

Figuur 1.3 Onderzoeksmodel voor het onderzoek naar logistieke problemen

Kolom (a): Theorie Logistiek en besturing; Theorie Organisatiestructuur en -cultuur; Theorie Organisatieverandering; Vooronderzoek.

Kolom (b): Algemeen management; Medewerkers Logistiek & Distr.; Conceptueel model; Transporteurs; Lokaal management.

Kolom (c): Analyseresultaten (4×).

Kolom (d): Aanbevelingen Logistiek beleid.

Voorbeeld   Logistieke problemen (4)

Dit onderzoeksmodel lezen we als volgt. Je bestudeert organisatiekundige literatuur over logistiek en besturing, organisatiestructuur en -cultuur, alsook organisatieverandering, aangevuld met informatie uit enkele gesprekken die je hebt gevoerd met deskundigen. Men noemt dit laatste wel een vooronderzoek. Dit levert het theoretisch kader op dat wordt weergegeven in de vorm van een conceptueel model (zie figuur 1.2). Dit model bestaat uit een overzicht van factoren die van invloed zijn op het ontstaan van logistieke problemen. Dit model op de voet volgend breng je vervolgens de meningen van de verschillende partijen in de organisatie over logistieke problemen, hun ontstaan en hun oplossingen in kaart. Daarna vergelijk je de verschillende meningen met elkaar. Uit deze vergelijking en een analyse van de overeenkomsten en verschillen destilleer je tot slot aanbevelingen voor een centrale aanpak van de logistieke problemen.

Kader 1.4

Een onderzoeksmodel blijkt een handig hulpmiddel te zijn om greep te krijgen op een onderzoeksproject. Het wordt verder uitgewerkt in hoofdstuk 3.

Vraagstelling

Vervolgens formuleert de onderzoeker onderzoeksvragen die in de loop van het onderzoek moeten worden beantwoord. Deze vragen zijn zodanig gekozen en geformuleerd, dat het antwoord daarop nodig of nuttig is bij het realiseren van de doelstelling. Deze vragen vormen samen de *vraagstelling* van het onderzoek. Tevens ontwikkelt hij door bestudering van relevante theorieën en verslagen van wetenschappelijk onderzoek, het theoretisch kader van het onderzoek. Het maken van een sturende vraagstelling wordt in detail uitgewerkt in hoofdstuk 4.

Zodra de lezer in staat is om een vraagstelling te ontwikkelen die voldoet aan de door ons gestelde eisen, is een verdere uitwerking van concrete onderzoeksstappen in een onderzoekstechnisch ontwerp meestal geen probleem meer. Men zou dit zelfs als graadmeter voor een adequate vraagstelling kunnen nemen. Als het ontwikkelen van een technisch ontwerp niet goed lukt, dan betekent dit vrijwel zeker dat de vraagstelling nog niet de juiste vorm en uitwerking heeft gekregen. In dat geval doet men er goed aan om de instructies in dit boek voor het maken van een doel- en vraagstelling nog eens goed na te lopen en kritisch toe te passen op de vraagstelling in wording.

Voorbeeld Logistieke problemen (5)

Als de centrale vragen van het onderzoek formuleren we:
1. Wat zijn volgens de vakliteratuur en een vooronderzoek de relevante kernbegrippen en verbanden daartussen (het theoretisch kader)?
2. Wat is de mening van de verschillende partijen over de met deze kernbegrippen aangeduide zaken in de eigen organisatie en over de veronderstelde verbanden tussen deze zaken?
3. Wat zijn de belangrijkste overeenkomsten en verschillen in ideeën van de diverse partijen over de problemen en de manier waarop deze kunnen worden opgelost?

Kader 1.5

Begripsbepaling en operationalisering

In de doel- en vraagstelling van een onderzoek komen steevast enkele begrippen voor die een centrale plaats in het onderzoek innemen. Wat je onder deze begrippen *precies* verstaat en vooral ook wat *niet*, is bepalend voor wat er verder in het project gaat gebeuren. Daarom is het nodig om de inhoud ervan in een begripsomschrijving vast te leggen. Dat betekent niet alleen dat de onderzoeker een kernachtige definitie van het begrip geeft. Dit houdt ook in dat hij aangeeft welke concrete zaken in de werkelijkheid er onder vallen, de operationalisering. Kortom, door middel van definiëring en operationalisering van de kernbegrippen in de doel- en vraagstelling wordt het onderzoek afgebakend en ontstaat er meer duidelijkheid over waar we in de bibliotheek en in de empirische werkelijkheid moeten gaan kijken voor informatie en gegevens (data). Deze thematiek komt uitvoeriger terug in hoofdstuk 5.

> **Voorbeeld** Logistieke problemen (6)
>
> Een kernbegrip in ons voorbeeldproject is het begrip 'logistiek en besturing'.
>
> *Begripsbepaling*
> In dit project verstaan wij onder 'logistiek en besturing' het geheel van beslissingen met betrekking tot de processen, producten, te kiezen zakenpartners en te maken kosten die van invloed zijn op de goederenstromen. Bedoeld is het verkeer tussen toeleveranciers enerzijds en de afzonderlijke warenhuizen van het concern anderzijds. Verder valt eronder de wijze waarop deze stromen worden bestuurd. Dus niet bedoeld zijn goederenstromen binnen de warenhuizen zelf. Je begrijpt dat van deze laatste toevoeging een belangrijke afbakenende werking uitgaat. Dat is precies wat je in het onderzoek nodig hebt.
>
> Kader 1.6

Hiermee is het conceptuele deel van het onderzoeksontwerp gereed en kan men beginnen met het technisch ontwerp. Dit laatste bestaat, zoals gezegd, uit een bepaling en uitwerking van de onderzoeksstrategie, van het benodigde onderzoeksmateriaal, en van de planning van het onderzoek.

Onderzoeksstrategie

Een volgende reeks van beslissingen betreft de wijze waarop de onderzoeker zijn onderzoeksobject gaat benaderen en waarop het onderzoek wordt aangepakt. Gekozen kan worden voor een strategie waarmee algemeen geldende uitspraken kunnen worden gedaan over het object van studie. In dat geval ligt een grootschalig onderzoek voor de hand waarin meer naar breedte dan naar diepte wordt gestreefd. De grote hoeveelheid gegevens waarop zo wordt afgekoerst, vraagt meestal om een kwantitatief onderzoek. We spreken dan van een grootschalig veldonderzoek, ook wel aangeduid als een kwantitatief survey-onderzoek. Het is ook mogelijk dat de onderzoeker meer geïnteresseerd is in een diepgaande bestudering van een complex geval. Dan valt de keuze op een strategie die bekendstaat als een gevalstudie, vaak aangeduid als casestudy. Hier wordt doorgaans via meerdere ingangen en op een meer kwalitatieve wijze onderzocht. Meer over deze en andere onderzoeksstrategieën waaruit kan worden gekozen, volgt in hoofdstuk 6.

> **Voorbeeld** Logistieke problemen (7)
>
> Je kiest voor een gevalstudie. De reden hiervan is deels dat je kwalitatief onderzoek leuker vindt dan kwantitatief onderzoek, deels dat je het probleem graag in de diepte wilt bestuderen. De prijs die je hiervoor betaalt, is dat er minder mogelijkheid is tot generalisering. Via diverse insteken, zoals het analyseren van antwoorden op vragenlijsten, het voeren van gesprekken met medewerkers, observaties van het productieproces en

bestudering van bedrijfsdocumenten, probeer je een zo diepgaand mogelijk inzicht te krijgen in de problematiek in al haar aspecten en samenhangen.

Kader 1.7

Onderzoeksmateriaal

Een volgende fase in het ontwerpproces is het maken van een plan voor het genereren van het benodigde onderzoeksmateriaal. Een eerste stap in het maken van dit plan is het bepalen van de onderzoekspopulatie. Deze betreft dat deel van de werkelijkheid waarover de onderzoeker uitspraken wil gaan doen. Dit vergt minimaal de aanduiding van een concreet verschijnsel (bijvoorbeeld jeugdcriminaliteit) en van plaats (bijvoorbeeld Arnhem) en tijd (bijvoorbeeld het afgelopen jaar). Pas als de populatie bekend is, kunnen we de daarvoor benodigde databronnen selecteren. Databronnen kunnen mensen zijn, maar ook objecten, situaties, media of documenten. Tot slot moet worden beslist op welke manier(en) de gegevens uit deze bronnen worden gewonnen. Bekende manieren zijn enquête, interview, observatie en inhoudsanalyse van documenten. Meer hierover in hoofdstuk 7.

Voorbeeld Logistieke problemen (8)

De populatie bestaat uit het eerdergenoemde warenhuisconcern. Daarbinnen kies je voor de vestigingen in de provincie Utrecht, waarvan je uitsluitend de logistieke problemen gaat bekijken die de laatste vijf jaar zijn opgetreden. Je ziet dat ook hier weer een verdere afbakening van het project plaatsvindt. Voor de uitvoering van het project neem je je voor de meningen van de betrokken groepen te verzamelen met behulp van een half-gestructureerde vragenlijst en open interviews. Je besluit van elk van de vier relevante groepen de vijf meest gezaghebbende personen te benaderen.

Kader 1.8

Onderzoeksplanning

Een laatste activiteit bij het maken van het technische ontwerp, en daarmee van het onderzoeksontwerp, is ten slotte de planning. Deze betreft zowel de uitvoering van het onderzoek als het schrijven van het eindrapport ofwel onderzoeksverslag. Voor een adequate en heldere planning van de uitvoering van het onderzoek is het gunstig om een tijd-as te tekenen. Daarop noteer je zowel de data waarop verschillende zaken af moeten zijn, als de activiteiten die tot deze 'producten' moeten leiden. Voor het analyseren van de gegevens en het rapporteren van de resultaten is het erg handig om van tevoren een beeld te hebben van het eindrapport. Liefst doe je dit zo concreet mogelijk, in de vorm van een inhoudsopgave, compleet met de titels van hoofdstukken en paragrafen. Natuurlijk is dit alles voorlopig. Tijdens het onderzoek en het schrijven van het eindrapport kan altijd blijken dat andere indelingen en/of titels nodig zijn (zie ook paragraaf 1.3 over iteratief werken). Maar dit moet de onderzoeker er niet van weerhouden om die tentatieve planning te maken. Over de planning van een onderzoek gaat hoofdstuk 8.

> **Voorbeeld** Logistieke problemen (9)
>
> Het project duurt ongeveer zes maanden ofwel 25 werkweken. Daarvan zijn intussen al drie weken verstreken voor het maken van een onderzoeksontwerp. De activiteiten die je in het kader van het afstudeerproject gaat uitvoeren, bestaan uit het afnemen van interviews en het uitvoeren van observaties. Je besluit in totaal twintig interviews te houden, waarvoor je drie weken werktijd uittrekt. Deze beslissing is gebaseerd op de vuistregel dat gemiddeld (hoogstens) één interview per dag kan worden afgewerkt, all-in. Met 'all-in' is bedoeld het formuleren van de interviewvragen, het maken van afspraken met de mensen die je gaat interviewen, reis- en wachttijden, en het afnemen van het interview. Vanwege de afspraken die je hiervoor moet maken, denk je dat deze activiteiten in totaal anderhalve maand in beslag nemen. Verder wil je vijf volle dagen besteden aan observaties. Nog eens veertien dagen worden uitgetrokken om de hierbij opgedane indrukken vast te leggen en te systematiseren. Om zo veel mogelijk een link te kunnen leggen tussen de interviews en de observaties plan je deze veertien dagen in dezelfde looptijd van anderhalve maand als de twintig dagen van de interviews. Je trekt tien weken uit voor het op elkaar betrekken en analyseren van al het verzamelde materiaal en voor het schrijven van conceptteksten. Ten slotte resteren er nog zes weken om je bevindingen in verband te brengen met de gekozen theoretische uitgangspunten en om dit alles te verwerken tot een definitief rapport in de vorm van een thesis.
>
> Kader 1.9

1.3 Iteratief ontwerpen

In de voorgaande paragrafen werd kort geschetst hoe het resultaat van ontwerpactiviteiten er globaal uit moet zien. Dit resultaat is het onderzoeksontwerp in de betekenis van een *product*. De volgende vraag is op welke wijze dit ontwerpproduct tot stand kan komen. We hebben het dan over een ontwerp in de betekenis van een *proces*. Hierover gaat de nu volgende paragraaf.
Hierboven kan de indruk zijn gewekt dat het ontwerpen van een onderzoek een lineair en opeenvolgend proces is. Het lijkt er immers op dat eerst het projectkader in kaart wordt gebracht, dan daaruit een doelstelling wordt afgeleid en een onderzoeksmodel wordt vervaardigd, om vervolgens de doelstelling en dit model te vertalen in een vraagstelling en eventueel een conceptueel model. Daarna worden de onderzoeksstrategie en het benodigde materiaal gekozen. Ten slotte wordt in deze (foutieve) voorstelling van zaken dit alles onderworpen aan een nauwgezette planning. Althans, zo *lijkt* het.
Als het ontwerp eenmaal klaar is, zijn als het goed is de zojuist genoemde onderdelen van het ontwerp inderdaad in de aangegeven volgorde logisch uit elkaar af te leiden. Zo moet in het uiteindelijke ontwerp de vraagstelling logisch kunnen worden afgeleid uit de doelstelling. De reden is dat de antwoorden op de

vragen dienen bij te dragen aan het behalen van de doelstelling. En het onderzoekstechnische ontwerp dient een logische vertaling te zijn van de vraagstelling in een aantal concrete onderzoeksstappen. Immers, door de uitvoering van dit technische ontwerp moeten de antwoorden op de onderzoeksvragen gevonden worden.

Hoewel dit lineaire karakter onomstotelijk moet zijn terug te vinden in het ontwerp als *product*, is dit niet de manier waarop dit ontwerp tot stand komt, het ontwerp als *proces*. Met andere woorden, de gepresenteerde sequentie is een *logische* volgorde, maar geen *tijdvolgorde* tijdens het ontwerpproces. Dit laatste is veel warriger dan men op het eerste oog zou denken. Zo kan het best zijn dat de eerste gedachte van een beginnende onderzoeker bij het maken van een ontwerp voor een onderzoek is, dat hij graag interviews wil gaan houden. Hij heeft bijvoorbeeld ooit training hierin gehad en het lijkt hem leuk om deze techniek eens zelf te gaan toepassen.

De ontwerpbenadering die hier wordt gepresenteerd, kan worden gekenschetst als een iteratief proces. Het begrip itereren stamt uit de wiskunde, waar het betekent dat het resultaat van een berekening als startpunt wordt genomen van een volgende rekenronde. De bedoeling is om aldus een steeds betere benadering of schatting van iets te krijgen. Dit proces wordt zo lang doorgezet tot er geen noemenswaardige veranderingen in het rekenresultaat meer optreden. Men zegt dan dat het proces convergeert. In het dagelijkse spraakgebruik zou men zeggen dat het proces of de ontwikkeling is uitgekristalliseerd.

Vertaald naar de praktijk van ontwerpen betekent itereren dat de ontwerper voortdurend heen en weer gaat tussen de diverse onderdelen van het ontwerp in wording. Daarbij vraagt hij zich steeds af wat de consequenties zijn van een beslissing op het betreffende onderdeel voor de andere onderdelen van het ontwerp. Bedoeld zijn zowel die delen die later als die welke eerder komen in de logische volgorde van de genoemde ontwerponderdelen. Noopt dit tot wijzigingen of aanvullingen voor een of meerdere onderdelen, dan wordt meteen verder gekeken naar mogelijke consequenties voor de andere onderdelen, enzovoort.

Een dergelijke ontwerpbenadering heeft onder meer de volgende opmerkelijke consequentie. Zoals de lezer zal begrijpen, zijn definitieve beslissingen op het vlak van het onderzoekstechnisch ontwerp afhankelijk van een aantal keuzen dat wordt gemaakt in het kader van het conceptuele ontwerp. Desondanks kan bijvoorbeeld de keuze voor interviews als methode van dataverzameling een geschikt startpunt van het ontwerpproces zijn. Is men, zoals gezegd, erg gecharmeerd van deze methode van dataverzameling, dan motiveert het de onderzoeker in ieder geval het vele werk te verrichten dat een onderzoek nu eenmaal vergt. Maar het besluit om interviews te gaan houden heeft natuurlijk consequenties voor beslissingen op andere onderdelen van zowel het conceptueel als het onderzoekstechnisch ontwerp. Zo kan men bijvoorbeeld nagaan wat voor soort inzichten in en kennis over bedrijven met de interviews zoal geproduceerd kunnen worden (vraagstelling). Of men gaat nog verder terug en denkt na over een type bedrijfsprobleem waar veel organisaties tegenwoordig mee kampen (projectkader). Het spreekt voor zich dat men zich hierbij zoveel mogelijk laat leiden door de eigen interesses, blijvend binnen de grenzen die de opdrachtgever of studieleiding hier stelt. Vervolgens is het in principe niet moeilijk om een conceptueel ontwerp en een onderzoekstechnisch ontwerp te maken waarin interviews een zinvolle plaats krijgen. Dit voorbeeld laat iemand zien die tijdens het maken van een projectontwerp in gedachten heen en weer gaat tussen enkele onderdelen van het ontwerp in wording. Niet alleen is deze heen en weer gaande beweging nodig om in het ontwerp een plaats te geven aan bepaalde wensen en interesses van de onderzoeker zelf. Deze is ook nodig vanwege het gegeven dat ontwerpen een lastige en ingewikkelde activiteit is. Dat komt omdat er veel zaken spelen die bovendien nauw met elkaar samenhangen en op elkaar moeten worden afgestemd. Dat wil zeggen, het aantal mogelijkheden waaruit de ontwerper van een onderzoek bij elk onderdeel van het ontwerp kan kiezen, alsook de consequenties die een keuze heeft voor al de andere keuzen in het ontwerp, zijn talrijk en complex. Een gewone sterveling kan die mogelijkheden en consequenties onmogelijk allemaal ineens overzien. Het lukt dan ook niemand, ook niet de ervaren onderzoeker, om in één enkele procesgang een goed uitgebalanceerd en optimaal ontwerp voor elkaar te krijgen. Dit gebeurt nu eenmaal met vallen en opstaan. De beginnende onderzoeker moet dit leren accepteren.

Een derde reden om te kiezen voor een iteratieve ontwerpbenadering is dat een ontwerper moet beschikken over fantasie en creativiteit. Ook deze worden door een iteratieve benadering bevorderd. Meestal is het zo dat bij het nadenken over een bepaald onderdeel van het ontwerp allerlei ideeën bij de ontwerper opkomen betreffende eerdere en eventueel ook latere onderdelen. Zo bedenkt hij tijdens de vorming van een onderzoekstechnisch ontwerp dat het ook van belang is om iets te weten te komen over de *beoordeling* van een bepaald fenomeen door de onderzoekspersonen. Dit terwijl tot dusver in het ontwerpproces de doel- en vraagstelling mogelijk alleen voorzagen in hun *percepties* van dit fenomeen. In het eerste geval gaat het om waarderingen, om hoe het fenomeen zou moeten zijn. In het tweede geval gaat het om hoe dit fenomeen er feitelijk uitziet. Vanuit deze gedachte komt er dan een bijstelling van de eerder geformuleerde vraagstelling. Deze wordt uitgebreid met een vraag of enkele vragen betreffende de waardering (evaluatie) door de onderzoekspersonen van bepaalde zaken. Deze wijziging geeft waarschijnlijk op haar beurt weer aanleiding tot bijstelling van de overige onderdelen, enzovoort. Hierdoor betekent deze toevoeging een uitbreiding van de vraagstelling. De onderzoeker zal dus moeten nagaan of dit noopt tot inperking op een ander onderdeel van de vraagstelling in wording.

Een iteratieve werkwijze bevordert ook de efficiëntie van het ontwerp. Zoals inmiddels bekend is, staat het onderzoekstechnisch ontwerp helemaal in dienst van de beantwoording van de onderzoeksvragen in de vraagstelling, niet meer en niet minder. Deze antwoorden vormen op hun beurt de kennis die (meestal door anderen dan de onderzoeker) moet worden benut bij het bereiken van de doelstelling. Met andere woorden: het gaat hier om een doel-middelketen die, zoals eveneens bekend is, zo sterk is als de zwakste schakel. De kunst is nu om ketens te construeren waarin de schakels ongeveer even sterk zijn; pas dan is het ontwerp als geheel op zijn sterkst. Bijvoorbeeld, stel dat een aanvankelijk heldere vraagstelling aanstuurt op gegevens die slechts moeizaam zijn te verkrijgen. Ze zijn bijvoorbeeld duur, het duurt (te) lang voor men erover kan beschikken, de onderzoeker kan net niet de goede data bemachtigen of sommige mensen willen niet meewerken aan een interview. Soms kan zo'n probleem worden omzeild door een kleine wijziging aan te brengen in de vraagstelling. Maar als men dit gedaan heeft, moet men vervolgens terug naar de doelstelling. Deze laatste moet zodanig worden gewijzigd dat de 'nieuwe' vraagstelling er logisch uit af te leiden is.

Uit deze uiteenzetting over het iteratieve karakter van een ontwerpactiviteit kan een belangrijke conclusie worden getrokken. We zagen dat het ontwerpen van een onderzoek noodzakelijk samengaat met vallen en opstaan, beslissen en herbezinnen, formuleren en herzien. Dit betekent dat itererend ontwerpen slechts op papier mogelijk is. Zolang je alleen maar over dingen *nadenkt*, is het moeilijk om zaken met elkaar te confronteren en systematisch bij te stellen. Bovendien beland je dan al snel in een onontwarbare kluwen van gedachten. Kortom, itererend ontwerpen betekent schrijven, maar met het voortdurende besef dat wat je nu schrijft even later aan herziening toe kan zijn. Hier zijn schrijven en visualisering zoals het maken van schema's geen product, maar een voertuig van een creatief gedachteproces. Ook dit kan een belangrijk, maar ook zeer lastig leermoment zijn voor de beginnende onderzoeker. Vaak heeft hij de neiging om een herbezinning en herformulering te zien als een blijk van onvermogen en mislukking. Het is nodig om geleidelijk een houding te ontwikkelen waarin hij dit als een noodzakelijk en normaal gegeven ziet. Dit laatste kan zelfs een reden zijn om in het onderzoeksrapport het ontwerpproces weer te geven. Het kan immers zijn dat de lezer verbaasd is over bepaalde onderdelen van het ontwerp, die tot stand zijn gekomen in een iteratief proces. Zeker op onderdelen waar de uitvoerder van het onderzoek om praktische redenen moest afwijken van de meest ideale keuzen, kan de lezer die hiervan niet op de hoogte is het daarmee oneens zijn. Dit kan zich vooral voordoen bij de, als het goed is meestal sterke, afbakening van het project. Om de lezer, respectievelijk opdrachtgever of studieleiding dan toch te overtuigen kan een eerlijke weergave van het ontwerpproces aanzienlijk helpen.

Stappenplan
Deze uitgave biedt een handleiding voor het ontwerpen van een onderzoek aan de hand van het volgende globale stappenplan. We noemen het globaal, omdat elk van de zeven stappen in dit plan in een apart hoofdstuk verder wordt uitgewerkt. Hierbij zal blijken dat elke stap uit dit plan uiteenvalt in een reeks tussenstappen. De lezer dient zich goed te realiseren dat het volgtijdelijke stappenplan geen adequate afspiegeling is van het ontwerpproces. We kunnen het verhaal slechts sequentieel vertellen, maar in de praktijk wordt dit stappenplan iteratief-parallel uitgevoerd zoals hiervoor is geschetst.

Onderzoeksontwerp

1. Maak een verkenning van het projectkader van het onderzoek en zonder hier een haalbare doelstelling uit af.
2. Maak een onderzoeksmodel dat aangeeft via welke globale stappen je de doelstelling denkt te bereiken.
3. Ga mede op basis van het onderzoeksmodel na welke kennis nuttig of nodig is voor het bereiken van de doelstelling en formuleer deze kennisbehoefte in de vorm van onderzoeksvragen (vraagstelling) en eventueel een conceptueel model (zie Appendix).
4. Bepaal de kernbegrippen in de doel- en vraagstelling. Geef vervolgens van deze kernbegrippen de begripsomschrijvingen en operationaliseringen, die passen bij de doel- en vraagstelling.
5. Bepaal welke onderzoeksstrategie je zult volgen bij het uitvoeren van het onderzoek.
6. Ga per vraag uit de vraagstelling na welk onderzoeksmateriaal nodig is om tot een gedegen beantwoording te komen en hoe dit materiaal verzameld of geproduceerd kan worden.
7. Maak een onderzoeksplanning waarin wordt vastgelegd welke activiteiten je wanneer tijdens de uitvoering zult verrichten en welke producten dit op bepaalde momenten in het uitvoeringsproces moet hebben opgeleverd.

Dit globale stappenplan kan de lezer tijdens het bestuderen van dit boek helpen een overzicht te krijgen en te houden van het geheel.

Deel I
Conceptueel ontwerp

De onderzoeker staat aan het begin van het onderzoek. In de meeste gevallen betekent dit dat hij het onderwerp van het onderzoek al in grote lijnen heeft vastgesteld. In sommige gevallen is dit onderwerp zuiver theoretisch, en heeft hij zich voorgenomen om een theoretisch probleem verder uit te pluizen door de bestaande literatuur op dit terrein te bestuderen en over de problematiek na te denken. In andere gevallen voert de onderzoeker het onderzoek uit bij een bestaande profit-, non-profit- of overheidsorganisatie of -instelling. Het onderzoek betreft dan een of ander praktijkprobleem in deze organisaties. Het onderzoek dient in dat geval een bijdrage te leveren aan de oplossing van dit probleem.
Nu staat het onderwerp wel in grote lijnen vast, maar de onderzoeker weet nog niet precies welke bijdrage hij gaat leveren aan de oplossing van het theoretische of praktische probleem. Deze zaken moeten in een conceptueel ontwerp worden vastgesteld. Deel I gaat over de ontwikkeling van het conceptueel ontwerp. Het conceptueel ontwerp moet verschillende functies binnen een onderzoek vervullen. Uit deze functies volgt direct waarop men bij de ontwikkeling van een conceptueel ontwerp moet letten. Verreweg de belangrijkste functie die het conceptueel ontwerp moet vervullen, is de *sturingsfunctie*. Bedoeld is niet alleen de sturing bij het maken van het technisch ontwerp van het onderzoeksproject, maar vooral ook straks bij de uitvoering van het project. Als het conceptuele ontwerp voldoet aan alle eisen die in dit deel zijn uitgewerkt, dan kan de onderzoeker er feilloos uit afleiden welke concrete onderzoeksactiviteiten tijdens de uitvoeringsfase moeten worden verricht. Zo maakt dit ontwerp duidelijk welk onderzoeksmateriaal moet worden verzameld, waar men dit materiaal wil gaan zoeken (bronnen), hoe de ontwerper/onderzoeker denkt dit materiaal uit de bronnen tevoorschijn te halen of eruit te genereren (methoden van dataverzameling) en wat er vervolgens met dat materiaal moet gebeuren (verwerking en analyse). Zijn de genoemde zaken na de formulering van de vraagstelling nog steeds niet duidelijk, dan is het bijna zeker dat het conceptueel ontwerp onvolledig is, en dat de doel- en vraagstelling moeten worden aangepast.

De sturingsfunctie van het conceptueel ontwerp is vergelijkbaar met het ontwerp van een gebouw door een architect in de vorm van tekeningen. Het ontwerp (bouwtekening) en verdere beschrijvingen (bestek) zijn zodanig gemaakt dat anderen vervolgens in staat zijn het gebouw er precies zo neer te zetten als de ontwerper het bedoeld heeft. Zo moet het ook zijn met een onderzoeksontwerp. Als anderen het zouden gaan uitvoeren, dan moeten er resultaten uit de bus komen die de ontwerper voor ogen stonden. In dit deel I zal duidelijk worden dat het ontwerp aan veel en hoge eisen moet voldoen wil dit het geval zijn. Om dit te bereiken staat een groot aantal methodieken, richtlijnen en heuristieken in dienst van deze sturingsfunctie.

Twee bijkomende functies van het conceptueel ontwerp voor een onderzoek zijn de *motivatiefunctie* en de *evaluatiefunctie*. Ze zijn vooral interessant voor de onderzoeker zelf en voor zijn begeleider. Bij het ontwerpen van het onderzoek zal de onderzoeker ervoor kunnen zorgen dat hij kiest voor een doel- en vraagstelling waarin hijzelf is geïnteresseerd. Motivatie is immers iets wat elke onderzoeker goed kan gebruiken bij de langdurige activiteit die een onderzoek meestal is. De evaluatiefunctie ten slotte wordt vooral vervuld doordat het conceptueel ontwerp een productbeschrijving bevat. Immers, dit ontwerp geeft aan welke kennis het onderzoek gaat opleveren (vraagstelling) en hoe deze kennis vervolgens kan bijdragen aan het oplossen van een probleem (doelstelling). Welnu, deze doel- en vraagstelling zijn geschikt om na het onderzoek te hanteren als beoordelingsmaatstaf. Heeft het project nu ook werkelijk opgeleverd wat de onderzoeker zich bij de start ervan voornam en wat hij anderen in het vooruitzicht stelde?

Doelstelling 2

Wie te hoog mikt, schiet zijn doel voorbij.

2.1 Inleiding

Wij nemen als startpunt het moment waarop de onderzoeker zich een globaal idee heeft gevormd van het onderwerp van het onderzoek. Het is in deze fase verstandig dat men zich realiseert dat een onderwerp altijd onderdeel uitmaakt van een bredere context. Is het een theoretisch onderwerp, dan bestaat die context uit de literatuur op een bepaald vakgebied, het onderzoeksprogramma van een onderzoeksgroep of een lopend grootschalig wetenschappelijk onderzoek. Wordt gekozen voor een meer praktijkgerichte insteek, dan is de context een of andere overheidsinstantie of organisatie waarbinnen en/of waarvoor het onderzoek gaat plaatsvinden. Het is van belang dat niet te lang gewacht wordt om met deze bredere context kennis te maken. De onderzoeker speurt bijvoorbeeld op het internet naar informatie over het onderwerp, dan wel over de zojuist genoemde overheidsinstantie of organisatie. Verder kan hij in de bibliotheek kijken wat er zoal over het onderwerp is verschenen. Ook kan het verstandig zijn om een deskundige te raadplegen die in dit onderwerp goed thuis is. In het geval van een praktijkgericht onderzoek is het goed om al vroeg in deze fase een bezoek te brengen aan de overheidsinstantie of organisatie waar en/of waarvoor het onderzoek wordt uitgevoerd.

Zodra de onderzoeker met deze bredere theoretische of praktische context in contact komt, zal hij merken dat er plotseling heel veel informatie te verwerken is. Over de meeste onderwerpen bestaat uitgebreide literatuur en het merendeel van de organisaties waarin men kan terechtkomen, is omvangrijk, complex en voortdurend in verandering. Bovendien kan de onderzoeker te maken krijgen met opdrachtgevers die zich niet bewust zijn van wat er bij een wetenschappelijk onderzoek allemaal komt kijken. Ook hebben de opdrachtgevers vaak overdreven verwachtingen van de resultaten van een onderzoek. In deze situatie is het moeilijk om niet ten onder te gaan in de veelheid aan indrukken, zoals het volgende voorbeeld duidelijk kan maken.

> **Voorbeeld**   De Goede Hoop
>
> Je studeert bedrijfskunde en je bent op zoek naar een onderwerp voor de masterthesis. Daarom heb je adviesbureau Mulder benaderd met de vraag of het mogelijk is om binnen dit bureau een afstudeerproject uit te voeren. Je hebt geluk, want het adviesbureau wil je graag betrekken bij een van de lopende projecten, een project bij verzekeringsbedrijf De Goede Hoop.
>
> De Goede Hoop heeft de hulp ingeroepen van het adviesbureau bij de invoering van een complex organisatorisch en technologisch veranderingsproject. Er is namelijk heel wat weerstand in de organisatie tegen de geplande veranderingen. Iedereen herinnert zich nog goed hoe het vorige IT-project helemaal misging. Om de haverklap lag het systeem stil, het werk veranderde van de ene dag op de andere en opleidingen voor het personeel werden wel beloofd maar nooit gegeven. Het is dus niet verwonderlijk dat er een golf van protest losbarstte zodra bekend werd dat er opnieuw gereorganiseerd zou gaan worden. De algemeen directeur van De Goede Hoop heeft na overleg met zijn managementteam besloten om een extern adviesbureau in te schakelen dat helpt bij de reorganisatie. Een senior adviseur van bureau Mulder heeft vervolgens een projectvoorstel gemaakt waarin staat dat het adviesbureau de volgende opdrachten zal uitvoeren:
> - inventariseren van de knelpunten bij de voorgenomen reorganisatie;
> - maken van een integraal herontwerp van de organisatie;
> - opstellen van een plan voor invoering;
> - uitvoeren van een evaluatie van de implementatie.
>
> En nu zit uitgerekend jij op het kantoor van deze senior adviseur en is de vraag hoe jij je afstudeerproject kunt inpassen in dit projectvoorstel. Wat is de bijdrage van jouw afstudeerproject aan het grotere geheel?

Kader 2.1

De onderzoeker komt hier terecht in een historisch gegroeide complexe situatie, waar van alles aan de hand is en waar allerlei tegengestelde meningen heersen en belangen spelen. Daarom is het voor een beginnend onderzoeker of student niet eenvoudig om te bepalen wat zijn bijdrage aan het adviesproject kan zijn. Het is zeker niet de bedoeling dat hij zomaar een tijdje meeloopt bij het adviesbureau of bij De Goede Hoop. Het afstudeerproject omvat immers een zelfstandig opgezet en uitgevoerd onderzoek. Het ligt dus voor de hand dat de onderzoeker, hier de student, op een of andere manier een gedeelte van het adviesproject voor zijn rekening neemt. Maar het project heeft veel verschillende facetten en het is niet te doen om in het kader van het afstuderen bij elk van deze facetten betrokken te zijn. Hij zal dus een keuze moeten maken. Bovendien zal het project langer duren dan de tijd die de student voor zijn afstudeerproject ter beschikking heeft. Daarom moet uit het geheel een onderzoek worden afgezonderd dat in de beperkt beschikbare tijd uitvoerbaar is. Toch wordt er van je verwacht dat het resultaat van het afstudeerproject een reële bijdrage levert aan het adviesproject. Daar komt nog bij dat het project moet voldoen aan de eisen die vanuit de opleiding worden gesteld. Een van die eisen is dat er een verbinding moet worden gelegd met de bestaande theorie op het betreffende terrein. En ten slotte kiest degene die het onderzoek uitvoert, hier natuurlijk ook een onderwerp dat past bij zijn competenties en belangstelling. Gelet op het grote aantal vereisten waaraan een onderzoek moet voldoen, is het zaak om het onderwerp van het onderzoek zorgvuldig in te bedden in, maar tegelijkertijd ook af te bakenen van, het bredere kader van het adviesproject. We noemen deze bredere context het *projectkader* van een onderzoek. De inbedding en afbakening krijgen uiteindelijk gestalte in de formulering van de *doelstelling* van een onderzoek.

Het doel van dit hoofdstuk is om de onderzoeker houvast te geven in de doolhof van mogelijkheden die in de beginfase van een onderzoek op hem afkomen. We gaan in op het herkennen en verkennen van projectkaders en het daaruit afzonderen van een zinnige, haalbare en acceptabele doelstelling voor een onderzoek. Eerst worden algemene richtlijnen geformuleerd waarop gelet moet worden bij de omschrijving van het projectkader en de projectdoelstelling (paragraaf 2.2). Vervolgens worden deze richtlijnen verder verfijnd en geconcretiseerd voor verschillende soorten onderzoeken. Te noemen zijn theoriegerichte onderzoeken (paragraaf 2.3) en diverse soorten praktijkgerichte onderzoeken (paragraaf 2.4). Ten slotte formuleren we een stappenplan op basis waarvan de onderzoeker kan komen tot een adequate doelstelling voor het onderzoek. Daarna passen we bij wijze van illustratie dit stappenplan toe op het voorbeeldproject 'De Goede Hoop'.

2.2 Projectkader en doelstelling

Elk onderzoek beoogt kennis, inzichten en/of informatie op te leveren waarmee een bijdrage kan worden geleverd aan de oplossing van een probleem of het bereiken van een extern doel. Het onderzoek voegt bijvoorbeeld iets toe aan de theorievorming in het vakgebied of de onderzoeker levert een bijdrage aan de oplossing van een of ander beleidsprobleem. In het eerste geval is sprake van een theoretisch probleem en in het tweede geval van een praktijkprobleem ofwel handelingsprobleem. In het verlengde hiervan spreken we voortaan van een theoriegericht respectievelijk praktijkgericht onderzoek. In een theoriegericht onderzoek wordt het projectkader gevormd door het proces en het product van kennisvorming binnen het vakgebied waarop het onderzoek gaat plaatsvinden. We doelen dan niet alleen op bibliotheken waarin deze kennis is opgeslagen in de vorm van boeken en artikelen (product). Ook de mensen en instituties die zich met deze kennisvorming bezighouden, horen tot het projectkader (proces). In een praktijkgericht onderzoek is het projectkader een binnen een beleidsinstantie of organisatie als problematisch ervaren situatie. De onderzoeker wil met het onderzoek een bijdrage leveren aan de oplossing van dit probleem. Overigens wijzen wij erop dat elk onderzoek, bewust of onbewust, meestal zowel praktijkgerichte als theoriegerichte kenmerken heeft. Zo zal een onderzoek dat primair als praktijkgericht is bedoeld meestal ook, direct of indirect, een bijdrage leveren aan de theorievorming op het betreffende vakgebied. Men noemt dit dan ook wel de *theoretische relevantie* van het onderzoek. Omgekeerd zal een onderzoek dat geheel is bedoeld als theoriegericht en waarin geen enkel praktisch nut voorop heeft gestaan, vroeg of laat ook blijken zijn nut voor de praktijk te hebben. Men spreekt in dat opzicht van de *praktische* of *maatschappelijke relevantie*.

Het is gemakkelijk in te zien dat er binnen elk projectkader sprake is van verschillende, vaak onderling tegengestelde, doelen. In een theoretisch kader is dat doel het ontwikkelen van een nieuwe theorie of inzicht in een of ander verschijnsel. In een praktijkkader is het doel meestal het oplossen van een of ander handelingsprobleem, het creëren van een nieuwe situatie of het op gang brengen van een nieuwe ontwikkeling. Meestal zijn de problemen die in het projectkader spelen zo omvangrijk en/of complex, dat in het onderzoek slechts voor een deel aan de oplossing kan worden bijgedragen. Met nadruk spreken we dan ook over een *bijdrage* die een onderzoek kan leveren aan het behalen van het doel. Vandaar dat de onderzoeker in principe steeds een deel of aspect moet afzonderen uit het doel dat bestaat binnen een projectkader, om dit vervolgens te formuleren als de doelstelling van het onderzoek. Kortom, de eerste stap in het maken van een onderzoeksontwerp is het in kaart brengen van het projectkader, van de problemen die daarbinnen bestaan en van het doel in het projectkader. De tweede stap is dat de onderzoeker hieruit een deel of aspect afzondert dat als doelstelling van het onderzoek wordt gekozen. Hieronder worden deze twee stappen nader toegelicht aan de hand van voorbeelden.

Verkenning van het projectkader

Het voorbeeld 'De Goede Hoop' aan het begin van dit hoofdstuk geeft aan dat een nadere oriëntatie op de voorliggende problematiek noodzakelijk is. Dit om te bepalen welke bijdrage het onderzoek aan deze problematiek zou kunnen leveren. Nodig is een verkenning van het projectkader. Een mogelijkheid om dit te doen is het stellen van verkennende vragen als:

- Welke problemen spelen er binnen het projectkader?
- Welke actoren spelen een rol in het projectkader en wat zijn hun belangen?
- Welke mening hebben de actoren over de oorzaken van de problemen?
- In welke richting zoeken ze zoal naar oplossingen?

We geven eerst een voorbeeld van de verkenning van het projectkader van een theoriegericht onderzoek.

Voorbeeld Kwaliteit van het milieu (1)

Je bent student milieuwetenschappen en je wilt een theoriegericht onderzoek gaan uitvoeren dat als onderwerp heeft 'de kwaliteit van het milieu'. Er bestaat uitgebreide literatuur over dit onderwerp. Daarin zijn niet alleen verschillende en uiteenlopende definities van het begrip milieu te vinden. Ook worden diverse facetten van de gekozen thematiek belicht, en worden de resultaten van vele onderzoeken gepresenteerd en/of besproken. Deze stand van zaken vormt voor het uit te voeren onderzoek het projectkader. Om de doelstelling van dit project te kunnen bepalen moet je dit projectkader gaan verkennen. Wat zijn de belangrijkste theoretische stromingen? Welke belangrijke discussiepunten bestaan er op dit terrein? Wat is de stand van zaken met betrekking tot het onderzoek naar diverse aspecten van de kwaliteit van het milieu? Deze verkenning geeft in grote lijnen het algemene kader aan waarbinnen het project zal plaatsvinden.

Kader 2.2

In het geval van een praktijkgericht onderzoek bestaat het projectkader doorgaans uit een als problematisch ervaren situatie of een bestaande wens om iets nieuws tot stand te brengen. Ook aan de orde kunnen zijn de wijze waarop er in de betreffende organisatie of instelling tegen deze problematiek of zaak wordt aangekeken, de aspecten die deze heeft, de actoren die er een rol in spelen, en de belangen die zij hebben. Het is de bedoeling dat als startpunt van het onderzoeksontwerp een beschrijving wordt gegeven van het projectkader, met daarin opgenomen de aandachtspunten zoals zojuist genoemd.

Voorbeeld Communicatieproblemen (1)

Je bent student bestuurswetenschappen en je wilt een onderzoek gaan uitvoeren bij gemeente X. Er bestaan binnen deze gemeente spanningen tussen het gemeentelijke apparaat enerzijds en de leden van de gemeenteraad anderzijds. De gemeentesecretaris heeft gevraagd of je deze problematiek wilt bestuderen. De bestaande situatie in deze gemeente vormt het projectkader. Uit een eerste gesprek met de contactpersoon bij deze gemeente blijkt dat de leden van de gemeenteraad vinden dat ze te weinig en bovendien onjuiste informatie krijgen. Ook blijkt dat de medewerkers op de secretarie van oordeel zijn dat de leden van de gemeenteraad eigenlijk nooit precies kunnen aangeven wat ze nu wel en wat ze niet aan informatie nodig hebben. Deze zaken leveren irritaties op, maar zijn nooit expliciet besproken. Er moet nodig iets gebeuren, zo vertelt men jou, anders komt er ruzie. Jouw onderzoek vindt binnen dit projectkader plaats en levert voor zover mogelijk voor een beginnende onderzoeker een bijdrage aan de vermindering of oplossing van het bestuursprobleem.

Kader 2.3

Formulering van de doelstelling

De tweede stap in deze beginfase van een onderzoeksproject is de afzondering uit het projectkader van een adequate doelstelling voor een onderzoek. Eerder is al gesteld hoe belangrijk de afbakening van het onderzoek van het ruimere projectkader is. Bij een theoriegericht onderzoek is het projectkader eigenlijk altijd heel ruim, omdat onze drang tot kennis en het aantal facetten waarover wij kennis willen hebben, bijna onuitputtelijk is. Ook bij een praktijkgericht onderzoek is het projectkader doorgaans zeer omvangrijk. Nu niet alleen omdat we hier meestal te maken hebben met een complex probleem; anders was er geen onderzoek nodig. Maar bovendien is hier het op te lossen probleem doorgaans ingebed in een culturele, sociale en/of politieke context. Daarom moet de onderzoeker al in dit vroege stadium het onderzoek positioneren binnen het projectkader. Dit doet hij door het formuleren van een adequate doelstelling. Daaronder verstaan wij een *nuttig*, *realistisch* en binnen de gestelde tijd *haalbaar*, *eenduidig* en *informatierijk geformuleerd* doel voor een onderzoek. Deze kwaliteitscriteria worden hieronder achtereenvolgens kort toegelicht.

Een eerste vereiste om te kunnen spreken van een adequate doelstelling is dat deze *nuttig* is. Bij een theoriegericht onderzoek moet daarom worden aangegeven welke bijdrage het onderzoek zal leveren aan de gekozen theoretische problematiek. Bij een praktijkgericht onderzoek formuleert de onderzoeker het belang van het onderzoek voor de organisatie of instelling waarbinnen of waarvoor het onderzoek wordt uitgevoerd. Zorg ervoor dat het beoogde nut ook helder is voor derden. Als vuistregel geldt dat als het nut van het onderzoek veel uitleg vergt, dit nut (nog) niet voldoende overtuigend is.

Een tweede eis om tot een succesvol project te komen is dat de onderzoeker een doelstelling formuleert die *realistisch* is en die binnen de gestelde tijd *haalbaar* is. Met 'realistisch' bedoelen we dat het geloofwaardig moet zijn dat er daadwerkelijk een reële bijdrage aan de bewuste problematiek wordt geleverd. Bedenk dat het beter is om een bescheiden doel te nemen waaraan ook daadwerkelijk een bijdrage wordt geleverd, dan een groots doel waarvan iedereen kan zien dat dit te hoog gegrepen is. Bedenk ook dat veel problemen complex zijn. Zeg bijvoorbeeld niet dat het onderzoek het fileprobleem in Nederland zal oplossen, want dat is volstrekt ongeloofwaardig. Formuleer liever als doel het leveren van een bijdrage aan de oplossing van het gestelde probleem door voor een bepaalde regio de omvang en oorzaken van de dagelijkse files tijdens de ochtendspits nauwkeurig en gedetailleerd te beschrijven. Natuurlijk wordt hiermee het fileprobleem in deze regio niet meteen en integraal opgelost. Maar de resultaten van het onderzoek kunnen wel een belangrijke bijdrage leveren aan een oplossing op de lange termijn.

De *haalbaarheid* van een doelstelling voor onderzoek betreft twee factoren. Allereerst gaat deze over de vraag of diegene die straks het onderzoek moet uitvoeren, over de benodigde kennis, vaardigheden en hulpmiddelen beschikt en aan het benodigde onderzoeksmateriaal kan komen. We noemen dit de onderzoekstechnische relevantie of haalbaarheid. Daarnaast is het voor ontwerpers verreweg meest heikele haalbaarheidscriterium de factor tijd. Is het onderzoek wel binnen de beschikbare tijd goed af te ronden? Zo is de doelstelling hierboven om het filevraagstuk in de regio te beschrijven, waarschijnlijk wel goeddeels haalbaar met een onderzoek dat slechts enkele maanden mag duren. Vrijwel elk onderzoek, of het nu een opdrachtonderzoek, een promotieonderzoek of een afstudeerproject betreft, is aan een strikte tijdslimiet gebonden.

Dit betekent dat een ontwerper van onderzoek in de meeste gevallen een spanning voelt tussen de criteria van nuttigheid en haalbaarheid. Deze is doorgaans geneigd te denken dat een nuttig onderzoek vraagt om een omvangrijke doelstelling. Dit kan bij beginnende onderzoekers zelfs leiden tot een weerstand tegen afbakening van de doelstelling van hun onderzoek. Afbakening maakt minder nuttig, zo denken ze. Maar zij zien niet het vele werk dat voor de uitvoering van een onderzoek nodig is. De omvang van een onderzoek bepaalt niet zozeer het nut. Het nut van een onderzoek wordt veeleer bepaald door de kans dat de doelstelling ook daadwerkelijk wordt gehaald. Bakent men de doelstelling niet afdoende af, dan leidt dit tot een onuitvoerbaar onderzoek of tot een onderzoek met minder valide of zelfs geheel ongeldige resultaten. Dit laatste komt doordat de onderzoeker bij de uitvoering van een te breed onderzoek vaak allerlei arbeidsbesparende maatregelen moet nemen. Dit om het onderzoek toch binnen de gestelde termijn te kunnen afronden. En dat gaat in principe steeds ten koste van de validiteit van de resultaten, en daarmee ook van het nut van het onderzoek.

Er is nog een tweede reden waarom vooral beginnende onderzoekers neigen tot een te omvangrijke of complexe doelstelling. Deze is dat zij tijdens hun opleiding doorgaans gewend raken aan en getraind zijn in het produceren van theoretische en/of beschouwende werkstukken. Hier speelt afbakening een veel geringere rol dan in een empirisch onderzoek. Dit komt doordat men in beschouwend werk beweringen niet hoeft te baseren op materiaal dat de projectuitvoerder zelf verzamelt op basis van eigen zintuiglijke waarneming, en vervolgens analyseert.

Dit alles betekent dat men voorzichtig moet zijn met veelomvattende kernbegrippen zoals 'structuur' en 'cultuur'. Deze begrippen omvatten zoveel verschillende aspecten, dat een empirisch onderzoek van dit hele domein bij voorbaat is uitgesloten. De enige remedie is dat men zich concentreert op een (klein) onderdeel ervan. Meer algemeen geldt als vuistregel dat men geen containerachtige begrippen opneemt in de doelstelling van een empirisch onderzoek. In theoretische beschouwingen zijn deze brede begrippen vaak zeer gewild vanwege hun abstracte en algemene karakter. Maar zij moeten in een empirisch onderzoek juist worden gemeden, dan wel met behulp van beperkende begripsdefinities danig worden ingeperkt. In hoofdstuk 5 wordt een methodiek aangereikt die behulpzaam is bij het op overzichtelijke wijze afsplitsen van kleinere onderdelen uit grotere gehelen.

Met een *eenduidige* doelstelling wordt bedoeld dat de onderzoeker het beoogde resultaat van het onderzoek helder formuleert door aan te geven waaruit de bijdrage aan de oplossing van het voorliggende theoretische of praktische probleem precies zal bestaan. Deze bijdrage kan, afhankelijk van het type onderzoek, heel verschillend zijn. Bij een theoriegericht onderzoek kan deze bijvoorbeeld bestaan uit de ontwikkeling van een nieuw inzicht of zelfs een nieuw theoriegedeelte. Een andere mogelijkheid is de bekritisering of verbetering van een in de literatuur te vinden theoretische beschouwing. Vragen die dan bij de formulering van de doelstelling in elk geval beantwoord moeten worden, zijn bijvoorbeeld: Over welke theorie of theoriegedeelte gaat het precies? Welke tekortkomingen of onvolkomenheden ziet men in deze theorie? Wat zou de onderzoeker precies aan welk onderdeel van deze theorie willen bijdragen? De beantwoording van deze en dergelijke vragen vormt dan de doelstelling, ook wel aangeduid als de eerdergenoemde theoretische *relevantie* van het onderzoek.

Een praktijkgericht onderzoek kan uiteenlopende zaken betreffen. Zo kan het gaan om de verheldering van een beleidsprobleem, het achterhalen van de achtergronden, samenhangen en oorzaken van dit probleem, het aangeven van verwachte of gebleken knelpunten bij een organisatieverandering, het doen van aanbevelingen voor verbetering van een bestaande situatie of het evalueren van een of ander beleid of interventie. Daarom is het belangrijk dat de onderzoeker aangeeft welk probleem hij wil helpen oplossen met de verkregen kennis. Ook geeft hij kort aan *hoe* deze bijdrage geleverd kan worden. Ook hier geldt weer: als dit veel uitleg vergt, dan is de doelstelling nog niet op orde. Deze is dan vermoedelijk óf te vaag óf te complex of beide.

Een *informatierijke* doelstelling geeft ten slotte in globale zin aan welke kennis het onderzoek zal opleveren om de genoemde bijdrage aan de oplossing van het theoretische probleem of praktijkprobleem te leveren. De nadruk ligt hier op globaal omdat een meer precieze bepaling van de benodigde kennis pas aan bod komt bij de formulering van de vraagstelling (zie hoofdstuk 4). Een informatierijke doelstelling maakt twee dingen duidelijk: (a) wat men van het onderzoek wel en niet mag verwachten, en (b) wat er globaal in het onderzoek gaat gebeuren. Corresponderend met deze twee elementen bestaat de doelstelling uit twee gedeelten, een a- en een b-gedeelte.

Een geschikte formule voor een informatierijke doelstelling luidt als volgt:

'Het doel van dit onderzoek is ... (a) ... *door* ... (b) ...'

In het a-gedeelte geeft de onderzoeker een kernachtige omschrijving van de bijdrage die het onderzoeksproject beoogt te leveren aan de oplossing van het probleem in het projectkader. We noemden dit eerder het *externe* doel van het project, ofwel het doel *van* het onderzoek. Wellicht ten overvloede wordt er nogmaals op gewezen dat het op te lossen probleem door middel van een gedegen probleemanalyse helder moet zijn omschreven. Zonder deze helderheid zal ook de doelstelling van het onderzoek onduidelijk blijven, met alle kwalijke gevolgen van dien. In het b-gedeelte wordt een kernachtige aanduiding gegeven van de wijze waarop deze bijdrage wordt geleverd. Dit is het *interne* doel van het onderzoek ofwel het doel *in* het onderzoek. Dit b-gedeelte van de doelstelling geeft een indicatie van het soort kennis, informatie en/of inzichten die nodig zijn om het a-gedeelte van de doelstelling te helpen behalen.

Nu we eenmaal weten wat de basisstructuur van een adequate doelstelling is, kunnen we vervolgens met enkele voorbeelden laten zien wat die structuur precies inhoudt en hoe deze ingevuld kan worden. Het a-gedeelte van de doelstelling geeft de beoordelaar van een theoriegericht project of de opdrachtgever van een praktijkgericht project in kernachtige bewoordingen inzicht in datgene wat hij aan het einde van het project kan verwachten. Een onderzoeker stelt zich daarom, na het formuleren van het a-gedeelte van de doelstelling, de volgende vragen: 'Zou mijn beoordelaar/opdrachtgever begrijpen welke bijdrage mijn onderzoek kan geven aan de oplossing van het probleem? Zou hij hiermee tevreden zijn?' Wanneer deze beide vragen met 'ja' kunnen worden beantwoord, is dit gedeelte van de doelstelling vermoedelijk in orde.

Voor de aanduiding van het a-gedeelte van een doelstelling kunnen verschillende bewoordingen worden gebruikt, zoals:

Het doel van het onderzoek is:

… de verdere ontwikkeling van theorie X van auteur Y, op het terrein van Z;
… het vullen van een lacune in theorie X, op het terrein van Z;
… het toetsen van een theorie X op basis van een domein uit de werkelijkheid (empirie) Z;
… het helpen verbeteren van bestaand beleid X op het terrein van Z;
… het leveren van een bijdrage aan de ontwikkeling van nieuw beleid X op het terrein van Z;
… het doen van aanbevelingen aan de opdrachtgever Y voor het ontwerp van een oplossing van het probleem Z.

De eerste drie formuleringen zijn voorbeelden van het doel van een *theoriegericht* onderzoek; de laatste drie slaan op een *praktijkgericht* onderzoek.

Na de formulering van het a-gedeelte geeft de onderzoeker, zoals gezegd, via het woordje 'door' in kernachtige bewoordingen een indicatie van het *soort* kennis, inzichten en informatie die nodig of handig zijn om het a-gedeelte van de doelstelling te (helpen) behalen.

Voor de aanduiding van dit b-gedeelte van de doelstelling van een *theoriegericht* onderzoek gebruikt men bewoordingen als:

… door het toetsen van een set hypothesen Y, af te leiden uit theorie X …;
… door na te gaan onder welke condities de bestaande theorie X geldt …;
… door de twee theorieën X en Y met elkaar te vergelijken …;
… door de kernbegrippen X en Y van theorie Z aan een kritische beschouwing te onderwerpen …

Mogelijke formuleringen in het geval van een *praktijkgericht* onderzoek zijn:

… door een overzicht te geven van de meningen van belanghebbenden …;
… door inzicht te geven in de knelpunten die optreden bij …;
… door te speuren naar de achtergronden en oorzaken van het probleem …;
… door een analyse te maken van het verschil tussen de gewenste en de aanwezige situatie …;
… door een vergelijking te trekken tussen …;
… door een beoordeling te geven van …

Let op: in het b-gedeelte gaat het om kennis en/of informatie, dus een kennisprobleem, en niet om een handelingsprobleem. Dit is een principieel punt. De reden is dat van een praktijkgericht onderzoek wordt verwacht dat het een bijdrage levert, hoe miniem ook, aan de oplossing van een handelingsprobleem.

De lezer dient zich daarbij overigens terdege te blijven realiseren dat het onderzoek zelf géén instrument is voor probleemoplossing, maar een activiteit die kennis en informatie oplevert. Deze kennis en informatie kunnen als het goed is wél gebruikt worden door degene die het probleem daadwerkelijk gaat oplossen. We moeten dus een strikt onderscheid maken tussen de rol van de onderzoeker aan de ene kant, en de manager of bestuurder die een handelingsprobleem probeert op te lossen aan de andere kant. Dit boek gaat expliciet over de rol van *onderzoeker*. De kennis die een praktijkgericht onderzoek oplevert, zal in principe altijd door *iemand anders* worden gebruikt in diens poging om het voorliggende handelingsprobleem op te lossen.

Een adequate doelstelling geeft voldoende inzicht in de verwachte bijdrage van het onderzoek aan de oplossing van het gekozen probleem. Bovendien maakt deze globaal duidelijk naar welk *soort* kennis, informatie en inzichten de onderzoeker op zoek moet. Twee van de drie functies van een conceptueel ontwerp die we in de inleiding van dit deel hebben genoemd, zijn daarmee gerealiseerd, te weten de *sturingsfunctie* en de *evaluatiefunctie*. Zo is alleen al met het formuleren van de doelstelling een bijdrage geleverd aan het vervullen van twee van de drie functies.

We geven nu voorbeelden van een adequaat geformuleerde doelstelling voor de eerder in dit hoofdstuk genoemde projecten: een theoriegericht respectievelijk praktijkgericht onderzoek.

Voorbeeld — Kwaliteit van het milieu (2)

Je bakent het theoriegericht onderzoek af door je te beperken tot recente theorieën en daarop gestoelde onderzoeken op de terreinen 'milieu en maatschappij' en 'milieu en natuur'.

De doelstelling van jouw project is een bijdrage te leveren aan de verdere ontwikkeling van de theorievorming over 'kwaliteit van het milieu'. Je concentreert je daarbij op kenmerken van (a) het ruimtelijkeordeningsbeleid van de lokale overheid, (b) het milieubewustzijn van bewoners, (c) het fysieke leefklimaat en (d) het sociale leefklimaat. Dit doel wordt bereikt

door,

op basis van een literatuurstudie, inzicht te geven in de overeenkomsten en verschillen in de wijzen waarop enerzijds in de natuurwetenschappelijke theorieën over milieu en anderzijds in de maatschappijwetenschappelijke theorieën over milieu de volgende zaken worden gethematiseerd: 'ruimtelijkeordeningsbeleid', 'milieubewustzijn van bewoners', 'sociaal leefklimaat' en 'fysiek leefklimaat'. Ook wordt inzicht gegeven in de resultaten van recent wetenschappelijk onderzoek naar de relaties tussen deze zaken.

Het resultaat van dit theoriegericht onderzoek is niet een geheel nieuwe theorie en evenmin wordt daarmee een theoretisch probleem opgelost. Maar je levert hier als onderzoeker wel een bijdrage, hoe bescheiden ook, aan de theoretische discussie over dit thema en daarmee aan de vooruitgang van de wetenschap.

Kader 2.4

2 Doelstelling

> **Voorbeeld** — Communicatieproblemen (2)
>
> Je bakent het praktijkgericht onderzoek bij gemeente X af door je te beperken tot een inventarisatie van de meningen die bij groepen binnen de gemeentelijke organisatie leven over de aard van de communicatieproblemen en de richting waarin men oplossingen voor deze problemen wil zoeken.
>
> De doelstelling van het project is aanbevelingen te doen aan de gemeentesecretaris ter verbetering van het communicatiebeleid binnen gemeente X
> *door*
> een overzicht te geven van de verschillen en overeenkomsten in de meningen van betrokken partijen over de achtergronden van de communicatieproblemen en over de mogelijke oplossingen daarvoor.
>
> Uiteraard lost jouw project het communicatieprobleem niet op, maar het verkregen inzicht kan wel degelijk aan deze oplossing bijdragen.
>
> Kader 2.5

Hierboven werd een onderscheid gemaakt tussen een theoriegericht en een praktijkgericht onderzoek. Nog niet vermeld werd dat binnen beide categorieën nog allerlei subtypen van onderzoek kunnen worden onderscheiden, elk met een eigen soort doelstelling. Een overzicht daarvan biedt het schema van figuur 2.1. In paragraaf 2.3 volgt een behandeling van projectkaders en doelstellingen voor verschillende typen theoriegericht onderzoek. In paragraaf 2.4 ten slotte wordt hetzelfde gedaan voor praktijkgerichte onderzoeken.

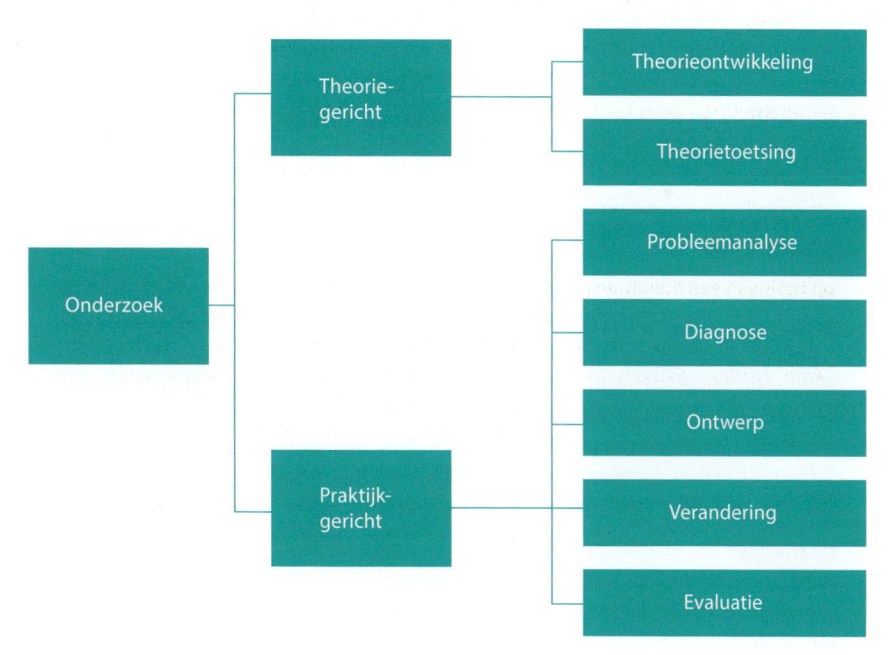

Figuur 2.1   Typen van theoriegericht en praktijkgericht onderzoek

- Onderzoek
  - Theoriegericht
    - Theorieontwikkeling
    - Theorietoetsing
  - Praktijkgericht
    - Probleemanalyse
    - Diagnose
    - Ontwerp
    - Verandering
    - Evaluatie

2.3 Theoriegericht onderzoek

In een theoriegericht onderzoek gaat het om het helpen oplossen van een probleem in de theorievorming op een bepaald vakgebied, en daarbinnen op een bepaald onderwerp. Uiteraard is de beginnende onderzoeker niet in staat een algemene theorie te ontwikkelen of te veranderen. Vandaar dat het in een theoriegericht onderzoek vaak gaat om een specifiek aspect of onderdeel van een meer algemene theoretische problematiek. Dit betekent ook dat de onderzoeker een scherp onderscheid maakt tussen enerzijds de voorliggende theoretische problematiek, het gekozen projectkader, en anderzijds het concrete doel dat de onderzoeker wil (helpen) realiseren. We gaan nu na wat er in dit kader zoal komt kijken bij de twee in figuur 2.1 onderscheiden typen van theoriegericht onderzoek.

Theorie-ontwikkelend onderzoek

Er kunnen verschillende aanleidingen zijn om een theorie-ontwikkelend onderzoek te starten. Een ervan is dat er hiaten zijn in de theorievorming. Er moet dan een aanvullende hypothese of theoriefragment worden ontwikkeld, of mogelijk zelfs een heel nieuwe theorie. De onderzoeker die hierin is geïnteresseerd, gaat op zoek naar recente ontwikkelingen of een relatief nieuw verschijnsel, waar nog weinig mensen mee bezig zijn geweest. Bij het bepalen van een doelstelling voor dit type onderzoek kan men vragen stellen als: Wat zijn de blinde vlekken of lacunes in een bestaande theorie of theoretische beschouwing? Welke bestaande of nieuwe fenomenen of ontwikkelingen zijn er op mijn vakgebied waar nog weinig over is geschreven? Voorbeelden van nieuwe ontwikkelingen zijn: het gebruik van sociale media in het werk en de consequenties ervan voor de arbeidsverhoudingen en sociale aspecten op/van het werk, het gebruik van genetisch gemanipuleerde gewassen in de landbouw, inclusief de ethische en markttechnische implicaties, en de effecten van WikiLeaks en andere internet-'lekken' op bestuurlijke regelgeving en wetshandhaving.

Voorbeeld Telematica

Projectkader
De technologische ontwikkelingen binnen de telematica (een combinatie van *tele*communicatie en infor*matica*) openen nieuwe perspectieven voor de kwaliteit van de dienstverlening zowel bij de overheid als bij profit- en non-profitorganisaties. Thuiswerken, het internet, interactieve netwerken, online hulpdiensten, sociale media en andere vormen van 'dienstverlening op afstand' zijn nu eenvoudiger realiseerbaar dan vroeger. Tot nu toe is er echter weinig onderzoek gedaan naar de gevolgen van telematica voor de kwaliteit van de dienstverlening door organisaties en bedrijven.

Doelstelling
Het doel van het promotieonderzoek is de theorie over telematica verder te ontwikkelen, vooral op het terrein van de gevolgen van invoering van telematica voor de effectiviteit van de dienstverlening

door
de effectiviteit van de dienstverlening bij enkele banken en verzekeringsbedrijven waar telematica op grote schaal is ingevoerd, te vergelijken met de effectiviteit van de dienstverlening bij enkele banken en verzekeringsbedrijven waar dit niet of veel minder is gebeurd.

Kader 2.6

Het kan ook zijn dat de onderzoeker in de empirie verschijnselen vindt die zich anders gedragen dan de theorie voorspelt. Onderzoek naar deze zogeheten 'anomalieën' als startpunt voor empirisch onderzoek geeft in principe uitzicht op een reële bijdrage aan de wetenschappelijke theorievorming. Een voorbeeld hiervan is het volgende.

Voorbeeld Autonomie en stress

Projectkader
Tot nu toe is men er in de sociologie van arbeid en organisatie van uitgegaan dat een vergroting van de zeggenschap van werknemers over hun eigen werk leidt tot een verbetering van de kwaliteit van de arbeid. Recente publicaties geven echter aan dat een toename van de autonomie in sommige gevallen kan leiden tot een toename van 'stress op het werk'.

Doelstelling
Het doel van het onderzoek is de theorie over de kwaliteit van de arbeid verder te ontwikkelen, vooral op het terrein van de relatie tussen de kernbegrippen 'autonomie in het werk' en 'stress',
door,
op basis van bestudering van enkele contrasterende praktijkgevallen, inzicht te geven in de relatie tussen de aard en omvang van groepsautonomie en individuele autonomie op de werkplek enerzijds en de fysieke en psychische verschijningsvormen van stress anderzijds.

Kader 2.7

Theorietoetsend onderzoek

Het tweede type theoriegericht onderzoek dat in figuur 2.1 is aangegeven, is het theorietoetsend onderzoek. Dit zijn onderzoeken waarin men bestaande inzichten toetst, eventueel bijstelt en/of verfijnt. Hier kunnen vragen worden gesteld als: kan een bestaande theorie eenvoudiger worden gemaakt, bijvoorbeeld door verschillende theorieën of hypothesen binnen een theorie te vervangen door één theorie respectievelijk hypothese die net zoveel of misschien zelfs méér verklaart? Welke nieuwe eisen aan de kennisvorming worden er gesteld waarin de bestaande theorie (nog) niet voorziet? Houdt een bestaande theorie stand als we deze toetsen aan de huidige ontwikkelingen? Op welke punten bevatten bestaande theorieën interne tegenspraken of inconsistenties? In de voorlaatste vraag ziet de lezer een voorbeeld van *empirische* toetsing, terwijl in de laatste vraag een *logische* toetsing aan de orde is.

Een speciaal geval van interne tegenspraak doet zich voor als een en dezelfde theorie twee onderling strijdige hypothesen bevat, of als daaruit strijdige hypothesen kunnen worden afgeleid. De opsporing van de oorzaak van zo'n tegenstrijdigheid kan aanleiding zijn tot een sprong in de kennisvorming. Het is bijvoorbeeld mogelijk dat er een derde hypothese wordt gevonden die de tegenstrijdigheid opheft, of die deze twee hypothesen zelfs geheel overbodig maakt. Ook denkbaar is een situatie waarin twee verschillende hypothesen over een en hetzelfde fenomeen allebei evenveel verklaren. De kans bestaat dan dat uit deze twee hypothesen een derde hypothese kan worden afgeleid die wellicht nog meer verklaart dan de oorspronkelijke twee, bijvoorbeeld doordat deze meer generalistisch is dan de eerste twee.

Een andere strategie om een bestaande theorie te helpen verbeteren of verder uit te breiden is het plaatsen van een bepaald fenomeen of probleem onder een meer algemene noemer. Vervolgens worden uit deze meer algemene of abstracte problematiek een of meer concrete problemen afgeleid, die men vervolgens gaat onderzoeken. Het volgende door Ultee (1991) genoemde voorbeeld kan dit verduidelijken.

Voorbeeld Inkomensverdeling

Projectkader
Een al langdurig door sociologen en economen onderzochte problematiek is de kwestie van een ongelijke inkomensverdeling. Deze problematiek kan worden gezien als een onderdeel van de meer algemene problematiek van de verdeling van schaarse goederen. Een tweede onderdeel van deze meer algemene problematiek van schaarse goederen is de verdeling van beroepsstatus. Door nu de algemene problematiek van schaarse goederen als één samenhangend geheel te beschouwen kan men mogelijk verder komen dan wanneer de inkomensproblematiek geheel los van de andere problemen zoals beroepsstatus wordt bestudeerd. We zien hier een voorbeeld van een poging tot theorievorming door middel van abstrahering.

Doelstelling
Het doel van jouw onderzoek is de theorie van de ongelijke verdeling van schaarse goederen, vooral op het terrein van inkomensverdeling en beroepsstatus, te verbeteren
door
de toetsing van een set van hypothesen over het verband tussen verschillen in beroepsstatus enerzijds en ongelijke inkomensverdeling anderzijds. Deze hypothesen heb je ontleend aan theorieën over beroepsprestige en sociale ongelijkheid.

Kader 2.8

Tot zover enkele voorbeelden van theoretische projectkaders en mogelijkheden voor het daarbinnen selecteren van een doelstelling voor een onderzoek.

> **Opgave**
>
> Lees aandachtig de volgende tekst.
>
> *Sociale identificatietheorie*
> Het onderwerp van de sociale identificatietheorie is de manier waarop mensen zich identificeren – en geïdentificeerd worden – met hun plaats en positie in de maatschappij, in het sociale leven en in hun werk. Uit eerder onderzoek blijkt dat vooral de gebeurtenissen en verhoudingen in kleine groepen van invloed zijn op deze identificatieprocessen. Denk daarbij aan gebeurtenissen en verhoudingen in het gezin en de familie, de vriendenkring, de collega's op het werk. In de bedrijfskunde wordt veel belang gehecht aan de sociale identificatietheorie. Deskundigen vermoeden dat vooral de houding van de direct leidinggevende (autoritair of participatief leiderschap) van invloed is op de wijze waarop medewerkers zich identificeren met hun positie in de organisatie. Verder menen ze dat de mate waarin de medewerkers zich in positieve zin identificeren met hun werk van invloed is op hun loyaliteit ten opzichte van de organisatie.
>
> *Opdracht*
> a. Formuleer naar aanleiding van het bovenstaande projectkader een doelstelling voor een theorie-*ontwikkelend* onderzoek.
> b. Formuleer naar aanleiding van het bovenstaande een doelstelling voor een theorie-*toetsend* onderzoek.
> c. Benoem de belangrijkste verschillen tussen beide doelstellingen.

Dan volgt nu een behandeling van projectkaders en doelstellingen voor de vijf typen van praktijkgericht onderzoek (zie figuur 2.1).

2.4 Praktijkgericht onderzoek

Een praktijkgericht onderzoek is, zoals gezegd, een onderzoek met als doelstelling een bijdrage te leveren aan een *interventie* om een bestaande praktijksituatie te veranderen. Het gaat hier dus om het oplossen van een handelingsprobleem. Bedoeld zijn interventies zoals die plaatsvinden in het kader van de uitvoering van beleid door lokale, regionale, nationale en internationale overheden, of door het management van profit- en non-profitorganisaties.
In de meeste gevallen bestaat het projectkader bij een praktijkgericht onderzoek uit een complex probleem waarmee een stadsbestuur, een milieuorganisatie, een NGO of het management van een organisatie kampt. Een eerste belangrijk punt bij het formuleren van de doelstelling van het onderzoek is het vaststellen van de identiteit van de opdrachtgever. Dit is bepalend voor de aard en de omvang van de aanbevelingen die op grond van het onderzoek zullen worden gegeven. Immers, wanneer de opdrachtgever bijvoorbeeld een gemeentebestuur is, gaan de aanbevelingen vooral in op het algemene beleid van deze gemeente. Is de opdrachtgever de projectleider van een veranderingstraject in

een organisatie, dan verwacht deze opdrachtgever concrete en direct toepasbare adviezen als resultaat van het onderzoek. Daarom is een van de eerste vragen die beantwoord moeten worden bij de verkenning van het projectkader van een praktijkgericht project: wie is mijn opdrachtgever en wat wil hij? Wij adviseren dan ook om steeds bij de formulering van de doelstelling van een praktijkgericht onderzoek aan te geven voor welke persoon of instantie de onderzoeker aanbevelingen gaat doen, en met het oog op welke verandering dit advies precies gegeven wordt.

Een ander punt van aandacht betreft de 'overmoed' van de opdrachtgever. Deze overmoed heeft twee kanten. Ten eerste meent hij doorgaans vrij goed te weten wat het probleem is, waar het vandaan komt en hoe het moet worden opgelost. Maar bij enig doorvragen blijkt meestal dat allerminst duidelijk is waaruit een bestaande onvrede nu precies bestaat en hoe ze ontstaat. Sterker nog, vaak dragen opdrachtgevers niet een probleem aan, maar komen zij nog voordat het probleem duidelijk is al met een oplossing en menen ze zelfs al te weten wat voor soort onderzoek nodig is.

Voorbeeld — Problemen met het bestuur

De voorzitter van een belangenorganisatie in de maatschappelijke gezondheidszorg belt jou op over de volgende kwestie: 'Er heerst nogal wat onvrede onder onze leden. Men vindt dat wij – het bestuur – de belangen van de leden onvoldoende behartigen. Maar dat is een misverstand. Kun je wellicht bij ons een enquête verrichten naar de problematiek van interne communicatie tussen leden en bestuur?' De vraag is op zichzelf helder, maar de implicaties ervan niet. Hier maakt de opdrachtgever melding van een techniek om de gegevens te verzamelen (enquête). Maar men weet nog niet eens wat nu eigenlijk problematisch wordt gevonden aan de interne communicatie, wat men eraan zou willen gaan doen en welke bijdrage het project aan het gekozen oplossingsplan zou kunnen leveren. Ook is (dus) niet duidelijk welke kennis bij de uitvoering van dit plan nuttig of nodig is, laat staan dat al een beslissing kan worden genomen over de wijze van dataverzameling, zoals de opdrachtgever hier deed. Kortom, als de onderzoeker zonder meer op de vraag van de opdrachtgever ingaat, loopt hij het risico dat het onderzoek volledig op drijfzand komt te staan.

Kader 2.9

De algemene vuistregel moet hier dan ook zijn dat de onderzoeker in principe altijd weerstand biedt tegen opdrachtgevers die dit gedrag vertonen. Het spreekt voor zich dat een beginnend onderzoeker in dat geval de begeleider of mentor inschakelt om het benodigde tegenwicht te kunnen bieden.

Een tweede aspect van de overmoed van veel opdrachtgevers betreft de verwachting dat de onderzoeker het probleem gaat oplossen. Hier zijn de volgende kanttekeningen op zijn plaats. Ten eerste kan, zoals eerder betoogd, in een empirisch onderzoek als regel slechts een (klein) deel van een problematiek worden bestudeerd. Het is bijvoorbeeld onwaarschijnlijk dat het probleem van een overheid die uit is op een betere naleving van wetgeving in het verkeer, in één onderzoek integraal kan worden bestudeerd. Daarom moet een scherp onderscheid worden gemaakt tussen het doel van de opdrachtgevende instantie enerzijds, en de doelstelling van de onderzoeker anderzijds.

Een tweede, meer principiële reden voor overspannen verwachtingen van de opdrachtgever is precies het foutieve beeld van onderzoek waarover wij eerder spraken: het beeld dat onderzoek een instrument voor probleemoplossing is. In werkelijkheid is, zoals gezegd, onderzoek 'slechts' een hulpmiddel om tot kennis te komen. Deze kennis kan door praktijkmensen, meestal *niet* de onderzoeker zelf, worden gebruikt om een actie te ondernemen die is gericht op probleemoplossing of probleemreductie. De onderzoeker moet zich houden aan de rol van *onderzoeker*, en moet bewust afzien van een eventuele rol als beleidsvoerder of manager. Ook is het heel belangrijk dat de opdrachtgever zich bewust is van dit onderscheid. De conclusie is dat de onderzoeker bij de start van het onderzoek het projectkader moet verkennen, waarbij moet worden stilgestaan bij de vraag wat nu eigenlijk het probleem is van de opdrachtgever en welk deel ervan behoort tot het doel van het onderzoek.

Dit laatste kan heel lastig zijn, waarbij enige hulp van een instrument of heuristiek geen overbodige luxe is. Deze hulp kan worden gevonden in het gebruik van de zogenoemde *interventiecyclus*. De interventiecyclus is een reeks van fasen die moeten worden doorlopen bij het oplossen van handelingsproblemen. Let wel, de interventiecyclus is dus géén model voor het doen van empirisch onderzoek, maar voor probleemoplossing. Een *praktijkgerichte* onderzoeker kan er handig gebruik van maken, onder andere bij het formuleren van de doelstelling voor zijn onderzoek.

In de interventiecyclus worden vijf fasen van probleemoplossend handelen onderscheiden:

1. *Probleemanalyse*
   In dit stadium is het vaak allereerst nodig om een probleem onder de aandacht van belanghebbenden te brengen. Men noemt dit ook wel 'agendasetting'. Vaak hebben in het begin maar een paar mensen in de gaten dat er iets mis dreigt te gaan. Men dient er dan voor te zorgen dat het probleem 'op tafel komt', zodat het voor iedereen zichtbaar en bespreekbaar wordt. Ook moet in deze fase duidelijk worden *wat* precies het probleem is, *waarom* het een probleem is en *wiens* probleem het is. De waarom-vraag kan worden beantwoord door óf te wijzen op algemene normen, waarden of idealen waarmee een bestaande toestand in strijd is, óf te wijzen op de kwalijke of ongunstige gevolgen die deze toestand kan hebben.
2. *Diagnose*
   Is het probleem als zodanig herkend en erkend door de betrokkenen, dan volgt in de diagnostische fase een bestudering van de achtergronden en het ontstaan van de gesignaleerde problematiek. Een inzicht in deze achtergronden en oorzaken wijst vaak de richting waarin een oplossing kan worden gezocht.

3. *Ontwerp*
   Daarna wordt op basis van de probleemanalyse en de diagnose een interventieplan gemaakt om tot een oplossing voor het probleem te komen. Men maakt bijvoorbeeld het ontwerp van een gemeentelijke voorlichtingscampagne of het ontwerp voor een nieuwe productiestructuur.
4. *Interventie/verandering*
   Met het maken van een plan of ontwerp voor een interventie is het probleem natuurlijk nog niet opgelost. Het plan of het ontwerp moet ook nog worden gerealiseerd. Met andere woorden: er moet een interventie- of veranderingstraject in gang worden gezet en doorlopen.
5. *Evaluatie*
   Tot slot is het noodzakelijk om te controleren of de ingevoerde verandering ook daadwerkelijk het eerder gesignaleerde probleem heeft opgelost of gereduceerd. Vaak zal blijken dat een probleem slechts partieel is opgelost of dat er weer nieuwe problemen ontstaan. Dan begint de reeks stappen van voren af aan. Vandaar dat we hier spreken van een interventie*cyclus*.

Met een praktijkgericht onderzoek kan in principe een bijdrage worden geleverd aan de oplossing of reductie van handelingsproblemen in elk van deze vijf fasen. We onderscheiden daarom, parallel aan de interventiecyclus, vijf typen praktijkgerichte onderzoeken. De belangrijkste maar niet altijd even gemakkelijk te beantwoorden vraag die dan ook bij het verkennen van een praktijkgericht projectkader moet worden beantwoord, is: in welk van de vijf stadia van probleemoplossing verkeert het voorliggende handelingsprobleem? De onderzoeker moet hierbij een zeer kritische houding aannemen, want, zoals eerder betoogd, belanghebbenden neigen in de praktijk naar het overslaan van de eerste fasen van de interventiecyclus. Afhankelijk van het antwoord op deze vraag bestaat het onderzoek uit een van de vijf in het schema genoemde typen onderzoek.

Hierbij is de volgende kanttekening op zijn plaats. In deze cyclus is het meest centrale gegeven de wens tot probleemoplossing. In die zin is fase 3 met afstand de belangrijkste. Toch is dit geen reden om dan maar standaard een ontwerpgericht onderzoek te kiezen, iets wat veel beginnende onderzoekers geneigd zijn te doen. Ten eerste is het in de meeste gevallen nodig om eerst te achterhalen wat het probleem nu precies is (fase 1). Pas als duidelijk is wat het probleem precies is, waarom het een probleem is en wiens probleem het is, kan men beginnen aan een diagnostisch onderzoek door de achtergronden en oorzaken van het probleem te bestuderen. En deze laatste kennis heeft men nodig om over te gaan tot het ontwerpen van de oplossing. Immers, een duurzame oplossing van een probleem bestaat meestal uit het aanpakken van de oorzaken ervan. Een andere mogelijkheid is dat het onderzoek relevant is voor een praktijksituatie waarin het ontwerp voor de oplossing van het probleem al duidelijk is. Dit type onderzoek is dan gericht op de uitvoering van het gekozen ontwerp. Het onderzoek geeft bijvoorbeeld nuttige informatie aan het op de rails houden en, indien nodig, bijsturen van een in gang gezet beleid van een overheidsinstantie, of van het strategisch management van een bedrijf of organisatie. We noemen dit ook wel *monitoren*. Ten slotte, als een beleid of strategisch management al is uitgevoerd, kan men door middel van een evaluatieonderzoek de zwakke kanten van een interventie opsporen. Op basis hiervan kan in de toekomst het bewuste beleid of strategisch management worden verbeterd.

Hierna behandelen we voor elk van de vijf typen praktijkgericht onderzoek het projectkader en de daaruit afgeleide doelstelling. We geven daarbij een voorbeeld van elk projecttype.

Probleemanalytisch onderzoek

Een probleem kan worden gezien als een spanning tussen een feitelijke en een gewenste situatie of ontwikkeling. De fase van probleemanalyse dient ervoor om voor alle betrokkenen duidelijkheid en zo mogelijk consensus te creëren over de vraag waaruit nu precies de gewraakte feitelijke situatie bestaat en welke gewenste toestand men expliciet, maar vaker impliciet, in gedachten heeft. Een wenselijke situatie kan worden geformuleerd in termen van normen en criteria waaraan iets moet voldoen, dan wel de functies die iets moet vervullen binnen een groter geheel. Zoals eerder kort aangegeven moet uit deze, overigens bij de opdrachtgever vaak onbewuste en impliciete, normen, criteria en functie-eisen duidelijk worden *waarom* iets een probleem wordt gevonden. Tijdens de fase van probleemanalyse moet de onderzoeker zich zowel op de feitelijke als op de wenselijke kant richten: wat zijn de feiten en waarom zijn ze problematisch? Vanwege het feit dat een (te onderzoeken) spanningsverhouding tussen een feitelijke en een gewenste situatie een centrale rol speelt in deze situatie, wordt hier ook wel gesproken van een 'gap analysis'.

Voorbeeld — Multifunctioneel complex

Projectkader
Een lokale overheid en enkele multinationals uit de regio hebben het plan opgevat om een groot multifunctioneel complex te bouwen. Dit complex moet onderdak bieden aan zaken als voetbalwedstrijden en andere sportmanifestaties, kunstevenementen en popconcerten. Diverse milieuorganisaties, verenigd in het platform 'Milieubelang', hebben echter het idee dat bij de besluitvorming onvoldoende aandacht is voor milieuaspecten zoals geluidsoverlast, verontreiniging van de lucht en de bodem en aantasting van biosferen. De secretaris van het platform wil ervoor zorgen dat deze milieuaspecten belangrijker worden bij de verdere besluitvorming. Hij geeft jou de opdracht een onderzoek uit te voeren dat een bijdrage moet leveren aan het belangrijker worden van deze thematiek bij de besluitvorming.

Doelstelling
Het doel van dit onderzoek is aanbevelingen te doen aan 'Milieubelang' voor de ontwikkeling van een communicatiebeleid dat erop is gericht om het milieuaspect op de agenda van de politieke besluitvorming rondom het multifunctioneel complex te krijgen

door
het in kaart brengen van de meningen van diverse groepen in de regio over het belang van milieuaspecten van het multifunctioneel complex.

Kader 2.10

De keuze voor een probleemanalytisch onderzoek waarin uitsluitend wordt onderzocht wat de ware aard van een probleem is en hoe het zich manifesteert, is vooral in het geval van een afstudeerproject aantrekkelijk. Zoals al eerder opgemerkt, is deze eerste fase van probleemoplossend handelen doorgaans de meest doorslaggevende, maar ook de meest verwaarloosde. Voor een bescheiden onderzoek als een afstudeerproject ligt hier dan ook een van de beste kansen voor een alleszins haalbaar onderzoek met een reële en doorgaans zeer nuttige bijdrage aan de oplossing van een bepaald probleem. Deze keus impliceert overigens wél voor de meeste mensen, onder wie niet in de laatste plaats de probleemhebber en/of opdrachtgever, dat zij moeten afrekenen met een natuurlijke neiging om direct met de oplossing van een probleem te beginnen. Het is een vorm van wat de Fransen noemen 'reculer pour mieux sauter' (teruglopen om beter te kunnen springen).

Naast dit principiële argument zijn er ook pragmatische overwegingen om juist in het geval van een afstudeerproject voor een probleemanalytisch onderzoek te kiezen. Bij oplossingsplannen (ontwerp) en de uitvoering daarvan (interventie) zijn namelijk vaak politieke tegenstellingen en emotionele problemen in het spel. In een oplossingsgericht onderzoek is de kans groot om als onderzoeker te worden gemangeld in een krachtenspel van tegengestelde belangen en op die manier vertraging op te lopen bij het uitvoeren van het onderzoek. Door de plaatsing van het project in deze fase of in de evaluatiefase komt een onderzoeker doorgaans nog het minst in de klem. Wij beseffen overigens dat dit argument slechts geldt voor de afstudeerder. Een contractonderzoeker heeft die keuze doorgaans niet.

Ook zijn er verschillende praktische argumenten om te kiezen voor een probleemanalytisch onderzoek. Ten eerste hebben veel organisaties moeite met het geven van een antwoord op de vraag 'wat is nu eigenlijk het probleem?' Niet genoeg kan worden benadrukt dat een onderzoeker juist door het beantwoorden van deze vraag een doorslaggevende bijdrage levert aan een adequate oplossing van een probleem. Ten tweede zijn er meestal weinig problemen met het verkrijgen van de juiste gegevens voor dit soort onderzoeken. De meeste mensen willen wel bijdragen aan het oplossen van problemen, terwijl men in dit stadium nog niet zozeer gedwongen wordt tot het innemen van standpunten.

2 Doelstelling

Opgave

Voorbeeld 'problemen met het bestuur'
Een belangenorganisatie in de maatschappelijke gezondheidszorg heeft het volgende probleem. Er heerst nogal wat onvrede onder de leden. Men vindt dat het bestuur de belangen van de leden onvoldoende behartigt. Aan jou wordt gevraagd om in het kader van je afstudeerproject na te gaan of deze klacht op waarheid berust, en zo ja, op welke onderdelen van het bestuurlijke werk deze klacht precies betrekking heeft. Het bestuur vraagt om vooral te kijken naar de interne communicatie tussen leden en bestuur.
De opdracht is op zichzelf helder, maar in het gesprek met de opdrachtgever komt naar voren dat er misschien nog andere oorzaken zijn voor de onvrede van de leden. Misschien vinden de leden dat het bestuur niet alert genoeg reageert op maatschappelijke ontwikkelingen in de gezondheidszorg. Mogelijk ook vinden de leden dat het beleid van het bestuur te veel intern gericht is en te weinig extern. Misschien spelen de klachten over het bestuur slechts bij enkele, luidruchtige, leden en vindt het merendeel van de leden het bestuur juist erg goed! Kortom, het is nodig om eerst wat meer te weten te komen over het probleem zelf.

Opdracht
Formuleer naar aanleiding van het bovenstaande projectkader een doelstelling voor een probleemanalytisch onderzoek.

Diagnostisch onderzoek

Als na een adequate probleemanalyse het handelingsprobleem helder is geformuleerd, en als duidelijk is waarom het een probleem wordt gevonden en wiens probleem het is, kan worden begonnen aan de diagnostische fase. In een diagnostisch onderzoek wordt inzicht verkregen in de achtergronden, oorzaken en samenhangen van de problematiek in kwestie. Maar let op, als het probleem niet helder is geformuleerd, kunnen er grote moeilijkheden ontstaan met het diagnostisch onderzoek. Immers, in dat geval zoekt de onderzoeker in het diagnostisch onderzoek naar achtergronden, oorzaken en samenhangen van het probleem in kwestie, terwijl niet helemaal duidelijk is wat het probleem nu precies is, waarom het een probleem is en wiens probleem het is. Dit leidt onherroepelijk tot verwarring en tijdverlies. Hierin ligt andermaal een reden om een probleemanalytisch onderzoek zeker te overwegen.

Het diagnostisch onderzoek is een veelgebruikt type praktijkgericht onderzoek. We kunnen daarbij verschillende vormen van diagnostisch onderzoek onderscheiden. Het voert te ver om in dit boek uitvoerig in te gaan op al deze vormen. We noemen daarom alleen de belangrijkste.

Een veelvoorkomende vorm van diagnostisch onderzoek is het *opinie*onderzoek. Soms is het niet zozeer van belang om erachter te komen welke objectieve factoren een bepaald probleem veroorzaken, maar om uit te zoeken hoe de verschillende betrokken partijen tegen de redenen en achtergronden van het probleem in kwestie aankijken. Immers, soms is het inzicht in de meningen van betrokkenen belangrijker dan objectieve kennis over de oorzaken ervan. Denk in dit verband bijvoorbeeld aan het onderzoek naar de achtergronden van regelmatig terugkerende conflicten tussen bevolkingsgroepen met een verschillende etnische achtergrond in bepaalde Nederlandse steden. Belangrijk voor het vinden van een oplossing is het dan om te weten wat de – tegengestelde – meningen zijn van de betrokken groepen over de oorzaken van deze conflicten.

> **Voorbeeld** ICT en HRM
>
> *Projectkader*
> ICT-instellingen maken turbulente tijden door. De klanten stellen zich steeds kritischer op en verlangen van de ICT-organisatie een goede begeleiding bij het ontwikkelen en doorvoeren van nieuwe ICT-systemen. Dat stelt hoge eisen aan de kwalificatie en flexibiliteit van de ICT-adviseurs en dus aan het Human Resources Management (HRM) van deze ICT-bedrijven. Dit is vooral het geval op het terrein van training, scholing en dergelijke van ICT-adviseurs. Een groot ICT-bedrijf in de Verenigde Staten wil voorzien in deze behoeften van de klanten. Het idee is om het HRM-beleid van de organisatie aan te passen en meer organisatiegerichte trainingen aan te bieden aan de ICT-adviseurs. Het hoofd van de HRM-afdeling van het ICT-bedrijf vraagt jou om na te gaan hoe bij verschillende betrokken partijen wordt aangekeken tegen dit idee.
>
> *Doelstelling*
> Het doel van het onderzoek is aanbevelingen te doen aan het hoofd HRM voor de verbetering van het HRM-beleid op het terrein van training, scholing en begeleiding van ICT-adviseurs
> *door*
> inzicht te geven in de meningen van de betrokken groepen, zoals het management van klantorganisaties, ICT-adviseurs, P&O-functionarissen over de effectiviteit van organisatiegerichte trainingen en scholing voor de verbetering van de adviesvaardigheden van het ICT-personeel.
>
> Kader 2.11

Een tweede veelvoorkomende vorm van diagnostisch praktijkgericht onderzoek is een variant van de eerdergenoemde *gap analysis*. Stel, een lokale omroep wil bereiken dat meer mensen op de zender afstemmen. Neem vervolgens aan dat communicatiewetenschappelijke theorieën aangeven dat de verreweg meest belangrijke voorwaarde daarvoor is de programma's af te stemmen op een nauwkeurig afgebakende doelgroep. Als deze omroep echter zijn heil vooral zoekt in het aankopen van duur tv-materiaal, en tegelijkertijd niets doet aan een doelgroepgerichte programmering, dan is er een gap tussen wat wenselijk of nodig is en wat er in de praktijk feitelijk gebeurt. In deze gap analysis is niet alleen sprake van een gap in probleemanalytische zin, te weten een spanning tussen een geringe groep kijkers en de wens deze groep uit te breiden, maar ook in diagnostische zin. Uit de geconstateerde gap blijkt immers wat de (vermoedelijke) oorzaak is van het probleem. In het voorbeeld hieronder wordt het idee van een diagnostische gap analysis nog eens, maar nu met andere woorden geschetst.

Voorbeeld Fusie en marktoriëntatie

Projectkader
Twee instellingen, X en Y, die beide te maken hebben met het verlenen van psychiatrische verzorging in de regio Oost-Nederland, besluiten samen te gaan in een nieuw samenwerkingsverband Z. Het doel van de samenwerking is om meer marktgericht en minder aanbodgericht te gaan opereren. Dit om de concurrentie met andere psychiatrische instellingen in de regio beter aan te kunnen. Nu is er de laatste jaren veel onderzoek gedaan naar het verbeteren van de marktgerichtheid van zorginstellingen. Daaruit is gebleken dat een actieve klantgerichte strategie, een platte organisatieopbouw en een teamgerichte samenwerking bevorderend zijn voor het succesvol implementeren van een marktgerichte organisatie.

Doelstelling
Het doel van het onderzoek is aanbevelingen te doen aan het MT van het samenwerkingsverband Z over het te voeren beleid met betrekking tot de organisatieopbouw, samenwerking en de strategie van de organisatie
door
het maken van een diagnostische *gap analysis*, waarbij de huidige organisatieopbouw, samenwerking en strategie van de instellingen X en Y worden vergeleken met de kenmerken van de in het licht van het succesvol implementeren van marktoriëntatie gewenste organisatieopbouw, samenwerking en strategie.

Kader 2.12

Opgave

Lees aandachtig de volgende tekst.

Arbo-artsen
In organisatie Y ervaart arbo-directeur X grote problemen met betrekking tot de rol van de arbo-artsen in allerlei arbeidsconflicten. Vaak komen werknemers bij de arbo-arts met ziekteklachten die duidelijk gerelateerd zijn aan conflicten tussen leidinggevenden en ondergeschikten. De arbo-arts komt dan in een 'dubbele' positie, waarin hij te maken heeft met de belangen van zowel de zieke patiënt als de organisatie. Wat is nu de beste rol van een arbo-arts bij het oplossen van deze conflict-gerelateerde ziekteklachten in dit soort zaken?

Opdracht
a. Formuleer naar aanleiding van het bovenstaande projectkader een doelstelling binnen een diagnostisch *opinie*onderzoek; ga er hierbij van uit dat er resultaten zijn van eerder onderzoek naar de relatie tussen arbeidsconflicten, ziekteklachten en de rol van arbo-artsen in deze conflicten.

b. Formuleer naar aanleiding van het bovenstaande projectkader een doelstelling binnen een diagnostische *gap analysis*; ga er hierbij van uit dat er resultaten zijn van eerder onderzoek naar de relatie tussen arbeidsconflicten, ziekteklachten en de rol van arbo-artsen in deze conflicten.
c. Benoem de belangrijkste verschillen tussen deze twee doelstellingen. Kijk vooral naar het b-gedeelte van de doelstelling van de projecten.

Opdracht
Formuleer naar aanleiding van het bovenstaande projectkader een doelstelling voor een probleemanalytisch onderzoek.

Ontwerpgericht onderzoek

Om een ontwerpgericht project met succes te kunnen uitvoeren moet aan twee voorwaarden zijn voldaan. De onderzoeker moet ervan uit kunnen gaan dat er sprake is van een adequate probleemanalyse en een juiste diagnose van de op te lossen problematiek. Deze zaken zijn óf bekend uit een eerder onderzoek óf ze moeten in het kader van de nadere verkenning van het projectkader op 'face value' zijn in te vullen. Deze voorwaarden duiden er al op dat men niet al te snel moet besluiten tot een ontwerpgericht project. Men kan er zich gemakkelijk aan vertillen.

Voorbeeld — Flexitas

Projectkader
Flexitas is een middelgrote meubelfabrikant. Deze maakt stoelen en tafels in diverse ontwerpen en uitvoeringen voor het middenklasse-segment. Tot nu toe is de inrichting van de fabricage gebaseerd op specialisatie: de eerste afdeling maakt de poten, een tweede afdeling maakt tafelbladen, een derde stoelzittingen, enzovoort. Tot slot worden de diverse onderdelen in een assemblagehal in elkaar gezet. Deze manier van werken voldoet niet, zo heeft eerder onderzoek uitgewezen. Er gaat nogal eens wat fout met de volgorde waarin orders worden geproduceerd, er is weinig afstemming tussen de productie van de verschillende afdelingen en ook de kwaliteit van de producten laat te wensen over. Men wil toe naar een nieuwe structuur waarin één afdeling alle voorkomende handelingen, van deelproductie tot en met assemblage en verzending, voor haar rekening neemt. Dat betekent dat alle gespecialiseerde afdelingen moeten worden opgeheven en dat specialisten in zogenoemde hele taakgroepen moeten gaan samenwerken. Adviesbureau X wordt ingehuurd. Dit adviesbureau maakt een grootscheeps reorganisatieplan. Een onderdeel van het reorganisatieplan is het maken van het ontwerp voor de nieuwe structuur op basis van de principes van de moderne sociotechniek. Jij bent een student bedrijfskunde en jouw afstudeeropdracht heeft als doel om een bijdrage te leveren aan dit ontwerp.

Doelstelling
Het doel van het onderzoek is het doen van aanbevelingen aan het adviesbureau X voor het maken van een ontwerp voor de nieuwe productiestructuur

door,
op basis van bestudering van bestaande werkstromen, te verwachten orderstromen en aanwezige kwaliteiten van het personeel, een beoordeling te geven van een concept-ontwerp productiestructuur, dat is gebaseerd op de uitgangspunten van de moderne sociotechniek.

Kader 2.13

Voor een ontwerpgericht onderzoek is het belangrijk een onderscheid te maken in vier soorten vereisten: *functionele, contextuele, gebruikers-,* en *structurele* vereisten. Met de *functionele* vereisten worden bedoeld de functies die een interventie, of een te produceren artefact, moet vervullen. In het geval van een probleemoplossende interventie bestaan deze functionele vereisten grotendeels uit de oplossingsvoorwaarden waaraan volgens de belanghebbenden een adequate oplossing van het voorliggende probleem moet voldoen. In het geval van een te produceren artefact, zoals computersoftware, een nieuwe grassoort of een nieuw type sensor voor luchtvervuiling, bepalen de functionele vereisten welke prestaties het artefact moet kunnen leveren. De onderzoeker kan deze zaken nauwkeurig in kaart brengen door middel van een empirisch onderzoek. *Contextuele* eisen zijn, zoals het woord al zegt, eisen die aan een interventie of artefact worden gesteld vanuit de omgeving. Hierbij kunnen we een onderscheid maken tussen de politieke, economische, sociale en transactionele omgeving. Met *gebruikers*eisen worden bedoeld de wensen van toekomstige uitvoerders van het te ontwikkelen beleid of strategisch management, dan wel gebruikers van het te realiseren artefact.

Tot slot, last but not least, de *structurele* eisen. Dit zijn de materiële en immateriële kenmerken die het te ontwikkelen beleid, strategisch management of artefact moet hebben, voordat de functionele, contextuele en gebruikerseisen kunnen worden vervuld. Als het goed is, kunnen de structurele eisen logisch uit de overige drie soorten van eisen worden afgeleid. Een ontwerpgericht onderzoek zou dan kunnen inhouden het verzamelen en analyseren van empirische gegevens betreffende functionele, contextuele en gebruikersvereisten, en het vervolgens via een logische analyse, in combinatie met de nodige materiekennis over het artefact of beleid, hieruit afleiden van de benodigde structurele kenmerken.

Opgave

Lees aandachtig de volgende tekst.

Voorbeeld 'Het Groene Hart'
Een overkoepelende werkgroep van gedeputeerden voor het ruimtelijkeordeningsbeleid van de Provinciale Staten van Zuid-Holland, Noord-Holland en Utrecht is verantwoordelijk voor de 'long' van de Randstad. Bedoeld wordt een groot gebied dat delen van de drie provincies beslaat en dat is bestemd voor land- en tuinbouw en recreatie, het

zogenoemde 'Groene Hart'. Veel mensen vinden het belangrijk dat dit gebied blijft bestaan, maar over het beleid dat de drie provincies moeten gaan voeren met betrekking tot de ontwikkeling van dit gebied in de komende tien jaar, zijn de meningen verdeeld. Moet de recreatieve functie meer worden ontwikkeld? Tot op welke hoogte en onder welke condities is de aanleg van verkeersaders en treinverbindingen in of onder het gebied acceptabel? Welke eisen moeten er worden gesteld aan de aanwezige land- en tuinbouw? Is grootschalige veehouderij toelaatbaar?

De meningen over deze zaken zijn verdeeld. Niet alleen de provinciebesturen verschillen onderling van mening. Ook de ambtenaren van de verschillende provincies zijn het op onderdelen niet met elkaar eens. Bovendien hebben de betrokken milieuorganisaties elk een eigen oordeel over deze zaken. Vanwege het grote belang voor de toekomst is er onlangs een grootscheeps opinieonderzoek gehouden, waarin de meningen van alle betrokkenen zijn geïnventariseerd. De genoemde werkgroep geeft een groot onderzoeksbureau dat is gespecialiseerd in milieuvraagstukken en overheidsbeleid, de opdracht om op basis van de resultaten van het opinieonderzoek een voorstel te maken voor een ruimtelijkeordeningsbeleid met betrekking tot het 'Groene Hart' waarin de drie provincies zich waarschijnlijk kunnen vinden.

Opdracht
Formuleer naar aanleiding van het bovenstaande projectkader een doelstelling voor een ontwerpgericht onderzoek.

Verandergericht onderzoek

Het zou kunnen dat er al een plan voor probleemoplossing is, maar dat dit ontwerp nog in de organisatie moet worden ingevoerd. Ook kan het zijn dat dit plan al uitgevoerd wordt. In deze en dergelijke gevallen kan een veranderproject in aanmerking komen, waarmee beoogd wordt om kennis te leveren voor het succesvol uitvoeren van een interventieplan. Dit type noemt men behalve een veranderproject ook wel een monitoringproject. Hierbij verzamelt de projectuitvoerder een continue stroom van gegevens over de uitvoering. Op basis hiervan kan de probleemoplosser bepalen of alles naar wens verloopt, welke knelpunten er zijn en of voor sommige onderdelen een koerscorrectie nodig is. Immers, ook al zijn de probleemsignalering, de diagnose en het interventieplan adequaat geformuleerd, dan nog zijn er in deze uitvoerende fase legio factoren die een bevredigende probleemoplossing in de weg kunnen staan.

Voorbeeld Hostel Korteweg

Projectkader
Hostel Korteweg is een makelaar in verzekeringen die bemiddelt bij het verzekeren van uitzonderlijk grote projecten, zoals het verslepen van boortorens, het bezoek van de paus of de exploitatie van tentoonstellingen. Hostel Korteweg wil de relaties met haar klanten verbeteren en is een project 'relatiemanagement' gestart. In dit project worden de medewerkers getraind in een klantvriendelijker aanpak en gedrag en worden de klanten op de hoogte gesteld van het nieuwe cliëntgerichte beleid. De leider van het project is bezorgd over het welslagen ervan en zet een begeleidingsteam in om de verandering

in goede banen te leiden. Een organisatiekundig onderzoek moet een bijdrage leveren aan deze begeleiding.

Doelstelling
Het doel van het project is het doen van aanbevelingen aan de projectleider 'relatiemanagement' voor de verbetering van het implementatietraject
door,
op basis van een nauwkeurige beschrijving en analyse van de verschillende stappen van het project, een overzicht te maken van mogelijke implementatieproblemen die zich tijdens de uitvoering ervan kunnen voordoen (monitoring).

Kader 2.14

Opgave

Lees aandachtig de volgende tekst.

Voorbeeld 'geluidwering'
Op grond van talloze klachten van de inwoners van een gemeente heeft het bestuur van deze gemeente een beleid voor geluidwering ontwikkeld. Het beleid bestaat eruit dat bewoners van bepaalde nauwkeurig beschreven zones in de stad in aanmerking kunnen komen voor een subsidie waarmee zij geluidwerende materialen aan hun huizen kunnen aanbrengen. De afdeling milieuzaken van het gemeentehuis is echter van mening dat er allerlei problemen zullen optreden bij de uitvoering van dit beleid.

Opdracht
Formuleer naar aanleiding van het bovenstaande projectkader een doelstelling voor een verandergericht onderzoek. Zorg daarbij vooral voor een uitgebreid b-gedeelte, te weten een indicatie van de informatie, kennis en inzichten die in het onderzoek moeten worden geproduceerd.

Evaluatieonderzoek

Als de interventie eenmaal is uitgevoerd, dan is de volgende en voorlopig laatste vraag in hoeverre sprake is geweest van een geslaagde actie. In dat geval ligt een evaluatieonderzoek voor de hand. Dit is een onderzoek waarin de situatie die na een interventie is ontstaan, wordt beoordeeld. Meer in het bijzonder is hier sprake van een productevaluatie. In feite lijkt een dergelijk evaluatieonderzoek veel op een probleemanalytisch onderzoek. In beide gevallen wordt immers een feitelijke toestand of ontwikkeling tegen het licht gehouden van een gewenste toestand of ontwikkeling. Alleen wordt dat in het eerste geval gedaan vóórdat er sprake is geweest van een oplossingspoging, en in het tweede geval erna (ex post). Cruciaal voor beide typen onderzoek is dat de ontwerper van het onderzoek een set criteria, normen of standaarden opspoort of zelf ontwikkelt, op basis waarvan vervolgens de empirische werkelijkheid wordt beoordeeld. Bij een ex post productevaluatie kijkt men dan of de situatie voldoet aan de criteria die destijds golden bij de probleemanalyse. Voldoet deze, dan kan worden geconcludeerd dat het probleem is opgelost of gereduceerd. Ook is het nodig dat wordt aangetoond dat de geconstateerde verandering het gevolg is van het uitgevoerde veranderproject, ook wel interventie genoemd, en niet van iets anders wat toevallig tegelijkertijd gebeurde. Vooral dit laatste, het aantonen van een causaal verband tussen interventie en verandering, is een van de moeilijkste typen onderzoek, en moet dan ook doorgaans worden overgelaten aan professionele onderzoekers. Een beginnende onderzoeker volstaat dan in principe met het aantonen en nauwkeurig *beschrijven* van veranderingen. Dit vormt het eerste en noodzakelijke deel van een ex post productevaluatie.

Het behoeft geen betoog dat ook op basis van de resultaten van een evaluatieonderzoek aan probleemoplossing kan worden bijgedragen. Dit kan in de vorm van verbeteringsvoorstellen voor bestaand beleid, strategisch management of voor (analoge) toekomstige interventies.

Voorbeeld — Projectbeheersingssystemen

Projectkader
Het ministerie van Binnenlandse Zaken (BiZa) heeft problemen met de beheersing van de binnen de gemeenten uitgevoerde automatiseringsprojecten (GBA). De projectleider, die tot taak heeft gehad om het beleidsplan 'Verbetering GBA' in te voeren, heeft enkele jaren geleden projectbeheersingsmethode A ingevoerd bij de begeleiding van de GBA-projecten in een aantal grote gemeenten. De vraag is: 'Wordt de belofte ook in de praktijk waargemaakt?' Dit wordt het onderwerp van een bestuurskundig evaluatieonderzoek.

Doelstelling
Het doel van het onderzoek is het doen van voorstellen van de projectleider 'Verbetering GBA' voor de verbetering van het uitgevoerde beleid voor de beheersing van GBA-projecten
door
een beoordeling te maken van de effectiviteit van het beleidsplan 'Verbetering GBA' op basis van een evaluatieonderzoek naar de kostenbeheersing, tijdsduur en interne communicatie van GBA-projecten in vier gemeenten die de beheersingsmethode Y hebben toegepast.

In de beleidskunde is evaluatieonderzoek verreweg het meest uitgevoerde type onderzoek. In het geval van een ex post evaluatie is de interventie intussen uitgevoerd, zodat de meeste 'hete hangijzers' achter de rug zijn. Wel hebben de betrokkenen bepaalde verwachtingen van de resultaten. De onderzoeker kan nagaan in hoeverre deze verwachtingen in vervulling zijn gegaan, waaraan eventuele tekortkomingen kunnen worden toegeschreven en welke verbeteringen in de toekomst mogelijk zijn. Zoals we eerder hebben aangegeven, is dit type evaluatieonderzoek heel geschikt om te gebruiken in het kader van een kwalificatieonderzoek, zoals een afstudeerproject of een dissertatieonderzoek. De reden is dat men niet zo snel partij wordt en zich rustig kan wijden aan de taak van een onderzoeker, dat wil zeggen de productie van relevante kennis, inzichten en informatie.

Kader 2.15

Opgave

Lees aandachtig de volgende tekst.

Voorbeeld 'verkeer- en vervoerbeleid'
Provinciale Staten heeft enkele jaren geleden een nieuw verkeer- en vervoerbeleidsplan het licht doen zien. Het plan behelsde het meerjarenbeleid van de provincie met betrekking tot de stroomlijning van het verkeer en het vervoer binnen de provincie. Het plan was ambitieus met betrekking tot het terugdringen van het filevraagstuk en het beter toegankelijk maken van het openbaar vervoer. Het plan was ook omvangrijk. Het omvatte niet alleen de te behalen streefcijfers, maar ook een plan van aanpak en een uitgebreide projectorganisatie om het plan te kunnen uitvoeren. De vraag is nu of het plan heeft gewerkt. De provincie geeft opdracht voor een ex post evaluatieonderzoek.

Opdracht
Formuleer naar aanleiding van het bovenstaande projectkader een doelstelling voor het evaluatieonderzoek, gericht op een productevaluatie. Tip, realiseer je dat het doel van het projectplan hierboven moet dienen als criterium waaraan veranderingen moeten voldoen, en dat dit doel dus moet worden genomen als criterium om deze veranderingen te beoordelen.

Tot slot van dit hoofdstuk formuleren we een stappenplan dat een ontwerper die een geschikte doelstelling voor zijn onderzoek wil ontwikkelen, kan volgen.

Stappenplan en voorbeeld

De volgende zes stappen helpen je om het projectkader en de doelstelling van jouw onderzoek adequaat te formuleren.

Doelstelling

1. Bepaal of je kiest voor een theoriegericht dan wel een praktijkgericht onderzoek.
2. Voer een verkenning uit van het projectkader. Doe dit aan de hand van de soort vragen zoals genoemd op pagina 36. Stel vast wie de opdrachtgever is.
3. Bepaal op basis van deze verkenning voor welk van de twee typen theoriegericht onderzoek of voor welk van de vijf praktijkgerichte typen onderzoek je kiest.
4. Formuleer de doelstelling van het onderzoek, gebruikmakend van de geformuleerde richtlijnen voor het gekozen onderzoekstype.
5. Controleer deze doelstelling op vorm en inhoud. De vorm moet zijn: Het doel van het onderzoek is ... (a) ... door ... (b) .... De inhoud moet voldoen aan de criteria van nuttigheid, haalbaarheid, eenduidigheid en informatiegehalte. Controleer hierop en stel de doelstelling zo nodig bij.
6. Ga na of de doelstelling en de analyses die eraan voorafgaan nog aanleiding geven tot een heroriëntatie op het projectkader. Indien dat het geval is, voer deze heroriëntatie uit en kijk of daarna een aanpassing van de doelstelling nodig is (iteratie).

Passen we dit stappenplan toe op de casus De Goede Hoop in de inleiding, dan ontstaat het volgende beeld.

Stap 1: Soort onderzoek
Gelet op de aard van de problematiek kies je voor een *praktijkgericht* onderzoek.

Stap 2: Verkenning projectkader
* Welke problemen spelen er binnen het projectkader?
* Welke actoren spelen een rol in het projectkader en wat zijn hun belangen?

Het managementteam van De Goede Hoop verwacht problemen bij de ontwikkeling en invoering van het plan voor reorganisatie en automatisering. Deze laatste zijn volgens een eerder uitgevoerde *probleemanalyse* nodig om een zich snel ontwikkelende concurrentie bij te houden. Men constateert echter dat er nogal wat weerstand is tegen deze veranderingen, vooral bij de medewerkers. De laatsten vrezen dat hun werk ingrijpend zal wijzigen.

* Wat zijn de oorzaken van de problemen?

Het managementteam van De Goede Hoop zoekt de oorsprong van deze problemen bij de negatieve ervaringen van veel personeelsleden met het vorige reorganisatieproject. De algemene verwachting is dat het deze keer weer fout zal gaan. In de organisatie wordt verschillend gedacht over de oorzaken van het falen van het vorige project. Sommigen verwijten de ICT-medewerkers dat zij te weinig rekening houden met de belangen van de gebruikers van het nieuwe systeem. Anderen verwijten de directie een te afwachtende houding. Weer anderen wantrouwen het nieuwe project en beschouwen het als een verkapte manier van personeelsinkrimping. Kortom, zij vrezen dat de hiervoor genoemde probleemanalyse in werkelijkheid een vals voorwendsel is.

* In welke richting zoekt men zoal naar oplossingen?

Men heeft ervoor gekozen een onafhankelijk bureau in te schakelen om het project te begeleiden. Dit bureau heeft een voorstel gemaakt waarin verschillende fasen worden onderscheiden. Je herkent hierin de vier laatste fasen van de interventiecyclus (zie hierna). Je realiseert je dat hiermee de probleemanalyse ongemoeid wordt gelaten. Dit is een zeer riskante beslissing, aangezien daarmee een mogelijk wantrouwen waarvan hierboven gewag werd gemaakt, naar alle waarschijnlijkheid blijft voortbestaan. Je waarschuwt de leiding van De Goede Hoop hiervoor, maar deze volhardt in zijn plannen. De vier zojuist genoemde fasen zijn:
* inventarisatie van de knelpunten voor reorganisatie (diagnose);
* het maken van een integraal herontwerp van de organisatie (ontwerp);
* het maken van een plan voor invoering (verandering); en
* het uitvoeren van een evaluatie van de implementatie (evaluatie).

* *Wie is jouw opdrachtgever?*

Je gaat jouw onderzoek uitvoeren in dienst van het adviesbureau. Je rapporteert aan senior adviseur A, die verantwoordelijk is voor het gehele project.

Stap 3: Keuze van het type onderzoek
Op basis van het onlangs uitgevoerde probleemanalytisch onderzoek is een diagnostisch onderzoek mogelijk.
Je kiest dan ook voor een diagnostisch onderzoek, meer in het bijzonder voor een diagnostisch *opinieonderzoek*.

Stap 4: Doelstelling van het onderzoek
Het doel van jouw afstudeerproject is aanbevelingen te doen aan senior adviseur A van adviesbureau Mulder voor de verbetering van het plan voor de implementatie van een integraal herontwerp van de organisatie bij De Goede Hoop
door
inzicht te geven in de meningen van diverse betrokken personeelsgroepen over de te verwachten knelpunten bij de voorgenomen reorganisatie en de mogelijke oplossingen voor deze knelpunten die onder het personeel leven.

Stap 5: Controle op vorm en inhoud

Vorm
Je ziet in de formulering van de doelstelling bij stap 4 duidelijk de structuur: 'a bereiken door b', namelijk ... een verbetering van het plan ... (a) ... door inzicht te geven in ... (b) ...

Inhoud
Het *nut* van de doelstelling volgt direct uit de bijdrage die het onderzoek levert aan fase 1 van het adviesproject. (Let wel, *niet* is bedoeld fase 1 van de interventiecyclus.)
Het gaat hier om een in principe *haalbare* doelstelling, uitgaande van een project dat circa zes maanden mag duren. Het is aannemelijk dat in dit tijdsbestek de voorgenomen inventarisatie en de daarbij behorende rapportage kunnen worden uitgevoerd (zie ook hoofdstuk 8). De lezer dient zich hier te realiseren dat deze haalbaarheid vooral ontstaat door de keuze voor een diagnostisch *opinie*onderzoek. Zou je op zoek moeten naar de in de empirische werkelijkheid bestaande oorzaken en achtergronden van het op te lossen handelingsprobleem, dan zou een heel wat ingewikkelder en tijdrovender onderzoek nodig zijn.
Ook is de gekozen doelstelling *eenduidig*, omdat duidelijk is wat het onderzoek gaat opleveren. Uiteraard zijn er ook andersoortige doelstellingen mogelijk. Het onderzoek zou bijvoorbeeld in het kader van fase 1 ook een sterkte/zwakteonderzoek kunnen omvatten van de organisatiestructuur en de organisatiecultuur van De Goede Hoop. Ook dit zou een heldere, eenduidige doelstelling zijn.

Tot slot is de doelstelling ook *informatierijk*, omdat in globale zin aangegeven is welke kennis nuttig en nodig is om het doel te bereiken.

Stap 6
Gegeven de keuze van de probleemhebber De Goede Hoop voor een diagnostisch onderzoek is er in dit voorbeeld geen aanleiding tot een heroriëntatie op het projectkader. Indien en voor zover tijdens de ontwikkeling van het onderzoeksontwerp hiervoor geruchten over het genoemde wantrouwen blijven bestaan of mogelijk zelfs toenemen, kan het adviesbureau en/of jijzelf alsnog een probleemanalytisch onderzoek bepleiten, dat dan vanzelfsprekend vervolgens moet worden ontworpen volgens de genoemde zes stappen.

Onderzoeksmodel 3

Onderzoek is een langgerekte redenering, uitmondend in antwoorden op van tevoren gestelde vragen.

3.1 Inleiding

We zijn nu zover dat we weten wat het projectkader is waarbinnen we gaan werken en welke bijdrage we aan dit kader gaan leveren. De volgende vraag is hoe we ervoor kunnen zorgen dat deze doelstelling wordt gehaald. Daarvoor is het nodig om de vraagstelling van het onderzoek te formuleren, een set van onderzoeksvragen, want daaruit blijkt welke kennis nuttig en nodig is. Voor veel onderzoekers blijkt het echter bijzonder lastig te zijn om uit de doelstelling rechtstreeks de vraagstelling af te leiden. Zij vinden het moeilijk om te bedenken welke kennis en inzichten zij zouden kunnen gebruiken bij het halen van de doelstelling. Vaak komt dit doordat ze te ver zoeken; ze neigen ertoe te denken aan ingewikkelde zaken op een hoog theoretisch niveau. Maar vooral bij praktijkgericht onderzoek, de variant die centraal staat in dit boek, is meestal kennis en informatie nodig over heel *praktische* zaken die iedereen kan bedenken op basis van gezond verstand.

Een nuttige tussenstap voor het vinden van geschikte onderzoeksvragen kan zijn het maken van een onderzoeksmodel. Dit is een schematische weergave van het doel van het onderzoek en de globale stappen die gezet moeten worden om dit doel te bereiken. Als een dergelijk schema is gemaakt, ziet de onderzoeker in één oogopslag op welke wijze het onderzoek is opgebouwd. Het laat vooral goed zien hoe de diverse stappen onderling samenhangen, en hoe de ene stap de andere veronderstelt. Kortom, het onderzoeksmodel weerspiegelt de logica van het onderzoek.

Daarnaast is een onderzoeksmodel van belang bij het vaststellen van de theoretische achtergronden van het onderzoek. Hierbij moet worden gedacht aan zaken als kernbegrippen en een conceptueel model (zie Appendix). Zowel bij theoriegerichte als praktijkgerichte onderzoeken heeft de theorie een belangrijke inbreng, dit ongeacht de fase in de interventiecyclus waarop het onderzoek betrekking heeft. Zo kan de onderzoeker op basis van een discrepantie tussen een theorie en een concrete situatie in de werkelijkheid een probleem constateren (probleemanalyse). In verklarende theorieën vindt men vaak aanwijzingen voor oorzaken van een probleem (diagnose). Ook bij de vraag waarop een onderzoeker moet afkoersen en hoe hij iets vorm kan geven, is de theorie bijna niet weg te denken (ontwerp). De beoordeling van een situatie of ontwikkeling ten slotte vindt niet zelden plaats door deze situatie of ontwikkeling te toetsen aan een of andere theorie (evaluatie).

Hoe weinig doorzichtig en gestructureerd een beginsituatie kan zijn en hoe moeilijk het is om een beeld te krijgen van wat er in het onderzoek moet gaan gebeuren, laat het volgende voorbeeld zien.

Voorbeeld MGB

De directie van MGB, een groot bankconcern, is overtuigd van het nut van de reorganisatie. Deze beoogt een overgang van een gecentraliseerde organisatiestructuur naar een structuur met decentrale businessunits, waarin elke unit resultaat- en budgetverantwoordelijk is. De directie heeft de stafafdeling Organisatieverandering opdracht gegeven om een reorganisatieplan te maken.

Het project is erg complex: hoeveel units en hoeveel sub-units moeten worden ingesteld, welke relaties gaan die met elkaar onderhouden, wie is voor wat verantwoordelijk, enzovoort? Bovendien is er ook de financiële kant van de zaak. Wat betekent precies budgetverantwoordelijkheid, wat staat er in een managementcontract en hoe kan men ervoor zorgen dat de managers zich aan dit contract houden? Ook de verandering zelf, het invoeren van de nieuwe organisatiestructuur, is een complexe zaak.

De stafafdeling Organisatieverandering besluit een sterkte-zwakteanalyse te maken van de organisatie in het licht van dit reorganisatieplan. Wat zijn de voorwaarden voor succesvolle invoering van het businessunit-concept en in welke mate voldoet de organisatie hieraan?

Stel dat jij de student bent die dit onderzoek gaat uitvoeren en dat je weet dat over een aantal zaken geen discussie meer mogelijk is. Het projectkader is duidelijk, te weten het reorganisatieplan van MGB. Ook de doelstelling van het project ligt vast. Deze luidt: het doen van aanbevelingen aan de directie van MGB voor succesvolle invoering van businessunits door inzicht te geven in de kritieke succesfactoren voor de invoering ervan in de organisatie. De vraag is alleen hoe je aan verantwoorde aanbevelingen komt. Deze vraag is niet eenvoudig te beantwoorden. Wat ga je nu precies onderzoeken, ofwel: wat is je onderzoeksobject? Welke gegevens heb je nodig en waar haal je ze vandaan? Moet je nog andere bankinstellingen dan MGB bezoeken? Welke literatuur is relevant? Heel wat vragen komen bij je op en je weet niet precies met welke vraag je het beste kunt beginnen.

Kader 3.1

In dit hoofdstuk wordt uitgewerkt hoe een onderzoeksmodel behulpzaam kan zijn in een dergelijke situatie. Hierna laten we eerst aan de hand van een voorbeeld zien hoe zo'n model eruitziet en tot stand komt (paragraaf 3.2). Vervolgens presenteren we de algemene principes op basis waarvan een onderzoeksmodel kan worden geconstrueerd, en de voordelen van het gebruik ervan (paragraaf 3.3). Tot slot vatten we dit hoofdstuk samen in een stappenplan. We passen dit stappenplan toe op twee voorbeelden, waaronder het hiervoor genoemde voorbeeld MGB.

3.2 Modelbouw

Als eerste stap in de constructie van een onderzoeksmodel vangen we het doel van het onderzoek in een korte omschrijving. Afhankelijk van het type onderzoek kan het hier gaan om het leveren van een bijdrage aan de verdere ontwikkeling van een theorie, het toetsen van een bestaande theorie, het maken van een probleemanalyse, het stellen van een diagnose, het bedenken van een plan van aanpak, het evalueren van de situatie na uitvoering van dit plan, om maar de belangrijkste soorten doelstellingen te noemen.

Voorbeeld Landbouwbeleid (1)

Stel dat het a-gedeelte van de doelstelling van jouw onderzoek is: het doen van voorstellen en aanbevelingen aan Gedeputeerde Staten voor de verbetering van de effectiviteit van het vigerende landbouwbeleid van een provinciale overheid. De formulering van beargumenteerde voorstellen voor verbeteringen van dit beleid vormt dan het resultaat van het beoogde praktijkgericht onderzoek.

Kader 3.2

Wij geven dit schematisch weer in figuur 3.1.

→ Voorstellen en Aanbevelingen

Figuur 3.1 Doel van het onderzoek

Vervolgens vraagt de onderzoeker zich af hoe hij aan het beoogde resultaat komt. Voor de hand ligt dat de bestudering van een voor het doel relevant object in de werkelijkheid en de kennis die dit oplevert, kan helpen bij het bereiken van het doel. Een onderzoeksobject is het fenomeen in de empirische werkelijkheid dat wordt bestudeerd en waarover op basis van het uit te voeren onderzoek uitspraken worden gedaan. Afhankelijk van de doelstelling van het onderzoek kunnen onderzoeksobjecten een uiteenlopend karakter hebben. Het kan gaan om groepen personen, organisatiestructuren, werkstromen, een wet, een beleidsprobleem, een voorlichtingscampagne, beleidsnotities, een stortplaats voor afval, enzovoort.

Voorbeeld Landbouwbeleid (2)

In het voorbeeld bestudeer je het huidige landbouwbeleid van een provincie. Dit landbouwbeleid is hier het onderzoeksobject.

Kader 3.3

De volgende vraag is hoe de onderzoeker naar het onderzoeksobject gaat kijken. In de door ons uitgewerkte methodiek stellen wij voor dat hij dit object gaat bestuderen vanuit een bepaald door hem te ontwikkelen perspectief. Je zou ook kunnen zeggen dat deze onderzoeksoptiek het theoretisch kader van het onderzoek vormt. Deze onderzoeksoptiek vormt in een zekere zin de bril waarmee men naar het onderzoeksobject gaat kijken. Het spreekt voor zich dat een onderzoeksoptiek wordt ontwikkeld waarvan je mag aannemen dat daarmee de gewenste inzichten worden verkregen, gelet op het bereiken van de doelstelling. Een bekende vorm van een onderzoeksoptiek bestaat uit een aantal kernbegrippen waartussen causale verbanden bestaan. Zo'n optiek kan op compacte wijze worden vormgegeven in een zogenoemd *conceptueel model*. Zie voor voorbeelden en een uitgebreide behandeling van conceptuele modellen de Appendix van dit boek.

Voorbeeld — Landbouwbeleid (3)

In dit voorbeeld ga je ervan uit dat een evaluatie van het landbouwbeleid van de afgelopen jaren voldoende inzichten oplevert om op een verantwoorde manier tot verbetervoorstellen te komen. Over het algemeen is dit geen onzinnige gedachte. Meer in het bijzonder neem je je voor een kritische evaluatie uit te voeren van de effectiviteit van het huidige beleid. We hebben het dan dus over een productevaluatie. Daarmee heb je gekozen voor een evaluatieonderzoek. Het object van dit type praktijkgericht onderzoek is dus het huidige landbouwbeleid van een Nederlandse provincie. Als voornaamste beoordelingscriterium kies je de doelen die de overheid met het bewuste beleid zegt na te streven. Je zoekt dus als eerste in beleidsnota's naar een formulering van deze doelen. Vervolgens onderzoek je in hoeverre de na het beleid ontstane situatie voldoet aan deze doelen (doelbereiking). Meestal blijkt dit niet helemaal, en soms zelfs helemaal niet het geval. Doet zich dit voor, dan heb je daarmee een zeer beleidsrelevant onderzoeksresultaat verkregen. Daarvoor hoeft zelfs niet te worden aangetoond dat de geconstateerde veranderingen het gevolg zijn van het gevoerde beleid (effectiviteit). Dit betekent dat de lastige causaliteitsvraag niet hoeft te worden beantwoord. We hebben het hier over een productevaluatie.

Daarnaast kun je kiezen voor criteria op grond waarvan je de kwaliteit en verschillende andere kenmerken van de uitvoering van het beleid op hun bijdrage aan de effectiviteit ervan gaat beoordelen. Te denken valt hier aan zaken als de projectorganisatie, de samenwerking tussen relevante actoren, de kwaliteit en kwantiteit van de door betrokkenen geleverde inspanningen, enzovoort. In dat geval is sprake van een procesevaluatie. En gaat de onderzoeker op zoek naar de kwaliteit en verdere kenmerken van het vooraf opgestelde beleidsplan, dan is sprake van een planevaluatie. In dat geval worden de gekozen doelen van het beleid of de interventie, en de daarvoor gekozen middelen elk afzonderlijk en de relatie ertussen kritisch beoordeeld.

De per geval gehanteerde set van beoordelingscriteria en de relatie ervan met de verschillende kenmerken van het te onderzoeken beleid vormen samen de onderzoeksoptiek. De beoogde voorstellen komen als een conclusie naar voren uit een confrontatie van het uitgevoerde beleid met de ontwikkelde onderzoeksoptiek, in casu de gekozen beoordelingscriteria.

Kader 3.4

We geven dit geheel schematisch weer in figuur 3.2.

```
Beoordelingscriteria    (= onderzoeksoptiek)
        │
        │ ────────────→  Voorstellen en Aanbevelingen
        │
Huidig beleid           (= onderzoeksobject)
```

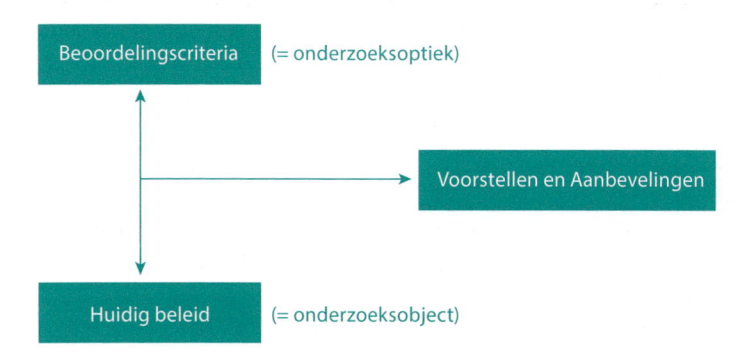

Figuur 3.2   Onderzoeksoptiek en onderzoeksobject

Een laatste, maar niet onbelangrijke vraag is hoe we aan de onderzoeksoptiek komen. Soms ligt deze voor het grijpen, in het geval van een productevaluatie van een uitgevoerde interventie. Als criteria op basis waarvan wordt beoordeeld gelden normaliter de door het management of een overheidsinstantie gekozen doelen van een interventie of beleid. Een precieze en gedetailleerde weergave van deze doelen vormt dan de onderzoeksoptiek. Maar die doelen zijn lang niet altijd klip en klaar vooraf bepaald en omschreven. Dan zal de onderzoeker zelf op zoek moeten naar geschikte beoordelingscriteria. Die vindt hij vaak met behulp van bestaande theorie. Kortom, vaak ligt een onderzoeksoptiek niet kant-en-klaar te wachten en zal men zelf een theoretisch kader moeten ontwikkelen dat past bij en geschikt is voor een analyse van het onderzoeksobject. In een wetenschappelijk onderzoek komt de onderzoeker tot een dergelijk theoretisch kader door het bestuderen van relevante literatuur. Dit kan eventueel worden aangevuld met een beperkt vooronderzoek. Zo zou dit laatste kunnen bestaan uit het voeren van enkele gesprekken met praktijkmensen en deskundigen. Zo'n vooronderzoek kan bijvoorbeeld de bedoeling hebben om de aan de verschillende theorieën ontleende inzichten toe te spitsen op het onderhavige onderzoek. We passen een en ander toe op ons voorbeeldproject.

Voorbeeld Landbouwbeleid (4)

In het voorbeeld resulteert de onderzoeksoptiek, in dit geval het geheel van beoordelingscriteria voor het te evalueren beleid, uit een bestudering van verschillende theorieën over de effectiviteit van landbouwbeleid. Interessant lijken in dit opzicht organisatietheorieën, landbouwtheorieën en theorieën over openbaar bestuur. In deze theorieën liggen naar verwachting allerlei randvoorwaarden en criteria besloten die kunnen dienen als een grondslag voor een beoordeling van het product, proces of plan van dit beleid. Eventueel is een en ander aangevuld met een vooronderzoek dat bestaat uit enkele gesprekken met landbouwexperts.

Kader 3.5

Het ontwerpen van een onderzoek

We geven deze confrontatie op de gebruikelijke wijze schematisch weer, waarna ten slotte een onderzoeksmodel ontstaat zoals in figuur 3.3 is weergegeven. De drie kolommen a, b en c in dit model geven globaal de stappen aan die tijdens de uitvoering van het onderzoek gezet gaan worden.

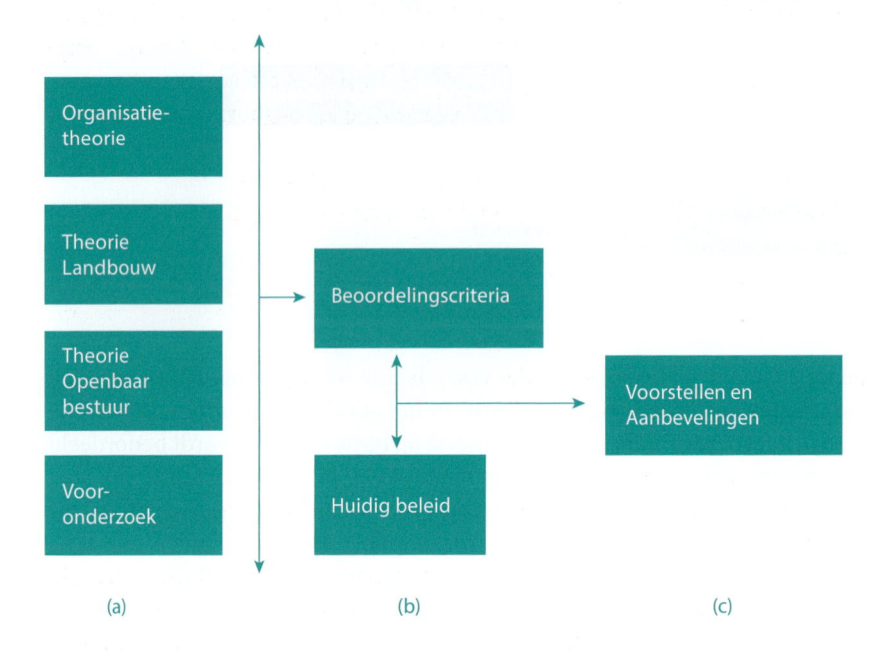

Figuur 3.3 Onderzoeksmodel landbouwbeleid

Ten slotte wordt het gehele onderzoeksmodel van links naar rechts lezend verwoord. Hiermee krijgt de onderzoeker een overzicht van de tijdens het onderzoek achtereenvolgens te zetten stappen.

Voorbeeld Landbouwbeleid (5)

De drie stappen in het onderzoeksmodel kunnen als volgt worden beschreven:
(a) Een bestudering van verschillende theorieën en onderzoeksresultaten op het terrein van organisatieontwikkeling, landbouw en openbaar bestuur, met daarnaast een vooronderzoek, levert beoordelingscriteria (b) waarmee de effectiviteit van het huidige landbouwbeleid van de provincie beoordeeld wordt. (c) De beoordelingsresultaten worden vervolgens verwerkt tot voorstellen voor verbetering van het provinciaal landbouwbeleid.

Kader 3.6

3.3 Methodiek

Hierboven werd aan de hand van een voorbeeld de opbouw van een onderzoeksmodel gedemonstreerd. In de nu volgende paragraaf gaan we na welke stappen de onderzoeker hierbij in het algemeen moet zetten en welke keuzemogelijkheden bij elke stap voor hem openstaan. In het voorbeeld in de vorige paragraaf zijn vijf basishandelingen te onderscheiden die steeds terugkeren bij het maken van een onderzoeksmodel volgens de door ons uitgewerkte methodiek. Deze vijf basishandelingen zijn:
a. We werken van *achteren naar voren, ofwel van rechts naar links*.
b. We stellen het *onderzoeksobject* (of de onderzoeksobjecten) vast.
c. Zaken worden met elkaar *geconfronteerd*.
d. We ontwikkelen een *onderzoeksoptiek*.
e. Het gehele onderzoeksmodel wordt schematisch weergegeven en *verwoord*.

Hierna worden deze vijf basishandelingen toegelicht en uitgewerkt.

a. Van achteren naar voren
Met het werken van achteren naar voren wordt bedoeld dat we bij de opbouw van een onderzoeksmodel bij voorkeur beginnen bij het uiteindelijke beoogde resultaat van het onderzoek. Immers, in deze fase van het ontwerpen heeft de onderzoeker al wel nagedacht over de doelstelling van het onderzoek. Normaliter is dan nog niet nagedacht over de vraag welke kennis nodig of behulpzaam is bij het bereiken van deze doelstelling, noch over de weg waarlangs hij deze kennis wil produceren. We gaan vervolgens na uit welke stap, te beschouwen als laatste tussenresultaat, dit eindresultaat direct kan voortvloeien. Daarna stellen we de vraag hoe we aan dit tussenresultaat denken te komen, enzovoort.

b. Onderzoeksobject(en)
Zoals gezegd is een onderzoeksobject het concrete verschijnsel in de werkelijkheid dat bestudeerd wordt en waarover de onderzoeker op basis van het uit te voeren onderzoek straks uitspraken doet. Sommige onderzoeken hebben één object, zoals in het hierboven gegeven voorbeeld, waar het object is het landbouwbeleid van de afgelopen jaren in Nederland. Andere onderzoeken zijn gericht op meer dan één object. In dat laatste geval past de onderzoeker de onderzoeksoptiek toe op elk van deze objecten afzonderlijk. Door een vergelijking ofwel *confrontatie* (zie bij c hierna) van de verschillende analyseresultaten worden daarna conclusies getrokken. Ook is het in principe mogelijk om voor elk object een apart onderzoeksmodel te ontwikkelen. Men moet dan wel een zeer gedegen afbakening doorvoeren (zie hoofdstuk 4), aangezien het project anders al gauw veel te omvangrijk wordt.

> **Voorbeeld** Organisatiecultuur
>
> In een onderzoek naar de verschillen in organisatiecultuur binnen een zorginstelling worden twee afdelingen onderzocht. Dit zijn dan twee onderzoeksobjecten. De onderzoeker analyseert elk van de twee onderzoeksobjecten met behulp van een en dezelfde ontwikkelde onderzoeksoptiek. Vervolgens worden conclusies getrokken uit een *confrontatie* van de beide analyseresultaten.
>
> Kader 3.7

c. Confrontatie

Kenmerkend voor de hier uitgewerkte methodiek is het principe van confrontatie, waaruit vervolgens conclusies worden getrokken. Een confrontatie kan op verschillende manieren worden ingevuld. De belangrijkste invulling is dat de onderzoeker iets, een waarneming of een object, plaatst in het licht van iets anders. Hij plaatst bijvoorbeeld een landbouwtheorie in het licht van een bestuurskundige theorie om daaruit vervolgens een onderzoeksoptiek voor het onderzoek naar een adequaat landbouwbeleid af te leiden. Maar het kan ook zijn dat men twee dingen met elkaar vergelijkt om te zien welke overeenkomsten en verschillen er zijn. Deze overeenkomsten en verschillen probeert de onderzoeker vervolgens te interpreteren of te verklaren en te verwerken tot conclusies. Ook kan een confrontatie betekenen dat A beoordeeld wordt op grond van B. Hier kan B staan voor een of andere standaard of criterium, een theorie, dan wel een of ander maatschappelijk of wetenschappelijk gebruik. Dit laatste speelt vooral in de probleem signalerende en probleemanalytische fase (fase 1 van de interventiecyclus) en bij evaluatieve onderzoeken (fase 5). Men kan deze globale structuur, gebaseerd op het trekken van conclusies uit de confrontatie van waarnemingen en theorieën, in de meest uiteenlopende onderzoeken herkennen. Vergelijk maar eens de volgende omschrijvingen van enkele projecten.

> **Voorbeeld** Onderzoeken
>
> In een onderzoek worden de besluitvormingspraktijken van vier gemeenten met elkaar vergeleken door deze praktijken te confronteren met besluitvormingstheorieën. Geconcludeerd wordt dat in één gemeente de besluitvorming verloopt volgens het rationele model, dat twee gemeenten gekenmerkt worden door incrementele besluitvorming, en dat in de vierde gemeente het 'garbage can'-model overheerst.
>
> In een ander project worden definities over kwaliteit van arbeid uit de Amerikaanse en de Europese school met elkaar vergeleken door deze te confronteren met de wetenschapsfilosofische discussie over objectieve en subjectieve kwaliteitsdefinities. Geconcludeerd wordt dat de Amerikaanse school vooral uitgaat van een subjectieve definitie van de kwaliteit van arbeid (arbeidssatisfactie-onderzoek), terwijl het Europese onderzoek zich vooral richt op objectieve criteria (arbeidsomstandighedenonderzoek).
>
> Kader 3.8

Hoewel het in beide gevallen om geheel verschillende onderzoeken gaat, hebben ze wel eenzelfde structuur. Steeds gaat het om een confrontatie van twee zaken, hier van waarnemingen met theorieën, op grond waarvan conclusies worden getrokken. In de meeste onderzoeken wordt het principe van confrontatie verschillende keren toegepast. De eerste confrontatie betreft doorgaans de totstandkoming van de onderzoeksoptiek. In dat geval confronteert de onderzoeker verschillende inzichten uit theorieën, uit eerder onderzoek en/of uit gesprekken met deskundigen met elkaar. Uit deze confrontatie construeert hij bij wijze van tussentijdse conclusie de onderzoeksoptiek. We hebben het dan over kolom a in het onderzoeksmodel. In een tweede confrontatie wordt de ontwikkelde onderzoeksoptiek geconfronteerd met een onderzoeksobject. Dit is kolom b in het onderzoeksmodel. Met deze confrontatie en de daaruit te trekken (eind)conclusies c draagt de onderzoeker als het goed is bij aan het bereiken van het doel van het onderzoek. Als het onderzoek betrekking heeft op meer dan één onderzoeksobject, dan vindt nog een derde (reeks van) confrontatie(s) plaats. Bedoeld is de onderlinge confrontatie ofwel vergelijking van de resultaten die uit de tweede confrontatie naar voren komen. Er wordt in dat geval een kolom d aan het onderzoeksmodel toegevoegd (zie later in dit hoofdstuk). Theoretisch zouden we deze lijn kunnen doortrekken met nog meer confrontaties. Maar in de meeste gevallen betekent dit dat het onderzoek te omvangrijk en/of te complex wordt.

d. Onderzoeksoptiek

Het bepalen van de aard van de onderzoeksoptiek is een belangrijk onderdeel van de constructie van een onderzoeksmodel. De onderzoeksoptiek vormt als het ware het zoeklicht waarmee de onderzoeker naar het onderzoeksobject gaat kijken. Het is de bril die hij opzet bij het werk als onderzoeker. De onderzoeksoptiek geeft aan vanuit welke invalshoek het onderzoeksobject belicht wordt en maakt globaal duidelijk welke facetten daarbij worden bestudeerd en welke niet. Uiteraard zijn er verschillende optieken denkbaar bij een en dezelfde onderzoeksthematiek. Er zijn geen vaste methodologische regels om hieruit te kiezen. De onderzoeker kiest het perspectief dat het best bij zijn deskundigheid en belangstelling past, en dat het meeste uitzicht biedt op een zinnige bijdrage aan het behalen van de doelstelling (het externe doel) van het onderzoek.

> **Voorbeeld** Drugscriminaliteit
>
> Een belangrijk onderdeel van het onderzoeksprogramma van de vakgroep Sociologie aan een universiteit is het onderzoek naar 'drugscriminaliteit'. Verschillende jonge onderzoekers voeren een promotieproject uit in het kader van dit onderzoeksprogramma. Promovendus A is geïnteresseerd in de theorie van drugsbestrijding. In zijn project onderzoekt hij onder andere de vaak geopperde hypothese dat een agressieve voorlichting een effectiever middel is tegen de drugshandel dan een 'softe' benadering. Deze en andere hypothesen vormen zijn onderzoeksoptiek. Omdat hij onderzoek doet naar causale relaties tussen allerlei factoren aan de ene kant, en drugsverslaving aan de andere kant, wordt deze onderzoeksoptiek vormgegeven in een conceptueel model (zie Appendix).

Als onderzoeksobjecten kiest hij twee voorlichtingscampagnes die beide enkele jaren geleden zijn gehouden. Deze betreffen een 'harde' campagne in de Franse media en een 'zachte' in de Nederlandse media. Door de effecten in de twee onderzoeksobjecten met elkaar te vergelijken krijgt de onderzoeker aanwijzingen of zijn theoretische veronderstelling over de effectiviteit van 'harde' en 'zachte' voorlichtingscampagnes klopt.

Promovendus B is vooral geïnteresseerd in de effecten van het enkele jaren geleden begonnen wijkproject 'Spuit Elf'. In dit project hebben buurtwerkers geprobeerd om via een combinatie van begeleiding en voorlichting de omvang van het gebruik van harddrugs in de wijk terug te dringen. Deze promovendus evalueert de effectiviteit van deze aanpak. Zij ontwikkelt criteria voor de evaluatie van een effectief drugsbestrijdingsbeleid aan de hand van een literatuurstudie. Deze lijst van criteria vormt de onderzoeksoptiek voor haar onderzoek. Vervolgens beoordeelt zij het onderzoeksobject, in casu het project 'Spuit Elf', door het te confronteren met deze criteria. De promovendus is hier bezig met een *evaluatieonderzoek*, meer in het bijzonder een productevaluatie.

In het eerste geval is sprake van een theoriegericht en in het tweede van een praktijkgericht onderzoek. In beide gevallen confronteert de onderzoeker een bepaalde praktijk (interventie) met een aan de theorie ontleende optiek (wenselijke toestand). Het verschil is dat de eerste promovendus probeert een betere optiek (lees theorie) te vinden, en de tweede streeft naar een verbetering van een praktijksituatie, in casu een drugsbestrijdingsinterventie.

Kader 3.9

Wij adviseren om de ontwikkeling van een onderzoeksoptiek in drie stappen te laten verlopen, te weten:
1. vaststellen van de *aard* van de onderzoeksoptiek;
2. bepalen van de *bronnen* die nodig zijn om de onderzoeksoptiek uit te werken;
3. verder *uitwerken* van de onderzoeksoptiek door het aanbrengen van details en verbijzonderingen.

De eerste twee stappen behandelen we in dit hoofdstuk. Ze horen thuis in het proces van het maken van het onderzoeksmodel. De derde stap, het uitwerken van de onderzoeksoptiek, is vaak een belangrijk onderdeel van het uitvoeren van het onderzoek en hoort strikt genomen niet thuis in een boek waarin het ontwerpen van een onderzoek wordt behandeld. Met het oog op het verkrijgen van een totaalbeeld wordt niettemin aan het eind van dit hoofdstuk een voorbeeld gegeven waarin ook deze derde stap in telegramstijl wordt uitgewerkt. In de Appendix, waar het gebruik en de opbouw van een conceptueel model worden behandeld, worden eveneens voorbeelden gegeven van de uitwerking van deze derde stap in het maken van een onderzoeksoptiek. Hieronder beperken we ons, zoals gezegd, tot een uitwerking van de eerste twee stappen.

Stap 1: Aard onderzoeksoptiek

Een onderzoeksoptiek kan verschillende vormen aannemen, afhankelijk van het type onderzoek. Zoals we in het voorbeeld over drugscriminaliteit hiervoor zagen, is de onderzoeksoptiek van een theorietoetsend onderzoek een geheel andere dan die van een evaluatieonderzoek. Dit ondanks het gegeven dat beide optieken in principe aan de theorie zijn ontleend. In het eerste geval wordt de onderzoeksoptiek gevormd door de te toetsen theorie. In het tweede geval bestaat deze optiek uit de beoordelingscriteria op grond waarvan de evaluatie plaatsvindt. Het loont dan ook de moeite om onderzoeksoptieken per afzonderlijk type theoriegericht en praktijkgericht onderzoek te bekijken, zoals hieronder gebeurt. De lezer kan zich door de voorbeelden laten inspireren bij het ontwikkelen van een onderzoeksoptiek voor zijn onderzoek.

a. Theorie-ontwikkelend onderzoek

Stel dat een theorie over etnische discriminatie moet worden aangescherpt. De reden is dat de vigerende theorieën vooral oog hebben voor expliciete discriminatie. Dit terwijl recente onderzoeken uitwijzen dat veel discriminerende activiteiten onbewust en impliciet plaatsvinden. De onderzoeker bestudeert de literatuur en stelt op grond hiervan voor om in haar onderzoek het begrip 'etnische subtext' verder te concretiseren. Dit begrip is globaal omschreven als het geheel van vaak onbewust verlopende sociale praktijken die leiden tot etnische discriminatie. De verdere uitwerking van dit begrip vormt de belangrijkste activiteit van de onderzoeker en is daarom richtinggevend voor het onderzoek. De belichting en doordenking van het empirische fenomeen ofwel onderzoeksobject etnische discriminatie vanuit een optiek van 'etnische subtext' kunnen dan ook gelden als een zinnige leidraad voor de opzet van een theorie-ontwikkelend onderzoek.

b. Theorietoetsend onderzoek

Bij een toetsend onderzoek doet zich het merkwaardige verschijnsel voor dat de vraagstelling kan worden beschouwd als een onderzoeksoptiek. We geven een voorbeeld. Stel dat er een theoretisch verband wordt verondersteld tussen een aantal kenmerken van doorstartende ondernemers enerzijds en het creëren van de werkgelegenheid in hun bedrijf anderzijds. In een toetsend onderzoek worden dan de volgende hypothesen onderzocht: (a) vrouwelijke ondernemers creëren minder werkgelegenheid dan mannelijke ondernemers; (b) hoger opgeleide ondernemers creëren meer werkgelegenheid dan lager opgeleide ondernemers. Deze hypothesen vormen de vraagstelling van het theoriegerichte onderzoek. We kunnen deze hypothesen immers ook beschouwen als (onderzoeks)vragen. Zo luidt de eerstgenoemde hypothese in vraagvorm: creëren vrouwelijke ondernemers minder werkgelegenheid dan mannelijke? Maar het kenmerkende van deze vraagstelling (lees: hypothese) is dat deze beantwoord wordt door *confrontatie* met de empirische werkelijkheid, hier het onderzoeksobject (klopt deze hypothese?). In die zin vormt de vraagstelling hier dus tevens de onderzoeksoptiek. Meer in het algemeen geldt dat zowel de onderzoeksoptiek als de vraagstelling van een onderzoek fungeert als *zoeklicht*. Ze sturen de waarneming van de onderzoeker. De optiek laat vooral zien *hoe*, met welke bril, moet worden gekeken, terwijl de vraagstelling vooral aangeeft *waar* te gaan kijken.

Veel hypothesen bestaan uit een kernachtig en stellig geformuleerde verwachting over de invloed of het effect van een variabele X op een andere variabele Y. Een hypothese kan bijvoorbeeld luiden: leiderschapsstijl (X) heeft een effect op de arbeidsprestaties van het personeel (Y). Soms onderzoekt iemand die veel onderzoekstijd ter beschikking heeft de juistheid, of beter gezegd de empirische houdbaarheid, van een stel onderling samenhangende hypothesen. Deze stammen dan bij voorkeur uit een en dezelfde te toetsen theorie. Het geheel van deze hypothesen vormt dan zowel de onderzoeksoptiek als de vraagstelling van het onderzoek. In het geval van een theorietoetsend onderzoek krijgen deze hypothesen in principe de vorm van een conceptueel model, waarmee de onderzoeker het onderzoeksobject of de onderzoeksobjecten beschouwt. Elke pijl in dit model vertegenwoordigt dan een te toetsen hypothese (zie Appendix). Deze hypothesen zijn *niet* bedoeld als onderzoeksoptiek om daarmee een problematische situatie op het spoor te komen zoals bij een probleemanalytisch en een diagnostisch onderzoek (zie onder de punten c en d hierna). Hier is het oogmerk de theorie, en vormen de hypothesen de *vraagstelling* van het onderzoek, en dus ook de optiek zelf. Blijkt deze theorie valide, dan kan deze uiteraard later naar believen worden gebruikt als *onderzoeksoptiek* voor een probleemanalytisch en een diagnostisch onderzoek.

Tot zover een behandeling van onderzoeksoptieken voor theoriegericht onderzoek. We bespreken nu enkele voorbeelden van onderzoeksoptieken voor praktijkgerichte vormen van onderzoek.

c. Probleemanalytisch onderzoek

Stel dat enkele milieuorganisaties graag willen weten in hoeverre de zorg voor het milieu een discussiepunt is bij de besluitvorming rondom de bouw van een multifunctioneel complex. De onderzoeker bepaalt dan in overleg met de betrokkenen welke onderwerpen en aandachtspunten gelden als de kritieke factoren voor het milieu-aspect van de bouw van het complex. De mogelijke invloed van deze kritieke factoren op het milieu-aspect van het project vormt de onderzoeksoptiek. Omdat het in dit geval gaat om een te onderzoeken causaliteit tussen kritieke factoren en het milieu-aspect, spreken we van een conceptueel model van waaruit de onderzoeker straks naar het onderzoeksmateriaal gaat kijken. Meer in het bijzonder is dit conceptuele model het perspectief van waaruit tijdens het onderzoek de centrale vragen van het onderzoek worden beantwoord. Ook komt het voor dat de relaties (pijlen) in het model de vragen ofwel hypothesen uit de vraagstelling vormen. Dit laatste is bijvoorbeeld het geval bij een theorietoetsend onderzoek (zie hiervoor) en bij een praktijkgericht diagnostisch onderzoek (zie ook hierna). De onderzoeker dient zich steeds te realiseren dat het welslagen van een interventie of beleid staat of valt met een gedegen probleemanalyse. Zonder deze komt elke verdere activiteit (zie de vier stappen d tot en met g hierna) in de lucht te hangen. De keuze voor een probleemanalytisch onderzoek moet dan ook steeds serieus worden overwogen, en is in een groot aantal gevallen de beste optie die de onderzoeker heeft.

d. Diagnostisch onderzoek

Is eenmaal een adequate probleemanalyse beschikbaar, dan komt de mogelijkheid van een diagnostisch onderzoek in beeld.

Bij dit type onderzoek gaat het altijd om het achterhalen van de achtergronden en oorzaken van een of ander disfunctioneren ofwel probleem, zoals bedoeld hiervoor onder c. In de meeste gevallen zijn er meerdere en soms zelfs vele richtingen waarin men naar oorzaken (en daarna naar een verbetering) kan zoeken. De onderzoeker moet dan ook in overleg met betrokkenen een zoekrichting bepalen door een keuze te maken uit de veelheid van mogelijke oorzaken van het disfunctioneren. Bijvoorbeeld, in een stad met een hoge graad van jeugdcriminaliteit moet de onderzoeker in samenspraak met het gemeentebestuur als opdrachtgever bepalen of men de oorzaken (en daarmee veelal een oplossing) gaat zoeken in de lokale werkgelegenheid, in de aanwezigheid en kwaliteit van jongerenvoorzieningen ter plaatse, of in bestaande subculturen in probleemwijken. In een diagnostisch onderzoek is de onderzoeksoptiek vaak een conceptueel model zoals dat veelal in de betreffende vakliteratuur te vinden is. De reden is dat men hier, zoals gezegd, op zoek gaat naar de achtergronden en oorzaken van het op te lossen probleem. De onderzoeker kijkt dan of, en zo ja in hoeverre, de door de theorie aangegeven oorzaken in het conceptuele model op empirische wijze zijn terug te vinden in het voorliggende onderzoeksobject. Bij de thematiek van werkloosheid in bepaalde wijken bijvoorbeeld kan men naar allerlei achtergronden zoeken. Er kunnen sociale, opvoedkundige, psychologische, juridische, economische, onderwijskundige of infrastructurele oorzaken in het spel zijn. Stel dat men zich in dit onderzoek beperkt tot de sociale en economische achtergronden. In dat geval kan het conceptueel model bestaan uit diverse sociale factoren zoals sociale klasse, opleiding, woonsituatie en gezinssituatie, alsook economische factoren zoals het gezinsinkomen en het uitgavenpatroon, en de mogelijke invloed van deze factoren op de omvang en duur van de werkloosheid.

Soms ook vindt de onderzoeker op bepaalde terreinen kant-en-klare analytische instrumenten die hij voor de ontwikkeling van een conceptueel model voor dit type onderzoek kan benutten. Zo staat een procedure om een object, situatie of ontwikkeling, dan wel een probleem daarmee, te analyseren bekend als de SWOT-methodiek (Strengths, Weaknesses, Opportunities, Threats). Ook bestaan er allerlei instrumenten voor projectdiagnose, die aangeven welke kritieke succesfactoren er zijn bij veranderingsprojecten. Te noemen zijn projecten voor een verbetering van de zorg voor oudere mensen, van de preventie tegen terrorisme, van de weersvoorspelling, van milieubescherming, van een goede scholing van jonge mensen, van automatiserings- en emancipatieprojecten, enzovoort.

Eerder hebben we gesproken over een bijzonder type diagnostisch onderzoek, namelijk de diagnostische *gap analysis*. Bij dit type onderzoek behoort ook een bijzondere onderzoeksoptiek. Stel, we willen een of ander beleids-, management- of interventiedoel Y bereiken. Neem vervolgens aan dat de theorie zegt dat Y in principe kan worden bereikt door X en Z te doen. Te noemen zijn interventies, handelwijzen, procedures en dergelijke. Gaan we nu in de werkelijkheid, de praktijk, kijken zoals in een productieorganisatie, dan zou kunnen blijken dat men Y niet heeft proberen te bereiken door middel van X en Z, maar door middel van A en B, met als resultaat dat het doel Y niet helemaal werd gehaald. We geven dit laatste aan door aan Y een accent toe te voegen (Y'). Deze situatie is schematisch weergegeven in figuur 3.4.

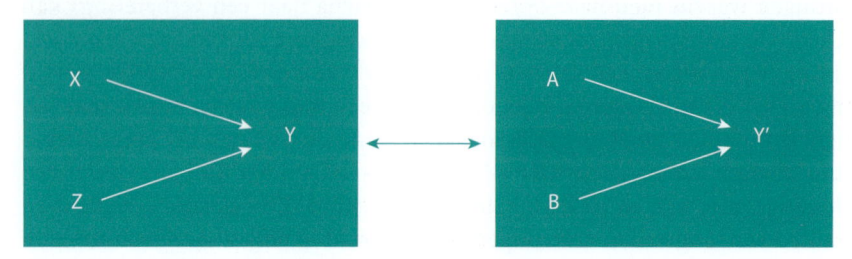

Met ⟷ geven we aan dat beide situaties met elkaar worden geconfronteerd.

Figuur 3.4   Diagnostische gap analysis

Hier hebben we te maken met een discrepantie (gap), en wel een tweeledige. Allereerst is er het verschil tussen Y en Y', ten teken dat het doel niet helemaal, of helemaal niet, werd gehaald. Een tweede kloof betreft de weg via welke men dit doel heeft proberen te bereiken. Met andere woorden, de geconstateerde afwijking zegt meteen ook iets over de oorzaken van het probleem. Om die reden vormt dit tweede verschil, de diagnose.

e. Ontwerpgericht onderzoek

Bij beleidsmatige projecten maakt men vaak gebruik van een ontwerpmodel, een handzame blauwdruk voor bepaalde structurele of beleidsmatige oplossingen. In een onderzoek naar de aanpak van het geluidshinderprobleem is bijvoorbeeld gebruikgemaakt van het planologische SBI-model (Strategisch Beleid Implementatie). In dit model wordt aangegeven wat de *parameters* zijn voor het ontwerpen van een succesvolle projectorganisatie en onder welke *condities* (bijvoorbeeld tijd, geld) deze projecten succesvol kunnen worden afgerond. Het SBI-model kan de onderzoeksoptiek vormen, indien de onderzoeker wil nagaan welke aanbevelingen kunnen worden gedaan voor het ontwerpen van een succesvolle aanpak van een concreet planologisch vraagstuk.

Een onderzoeksoptiek kan ook simpel bestaan uit een serie wensen en voorwaarden die de toekomstige belanghebbenden formuleren, waaronder natuurlijk de gebruikers van het te ontwerpen beleid of fenomeen. In dat geval hebben we te maken met het enigszins bijzondere geval dat de onderzoeksoptiek niet kan worden afgeleid uit de bestaande literatuur. In plaats daarvan dient deze optiek, in casu de genoemde wensen en voorwaarden, in een (voor)onderzoek door de onderzoeker zelf te worden vastgesteld. We zien hier een voorbeeld waarin het maken van een onderzoeksoptiek niet alleen een hulpmiddel is om een onderzoek te ontwerpen, maar in feite een onderdeel vormt van het onderzoek zelf. In die zin is met het ontwerpen het feitelijke onderzoek al begonnen. Nota bene, we stuiten hier op een conclusie waarvan de onderzoeker zich steeds terdege bewust moet zijn. Deze kan hem helpen om de nodige tijd, moeite en analyse te stoppen in het weerbarstige proces van het ontwikkelen van een onderzoeksontwerp. Het betekent ook dat een ontwikkelde onderzoeksoptiek en de wijze waarop deze tot stand is gekomen, moeten worden gerapporteerd als een van de onderzoeksresultaten.

f. Verandergericht onderzoek

Een verandergericht onderzoek beoogt het implementeren van de voorstellen tot verbetering die in de ontwerpfase van de interventiecyclus zijn ontwikkeld en geformuleerd. De onderzoeksoptiek die de onderzoeker in een verandergericht project ontwikkelt, kan bestaan uit een beargumenteerde checklist waarmee hij de uitvoering van een beleid of van een oplossingspoging (interventie) nauwkeurig gaat monitoren. Deze activiteit maakt het mogelijk om eventuele problemen die een succesvolle implementatie in de weg staan, snel op het spoor te komen. Vragen die hier kunnen worden gesteld en moeten worden beantwoord, zijn: Worden de plannen volgens de oorspronkelijke bedoelingen uitgevoerd? Als er verschuivingen zijn, wat is hiervan de reden? Leveren de betrokkenen de vereiste inspanningen? Wordt er voldoende samengewerkt en gecommuniceerd? Welke problemen komen de betrokkenen tegen bij de implementatie of uitvoering van het beleid of de oplossingspoging? Hoe trachten zij deze moeilijkheden het hoofd te bieden en met welk succes of falen? Soms kunnen in de praktijk kant-en-klare draaiboeken voor de implementatie van een beleid worden gevonden. In dat geval kan de onderzoeker deze, zo veel mogelijk aangepast aan de concrete situatie, opnemen in de formulering van zijn onderzoeksoptiek.

In de vragen hierboven herkent de lezer een procesevaluatie. Als deze al wordt uitgevoerd tijdens de veranderpoging, dan noemen we dit *monitoring*. Wordt deze pas achteraf na de implementatie uitgevoerd, dan heet dit een (ex post) procesevaluatie. Voor meer bijzonderheden hierover zie onder punt g hierna.

g. Evaluatieonderzoek

Zoals in een eerder voorbeeld van evaluatieonderzoek al is betoogd, is het hanteren van een toetssteen op grond waarvan de onderzoeker een interventie (plan- en procesevaluatie) of het resultaat daarvan (productevaluatie) beoordeelt, essentieel voor een evaluatieproject. Geen evaluatie zonder criteria. Dit betekent dat de onderzoeker een aantal beargumenteerde beoordelingscriteria formuleert waaraan volgens hem, dan wel naar het oordeel van de opdrachtgever, een interventie moet voldoen. Deze criteria kunnen zijn gebaseerd op eisen die de praktijk stelt, op algemeen aanvaarde normen en standaarden, op de te bereiken doeleinden van de interventie, op theoretische inzichten, enzovoort. Een voorbeeld van een dergelijke onderzoeksoptiek zien we bij de evaluatie van het personeelsbeleid in een grote onderneming. Hier wordt gebruikgemaakt van een model voor de beoordeling van effectief en efficiënt personeelsmanagement. Dit model functioneert in het evaluatieonderzoek als een toetssteen. De onderzoeker ontleent er criteria aan op basis waarvan hij gaat evalueren. Daarbij moet er nadrukkelijk op worden toegezien dat de gekozen criteria ook operationeel zijn of operationeel gemaakt kunnen worden. Dat wil zeggen dat al bij het maken van het conceptuele onderzoeksontwerp voor een evaluatieonderzoek duidelijk moet zijn bij welk waarnemingsresultaat de onderzoeker besluit dat aan de criteria is voldaan. Zo is de eis dat de besluitvorming rondom een probleemoplossing democratisch moet zijn, niet voldoende operationeel. Wanneer kan die besluitvorming democratisch worden genoemd? Is dat als alle betrokken projectleiders een veto hebben? Als alle stakeholders tijdens een hearing individueel gehoord zijn? Of is daarvan volgens de onderzoeker pas sprake als de gekozen oplossingsrichting door een meerderheid van de probleemhebbers wordt ondersteund? Het spreekt voor zich dat de onderzoeker in het laatste geval ook het begrip 'probleemhebber' nauwkeurig operationeel moet definiëren.

Een fout die veel beginners maken, is te denken dat het ontwikkelen van een conceptueel model en daaruit af te leiden criteria door middel van het onderzoek zelf moet plaatsvinden. Dit is in de meeste gevallen niet zo. Het zijn zaken die de onderzoeker doorgaans moet doen en beslissen voordat hij het feitelijke onderzoek start. Zo kan, zoals we zagen, het conceptuele model vaak uit de betreffende vakliteratuur worden herleid. Slechts in het geval de onderzoeker een verklarende theorie wil ontwikkelen (theoriegericht onderzoek), of een aanpak van een op te lossen handelingsprobleem (praktijkgericht onderzoek), kan de ontwikkeling van een conceptueel model tot het doel in een onderzoek worden gerekend.

Stap 2: Bronnen voor de onderzoeksoptiek
Er zijn verschillende informatiebronnen voor het opbouwen van een onderzoeksoptiek. Soms is deze laatste een korte voorstudie die wordt verricht om de doel- en vraagstelling van het onderzoek te verhelderen. In het kader van deze voorstudie kan de onderzoeker enkele gesprekken voeren met deskundigen op het onderhavige terrein. Ook kan hij, zoals eerder gesuggereerd, een vooronderzoek (pilotstudy) uitvoeren waarin de wensen van de belanghebbenden bij een bepaalde problematiek in kaart gebracht worden. Bij aanvang van een praktijkgericht onderzoek kan dit vooronderzoek ook bestaan uit een vluchtige bestudering van voor de doel- en vraagstelling relevant documentatiemateriaal. Te noemen zijn nota's en notities die helpen bij het uitwerken van de benodigde onderzoeksoptiek. Verreweg de belangrijkste bron voor het ontwikkelen van een onderzoeksoptiek is de bestaande vakliteratuur, respectievelijk wetenschappelijke theorievorming. Eerder verricht denkwerk en gedaan onderzoek op dit terrein kunnen immers helpen bij de bepaling en uitwerking van een geschikte onderzoeksoptiek.

Een resterende vraag is vanzelfsprekend waarnaar men in een voorstudie moet gaan kijken, welke deskundigen de onderzoeker moet raadplegen en welke documenten en literatuur hij precies moet gaan bestuderen. Hoe kan men een zinvolle selectie maken? Het belangrijkste hulpmiddel daarvoor is het opsporen van de kernbegrippen uit de doelstelling (zie ook de hoofdstukken 4 en 5). Deze kernbegrippen gebruikt de onderzoeker vervolgens als trefwoorden waarmee gezocht wordt naar relevante theoretische kaders, documenten, deskundigen en naar een geschikte opzet voor een snel uit te voeren pilot.

Voorbeeld Landbouwbeleid (6)

We ontlenen aan de doelstelling van het onderzoek de volgende kernbegrippen en stellen de daarbij behorende theoretische kaders vast:

Kernbegrip	*Theoretisch kader*
• effectief beleid	organisatietheorieën
	beleidstheorieën
• landbouw	landbouwtheorieën
• overheidsorganisatie	theorie openbaar bestuur

Op basis hiervan is het eenvoudig om de bronnen van de te bouwen onderzoeksoptiek vast te stellen. De te bestuderen theoretische kaders zijn in de rechterkolom aangegeven. Als expert raadpleeg je een organisatiekundige, een beleidskundige op het niveau van de provincie, en een bestuurskundige en/of een landbouwkundige met verstand van het betreffende beleid.
Niet alle zelfstandige naamwoorden uit de doelstelling gelden overigens als kernbegrip. De term 'provincie' in het voorbeeldproject bijvoorbeeld heeft niet de status van een kernbegrip. Deze term fungeert slechts als een nadere ruimtelijke aanduiding van het onderzoeksobject, en is bovendien uit zichzelf al voldoende duidelijk.

Kader 3.10

---

e. *Schematische weergave en verwoording*

Een laatste belangrijk onderdeel van de hier ontwikkelde methodiek voor het bouwen van een onderzoeksmodel is de schematische weergave en verwoording ervan.

Schematische weergave

Het maken van een plaatje van het onderzoek draagt in belangrijke mate bij aan het verkrijgen van inzicht in en overzicht van wat er daadwerkelijk moet gebeuren, en vooral ook van de dynamiek die erin besloten ligt. De schematische weergave van een onderzoeksmodel wordt in een drietal stappen uitgevoerd. De onderzoeker geeft op de eerste plaats de onderdelen van het model weer in zorgvuldig gekozen *korte* labels (dus geen halve zinnen), liefst een of enkele woorden of afkortingen per label. Vervolgens plaatst hij deze labels in kaders. Ten slotte worden deze kaders onderling verbonden met een speciaal samengestelde pijlenconstructie. In een onderzoeksmodel worden de confrontatie en het daaruit trekken van conclusies weergegeven met een symbool (zie figuur 3.5).

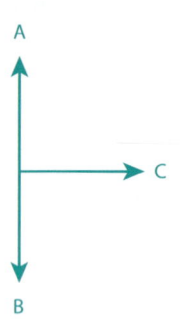

Figuur 3.5 Symbool van de confrontatie tussen twee zaken A en B, waaruit vervolgens een conclusie C wordt getrokken

De verticale dubbele pijl staat voor de uit te voeren confrontatie. De horizontale enkelvoudige pijl, die vanuit het midden van de verticale pijl vertrekt, staat voor de conclusie die uit deze confrontatie kan worden getrokken.

Verwoording

Ook de verwoording van een onderzoeksmodel draagt bij aan het verkrijgen van een duidelijk beeld van het onderzoek. Het verdient aanbeveling om de formulering volgens een vast patroon te laten verlopen. In een eerste zinsnede, hierna te noemen het a-deel, bepaalt de onderzoeker op basis van welke bronnen de onderzoeksoptiek zal worden ontwikkeld. De tweede zinsnede, het b-deel, geeft aan op welk(e) onderzoeksobject(en) de onderzoeksoptiek wordt toegepast of betrokken, de eerdergenoemde confrontatie. Wanneer er sprake is van meer dan één onderzoeksobject, wordt in de volgende zinsnede (c) aangegeven op welke wijze en op welke onderdelen de onderzoeker de analyses van de afzonderlijke onderzoeksobjecten op elkaar betrekt en/of met elkaar vergelijkt. Ten slotte wordt in de laatste zinsnede (d) aangegeven wat het doel van het onderzoek is. Hieronder volgt een voorbeeld.

Voorbeeld Rampenverzekering

Een onderzoeker beoogt aanbevelingen te doen voor verzekering tegen de gevolgen van nationale rampen, zoals overstromingen en aardbevingen. Daarvoor wordt de effectiviteit van vier soorten rampenverzekering (onderzoeksobjecten) beoordeeld met behulp van beoordelingscriteria voor een effectieve verzekering (onderzoeksoptiek). De onderzoeker heeft een onderzoeksmodel gemaakt (zie figuur 3.6).

Kader 3.11

3 Onderzoeksmodel

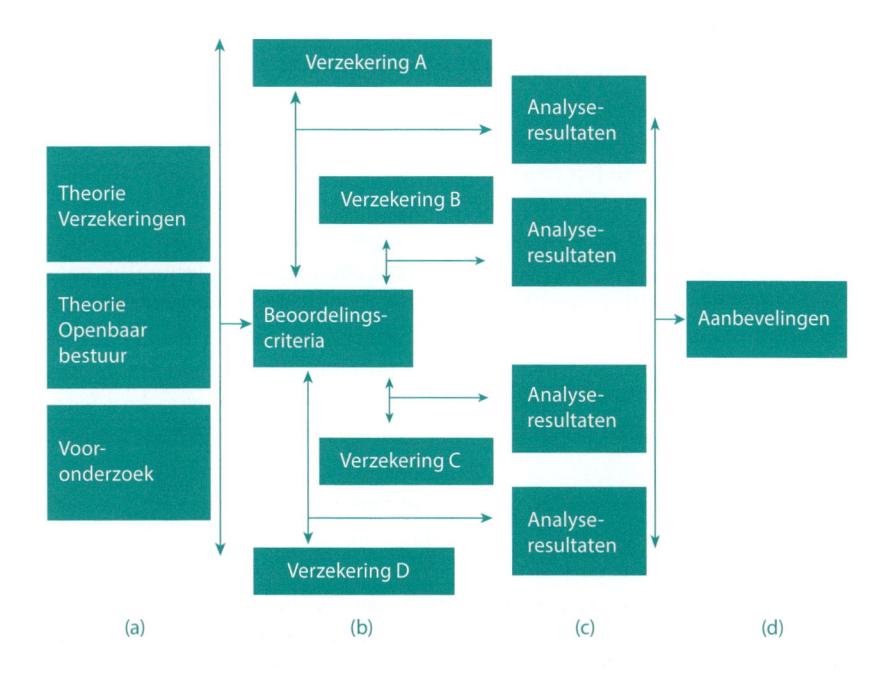

Figuur 3.6 Onderzoeksmodel rampenverzekering

Dit model wordt als volgt verwoord:
(a) Een bestudering van de verzekeringstechnische problemen bij nationale rampen, gebaseerd op gesprekken met deskundigen (vooronderzoek) en op een oriëntatie in de bestaande wetenschappelijke literatuur ter zake (theorie verzekeringen, theorie openbaar bestuur), levert de beoordelingscriteria (conceptueel model), waarmee (b) de effectiviteit van vier soorten rampenverzekeringen (onderzoeksobjecten) kan worden geëvalueerd. Een vergelijking van (c) de resultaten van deze vier evaluaties resulteert in (d) aanbevelingen voor de ontwikkeling van een meer effectieve verzekering voor nationale rampen.

Deze verwoording van het onderzoeksmodel geeft structuur aan het onderzoek. Immers, we kunnen nu verschillende fasen in de uitvoering van het onderzoek onderkennen. De onderdelen a, b, c en d staan in de volgorde waarin ze moeten worden uitgevoerd. De onderzoeker kan fase b pas uitvoeren nadat fase a is afgerond, en fase c is op haar beurt pas mogelijk nadat de fasen a en b zijn uitgevoerd. De conclusies d kunnen pas na uitvoering van fase c worden getrokken. Ook laat een aldus opgebouwd onderzoeksmodel zien wat in onze ogen de essentie van een onderzoek is, te weten een langgerekte redenering, leidend tot antwoorden op van tevoren gestelde vragen. Een behandeling van deze laatste, de onderzoeksvragen, volgt hierna in hoofdstuk 4.

Voordelen

Het maken van een onderzoeksmodel heeft verschillende voordelen. In de *eerste* plaats geeft het al voor aanvang van het onderzoek aan alle betrokkenen een compact en helder beeld van de aard van het onderzoek en van de te verwachten resultaten. Hierdoor wordt het risico aanmerkelijk kleiner dat er misverstanden ontstaan en onduidelijke afspraken worden gemaakt.

In de *tweede* plaats heeft de schematische weergave van het onderzoeksmodel een sterke communicatieve functie. Alle betrokkenen kijken gezamenlijk naar een en dezelfde voorstelling van het onderzoek. De diverse onderdelen ervan zijn letterlijk aanwijsbaar en bespreekbaar, waarbij het model de onderzoeker uitnodigt om zich te beperken tot de hoofdzaken. Blinde vlekken en over het hoofd geziene verbanden komen in het vizier. De onderzoeker kan waar gewenst iets aan het model toevoegen of eruit weglaten of een verband veranderen en dergelijke.

In de *derde* plaats zet het maken van een onderzoeksmodel aan tot het kiezen van relevante literatuur en maakt het duidelijk hoe en vanuit welke optiek deze literatuur moet worden bestudeerd. Wanneer dit aspect onvoldoende is uitgewerkt, loopt men het risico ongestructureerd te gaan grasduinen in de bestaande literatuur. Beginners willen vaak een compleet beeld krijgen van alle literatuur over een onderwerp en zien zo al gauw door de bomen het bos niet meer. Dit nog afgezien van de tijd die nodeloos wordt geïnvesteerd. Anderen gaan uittreksels maken van verschillende boeken en tijdschriften, zonder dat duidelijk is welke onderdelen van de theorie wel en welke niet relevant zijn gezien vanuit de probleemstelling van het voorliggende onderzoek. Dit alles betekent natuurlijk een aanzienlijk tijdverlies, een veelvoorkomend euvel bij beginnende onderzoekers.

Op de *vierde* plaats is het model behulpzaam bij het maken van de vraagstelling, zoals in de inleiding van dit hoofdstuk al is aangekondigd. De onderzoeker heeft via de constructie van het onderzoeksmodel een goed inzicht in de wijze waarop de doelstelling wordt nagestreefd. Daarin vindt hij meestal ook de thema's waarbinnen centrale vragen en deelvragen kunnen worden geformuleerd (zie hoofdstuk 4).

Op de *vijfde* en laatste plaats is een onderzoeksmodel bijzonder nuttig bij de rapportage. Nu al, tijdens de ontwerpfase, ligt het in het voorbeeldproject over het landbouwbeleid voor de hand dat het eindrapport zal bestaan uit ten minste vijf hoofdstukken (zie het kader hierna).

Voorbeeld Landbouwbeleid (7)

Het onderzoeksmodel stuurt aan op de volgende hoofdstukindeling:
- een inleidend hoofdstuk waarin het conceptuele ontwerp, te weten de doel- en vraagstelling, wordt beschreven en beargumenteerd;
- een theoretisch hoofdstuk, gebaseerd op een literatuurstudie en gesprekken met deskundigen; dit hoofdstuk eindigt met de presentatie van de onderzoeksoptiek, die in dit voorbeeld de vorm aanneemt van een lijst beoordelingscriteria;

- een methodisch hoofdstuk waarin de onderzoeksstrategie en de daarbinnen gebruikte methoden van dataverzameling worden verantwoord;
- een hoofdstuk met de beschrijving van de resultaten van het onderzoek; dit hoofdstuk bestaat uit een beoordeling van de vigerende praktijk van het landbouwbeleid in de betreffende provincie;
- een hoofdstuk ten slotte waarin de resultaten van het onderzoek worden gepresenteerd en vertaald in conclusies en aanbevelingen voor verbeteringen.

Kader 3.12

Grofweg herkent men in deze hoofdstukken de eerder gepresenteerde verwoording van het model. Deze indeling in hoofdstukken vormt een geschikt richtpunt in de complexe en langdurige activiteit die het uitvoeren van een onderzoek nu eenmaal is. Een en ander wordt in hoofdstuk 8 verder toegelicht en uitgewerkt.

Stappenplan en voorbeelden

We komen op grond van de beschouwingen hierboven ten slotte tot het volgende stappenplan voor het opbouwen van een onderzoeksmodel.

Onderzoeksmodel

1. Typeer in *korte* bewoordingen het *doel* van het onderzoek.
2. Stel het *onderzoeksobject* of de onderzoeksobjecten vast, ofwel dat deel van de werkelijkheid dat je daadwerkelijk gaat bestuderen.
3. Stel de *aard* van de onderzoeksoptiek vast.
4. Bepaal op basis van welke *bronnen* je de onderzoeksoptiek ontwikkelt. Kies in dit kader de relevante literatuuronderdelen en eventueel te raadplegen deskundigen. Doe dit op basis van de kernbegrippen uit de doelstelling. Noem hierbij *titels* van boeken en *namen* van te raadplegen deskundigen.
5. Maak een *schematische weergave* van het onderzoeksmodel, gebruikmakend van het principe van confrontatie.
6. *Verwoord* het onderzoeksmodel in de vorm van een langgerekte redenering, volgens het gepresenteerde patroon van een a-, b-, c- en eventueel d-deel.
7. Controleer of het ontstane model aanleiding geeft tot bijstelling van de doelstelling. Voer indien nodig deze bijstelling uit en ga vervolgens na of dit noopt tot een wijziging in het onderzoeksmodel, enzovoort (*iteratie*).

Om de lezer meer vertrouwd te maken met de lastige klus van het maken van een onderzoeksmodel, volgen hierna twee voorbeelden waarin het zojuist gepresenteerde stappenplan wordt gevolgd. Het eerste voorbeeld is het evaluatieonderzoek 'projectbeheersingsmethoden', waarmee in hoofdstuk 2 kennis werd gemaakt. Het tweede voorbeeld betreft het project 'MGB' uit de inleiding van dit hoofdstuk.

Voorbeeld — Projectbeheersingsmethoden (1)

Projectkader
Het ministerie van Binnenlandse Zaken (BiZa) voorziet problemen met de beheersing van de binnen Nederlandse gemeenten uitgevoerde automatiseringsprojecten (GBA). De projectleider die tot taak had om het beleidsplan 'Verbetering GBA' in te voeren, heeft enkele jaren geleden projectbeheersingsmethode Y ingevoerd voor de begeleiding van de GBA-projecten in een aantal grote Nederlandse gemeenten. De vraag is: 'Wordt de belofte in de praktijk waargemaakt?' Dit wordt het onderwerp van een bestuurskundig onderzoek.

Doelstelling
Het doel van het onderzoek is het doen van aanbevelingen aan de leiding van het project 'Verbetering GBA' voor de verbetering van de beheersing van GBA-projecten
door
een analyse van de kostenbeheersing, tijdsduur en interne communicatie van GBA-projecten in vier gemeenten die de beheersingsmethode Y in gebruik hebben.

Kader 3.13

We passen de zeven stappen voor het maken van het onderzoeksmodel toe op dit onderzoek.

Stap 1
Het doel van het onderzoek is te komen tot *aanbevelingen* voor de verbetering van de beheersing van GBA-projecten.

Stap 2
De onderzoeksobjecten worden gevormd door de implementatie van projectbeheersingsmethode Y in vier grote gemeenten.

Stap 3
Bij het vaststellen van de aard van de onderzoeksoptiek stuit de onderzoeker op een probleem. Uit de bovenstaande beschrijving van het projectkader en de doelstelling is niet direct duidelijk om welk type project het gaat. Het kan gaan om een diagnostisch onderzoek naar de kostenbeheersing, de tijdsduur en de interne communicatie van GBA-projecten in de betreffende vier gemeenten. Het kan ook gaan om een evaluatieonderzoek, waarin de effectiviteit van het ingevoerde beleidsplan wordt geëvalueerd. In nader overleg met de opdrachtgever wordt besloten om een evaluatieproject uit te voeren. De onderzoeksoptiek bestaat uit een reeks beoordelingscriteria op de terreinen 'geld', 'tijd' en 'communicatie' die van invloed zijn op het succes (lees: de effectiviteit) van implementatie van projectbeheersingsmethode Y. We maken hieruit op dat het gaat om een onderzoek naar de causale relaties tussen een reeks factoren enerzijds, en het eventuele succes van de organisatieverandering anderzijds. De onderzoeksoptiek heeft daarom de vorm van een conceptueel model.

We lichten de GBA-praktijk in vier grote gemeenten door aan de hand van dit conceptueel model.

Stap 4
Het conceptueel model wordt ontwikkeld met behulp van het bestuderen van wetenschappelijke literatuur op dit terrein:

Kernbegrippen	Theorieën
• effectiviteit van projectbeheersing • ICT • overheidsorganisatie (lokaal/centraal)	• organisatietheorie van projectmatig werken • theorie ICT • theorie van het openbaar bestuur

Hiermee zijn de eerste twee tussenstappen gezet voor het maken van de onderzoeksoptiek, in dit geval het conceptueel model. Het is waar dat, zoals gezegd, de uitwerking van het model normaliter pas plaatsvindt tijdens de eerste fase van literatuurverkenning en eventueel een vooronderzoek. Met het oog op een totaalbeeld laten wij voor dit voorbeeld een dergelijke uitwerking in rudimentaire vorm zien. De betreffende onderzoeker heeft de literatuur bestudeerd en hieruit blijkt het volgende.

Op de eerste plaats dient men bij de implementatie van automatiseringsprojecten bij de overheid te letten op de *risico's* die *(project)beheersing* in het algemeen heeft.

Projectbeheersing betekent in dit verband:
- ramen: in staat zijn om de projectrisico's tijdig en op accurate wijze te beramen;
- vaststellen: de stand van zaken met betrekking tot deze risico's tijdens de implementatie op inzichtelijke wijze monitoren;
- bijsturen: tijdig adequate maatregelen nemen om de geconstateerde problemen bij de projectbeheersing op te vangen.

Uit een bestudering van de relevante literatuur blijkt dat vooral de volgende drie risicogebieden van belang zijn:
- geld: kan men de noodzakelijke uitgaven in voldoende mate beheersen?
- tijd: kan men de productie- en implementatietijd binnen haalbare perken houden?
- communicatie: worden alle betrokkenen *tijdig*, over de *juiste zaken* en in *voldoende mate* geïnformeerd?

De beheersingsrisico's en beheersingsfasen zijn door de onderzoeker in een conceptueel model geplaatst (zie figuur 3.7). Elke pijl in dit model staat voor een verwachte invloed van het beheersingsrisico op de beheersingsfase. Bijvoorbeeld, pijl 1b staat voor de verwachting dat een ontoereikende beraming van het te lopen risico leidt tot vergroting van de beheersingsproblemen met betrekking tot de productie- en implementatietijd.

Het ontwerpen van een onderzoek

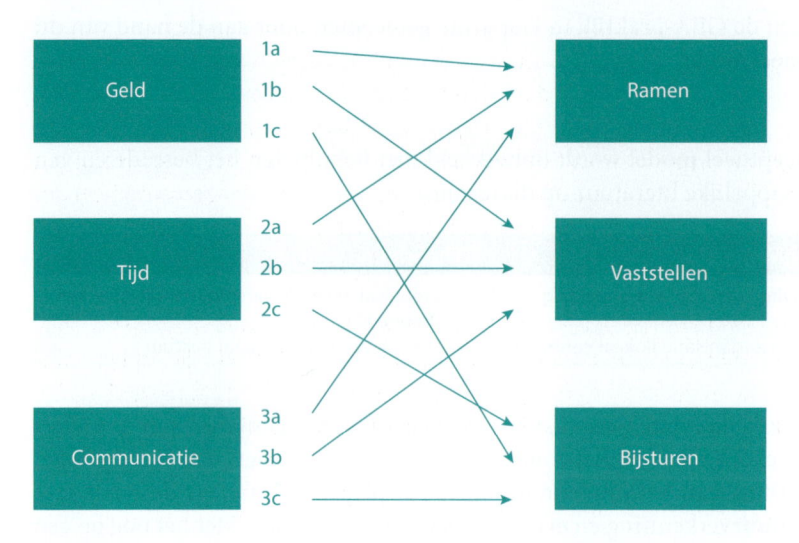

Figuur 3.7   Conceptueel model projectbeheersingssystemen

Stap 5
Een en ander resulteert in een onderzoeksmodel zoals weergegeven in figuur 3.8.

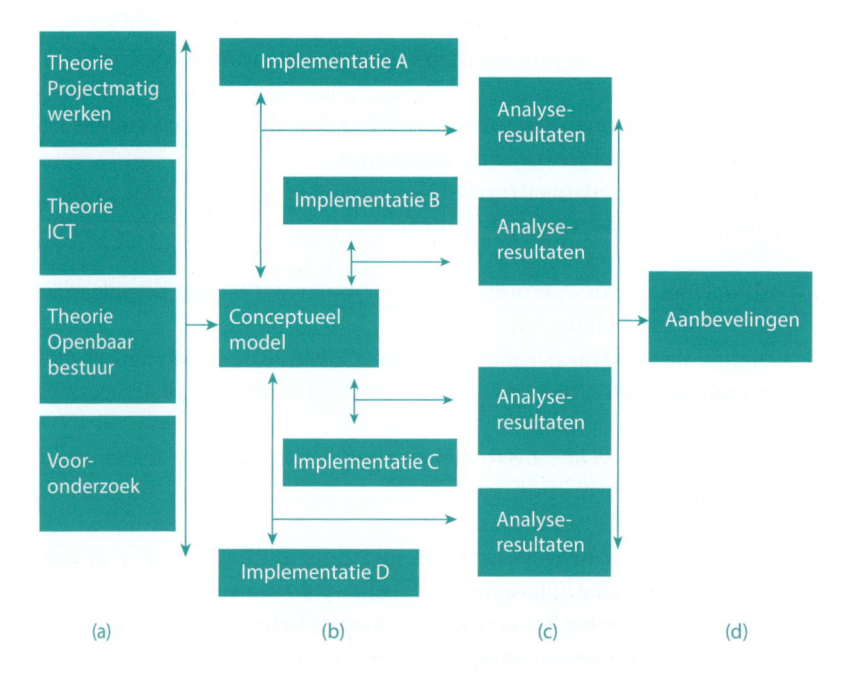

(a)   (b)   (c)   (d)

Figuur 3.8   Onderzoeksmodel projectbeheersingssystemen

3 Onderzoeksmodel

Stap 6
Een verwoording van de in het onderzoek te zetten stappen luidt: (a) Een bestudering van theorieën over projectmatig werken, ICT en openbaar bestuur, alsmede een vooronderzoek, leveren de beoordelingscriteria, op basis waarvan (b) de implementatie van projectbeheersingsmethode Y in vier grote gemeenten wordt geëvalueerd. Een vergelijking van (c) deze analyseresultaten resulteert in (d) aanbevelingen voor de verbetering van de beheersing van GBA-projecten.

Stap 7
In dit voorbeeld is iteratie vereist. De beslissing die is genomen om het onderzoek uit te voeren als een evaluatieproject (zie stap 3), heeft de nodige consequenties voor de formulering van het projectkader en de doelstelling. De aangepaste formuleringen staan in het hierna volgende kader.

Voorbeeld Projectbeheersingsmethoden (2)

Projectkader
Het ministerie van Binnenlandse Zaken (BiZa) heeft problemen met de beheersing van de binnen de Nederlandse gemeenten uitgevoerde automatiseringsprojecten (GBA). De projectleider die is belast met de invoering, heeft enkele jaren geleden projectbeheersingsmethode Y ingevoerd. Dit in het kader van het begeleiden van de GBA-projecten in een aantal grote Nederlandse gemeenten. De vraag is: 'Wordt de belofte in de praktijk waargemaakt?' Dit wordt het onderwerp van een bestuurskundig *evaluatie*onderzoek.

Doelstelling
Het doel van het onderzoek is het doen van aanbevelingen aan de projectleider 'Verbetering GBA' betreffende de verbetering van het beleid voor de beheersing van GBA-projecten
door
een beoordeling van de effectiviteit van het beleidsplan 'Verbetering GBA' op basis van een evaluatieonderzoek naar de kostenbeheersing, tijdsduur en interne communicatie van GBA-projecten in vier gemeenten die de beheersingsmethode Y hebben toegepast.

Kader 3.14

Voorbeeld 'MGB'
We lichten een en ander weer toe aan de hand van het voorbeeld aan het begin van dit hoofdstuk.

Stap 1
Doel: aanbevelingen businessunits.

Stap 2: Onderzoeksobject(en)
De MGB-organisatie is te groot om in haar geheel tot object van onderzoek te nemen. Daarom kiest de onderzoeker ervoor om vier regionale kantoren die wat personele omvang, omzet en werkzaamheden betreft vergelijkbaar zijn, te onderzoeken. Deze vormen de respectievelijke onderzoeksobjecten.

Het ontwerpen van een onderzoek

Stap 3: Aard onderzoeksoptiek
Omdat het in dit geval gaat om een diagnostisch praktijkgericht onderzoek, streeft de onderzoeker naar een verzameling van aandachtspunten die bij de diagnose van de organisatie worden gehanteerd. Omdat hij graag uitspraken wil doen over de huidige situatie in de vier kantoren in vergelijking met de situatie die gewenst is bij de succesvolle invoering van businessunits, is er sprake van een diagnostische *gap analysis*.

Stap 4: Bronnen voor de onderzoeksoptiek
In dit onderzoek maakt de onderzoeker vooral gebruik van de wetenschappelijke literatuur bij het ontwikkelen van een conceptueel model. Hij stelt de volgende kernbegrippen en de daarbij behorende theoretische kaders vast.

Kernbegrippen	Theoretische kaders
• businessunits	• businessunit-theorie
• organisatieverandering	• theorie van organisatieverandering

Bij de aanvang van het onderzoek bestudeert men de twee genoemde theoretische kaders en worden deze met elkaar geconfronteerd. Daaruit leidt men een verzameling uitgewerkte en beargumenteerde aandachtspunten af die van belang zijn voor het succes van de invoering van businessunits. Deze set van aandachtspunten vormt de onderzoeksoptiek.

Stap 5: Schematische weergave

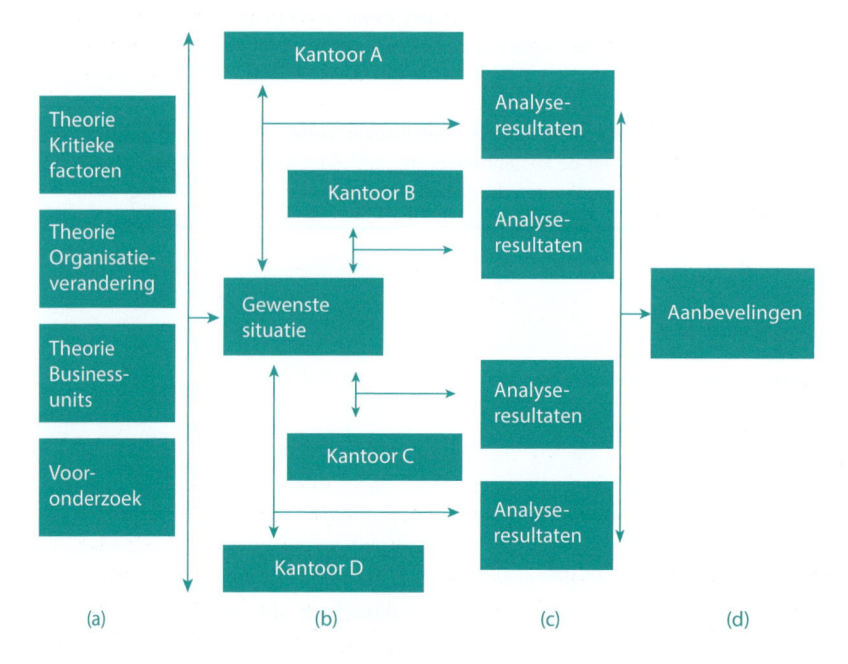

Figuur 3.9   Onderzoeksmodel MGB

Stap 6: Verwoording
(a) Een analyse van het businessunits-concept, uitgevoerd in het licht van kritieke succesfactoren voor de invoering van dit concept in de organisatie, levert een verzameling van aandachtspunten op, (b) waarmee de huidige situatie in vier regionale kantoren van MGB (de onderzoeksobjecten) kan worden beoordeeld op consequenties van invoering van businessunits. (c) Een onderlinge vergelijking van deze vier analyses levert (d) inzicht in de voorwaarden waaraan de organisatie moet voldoen om het businessunits-concept succesvol te kunnen invoeren.

Stap 7: Iteratie
Er is in dit voorbeeld geen aanleiding om de doelstelling van het onderzoek bij te stellen.

Opgaven

Maak een onderzoeksmodel bij de volgende projecten.

a. Hogeschool

Projectkader
HFT is een hogeschool met 18.000 studenten en 1.500 medewerkers. Binnen deze onderwijsinstelling bestaat de Diensteenheid facilitaire dienstverlening A. Deze afdeling is de afgelopen tijd geherstructureerd. Waar voorheen werkzaamheden lokaal werden besproken en opgelost, is nu gekozen voor een centrale procesmatige aanpak en een uniforme organisatie van dienstverlening. Medewerkers worden met een nieuwe context geconfronteerd. Dit leidt tot individuele spanningen die een uitwerking hebben op de effectiviteit van het team. De problemen uiten zich zowel in de verhouding tussen medewerker en leidinggevende als tussen medewerkers onderling.

Doelstelling (diagnostisch)
Het doen van aanbevelingen aan het managementteam van A voor het verbeteren van het beleid ten opzichte van de teamprestaties binnen A
door
aan de hand van interviews met leidinggevenden, medewerkers en klanten van A inzicht te geven in de huidige invloed van Organizational Citizenship Behavior (OCB) op group performance.

b. Organizational Energy

Projectkader
De in een organisatie potentieel aanwezige humane energie is onderdeel van het dagelijks leven van medewerkers. Het is ook veelvuldig onderwerp van gesprek. Onderzoek van Cross, Baker en Parker (2003) toont aan dat deze energie van belang is voor prestatie, moraal, innovatie en leren. Sociale netwerkanalyse kan door middel van het in kaart brengen van de onderlinge relaties in een organisatie laten zien waar energie gecreëerd, en waar deze onttrokken wordt. Cross, Baker en Parker constateren dat eenvoudige veranderingen in het gedrag van organisatieleden wijzigingen in de energie teweeg kunnen

brengen. Vraag is in hoeverre managers in organisaties zich bewust zijn van de invloed die hun gedrag heeft op het energieklimaat in de organisatie.

Doelstelling (theorie-ontwikkelend)
Het doel van het onderzoek is het leveren van een aanvulling op de theorie van Cross, Baker en Parker (2003) ten aanzien van de invloed die het gedrag van managers heeft op het energieklimaat in een organisatie
door
de meningen van betrokkenen te inventariseren over de invloed die het gedrag van managers heeft op het energieklimaat in een organisatie.

c. Human talent

Projectkader
Het management van een adviesorganisatie wil gebruikmaken van HRM-beleid dat hen in staat stelt om de juiste medewerker op de juiste plaats in te zetten. Op dit moment hebben zij onvoldoende antwoord op de vraag of het huidige HRM-personeelsbeleid ervoor zorgt dat het functioneren en het potentieel (talent) van de medewerkers optimaal afgestemd worden op de behoeften van de organisatie.
Hoe kan het management een HRM-beleid ontwikkelen om van de huidige situatie te komen tot een situatie waarin continu sprake is van de juiste medewerker op de juiste plaats, passend bij de eisen en behoeften van de organisatie?

Doelstelling (diagnostisch)
Het doen van aanbevelingen aan het management over HRM-beleid om medewerkers met talent optimaal te benutten en te behouden voor de adviesorganisatie
door
het uitvoeren van een diagnostische *gap analysis* tussen het gewenste HRM-beleid enerzijds en het huidige HRM-beleid ten aanzien van talent anderzijds.

Vraagstelling 4

Eén gek kan meer vragen dan tien wijzen kunnen beantwoorden.
(Nederlands spreekwoord)

4.1 Inleiding

Intussen zijn de eerste stappen in het ontwerpproces achter de rug. De onderzoeker heeft zich een beeld gevormd van het projectkader en van de concrete bijdrage die hij hieraan gaat leveren. Dit beeld kwam tot stand via een exploratie van dit projectkader en in een adequaat gekozen en geformuleerde doelstelling voor het onderzoeksproject. Ook heeft de onderzoeker zichzelf door middel van een overzichtelijk onderzoeksmodel een idee verschaft van de globale stappen die in het onderzoek moeten worden gezet om deze doelstelling te (helpen) bereiken. De volgende vraag die in dit stadium moet worden beantwoord, gaat een stap verder en betreft de kennis die nuttig of nodig is om de doelstelling te bereiken. De meest adequate manier om deze vraag te beantwoorden is het formuleren van een vraagstelling. Dit is een geheel van vragen dat de onderzoeker gaat beantwoorden. Let wel, het gaat hier niet om interview- of enquêtevragen, maar om *onderzoeks*vragen. De eerste zijn vragen die de onderzoeker bij de uitvoering aan derden, de zogenoemde respondenten, gaat stellen. Maar voordat de onderzoeker weet wat hij anderen moet vragen, moet duidelijk zijn welke vragen hij *zichzelf* gaat stellen. Deze laatste noemen we de onderzoeksvragen. Een voorbeeld van iemand die aanbelandt in een fase waarin moet worden nagedacht over onderzoeksvragen, zien we hieronder. Opnieuw gaat het om het voorbeeld 'MGB' (zie hoofdstuk 3).

Zonder overdrijving kan worden gezegd dat het formuleren van een sturende vraagstelling tot de moeilijkste, maar ook verreweg de belangrijkste onderdelen behoort van een onderzoekopzet. De moeilijkheid ervan ontstaat voornamelijk doordat we voor dit onderdeel van het conceptuele ontwerp niet zomaar kunnen terugvallen op bestaande inzichten en literatuur. We dienen hier zelf keuzen te maken, gestuurd door de precieze doelstelling van het onderzoek. Tegelijkertijd is dit deel verreweg het meest doorslaggevend voor een geslaagd onderzoek. Niet alleen wordt de kwaliteit van de onderzoeksresultaten er sterk door bepaald. Immers, die resultaten bestaan uit met empirische feiten (data) onderbouwde antwoorden op de onderzoeksvragen, niet minder maar ook niet meer. Ook de voortvarendheid waarmee het onderzoek kan worden uitgevoerd, is ervan afhankelijk. De reden is dat onderzoeksvragen die volgens de in dit boek uitgewerkte richtlijnen en methodieken tot stand zijn gekomen en zijn geformuleerd, duidelijk maken wat er in het onderzoek moet gebeuren en wat niet. Hieronder wordt deze bewering verduidelijkt.

> **Voorbeeld** MGB
>
> Het project rondom het invoeren van businessunits bij bankinstelling MGB is volop in ontwikkeling. Je koos voor een diagnostisch praktijkgericht project en op basis van het onderzoeksmodel is het onderzoek als volgt gestructureerd. (a) Een nadere analyse van het businessunits-concept, in termen van kritieke succesfactoren voor de invoering van dit concept in de organisatie, levert een verzameling van aandachtspunten op. (b) Hiermee kan de huidige situatie binnen vier regionale kantoren van MGB worden geanalyseerd in het licht van de invoering van businessunits. (c) Een vergelijking van deze vier analyses levert (d) inzicht in de voorwaarden waaraan de organisatie moet voldoen om het businessunits-concept succesvol te kunnen invoeren. Op basis van deze met het onderzoek te verkrijgen resultaten denk je zinnige adviezen te kunnen geven: de doelstelling van het onderzoek.
>
> Je hebt nu weliswaar een aardig beeld van het onderzoek, maar onduidelijk is nog welke kennis nodig is voor het doen van de aanbevelingen. Wat moet je precies voor informatie en kennis hebben over/van de situatie waarin MGB als geheel verkeert? Wat moet je weten van de bedrijfscultuur en -structuur binnen de vier regionale kantoren? Als er verschillen zijn tussen wat de theorie voorschrijft en de feitelijke situatie bij MGB, wat zijn daar dan de redenen en/of oorzaken van? Hoe ziet het personeel deze verschillen? Welk potentieel heeft het bedrijf om aan de voorwaarden zoals de theorie die noemt tegemoet te komen? Dit soort vragen is nog onbeantwoord, laat staan dat je weet welk materiaal moet worden verzameld.
>
> Kader 4.1

Het doel van dit hoofdstuk is de lezer vertrouwd te maken met de vertaling van een doelstelling in een adequate vraagstelling ofwel een set van onderzoeksvragen. In paragraaf 4.2 wordt eerst uitgewerkt wat onder een adequate vraagstelling moet worden verstaan en welke vormkenmerken hieruit voortvloeien. Als belangrijkste vormkenmerk komt daarbij naar voren het onderscheid in centrale vragen en daaruit afgeleide deelvragen. In dit hoofdstuk presenteren wij achtereenvolgens drie handzame methoden om centrale vragen te formuleren en daaruit deelvragen af te leiden (zie figuur 4.1): de methode van het in onderdelen splitsen van het onderzoeksmodel (paragraaf 4.3), de methode van de ondersteunende kennissoorten (paragraaf 4.4) en de methode van het uiteenrafelen van kernbegrippen (paragraaf 4.5). De methodiek van het in onderdelen splitsen van het onderzoeksmodel is uitsluitend geschikt voor het formuleren van de centrale vragen. De methode van de ondersteunende kennissoorten is nuttig zowel bij het afleiden van centrale vragen uit de doelstelling als bij het afleiden van deelvragen uit centrale vragen. En de methodiek van het uiteenrafelen en rasteren van kernbegrippen is tot slot vooral geschikt voor het afleiden van deelvragen uit centrale vragen.

```
┌──────────────┐    ┌──────────────┐    ┌──────────────┐
│   Splitsen   │    │ Ondersteunende│    │ Uiteenrafeling│
│ onderzoeks-  │    │ kennissoorten │    │ kernbegrippen │
│    model     │    │              │    │              │
└──────┬───────┘    └──────┬───────┘    └──────┬───────┘
       │                   │                   │
       │                   ▼                   │
┌──────────────┐    ┌──────────────┐    ┌──────────────┐
│ Doelstelling │───▶│Centrale vragen│───▶│  Deelvragen  │
└──────────────┘    └──────────────┘    └──────────────┘
```

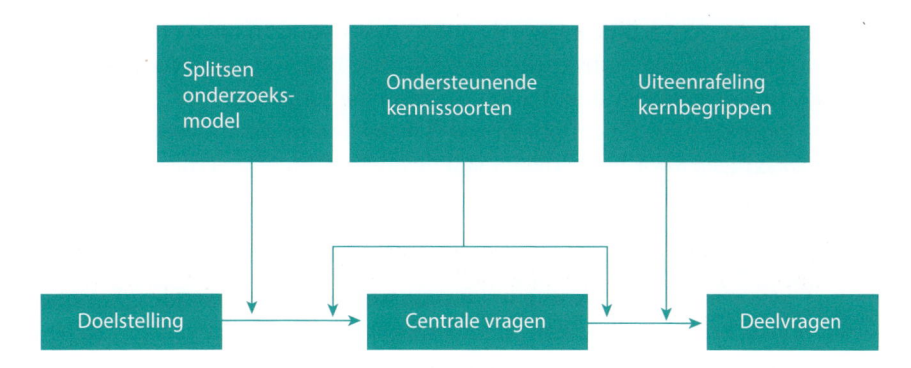

Figuur 4.1   Drie methoden voor het afleiden van onderzoeksvragen

Tot slot vatten we de in dit hoofdstuk ontwikkelde richtlijnen weer samen in een stappenplan en passen we ter illustratie een en ander toe op het voorbeeld MGB.

4.2 Functie- en vormeisen van onderzoeksvragen

Functie-eisen: efficiëntie, sturendheid en afbakening
Op het eerste oog lijkt het maken van een vraagstelling geen enkele moeilijkheid op te leveren; iedereen kan toch wel een vraag stellen? Dit moge inderdaad het geval zijn, maar het formuleren van een *adequate* vraagstelling voor een *onderzoek* is heel wat anders dan een vraag in een alledaags gesprek. De voornaamste eisen die aan een onderzoeksvraag moeten worden gesteld, zijn efficiëntie, sturendheid en afbakening. Over afbakening kunnen we hier kort zijn, aangezien dit het onderwerp is van paragraaf 5.2 hierna. In dit hoofdstuk komt deze afbakening al wel aan de orde bij de uitsplitsing van deelvragen uit centrale vragen. Het aantal benodigde deelvragen blijkt snel op te kunnen lopen naar onhaalbare aantallen. Hiermee komt de uitvoerbaarheid van het project al gauw in het gedrang (zie het uitgebreide voorbeeld aan het eind van dit hoofdstuk). De remedie hiertegen is een nauwe afbakening van kernbegrippen in de doel- en vraagstelling. Het belangrijkste hulpmiddel daarbij zijn stipulatieve definities, zoals in paragraaf 5.2 wordt uitgewerkt. Daarbij merken we alvast wel op dat de consequentie hiervan is dat deze definities moeten worden beschouwd als een *onafscheidelijk onderdeel* van de probleemstelling. Deze laatste is nog altijd te beschouwen als de combinatie van doel- en vraagstelling. Efficiëntie slaat op de mate waarin de kennis die beantwoording van de vraagstelling oplevert, bijdraagt aan het bereiken van de doelstelling. De sturendheid betreft de mate waarin de vraagstelling duidelijk maakt wat er verder in het onderzoek moet gebeuren.
Wat betreft de efficiëntie van een vraagstelling dient de lezer zich te realiseren dat kennis altijd wel op een of andere manier bruikbaar is. Dit is dan ook een rechtvaardiging voor het pure theoretiseren in de wetenschap. Maar wij staan

een meer doelgericht handelen van de onderzoeker voor. In onze visie dient hij zich af te vragen of een onderzoeksvraag een reële bijdrage kan leveren aan het bereiken van de gekozen doelstelling. In principe moet het voor een buitenstaander onmiddellijk duidelijk zijn wat het nut is van de antwoorden op de onderzoeksvragen voor het bereiken van de doelstelling. De eerder geïntroduceerde stelregel is dat als dit veel uitleg vergt, de onderzoeker nog niet tevreden kan zijn. In dat geval dient hij verder na te denken over de vraag wat de oplosser van het probleem zoals vermeld in de doelstelling, allemaal zou moeten weten om met succes aan een oplossing te kunnen werken. De genoemde efficiëntie betreft dus de bruikbaarheid van de onderzoeksresultaten, een van de belangrijkste eisen van een praktijkgericht onderzoek.

Is de efficiëntie van een vraagstelling hoofdzakelijk een kwestie van kritische zelfcontrole en vooral gezond verstand van de onderzoeker, over de sturendheid hebben wij heel wat meer te zeggen. Met het sturende vermogen van een onderzoeksvraag bedoelen wij een tweetal zaken:

a. De vragen geven aan welke *soorten* kennis nodig zijn. In de vraag 'welke kenmerken hebben gezinnen waarin de kinderen zich schuldig maken aan jeugdcriminaliteit?' gaat het bijvoorbeeld om *beschrijvende* kennis. En de vraag 'wat zijn de oorzaken van het verloop onder de ambtenaren op ministerie Y?' betreft *verklarende* kennis. Meer in het algemeen geldt dat zeggen hoe iets in de werkelijkheid is, hoe het eruitziet, hoe het werkt, enzovoort, *beschrijvende* uitspraken zijn. Beweringen over waarom zaken zijn zoals ze zijn, behoren tot de *verklarende* uitspraken. In het laatste geval gaat het vooral om het achterhalen van de achtergronden en oorzaken van verschijnselen. In sommige gevallen is de grens tussen beschrijvende en verklarende uitspraken moeilijk te trekken.

b. Uit de vragen kan worden afgeleid welk materiaal in het onderzoek moet worden verzameld.

Een vraagstelling die niet aan deze twee vereisten van sturendheid voldoet, heeft grote nadelen. Op basis van de vraagstelling kan dan niet worden bepaald waar in de bibliotheek moet worden gezocht (theorie) en/of waar en waarnaar een onderzoeker in de werkelijkheid moet gaan kijken (empirie). Het gevolg is dat hij aan het begin van de uitvoeringsfase van het onderzoek vrijwel zeker tijd gaat verspillen met grasduinen in bibliotheken en archieven en met het bepalen van de (keuze van) onderzoekseenheden en databronnen (zie hoofdstuk 7).

De meeste beginners hebben de neiging bij het maken van een vraagstelling alles in één vraag te stoppen. Dit leidt vrijwel steevast tot weinig heldere en niet sturende vraagstellingen. We verduidelijken dit aan de hand van een onderzoek met als (externe) doelstelling: 'het leveren van een bijdrage aan de oplossing van het geluidshinderprobleem in een bepaalde stad'. We hebben hier te maken met een praktijkgericht project. Afhankelijk van het type praktijkgericht onderzoek – er zijn zoals eerder is aangegeven vijf typen – zou een vraagstelling bestaande uit een enkele volzin er als volgt uit kunnen zien:

1. Wat is precies het probleem, voor wie is het vooral een probleem en waarom is het een probleem? (probleemanalyse)
2. Wat zijn de oorzaken, achtergronden en samenhangen van het probleem? (diagnose)
3. Hoe kan het probleem worden aangepakt? (ontwerp)
4. In hoeverre wordt het ontwerp of plan van aanpak adequaat uitgevoerd? (verandering)
5. In hoeverre is de interventie een succes geweest? (evaluatie)

Op het eerste gezicht is er met deze vragen weinig mis. Ze zijn helder gesteld en ze gaan direct af op een doel. Maar de vraag is in hoeverre deze vraagstellingen voldoen aan de twee eerder geformuleerde eisen van sturendheid. We kijken eerst of de vragen aangeven welk soort kennis wordt gezocht, het eerste criterium van zojuist. Van de eerste twee vraagstellingen kan worden gezegd dat deze inderdaad aansturen op herkenbare kennisinhouden. Zo zet vraag 1 aan tot beschrijvende kennis over wat de feiten en meningen rondom geluidshinder zijn. Vraag 2 stuurt aan op kennis van verklarende aard. Hier zijn deelvragen aan de orde als: Wat zijn de geluidsbronnen? Op welke afstand bevinden zij zich? Welke factoren bepalen vooral het geluidsniveau buiten en binnen de huizen? Dit zijn allemaal vragen in de verklarende sfeer.

Vraag 3 echter maakt onvoldoende duidelijk welk soort kennis moet worden geproduceerd. Er blijkt nauwelijks uit over welke zaken in de werkelijkheid we kennis en informatie willen, noch wat voor soort kennis en informatie dit moet zijn. Eigenlijk gaat het bij vraag 3 niet om een kennisvraag, maar om een 'hoe kan'-vraag, een *handelings*vraag dus. Dit is een veelvoorkomende zwakte in vraagstellingen. De reden hiervan is dat zo'n 'hoe kan'-vraag meer zegt over de doelstelling van het onderzoek dan over de vraagstelling ervan. We zien dat al aan het gebruik van een vervoeging van het werkwoord 'kunnen', terwijl het bij een vraagstelling moet gaan om 'kennen'. Deze 'vraagstelling' voegt dan ook niets toe aan de doelstelling. Het is gewoon de doelstelling in een ander jasje, te weten een volzin eindigend met een vraagteken. Niets makkelijker dan dat. Maar we zijn er ook helemaal niets mee opgeschoten. Meer in het algemeen geldt dat 'hoe kan'-vragen in het kader van de vraagstelling voor een onderzoek moeten worden vermeden.

Wat we hier leren is dat niet elke vraag, een volzin met een vraagteken er achter, ook een *onderzoeks*vraag is. De vraag moet betrekking hebben op een kennisprobleem en niet op een handelingsprobleem. Het stellen van een 'hoe kan'-vraag geeft in feite blijk van een foutieve opvatting van onderzoek, namelijk als een instrument voor probleemoplossing. Hier is nadrukkelijk bedoeld een probleem in de zin van een handelingsprobleem. Maar zoals hierboven al vaker is gememoreerd, is het enige wat we met een onderzoek kunnen doen het produceren van kennis, inzichten en informatie. Anders gezegd, onderzoek is een middel tot kennisproductie. Natuurlijk is het wél zo dat we kennis moeten genereren die nuttig of bruikbaar is bij de probleemoplossing. De lezer herkent hier het criterium van efficiëntie.

Ook de vragen 4 en 5 geven onvoldoende informatie over welke kennis we moeten gaan produceren. Deze vraagstellingen suggereren het bestaan van een maatstaf voor de beoordeling of evaluatie van de resultaten van een interventie. Niet duidelijk wordt in welke richting deze maatstaf moet worden gezocht of op grond van welke criteria er beoordeeld wordt. Ook deze wijze van vragen brengt ons niet veel verder. De conclusie is dat alleen de vragen 1 en 2 hierboven voldoen aan het eerste van de twee criteria voor een sturende vraagstelling.

Kijken we vervolgens of de vijf vraagstellingen voldoen aan de tweede voorwaarde voor een sturende vraagstelling, te weten de eis dat eruit valt af te leiden welk materiaal moet worden verzameld. Op dit punt blijkt vraag 1 in redelijke mate te voldoen. Het is duidelijk dat we naar de geluidshinderzones moeten om daar waarnemingen te verrichten en om met de mensen die daar wonen te gaan praten. Maar vraag 2 voldoet in dit opzicht beduidend minder. De onderzoeker wil de achtergronden van het geluidshinderprobleem leren kennen. Maar de vraagstelling geeft niet aan in welke richting die achtergronden moeten worden gezocht, laat staan dat helder is welke gegevens moeten worden verzameld.
Er is overigens een duidelijk aanwijsbare reden waarom vraag 2 op dit punt minder voldoet dan vraag 1. Bij vraag 2 gaat het om verklarende kennis. Hiervoor geldt in het algemeen dat deze abstracter en moeilijker te genereren is dan beschrijvende kennis zoals in vraag 1. Zoals in de volgende paragraaf duidelijk wordt gemaakt, hebben we meestal eerst beschrijvende kennis nodig willen we in staat zijn tot verklaring. Wat stelt immers een verklaring voor als we niet precies weten wat we aan het verklaren zijn?
Een korte inspectie van de vragen 3, 4 en 5 ten slotte maakt duidelijk dat ook deze vrijwel geen aanwijzingen geven over de vraag waar en waarnaar we in bibliotheken en in de werkelijkheid moeten gaan kijken. En wat erger is, door in de bibliotheek te duiken of in de werkelijkheid te gaan grasduinen wordt dit ook niet duidelijk. Dit ondanks een even wijdverbreide als ijdele hoop van beginnende onderzoekers dat dit wél zal gebeuren. Gaan we met een dergelijke zwakke vraagstelling van start, dan leidt dit onherroepelijk tot tijdverlies. Wat in dit stadium eerst moet gebeuren, is nadenken over de vraag welke kennis, inzichten en informatie behulpzaam zouden kunnen zijn bij het behalen van de doelstelling van het onderzoek. Hier dient men dus geheel te vertrouwen op het gezonde verstand, hopelijk aangevuld met bestaande theoretische inzichten.

Een voorbeeld kan dit verder toelichten. Stel dat het (externe) doel van een onderzoek is het leveren van een bijdrage aan het maken van een geschikte voorlichtingsfilm die landbouwers moet overtuigen van het belang van duurzame landbouw. Nemen we vervolgens aan dat als 'vraagstelling' voor het onderzoek wordt geformuleerd: 'hoe ziet een geschikte voorlichtingsfilm eruit?' We herkennen hierin een (verkapte) 'hoe kan'-vraag. In feite gaat het nog steeds over de doelstelling van het onderzoek, en zijn we geen millimeter opgeschoten. Logisch nadenken (gezond verstand) over welke inzichten behulpzaam zouden kunnen zijn, levert gemakkelijk de volgende reeks vragen op: 'Wat *weten* de landbouwers van duurzame landbouw, welke methoden er zijn, wat erbij komt kijken, en dergelijke?' 'Wat *vinden* ze van duurzame landbouw?' 'In hoeverre passen zij al duurzame landbouwmethoden en hulpmiddelen toe?' Met deze vragen lijken we nog ver verwijderd te zijn van het maken van een voorlichtingsfilm. Maar de schijn bedriegt; enig nadenken maakt snel duidelijk dat de genoemde inzichten van essentieel belang zijn voor de filmmaker en direct door hem kunnen worden benut. Met andere woorden, de efficiëntie van de vraagstelling is wel degelijk verzekerd. Bovendien beschikken we op deze manier over sturende onderzoeksvragen. Het is immers onmiddellijk duidelijk dat we naar landbouwers in de doelgroep toe moeten om hen vragen te stellen over zaken zoals genoemd in de onderzoeksvragen en om eventueel observaties te verrichten terwijl zij aan het werk zijn.

We komen tot de volgende conclusie. Hoewel de vijf vraagstellingen er op het eerste oog stuk voor stuk gezond uitzien, schieten ze met uitzondering van vraag 1 tekort qua sturend vermogen. De vragen zeggen voornamelijk iets over wat de onderzoeker met het onderzoek wil bereiken, het externe doel, en weinig tot niets over het interne doel, ofwel het soort kennis dat moet worden geproduceerd. Mede als gevolg hiervan zeggen deze vragen ook vrijwel niets over het materiaal dat in het onderzoek moet worden verzameld, noch over de wijze waarop dit moet gebeuren.

Vormeisen: centrale vragen en deelvragen

Vooral het vinden van sturende vragen kan in het begin lastig zijn, hoe simpel het er hierboven ook uitziet. Wij adviseren de volgende twee stappen. Op de eerste plaats dient de onderzoeker na te gaan welke kennis nuttig kan zijn bij het bereiken van de doelstelling. Dit resulteert in de formulering van een of enkele centrale vragen. Vervolgens stelt de onderzoeker zichzelf de vraag welke kennis nuttig of nodig is om deze centrale vraag of vragen op zijn/hun beurt te kunnen beantwoorden. Dit laatste mondt per centrale vraag uit in twee of meer deelvragen. Nota bene, slechts één deelvraag formuleren voldoet niet. Ofwel omvat zo'n vraag in feite hetzelfde als de bijbehorende centrale vraag, en is dus overbodig. Ofwel deze deelvraag versmalt de centrale vraag, wat uiteraard ongewenst is. De bedoeling is dat (de antwoorden op) de deelvragen samen het antwoord vormen op de centrale vraag waaruit ze zijn afgeleid, niet meer maar zeker ook niet minder. De onderzoeker kan dit controleren door, nadat de deelvragen zijn geformuleerd, de betreffende centrale vraag te schrappen. In feite moet dit dan geen enkel verlies opleveren. Treedt er toch verlies op, dan dient hij óf de deelvragen uit te breiden, óf (vooral) de centrale vraag in te perken, of beide.

De voornaamste functie die de deelvragen hebben, is *sturing*. Zoals namelijk zo meteen zal blijken zijn deze deelvragen, mits op de juiste wijze afgeleid, in principe sturender dan de centrale vragen waaruit ze zijn afgeleid. En deze laatste zijn als het goed is op hun beurt weer meer sturend, nog steeds in de hierboven bedoelde zin, dan de doelstelling van het onderzoek. Een tweede functie van de afleiding van deelvragen is dat we hiermee een handzame structurering van de uitvoering van het onderzoek verkrijgen. In elke afzonderlijke fase neemt de onderzoeker zich voor om een van de deelvragen te beantwoorden. Maar zoals eerder is aangegeven: qua *inhoud* van het onderzoek dient de introductie van deelvragen volkomen *neutraal* te zijn. Samenvattend kunnen we zeggen dat de formulering van een vraagstelling door middel van centrale vragen en deelvragen aan een tweetal strikte eisen moet voldoen:

a. De antwoorden op centrale vragen zijn samen voldoende om de doelstelling van het onderzoek te helpen bereiken, en niet meer dan dat.
b. De antwoorden op de deelvragen geven samen een voldoende antwoord op de centrale vraag waaruit ze zijn afgeleid, en niet meer dan dat.

Deze twee eisen betekenen dat voor elke geformuleerde vraag wordt nagegaan of deze wel echt nodig is en of deze geen uitbreiding betekent van de doelstelling respectievelijk van de centrale vraag. In de praktijk blijkt dit veel lastiger te zijn dan de meeste mensen vooraf denken, de lezer zij gewaarschuwd. Neem ruim de tijd om hiermee te oefenen voordat je aan een 'echte' vraagstelling voor het onderzoek begint. En voor het overige ligt hier in principe een belangrijke taak van de opleiders, respectievelijk begeleiders van onderzoekers.

Vooral het verruimen van een doelstelling of een centrale vraag bij het afleiden van (deel)vragen kan ernstig afbreuk doen aan de efficiëntie van het onderzoek. Niettemin is dit een fout waaraan veel onderzoekers zich schuldig maken. De verleiding is altijd groot om een imposante vraagstelling te formuleren. En op papier is dat ook heel gemakkelijk. Maar het is niet gemakkelijk om een afdoende onderbouwing te geven van de antwoorden op de onderzoeksvragen. Daarvoor zijn adequate vragen nodig in de hiervoor bedoelde zin.

Een en ander neemt natuurlijk niet weg dat men bij het afleiden van (deel)vragen kan stuiten op zaken die bij de doelstelling respectievelijk bij de formulering van de centrale vragen ten onrechte over het hoofd werden gezien. In dat geval heeft de onderzoeker de keuze uit twee mogelijkheden: (1) handhaven van de gevonden additionele centrale vraag, respectievelijk deelvraag, en bijstellen (lees uitbreiden) van de doelstelling respectievelijk de centrale vraag. (2) Met behulp van definities van centrale begrippen de doelstelling respectievelijk de centrale vraag zodanig inperken dat geen additionele vraag of vragen nodig zijn. De laatste mogelijkheid moet steeds serieus worden overwogen, wil men het onderzoek binnen haalbare proporties houden. We hebben hier te maken met iteratie. We lichten deze iteratieve werkwijze bij het formuleren van een vraagstelling verder toe aan de hand van een tweetal voorbeelden.

Voorbeeld Voorbeeld 1: Organisatiecultuur

In een onderzoek beoog je de verschillen in organisatiecultuur tussen twee afdelingen van een ziekenhuis in kaart te brengen. Als een van de onderzoeksvragen formuleer je: waarin verschilt de organisatiecultuur van ziekenhuizen van die in scholen? In dit voorbeeld van een vraagstelling van het beschrijvende type is sprake van een uitbreiding ten opzichte van het oorspronkelijke voornemen. Je doet dit omdat je denkt dat uit een vergelijking van twee verschillende organisatietypen meer algemeen geldende inzichten naar voren kunnen komen. In dat geval voeg je voorlopig het element 'sectorvergelijking' aan de doelstelling toe. Als nu de opdrachtgever, geattendeerd op het voordeel van een sectorvergelijking, deze laatste belangrijk blijkt te vinden, dan ben je wellicht een lacune in de doelstelling op het spoor. Als dat het geval blijkt, dan pas je je doelstelling zodanig aan dat de vraag hierboven er logisch uit kan worden afgeleid; een duidelijk geval van iteratie. Maar dreig je daarmee in een te omvangrijk onderzoek te geraken, wat niet zelden het geval zal blijken, dan slik je de sectorvergelijking alsnog in en pas je zo nodig de doelstelling aan. Nota bene, het is van groot belang dat je hier de nodige zelfdiscipline aan de dag legt, liefst geholpen door een begeleider. Een van diens belangrijkste taken is een beginnende onderzoeker af te houden van al te wilde plannen. Dit betekent dan wel dat de begeleider daarin getraind is, iets wat in de praktijk nogal eens niet het geval is. Integendeel, begeleiders hebben niet zelden hobby's die zij via het onderzoek van hun pupillen willen uitleven; de lezer zij andermaal gewaarschuwd.

Kader 4.2

Voorbeeld Voorbeeld 2: Mestbeleid

Een van je vragen luidt: welke problemen doen zich voor bij de invoering van het nieuwe mestbeleid van de overheid? Als een van de deelvragen formuleer je: waardoor ontstaan de geconstateerde invoeringsproblemen van het vigerend mestbeleid? In dat geval wordt de centrale vraag uitgebreid. Immers, deze laatste vraag is van beschrijvende aard, terwijl je met de deelvraag een element van verklarende aard toevoegt. Om te weten of deze toevoeging terecht is, moet je terug naar de doelstelling (iteratie). Blijkt de toevoeging inderdaad terecht, bijvoorbeeld omdat je het mestbeleid wilt (helpen) verbeteren, dan wordt deze deelvraag een centrale vraag. In dat geval denk je opnieuw na over geschikte deelvragen die uit deze verklarende vraagstelling kunnen worden afgeleid. Zoals we hieronder zullen zien, kom je dan meestal uit op deelvragen van beschrijvende aard. Stel dat daarmee echter een te omvangrijk onderzoek dreigt te ontstaan zodat je niet in staat zult zijn om de vraagstelling op een ook maar enigszins valide wijze te beantwoorden. In dat geval beperk je jezelf alsnog tot een centrale onderzoeksvraag of -vragen van beschrijvende aard. Beter een valide beschrijvend onderzoek dan een verklarend onderzoek dat kant noch wal raakt.

Kader 4.3

Met de constatering hierboven dat het afleiden van centrale vragen en deelvragen gunstig is voor een vlotte uitvoering en bruikbare resultaten, zien we ons voor een nieuw probleem gesteld. De vraag is namelijk hoe we aan centrale vragen en deelvragen komen die voldoen aan de criteria van efficiëntie en sturendheid. We raken hiermee een van de moeilijkste onderdelen van het ontwerpen van een onderzoek. Dat komt omdat men, op dit punt van het ontwerp aangekomen, een ommezwaai moet maken. Bij het vaststellen van het projectkader, de doelstelling en het onderzoeksmodel ging het tot nu toe om terreinverkenning, afbakening en structurering van het onderzoek. Dit zijn allemaal aspecten van het ontwerp waarbij de onderzoeker vooral met gezond verstand te werk gaat en kan leunen op zijn vermogen tot het aanbrengen van orde in een onoverzichtelijk geheel. Aanwezige vakinhoudelijke kennis en inzichten heeft hij nog niet in stelling hoeven brengen. Maar het formuleren van de centrale onderzoeksvragen en deelvragen vraagt vaak, naast gezond verstand, om deze kennis en inzichten. De onderzoeker moet nu overschakelen van structureren naar (vak)inhoudelijk redeneren. Het maken van de vraagstelling betekent immers dat hij het antwoord wil weten op de volgende methodologische vraag: welke onderzoeksvragen dien ik te beantwoorden om te voldoen aan de doelstelling van het onderzoek? Anders gezegd: welke (vak)inhoudelijke kennis is nodig en/of nuttig om de doelstelling te (helpen) bereiken?

Het is onze ervaring dat voor veel ontwerpers van onderzoek deze vereiste ommezwaai van structureren naar vakinhoudelijk redeneren een grote sprong is. Daarom reiken we in de volgende paragrafen een drietal methoden aan die behulpzaam zijn bij het formuleren van adequate centrale vragen en dito deelvragen.

4.3 Het splitsen van het onderzoeksmodel

Een eerste methode voor de ontwikkeling van een adequate vraagstelling sluit aan bij het onderzoeksmodel dat intussen als tweede stap in het ontwerpen van het onderzoek is gemaakt (zie hoofdstuk 3). Deze methode omvat de splitsing van het onderzoeksmodel in herkenbare onderdelen. Voor elk van deze onderdelen formuleert men een centrale vraag. Hierna wordt eerst de systematiek van de methode uitgelegd en vervolgens laten we met voorbeelden zien hoe deze methode er concreet uitziet. We werken daarvoor het eerder aangehaalde voorbeeld van de 'rampenverzekering' (zie hoofdstuk 3) nader uit.

Voorbeeld   Rampenverzekering

Je beoogt met een bedrijfseconomisch onderzoek adviezen te geven voor een verhoging van de effectiviteit van de verzekering van nationale rampen, zoals overstromingen en aardbevingen. Daarvoor beoordeel je vier soorten rampenverzekeringen (onderzoeksobjecten) op basis van criteria voor een effectieve rampenverzekering. Uit een analyse van overeenkomsten en verschillen komen naar verwachting ideeën voor verbetering naar voren. Je hebt het volgende onderzoeksmodel gemaakt (zie figuur 4.2).

Kader 4.4

In woorden luidt dit onderzoeksmodel als volgt: (a) Een bestudering van de verzekeringstechnische problemen bij nationale rampen via gesprekken met deskundigen (vooronderzoek) en een oriëntatie van relevante literatuur (vakliteratuur over verzekeringen, theorieën over openbaar bestuur) levert de beoordelingscriteria (b) waarmee de effectiviteit van vier soorten rampenverzekeringen kunnen worden geëvalueerd. (c) Een vergelijking van de resultaten

4 Vraagstelling

van deze vier evaluaties resulteert in (d) aanbevelingen voor de ontwikkeling van een meer effectieve verzekering voor nationale rampen.

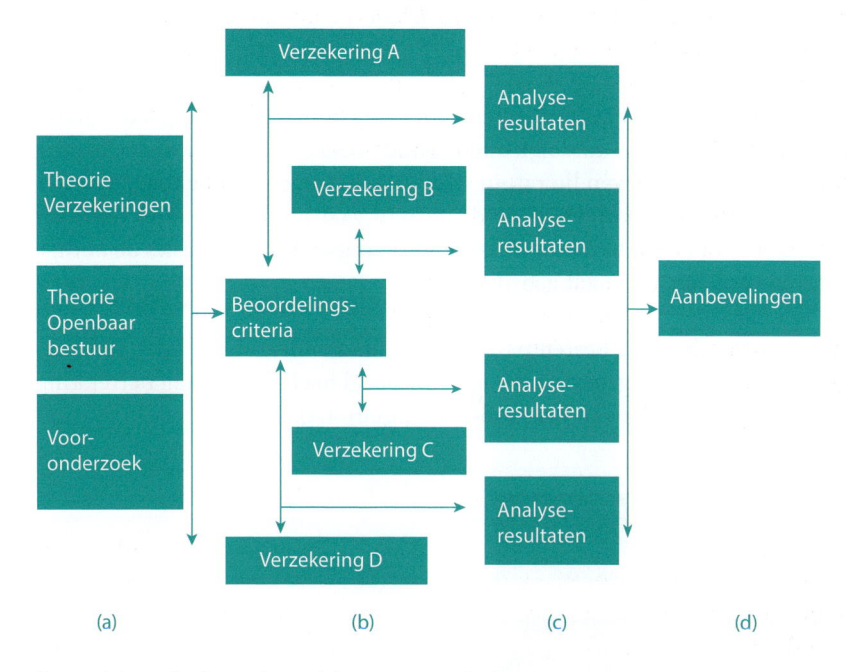

Figuur 4.2   Onderzoeksmodel rampenverzekering

Deze wijze van verwoorden gaan we gebruiken voor het vaststellen van de centrale vragen.

De eerste centrale vraag heeft betrekking op passage (a) en betreft de bronnen van de beoordelingscriteria (zie figuur 4.3). Het antwoord op deze eerste centrale vraag omvat deze criteria.

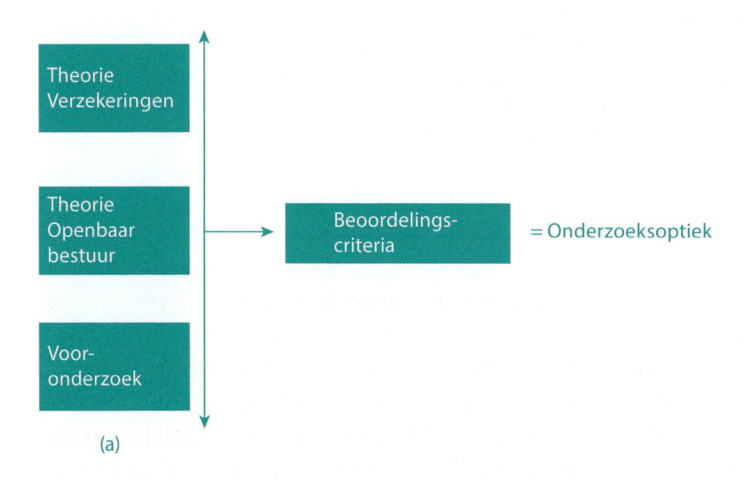

Figuur 4.3   De eerste centrale vraag

De eerste centrale vraag zou dan kunnen luiden:

I Welke criteria hanteren we voor een beoordeling van de effectiviteit van rampenverzekeringen?

Deze vraag heeft, in combinatie met het onderzoeksmodel, een adequaat sturend vermogen. Het is immers duidelijk dat de onderzoeker voor een beantwoording de in het model aangegeven literatuur over verzekeringen en openbaar bestuur gaat bestuderen en deskundigen op dit terrein gaat raadplegen. Het resultaat hiervan is een overzicht van mogelijke beoordelingscriteria, inclusief de nodige toelichting voor een adequaat gebruik.

De tweede centrale vraag betreft passage (b) uit het onderzoeksmodel, een analyse van de verzamelde gegevens. In het voorbeeld heeft deze vraag betrekking op het volgende gedeelte van het model (zie figuur 4.4).

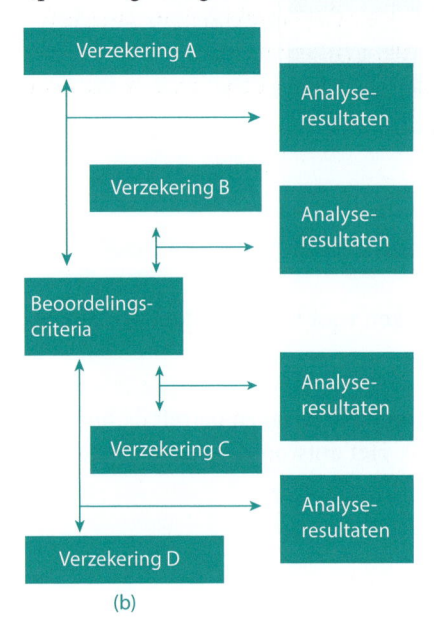

Figuur 4.4 De tweede centrale vraag

Een mogelijke formulering van de tweede centrale vraag is:

II Wat is de waarde of kwaliteit van de vier afzonderlijk onderzochte rampenverzekeringen, gezien in het licht van de gestelde criteria?

Het is duidelijk dat pas met het beantwoorden van de tweede centrale vraag kan worden begonnen wanneer de eerste centrale vraag is beantwoord. Ook deze tweede vraag is zeer sturend. Het antwoord ontstaat door confrontatie van het onderzoeksobject, hier rampenverzekeringen, met de gevonden criteria.

Zoals eerder aangegeven dienen we onderscheid te maken tussen projecten waarbij sprake is van één onderzoeksobject en projecten waarbij meer dan één onderzoeksobject betrokken is. In het eerste geval is de tweede centrale vraag tevens de laatste. Immers, indien dit ene onderzoeksobject grondig is bestudeerd aan de hand van de onderzoeksoptiek (in het voorbeeld de criteria), dan is daarmee voldoende informatie verzameld om de doelstelling van het onderzoek te (helpen) bereiken. In het tweede geval vormt het antwoord op de tweede centrale vraag het materiaal om de derde centrale vraag te beantwoorden (zie hierna).

In het gegeven voorbeeld is het voornemen om de vier verzekeringstypen door te lichten aan de hand van het lijstje beoordelingscriteria als resultaat van de beantwoording van de eerste centrale vraag. Aan het einde van deze exercitie beschikt de onderzoeker over vier analyseresultaten, voor elk van de verzekeringstypen een. Deze vier resultaten vormen de input voor de formulering van een derde centrale onderzoeksvraag. Deze heeft betrekking op passage (c), waarin de resultaten van de analyses van elk van de onderzoeksobjecten met elkaar worden vergeleken (lees: geconfronteerd) in het licht van een efficiënte verzekering van nationale rampen (zie figuur 4.5).

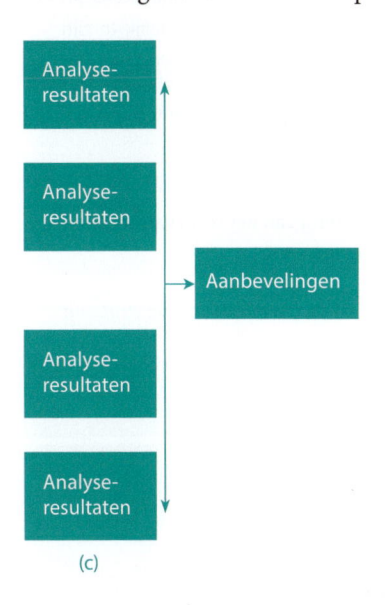

Figuur 4.5   De derde centrale vraag

De derde centrale vraag luidt dan als volgt:

III Wat leert ons de vergelijking van de analyseresultaten van de vier onderzochte soorten verzekeringen met het oog op het doen van aanbevelingen voor de totstandkoming van een effectieve verzekering voor nationale rampen?

Ook nu weer is het duidelijk dat men pas aan het beantwoorden van de derde centrale vraag kan beginnen nadat het antwoord op de tweede centrale vraag is gevonden. Met behulp van het antwoord op deze derde centrale vraag kan de onderzoeker tevens vaststellen of, en zo ja in hoeverre, het doel van onderzoek kan worden bereikt. Eerder is aangegeven dat het antwoord op de tweede centrale vraag de doelrealisatie aangeeft in het geval dat we te maken hebben met niet meer dan één onderzoeksobject.

Opgave 'marktgerichte zorg'

a. Bestudeer het onderstaande projectkader, de doelstelling en het onderzoeksmodel van het onderzoeksproject 'Marktgerichte zorg'.
b. Formuleer met behulp van de methode van het splitsen van het onderzoeksmodel de centrale vragen van het onderzoek.

Projectkader
ABC is een zorginstelling met als kernactiviteit het onafhankelijk en verantwoord adviseren van ondersteuning bij een fysieke handicap. Onder invloed van een terugtredende overheid is ABC niet langer verzekerd van continuïteit van haar inkomsten. De aanbodgestuurde werkwijze moet een marktgerichte worden, onder andere door het invoeren van 'accountmanagement'. Hierbij dienen de zorgadviseurs verantwoordelijk te zijn voor alle contacten met een kleine groep klanten. Van een goede inbedding van het proces van accountmanagement in de organisatie is echter nooit sprake geweest. Het ontbreekt vooral aan een in het licht van marktgericht werken adequate interne structuur voor het accountmanagement.

Doelstelling
Het ontwikkelen van verantwoorde adviezen voor de leiding van het team van accountmanagers van ABC, ter verbetering van het accountmanagement,
door
het geven van inzicht in het verschil tussen de huidige en de gewenste interne structuur van dit management.

Onderzoeksmodel

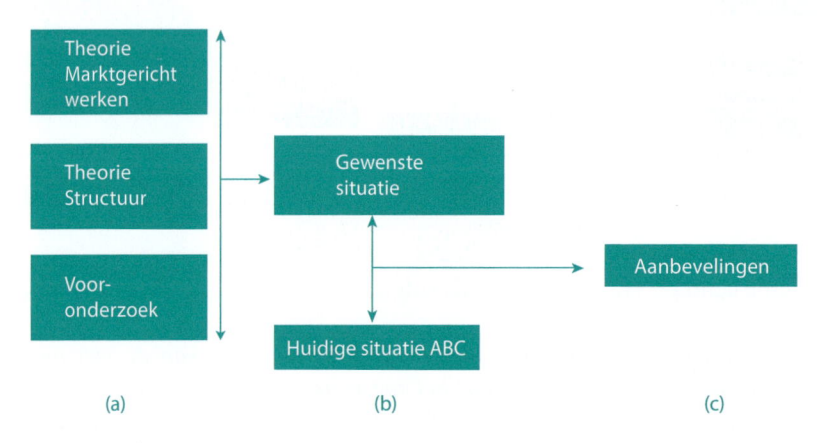

(a)　　　　　　　　　　(b)　　　　　　　　　　(c)

Figuur 4.6　Onderzoeksmodel ABC

4 Vraagstelling

Opgave 'Feniks'

a. Bestudeer het onderstaande projectkader, de doelstelling en het onderzoeksmodel van het onderzoeksproject 'Feniks'.
b. Formuleer met behulp van de methode van het splitsen van het onderzoeksmodel de centrale vragen van het onderzoek.

Projectkader
Feniks is de naam van een samenwerkingsverband van twee organisaties voor ontwikkelingshulp. De samenwerking heeft als doel de procedures voor fondswerving te verbeteren en daardoor effectiever te zijn in het bijeenbrengen van het benodigde geld. Een complicerende factor daarbij is dat de beide partners op dit moment een geheel verschillende organisatie hebben. Deze verschillen kunnen een succesvolle samenwerking in de weg staan. Hoe kan het MT van Feniks deze problemen proberen te voorkomen?

Doelstelling
Het doen van aanbevelingen aan het MT van Feniks voor verbetering van het beleid dat is gericht op realisering van de voorgenomen samenwerking,
door
een inventarisatie van de meningen van verschillende groepen binnen de twee organisaties (directies, medewerkers) over de achtergrond van de geschetste problemen en over de oplossing ervan.

Onderzoeksmodel

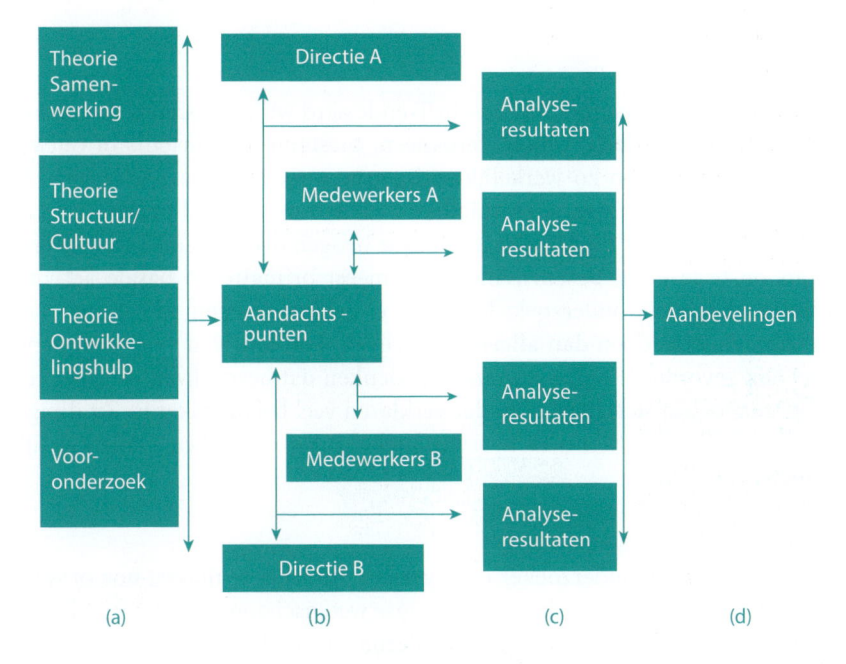

Figuur 4.7   Onderzoeksmodel Feniks

In deze paragraaf hebben wij een manier aangereikt voor het formuleren van centrale vragen. In de volgende twee paragrafen worden twee andere methodieken gepresenteerd om op adequate wijze zowel centrale vragen uit de doelstelling, als deelvragen uit de centrale vragen af te leiden.

4.4 Ondersteunende kennissoorten

In paragraaf 4.2 werd al een onderscheid gemaakt tussen beschrijvende en verklarende kennis. Daarbij werd zijdelings opgemerkt dat beschrijvende kennis vaak behulpzaam is bij of zelfs een noodzakelijke voorwaarde kan zijn voor het verkrijgen van verklarende inzichten. Dit geeft ons een aanknopingspunt voor het afleiden van centrale vragen uit de doelstelling en/of van deelvragen uit de centrale vragen. Zo kan een centrale vraag van verklarende aard in principe worden uitgewerkt in deelvragen van beschrijvende aard.

Om te komen tot een algemeen bruikbare methode voor het afleiden van vragen voor een vraagstelling, onderscheiden wij hieronder eerst een aantal kennissoorten. We geven daarbij telkens aan in welk type onderzoek deze kennissoorten een dominante plaats kunnen innemen. Daarna kijken we hoe deze kennissoorten elkaar kunnen ondersteunen. In een derde en laatste stap laten we vervolgens zien hoe we op basis hiervan een adequaat sturende vraagstelling kunnen ontwikkelen.

1. *Beschrijvende kennis*

De onderzoeker die kennis van beschrijvende aard wil produceren, neemt zich voor om een of ander(e) object, fenomeen, toestand, gebeurtenis of ontwikkeling nauwkeurig en zo werkelijkheidsgetrouw mogelijk vast te leggen. Hij doet dit op basis van directe zintuiglijke waarneming. Vooral praktijkgerichte onderzoeken van het type probleemanalyse beogen overwegend beschrijvende kennis op te leveren. Beschrijving is de meest primaire en basale activiteit in wetenschappelijk onderzoek. Men kan er zelden omheen, al zal men vaak ook meer moeten doen dan alleen beschrijven. Een fout van veel beginnende maar ook gevorderde onderzoekers is te denken dat beschrijven een niet echt wetenschappelijke activiteit is en dat verklaren veel belangrijker is. Zij dreigen daarmee het beschrijven over te slaan, met – zoals zal blijken – alle kwalijke gevolgen van dien.

2. *Verklarende kennis*

Bij verklaring is de onderzoeker erop gericht duidelijk te maken hoe of waardoor iets tot stand komt. In het hedendaagse wetenschappelijk onderzoek komt dit in de meeste gevallen neer op het achterhalen van de achtergronden en oorzaken van het te verklaren verschijnsel. Men wijst bijvoorbeeld op interne spanningen in een organisatie als oorzaak van ziekteverzuim. Men spreekt wel van een causale verklaring. Deze verklarende kennis kenmerkt vooral veel theoriegericht onderzoek en in principe al het praktijkgericht *diagnostisch* onderzoek.

Een verschil tussen beide is wel dat men in theorieën zoekt naar algemeen geldende (causale) verklaringen van verschijnselen ofwel causale wetten, terwijl in een diagnostisch onderzoek wordt gezocht naar de oorzaken van een concreet probleem, plaats- en tijdgebonden. Maar in beide gevallen is sprake van een redeneren in termen van oorzaken en gevolgen.

3. *Voorspellende kennis*
Bij voorspelling tracht de onderzoeker op basis van kennis van heden of verleden uitspraken te doen over toekomstige toestanden, ontwikkelingen of gebeurtenissen. We komen voorspellende kennis tegen bij zowel theorietoetsend als praktijkgerichte typen onderzoek. In het geval van theorietoetsing probeert men uit een theorie af te leiden (te 'voorspellen') wat men in de werkelijkheid moet aantreffen, wil de theorie geldig genoemd worden. Vooral in de economische en aanverwante wetenschappen tracht men de toekomst te voorspellen op basis van kennis over het verleden. Dat wil zeggen, op basis van bestaande trends tracht men te extrapoleren naar de toekomst. En een praktijkgerichte onderzoeker die een evaluatieonderzoek uitvoert, is vaak geïnteresseerd in de lange termijn (lees toekomstige) effecten van een beleid of interventie.

4. *Evaluatieve kennis*
Evalueren is het vellen van een oordeel over een toestand of gebeurtenis in termen van gunstig of ongunstig. Zoals we eerder zagen, veronderstelt zo'n beoordeling de beschikbaarheid van een stel criteria op basis waarvan een oordeel kan worden geveld. Evaluatieve kennis wordt natuurlijk vooral nagestreefd in evaluatieonderzoek. Dit is onderzoek dat plaatsvindt binnen het vijfde en laatste stadium van de interventiecyclus. Maar ook probleemanalytische onderzoeken zijn vaak gericht op het produceren van evaluatieve kennis. Ook daar gaat het er namelijk om een bestaande situatie te vergelijken met een wenselijke situatie. Deze laatste kan worden neergelegd in de vorm van een set criteria waaraan de werkelijkheid in onze ogen moet voldoen.

5. *Prescriptieve kennis*
Prescriptieve kennis betreft voorschriften of, iets zachter uitgedrukt, adviezen of aanbevelingen, voor de wijze waarop een situatie kan of moet worden veranderd. Als men bijvoorbeeld het ziekteverzuim wil terugdringen, dan dient men te zorgen voor een goede werksfeer. Dit laatste vormt dan de prescriptie die moet of kan worden opgevolgd om het gestelde doel te bereiken. Vooral het ontwerpgerichte onderzoek, waarin het enige en directe doel is een of andere situatie te veranderen, vraagt om kennis van prescriptieve aard. Anders gezegd, men streeft prescriptieve kennis na in praktijkgericht onderzoek dat zich richt op het doen van voorstellen of voor probleemoplossing (fase 3 van de interventiecyclus), of voor verbetering (fase 5; evaluatie).
De genoemde vijf kennissoorten hangen onderling nauw samen en soms vloeien ze zelfs naadloos in elkaar over. De belangrijkste eigenschap is dat deze kennissoorten een bepaalde reeks vormen. In volgorde van boven naar beneden is

sprake van een steeds complexere kennissoort. Uit deze toenemende complexiteit volgt een eigenschap die zeer interessant is als basis voor een methodiek om een reeks onderzoeksvragen te ontwikkelen. Deze eigenschap is dat een kennissoort hoger ofwel eerder in dit rijtje een ondersteunende rol kan spelen bij (het genereren van) een kennissoort lager ofwel later in dit rijtje, *niet* omgekeerd. Zo kan, zoals gezegd, beschrijvende kennis ten dienste staan van verklarende kennis, maar niet andersom.

Een voorbeeld kan dit toelichten. Stel dat we willen weten hoe het komt dat sommige kinderen betere schoolprestaties leveren dan andere. Dit is een verklarende vraagstelling. Om te begrijpen hoe beschrijvende kennis zou kunnen helpen bij de beantwoording moeten we weten hoe over het algemeen in een onderzoek wordt gezocht naar oorzaken (respectievelijk gevolgen) van een fenomeen. Dit is via het in de methodologie zeer fundamentele principe van *vergelijking*. We vergelijken een groep kinderen met uitmuntende prestaties met een groep scholieren die zeer zwak presteren. Daarbij kijken we op welke manieren beide groepen nog meer systematisch van elkaar verschillen, behalve in hun schoolprestaties. We letten dan natuurlijk vooral op zaken waarvan we verwachten dat ze mogelijk verantwoordelijk zijn voor de verschillen in schoolprestaties. Zo kunnen we beide groepen vergelijken qua gezinssituatie waarin de scholieren leven, hun intelligentie, karakter, hun motivaties en dergelijke. Uit deze vergelijkingen krijgen we zeer waarschijnlijk belangrijke aanwijzingen voor een verklaring van de geconstateerde verschillen in schoolprestaties.

Van deze zogenoemde *verschilmethode* kunnen we gebruikmaken bij het zoeken naar deelvragen bij de centrale vraag: 'Hoe komt het dat sommige scholieren veel beter presteren dan andere?' Als deelvragen formuleren we dan de volgende vragen, alle van beschrijvende aard: 'Hoe ziet de gezinssituatie van beide groepen scholieren eruit?' 'Wat zijn kenmerkende eigenschappen van scholieren?' 'Welke motivaties hebben beide groepen scholieren en wat is hun intelligentie?' 'Wat vinden ze belangrijk in het leven en wat houdt hen vooral bezig?'

Uit het bovenstaande destilleren we als eerste algemene stelregel van de methode van ondersteunende kennissoorten dat we in geval van een centrale vraag van verklarende aard gaan zoeken naar deelvragen van het beschrijvende type. Deze deelvragen hebben bovendien als voordeel dat ze in principe sturender zijn dan de verklarende centrale vraag waaruit ze zijn afgeleid. De lezer wordt uitgenodigd om de juistheid van deze constatering voor zichzelf na te gaan. Kijken we vervolgens naar de volgende kennissoort in het rijtje hierboven, te weten voorspelling. Ook voor voorspelling geldt dat dit vaak pas mogelijk is op basis van kennissoorten die eerder komen in het rijtje. Bedoeld zijn inzichten van beschrijvende en/of verklarende aard. Zo is een belangrijke manier van voorspelling de extrapolatie. Hierbij wordt een bepaalde regelmatigheid, men spreekt wel van een *trend*, doorgetrokken naar de toekomst. De lezer dient zich te realiseren dat hier sprake is van kennis van beschrijvende aard, meer in het bijzonder van beschrijvende kennis van het verleden. Een tweede manier van voorspellen is gebruikmaking van causale wetmatigheden, een kennissoort van het verklarende type. Een in de natuurkunde bekende causale wetmatigheid is: als een gas wordt verhit, dan zet het uit. De verklaring van deze wetmatigheid is dat door de verwarming de moleculen sneller gaan bewegen, waardoor op hun beurt de intermoleculaire ruimten tussen de gasmoleculen groter worden, met als uiteindelijk gevolg dat het volume van het gas toeneemt. Op basis van deze kennis kan worden voorspeld wat er gebeurt als het gas in een ballon wordt verhit. Hier vormt dus verklarende kennis, te weten kennis van een causale wetmatigheid, de basis voor voorspelling.

Zojuist zagen we dat beschrijvende kennis via het principe van extrapolatie kan bijdragen aan voorspelling. Maar nu we eenmaal weten dat verklaring de basis kan vormen voor voorspelling, en verklaring op haar beurt kan plaatsvinden op basis van beschrijving, is er een reden *temeer* om aan te nemen dat ook beschrijvende kennis (indirect) kan bijdragen aan voorspelling. Dit leidt tot een tweede stelregel van de methode van ondersteunende kennissoorten. Deze is dat een centrale vraag van voorspellende aard kan worden uitgewerkt in een serie deelvragen van verklarende en/of beschrijvende aard.

Bekijken we vervolgens de situatie van evaluatieve kennis. Een evaluatie bestaat uit een beoordeling in termen van gunstig of ongunstig. Volgens het rijtje hierboven is dit type kennis gebaseerd op kennis van beschrijvende, verklarende en/of voorspellende aard. Een simpele constatering is dat evaluatie inderdaad minimaal vraagt om beschrijving, namelijk van het te beoordelen fenomeen (de feiten) en van de beoordelingscriteria (de wensen). De lezer herkent in deze omschrijving de basisstructuur van een evaluatieonderzoek (zie hoofdstuk 2). Vooral als evaluatie gericht is op de (mate van) effectiviteit van een interventie, een geval van ex post productevaluatie, dan is zoals eerder bleek verklarende kennis nodig. In dat geval moet namelijk worden aangetoond dat er een causaal verband is tussen de interventie en een geconstateerde verandering. En als we ons afvragen wat op de langere termijn de effecten zullen zijn dan is, zoals eveneens is aangegeven, ook nog voorspellende kennis nodig.

De vijfde en laatste vorm van kennis in het rijtje, de prescriptie, is verreweg de meest complexe. Hier komen in principe alle overige vier kennissoorten samen. Zo is algemeen bekend dat in veel gevallen kennis van de oorzaken van een probleem (verklaring) een belangrijke voorwaarde is om tot een verantwoorde aanpak te komen (prescriptie). Deze bestaat namelijk vaak uit het elimineren, reduceren, voorkomen of in andere zin ombuigen van de oorzaak. Daarnaast is evaluatie van een bestaande handeling (of interventie), toestand of ontwikkeling een van de belangrijkste bases voor prescriptie. Hier geldt als aloude volkswijsheid dat je veel kunt leren van gemaakte fouten, zowel die van jezelf als die van anderen. Ook kan iemand die een probleem wil oplossen en dus zoekt naar prescriptieve kennis, veel hebben aan inzicht in (de effectiviteit van) eerdere oplossingspogingen of in/van pogingen van anderen tot oplossing van soortgelijke problemen. Dat tot slot een inschatting van de effecten van een handeling in de toekomst (voorspelling) een belangrijke rol kan spelen bij prescriptie, vooral bij de duurzaamheid daarvan, spreekt eveneens voor zich.

Het valt niet moeilijk in te zien hoe het idee van verschillende kennissoorten die elkaar kunnen ondersteunen, behulpzaam kan zijn bij het formuleren van onderzoeksvragen. Is de doelstelling van een onderzoek van prescriptieve aard bijvoorbeeld het geven van adviezen voor een nieuwe productiestructuur of het maken van een nieuw landbouwbeleid, dan zoeken we naar onderzoeksvragen van evaluatieve, voorspellende, verklarende en/of beschrijvende aard. Een op deze manier afgeleide centrale vraag van bijvoorbeeld verklarende aard is waarschijnlijk efficiënt. Zoals we immers zagen, is kennis van oorzaken in de regel een krachtig hulpmiddel om tot verbetering te komen. Maar voor de meeste verklarende vragen geldt dat deze laag scoren op het tweede criterium voor een adequate vraagstelling, te weten het sturende vermogen. De vraag 'wat zijn de oorzaken van een hoog ziekteverzuim van organisatie A?' bijvoorbeeld maakt niet duidelijk wat de onderzoeker tijdens de uitvoering van het onderzoek moet doen. Maar veel duidelijker is de volgende daaruit afgeleide beschrijvende vraag: 'In hoeverre ligt het ziekteverzuim in de afdeling X van organisatie A, waar sprake is van notoir vage werkafspraken, hoger dan in afdeling Y, waar de taken goed zijn beschreven en afgebakend?' We weten nu dat we naar de mensen op deze beide afdelingen moeten gaan voor een interview of een enquête, met vragen over het ziekteverzuim, de taakstellingen en werkafspraken daar.

De methode van ondersteunende kennissoorten houdt in dat een complexere kennissoort in een centrale vraag wordt uitgesplitst in minder complexe kennissoorten (in dit geval: die hoger staan in het rijtje met kennissoorten) in de deelvragen. Een goede stelregel is dat een onderzoeker een of enkele complexe centrale vragen terugbrengt tot een serie deelvragen van liefst uitsluitend beschrijvende aard. De reden is dat deze laatste in principe van alle kennissoorten verreweg het meest sturend zijn. De tijd en moeite die nodig zijn om via analyse deze beschrijvende deelvragen af te leiden, betalen zich dan ook meestal dubbel en dwars terug bij de uitvoering van het onderzoek.

Het voorafgaande betekent dat in een onderzoek met een doelstelling op het prescriptieve kennisniveau, bijvoorbeeld het oplossen van een handelingsprobleem (de derde fase in de interventiecyclus), in principe een groter aantal deelvragen nodig is dan in een onderzoek met bijvoorbeeld een verklarende doelstelling, en zeker dan in een beschrijvende doelstelling. Maar dat betekent ook dat het in principe een omvangrijker onderzoek is, en dat dus een gedegen afbakening extra hard nodig is (zie hierna).

Hierboven werd aan de hand van voorbeelden beargumenteerd dat kennissoorten ondersteunend ten opzichte van elkaar kunnen zijn. Dit zou betekenen dat deelvragen altijd van een kennissoort zijn die hoger staat in het rijtje van vijf dan de centrale vraag waaruit ze zijn afgeleid. De (deel)vragen kunnen echter ook van *hetzelfde* kennisniveau zijn als die waaruit ze zijn afgeleid. Zo kunnen uit een doelstelling op beschrijvend niveau heel wel centrale vragen van beschrijvende aard worden afgeleid. Ook is het mogelijk om uit een evaluatieve centrale vraag andere evaluatieve deelvragen af te leiden. Met andere woorden, ook kennisinhouden van een en dezelfde soort kunnen voor elkaar ondersteunend zijn. Dit doet zich dan ook veelvuldig voor als men gebruikmaakt van de beide andere methoden voor het afleiden van (deel)vragen. Het enige wat we te allen tijde moeten uitsluiten, ongeacht de methode die we gebruiken, is het 'afleiden' van een deelvraag van een kennissoort *lager* in het rijtje dan die van de centrale vraag waaruit deze is afgeleid. Dergelijke deelvragen breiden de centrale vraag altijd uit wat, zoals eerder aangegeven, niet de bedoeling is. De reden hiervan is dat dit indruist tegen de regel van efficiëntie. Uit het bovenstaande leiden wij ten slotte de volgende algemene stelregel af, waarin de methode van ondersteunende kennissoorten wordt samengevat:

Uit een doelstelling of centrale vraag van een bepaald kennistype kunnen centrale vragen respectievelijk deelvragen worden afgeleid die hoger of op gelijke hoogte staan in het rijtje van de vijf kennissoorten (zie eerder deze paragraaf).

Vervolgens wordt de methode van ondersteunende kennissoorten aan de hand van een voorbeeld toegelicht.

Voorbeeld Ziekteverzuim

Stel dat de doelstelling van een onderzoek is het maken van een plan om het ziekteverzuim onder de ambtenaren van een gemeente terug te dringen *door* inzicht te geven in de oorzaken van het huidige ziekteverzuim en in manieren om deze oorzaken uit de weg te ruimen.
Het is duidelijk dat deze doelstelling hoort bij een ontwerpgericht onderzoek en dat de doelstelling dus vraagt om prescriptieve kennis. Maar de vraag is vervolgens welke kennis en inzichten nuttig zouden kunnen zijn om deze prescriptie te maken (lees: adviezen te geven). Het is dan al gauw duidelijk dat naast andere kennisinhouden de kennis van oorzaken en achtergronden van het ziekteverzuim hier van belang is. We hebben het in dat geval over verklarende kennis, met als eenvoudige centrale vraag:

Wat zijn de oorzaken van het ziekteverzuim?

Deze vraag is al veel sturender dan de eerder ook al op andere gronden ondeugdelijk gebleken vraag: *hoe kan* het ziekteverzuim worden teruggedrongen? We zien hier het gebruik van de beruchte 'hoe kan'-constructie, zoals gezegd een veel gemaakte fout.
Toch heeft ook de vraag hierboven nog altijd slechts een betrekkelijk zwak sturend vermogen. Zo is niet onmiddellijk duidelijk welke gegevens moeten worden verzameld. We dienen ons daarom opnieuw af te vragen welke soorten kennis en inzichten nodig zijn om deze centrale vraag te kunnen beantwoorden. Te denken valt aan kennis over zaken als de soort ziekmeldingen die voorkomen (griep, hoofdpijn, overspannen), de spreiding van het verzuim over verschillende afdelingen van de organisatie, kenmerken van diegenen die vaak ziek zijn, en dergelijke. Kortom, we hebben behoefte aan *beschrijvende* kenniselementen. Op grond van deze constatering komen we tot de volgende verzameling van deelvragen:
1. In hoeverre verschilt het verzuim per afdeling?
2. In welke afdeling(en) is het verzuim het hoogst?
3. In welke afdeling(en) is het verzuim het laagst?
4. Waardoor onderscheiden zich de afdelingen bij de vragen 2 en 3 nog meer van elkaar, zoals bijvoorbeeld de werkdruk, de fysieke arbeidsomstandigheden en de werksfeer?

5. Om wat voor soort ziekmeldingen gaat het vooral?
6. Wie zijn er vooral ziek?
7. Hoelang is men gemiddeld per keer ziek?
8. Zijn het vaak dezelfde personen die ziek zijn?
9. Wat is kenmerkend voor deze mensen?

Kader 4.5

In dit voorbeeld wordt een centrale vraag met een verklarend karakter uitgesplitst in een serie deelvragen die allemaal van beschrijvende aard zijn. Zoals de lezer kan nagaan, is elk van deze deelvragen sturender dan de centrale vraag waaruit deze is afgeleid. Op basis van deze deelvragen is het veel duidelijker welke gegevens moeten worden verzameld dan het geval is bij de oorspronkelijke vraag. Zo 'zeggen' de eerste drie deelvragen dat we informatiesystemen van het management moeten raadplegen, eventueel aangevuld met gesprekken ofwel interviews met managers. En voor de vragen 5 tot en met 9 komen gesprekken met de bedrijfsarts en eventueel met de patiënten zelf in aanmerking. Ook geven deze deelvragen stuk voor stuk de richting aan waarin de gesprekken moeten gaan en zelfs welk soort vragen moeten worden gesteld.

De methode van ondersteunende kennisoorten sluit daarnaast heel wel aan bij de methodiek van het maken van een onderzoeksmodel. Om dit te laten zien gaan we terug naar het voorbeeld van het landbouwbeleid in hoofdstuk 3.

Voorbeeld Landbouwbeleid

De verwoording van het onderzoeksmodel luidde als volgt:
(a) Een bestudering van verschillende theorieën en onderzoeksresultaten op het terrein van organisatieontwikkeling, landbouw en openbaar bestuur levert beoordelingscriteria (b) waarmee de effectiviteit van het huidige landbouwbeleid van de provincie beoordeeld wordt. (c) De beoordelingsresultaten worden verwerkt tot voorstellen voor verbetering van het provinciale landbouwbeleid.

Kader 4.6

Bij (c) herkennen we de doelstelling van het onderzoek. Deze is andermaal gelegen in de derde fase van de interventiecyclus (ontwerp) en stuurt dus aan op kennis van prescriptieve aard. Maar let op, deze prescriptie is slechts mogelijk als kan worden beschikt over een gedegen probleemanalyse. En ook een eerder uitgevoerde diagnose strekt tot aanbeveling, aangezien vervolgens onderzoek nodig is met als vraag hoe de daarbij gevonden oorzaken kunnen worden aangepakt. Vraag je in dergelijke situaties daarom steeds terdege af of een probleemanalytisch of een diagnostisch onderzoek niet veel meer is aangewezen dan een ontwerpend onderzoek. Als de onderzoeker eerlijk is naar zichzelf, zal hij vaak tot de conclusie komen dat dit het geval is. Een switch in de vraagstelling zorgt dan steevast dat een veel grotere bijdrage aan de problematiek in kwestie geleverd kan worden dan wanneer hij had vastgehouden aan het oorspronkelijke plan. Dit laatste is helaas wat velen zonder een ferm sturende hand van de supervisor of begeleider doen.

Terug naar onze zoektocht naar vragen voor een vraagstelling. Verwijst de doelstelling naar kennis van prescriptieve aard, dan weten we dat we die vraagstelling moeten zoeken in de richting van evaluatieve, voorspellende, verklarende en/of beschrijvende kennis. De volgende centrale vragen lijken nuttig:

1. Hoe luiden de relevante beoordelingscriteria voor effectief beleid van de provinciale overheid? (beschrijvende kennis)
2. In hoeverre voldoet het vigerende beleid van de provincie Gelderland aan deze criteria? (evaluatieve kennis)

Het is duidelijk dat deze twee vragen in de aangegeven volgorde moeten worden beantwoord. Op basis van de antwoorden hierop worden de voorstellen voor de verbetering van het landbouwbeleid geformuleerd. Deze vragen hebben in zoverre al enig sturend vermogen dat ze aangeven om welke soorten kennisinhouden het steeds gaat. Ook valt het ondersteunende karakter van de vragen op. Het antwoord op vraag 1 is ondersteunend of zelfs voorwaardelijk voor het antwoord op vraag 2, terwijl de onderzoeker zijn voorstellen voor verbetering kan baseren op het antwoord op vraag 2. Maar deze vragen maken nog niet volledig duidelijk waar in de bibliotheek (vraag 1) en waar in de werkelijkheid (vraag 2) we precies moeten gaan kijken. Hierover geeft vooral het ontwikkelde onderzoeksmodel enige duidelijkheid (zie hoofdstuk 3). Daarin lezen we dat bepaalde theorieën met elkaar moeten worden geconfronteerd. Uit dit linker gedeelte van het onderzoeksmodel zouden we de volgende deelvragen voor de eerste centrale vraag hierboven kunnen afleiden:

1.1 Welke criteria kunnen we ontlenen aan theorieën over effectief landbouwbeleid?
1.2 Welke criteria kunnen we ontlenen aan bestuurs- en beleidstheorieën?
1.3 Welke veranderingen ondergaan deze criteria of welke geheel nieuwe criteria kunnen worden geformuleerd als gevolg van een onderlinge confrontatie van de criteria bij 1.1 met die bij 1.2?

Bedenk wel dat bij de eerste twee deelvragen informatie is toegevoegd op basis van de bestudering van literatuur. Dat betekent dat theorieën van effectief landbouwbeleid alsook bestuurs- en beleidstheorieën hier relevant zijn. Dit toevoegen van de kennis die de onderzoeker en diens supervisor of begeleider hebben, al dan niet na een korte literatuurstudie en/of informatieve gesprekken met deskundigen, is zeer kenmerkend voor wat bij de formulering van een vraagstelling moet gebeuren. Onderzoeksvragen zijn dus *niet* wat ze op het eerste oog lijken, te weten pure blijken van 'nog niet weten'. Men dient juist zoveel mogelijk beschikbare kennis te mobiliseren en in (deel)vragen te verwerken. Ook dat geeft een aanzienlijke verhoging van de sturendheid van de vraagstelling. Met de afleiding uit de eerste centrale vraag van de genoemde drie deelvragen hebben wij in feite dat deel van het project gedefinieerd dat straks bij de uitvoering van het onderzoek moet uitmonden in een goed gefundeerd en uitgewerkt onderzoeksperspectief.

Bij de centrale vraag 2 is het niet onmiddellijk duidelijk welk materiaal verzameld moet worden. Daarom is het nuttig om ook hier deelvragen te formuleren die de evaluatieve kennis van vraag 2 ondersteunen. We weten al dat we dan vooral moeten zoeken in de richting van beschrijvende kennis. Enkele deelvragen zouden kunnen zijn:

2.1   Wat zijn de beleidsuitgangspunten van het bestaande provinciale landbouwbeleid? (beschrijvende kennis)
2.2   Welke afdelingen of personen zijn betrokken bij de uitvoering van dit beleid en hoe ziet het daar, respectievelijk door hen, gevoerde beleid er precies uit? (beschrijvende kennis)
2.3   Op welke manier zijn de verantwoordelijkheden en bevoegdheden van het beleid verdeeld over de verschillende betrokken ambtenaren? (beschrijvende kennis)

Door de zes deelvragen 1.1 tot en met 2.3 toe te voegen aan de centrale vragen verkrijgt de onderzoeker een vraagstelling die, zoals de lezer kan constateren, voldoet aan beide criteria voor een sturende vraagstelling. Dat wil zeggen, bij elke deelvraag is het vrij duidelijk wat er bij de uitvoering van het onderzoek moet gebeuren. De lezer wordt uitgenodigd om de juistheid van deze bewering te controleren.

Opgave 'arbo-artsen'

a. Bestudeer het onderstaande projectkader, de doelstelling, het onderzoeksmodel en de centrale vragen van het onderzoeksproject 'Arbo-artsen'.
b. Formuleer met behulp van de methode van ondersteunende kennissoorten deelvragen bij de centrale vragen 1 en 2 van het onderzoek.

Projectkader
In organisatie Y ervaart arbo-directeur X grote problemen met betrekking tot de rol van de arbo-artsen in allerlei arbeidsconflicten. Vaak komen werknemers bij de arbo-arts met ziekteklachten die duidelijk gerelateerd zijn aan conflicten tussen leidinggevenden en ondergeschikten. De arbo-arts komt dan in een 'dubbele positie', waarin hij te maken heeft met de belangen van zowel een zieke patiënt als van de betreffende organisatie. Wat is nu de beste rol van een arbo-arts in dit soort zaken?

Doelstelling (diagnostisch project)
Het doen van aanbevelingen aan X voor het beleid ter verbetering van de rol van de arbo-arts bij conflicten
door
het geven van inzicht in de meningen van betrokken groepen (arbo-artsen, leidinggevenden, medewerkers, P&O-functionarissen) over de invloed van arbeidsconflicten op ziekteklachten van medewerkers en over de rol van arbo-artsen bij de oplossing van deze conflicten.

Onderzoeksmodel

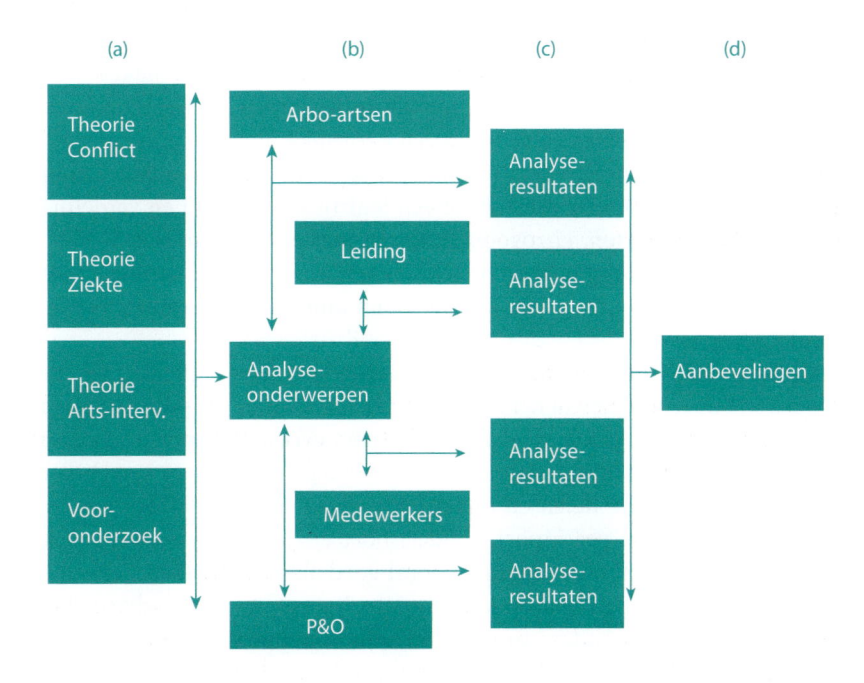

Figuur 4.8 Onderzoeksmodel arbo-artsen

Centrale vragen

1. Wat is de invloed van arbeidsconflicten op ziekmeldingen van het personeel en wat is de rol van de arbo-arts hierbij?
2. Wat is de mening van de vier betrokken partijen over de invloed van arbeidsconflicten op ziekte en de rol van de arbo-arts hierbij?
3. Wat zijn de belangrijkste overeenkomsten en verschillen tussen de meningen van de vier betrokken partijen?

4.5 Uiteenrafeling van kernbegrippen

Een derde methodiek, die vooral geschikt is om een centrale vraag te splitsen in deelvragen, is die van het uiteenrafelen of kortweg rafelen van kernbegrippen. Deze methodiek is multifunctioneel. Deze is ook te gebruiken bij het afbakenen van een onderzoek (zie hoofdstuk 5), bij het specificeren van een conceptueel model (wat overigens als een vorm van afbakenen kan worden beschouwd, zie de Appendix), en bij het operationaliseren van (kern)begrippen. Deze multifunctionaliteit is een reden temeer om goed notitie te nemen van deze methode, er uitvoerig mee te oefenen, en deze veelvuldig te gebruiken in het kader van de opzet en uitvoering van een onderzoek.

De methodiek van rafeling komt erop neer dat een fenomeen, aangeduid door een (kern)begrip, uiteengelegd wordt in (a) dimensies en aspecten, (b) delen en onderdelen, (c) soorten en ondersoorten, (d) categorieën en subcategorieën, of (e) typen en subtypen. Van (a) is veelal sprake in het geval we te maken hebben met een abstract en theoretisch begrip, zoals de begrippen intelligentie, sociaal-economisch milieu, sociaalvoelendheid en dergelijke. Een uitsplitsing van iets in delen en onderdelen (zie b) is vaak mogelijk in het geval van fysieke objecten, zoals een gebouw, een voertuig of een logistiek systeem. Een verdeling in soorten en ondersoorten, enzovoort (c tot en met e) is vooral toepasselijk bij begrippen die betrekking hebben op fenomenen waarvan veel variëteiten in de werkelijkheid voorkomen, zoals de begrippen ambtenaar, voertuig, boom en schooltype.

Toegepast op het vinden van centrale vragen en het daaruit afleiden van deelvragen komt de techniek van het rafelen erop neer dat men eerst de kernbegrippen in het b-gedeelte van de doelstelling, respectievelijk in een van de centrale vragen uit de vraagstelling opspoort, deze vervolgens splitst in verschillende dimensies en aspecten, delen en onderdelen, soorten en ondersoorten, enzovoort, om vervolgens per aspect, (onder)soort enzovoort een (deel)vraag te formuleren. Dit werkt, zoals gezegd, vooral goed als we te maken hebben met complexe kernbegrippen waaronder een grote diversiteit van verschijnselen uit de werkelijkheid valt. Andere voorbeelden zijn begrippen als politieke betrokkenheid, secularisering, sociale integratie, productiesysteem, werkplek, elektronische snelweg, en duurzame landbouw. Elk van deze begrippen leent zich voor een vergaande uiteenrafeling, wat aangeeft dat er (zeer) veel zaken in de werkelijkheid onder vallen.

Een handig hulpmiddel bij het uiteenrafelen van kernbegrippen is het maken van een *boomdiagram*. Zo'n diagram ontstaat door het steeds verder uitsplitsen van een fenomeen. Op die manier ontstaat een systeem van steeds wijdere vertakkingen, lijkend op een boom. De afzonderlijke elementen in het boomdiagram, te weten dimensies en aspecten, delen en onderdelen, soorten en ondersoorten, enzovoort worden in een kader of box geplaatst, die vervolgens worden verbonden door simpele lijnen (let wel, *geen* pijlen) (zie figuur 4.9). Als voorbeeld geven we een boomdiagram van dimensies, aspecten en deelaspecten. Een soortgelijk diagram kan worden gemaakt op basis van delen/onderdelen en soorten/ondersoorten.

De lijn die twee boxen verbindt, noemen we een connector. Deze connector betekent 'is een dimensie van' of 'is een aspect van', of 'is een (onder)deel van', of 'is een (onder)soort, (sub)type of (sub)categorie van'. Een boomdiagram leest men van links naar rechts. Dus, wat in het rechtervakje staat, is een dimensie of aspect, deel of onderdeel, soort of ondersoort, type of subtype, categorie of subcategorie van wat in het linker van twee verbonden vakjes staat. Zo lezen we in figuur 4.9: B1, B2 en B3 zijn dimensies van A, en C1, C2 en C3 zijn aspecten van B3, en D1, D2 en D3 zijn deelaspecten van C3.

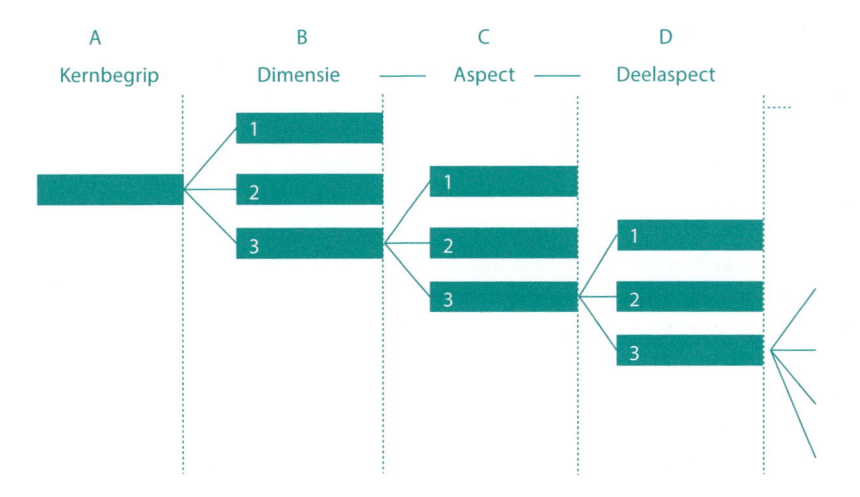

Figuur 4.9 Voorbeeld boomdiagram (kernbegrip, dimensie, aspect en deelaspect)

Samenvattend komt de rafeltechniek, toegepast op het afleiden van centrale vragen en deelvragen, op het volgende neer. Men splitst een kernbegrip uit het b-gedeelte van de doelstelling of uit een centrale vraag uit door middel van een boomdiagram. Vervolgens formuleert men vragen respectievelijk deelvragen op basis van de aspecten van dit kernbegrip zoals men die aantreft rechts in het diagram. We demonstreren deze procedure aan de hand van een voorbeeld.

Voorbeeld	Informatietechnologie

Projectkader
Een verzekeringsbedrijf heeft een administratieve afdeling waar polissen en schadeformulieren worden verwerkt. Onlangs is voor deze verwerking een nieuw informatiesysteem in gebruik genomen. Ondanks de inspanningen van de betrokkenen is dit geen succes geworden. Op sommige afdelingen kon het systeem om technische redenen niet worden ingevoerd. Op afdelingen waar het wel is ingevoerd, loopt het niet naar behoren en zijn de medewerkers ontevreden over het resultaat. Vermoedelijk is de oorzaak van deze mislukking een gebrekkige afstemming tussen de betrokkenen bij de ontwikkeling van het systeem.

Doelstelling
Het doen van voorstellen voor verbetering van de invoering van informatiesystemen
door
inzicht te geven in de aard, de omvang en het ontstaan van problemen met de afstemming tussen verschillende groepen.

Eerste centrale vraag
Het betreft hier, zoals je ziet, een diagnostisch onderzoek. De eerste centrale vraag luidt: welke factoren zijn van invloed op het ontstaan en de continuering van afstemmingsproblemen voor, tijdens en na de ontwikkeling van een informatiesysteem? (beschrijvend)

Kader 4.7

We herkennen in deze centrale vraag het kernbegrip *afstemming*. Nota bene, *niet* het woord afstemmings*probleem* is hier het kernbegrip. De kern is hier de afstemming, waarvan we willen weten wat deze allemaal omvat. Pas daarna kunnen we nagaan welke problemen er met de diverse aspecten en onderdelen van deze afstemming zijn. Er zijn meestal vele manieren om een begrip uiteen te rafelen. De onderzoeker laat zich bij een keuze uiteraard vooral leiden door de doel- en vraagstelling van het onderzoek. Maar ook daarbinnen bestaat er niet zoiets als een juiste uiteenrafeling. Ook pragmatische overwegingen kunnen een rol spelen, zoals je (en die van je begeleiders) voorkeuren en interesses, alsook de vraag welk onderzoeksmateriaal je denkt te kunnen vergaren (zie ook hoofdstuk 7). Bovendien ontstaat een bruikbare uiteenrafeling ofwel boomstructuur meestal via vallen en opstaan. Vaak blijkt al halverwege dat een bepaalde uitsplitsing niet werkt, en moet je een andere proberen. In dat laatste herkennen we weer een iteratieve ontwerpstrategie. In het onderhavige onderzoek is vooral gekeken naar drie aspecten van afstemming, te weten (1) 'tussen wie', (2) 'waarover' en (3) 'wanneer' vindt afstemming plaats? Elk van deze aspecten laat zich weer verder uiteenrafelen in onderdelen. Na bestudering van het projectkader en een eerste oriëntatie op de literatuur over organisatorische vraagstukken bij automatisering wordt het begrip 'afstemming' in een boomdiagram uiteengerafeld (zie figuur 4.10).

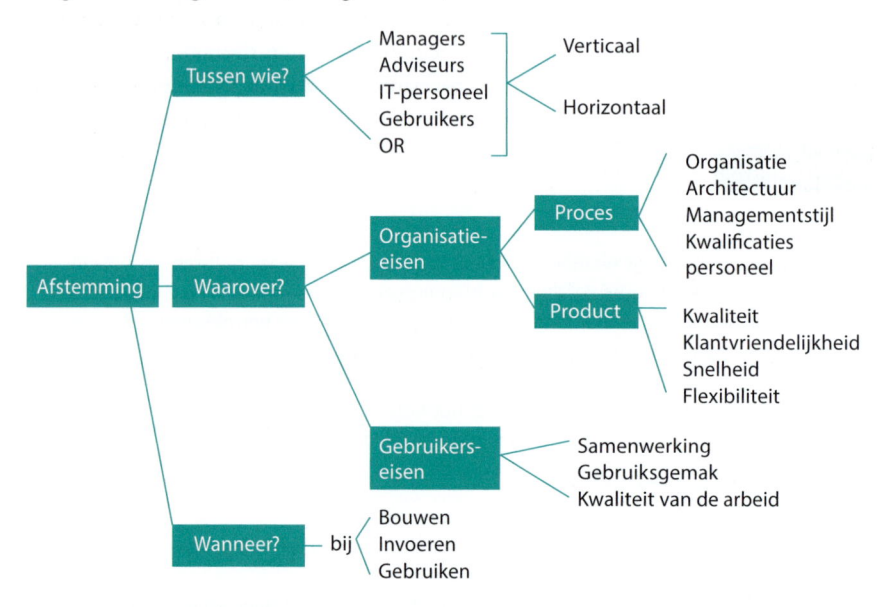

Figuur 4.10 Boomdiagram van 'afstemming bij de ontwikkeling van een informatiseringssysteem'

Het blijkt dat er heel wat zaken zijn waaraan bij de afstemming tijdens een informatiseringproces moet worden gedacht. Meer algemeen geldt dat er doorgaans veel meer zaken onder een bepaald begrip vallen dan men zich realiseert. Daarom moet uit oogpunt van begrenzing vrijwel steeds een beperkte keuze worden gemaakt uit de vele mogelijkheden die een uiteenrafeling van kernbegrippen naar voren brengt. Deze keuze maken we door als het ware een raster over het boomdiagram te leggen. Ze wordt niet alleen bepaald door prioriteiten die vanuit de doelstelling en de centrale vragen zijn te stellen. Vooral ook de eigen deskundigheid en belangstelling van de onderzoeker en/of diens opdrachtgever zijn hier bepalend. En ook zijn er meestal allerlei pragmatische zaken die om een keuze vragen, zoals de beschikbaarheid of toegankelijkheid van het benodigde onderzoeksmateriaal. En tot slot is het verrassend dat een onderzoeker via een bewuste en systematische uiteenrafeling doorgaans tot heel andere keuzen (lees: afbakening) komt dan wanneer hij zich de vele aspecten die onder een begrip schuilgaan niet realiseert, en hieruit een volledig onbewuste keuze maakt. Op deze manier wordt in het voorbeeld uit het gehele domein van het begrip afstemming de volgende selectie gemaakt. Wat betreft de vraag wie er met wie moet afstemmen, valt de keuze bijvoorbeeld op de *verticale* afstemming, en wel tussen *alle vijf* in het diagram genoemde actorgroepen. Qua onderwerp van afstemming wordt gekozen voor de gebruikerseisen, en daarbinnen voor de onderdelen *gebruiksgemak* en de *kwaliteit van de arbeid*. Wat betreft het stadium van systeembouw ten slotte waarop de afstemming betrekking heeft, wordt op grond van de probleemstelling gekozen voor de fase waarin systemen worden *gebouwd*. Niet gekozen wordt dus voor (a) de horizontale afstemming, (b) de organisatie-eisen, (c) het aspect van samenwerking in het gebruik van automatiseringssystemen, en (d) de stadia van de invoering en het gebruik ervan. Figuur 4.11 geeft de selectie van te onderzoeken deelaspecten aan. Dit soort keuzen zijn niet alleen van belang voor de efficiëntie van de vraagstelling en de bruikbaarheid van het onderzoek (zie hierna). Ook zijn ze bepalend voor de haalbaarheid van het onderzoek (en daarmee ook voor de kwaliteit van de te behalen resultaten).

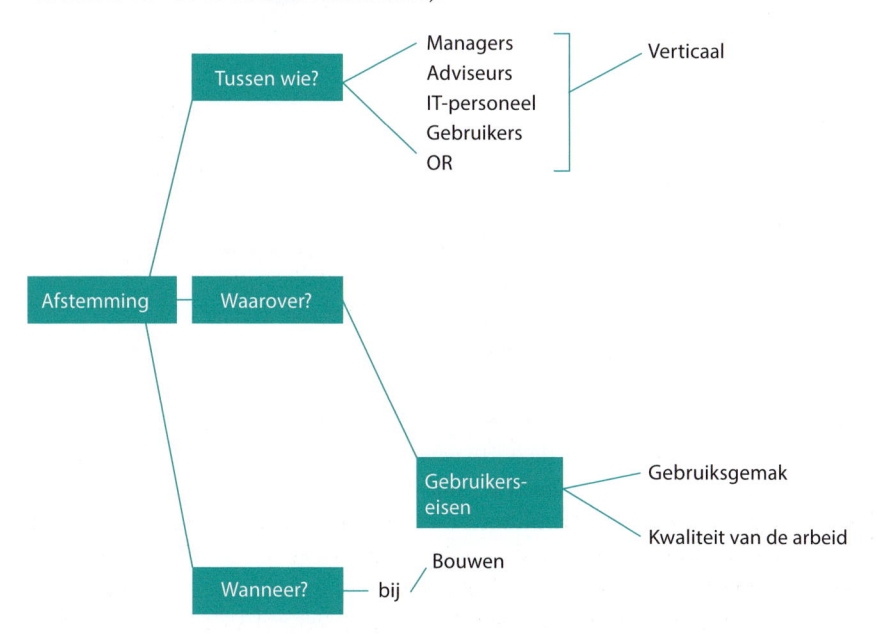

Figuur 4.11   Te onderzoeken delen en onderdelen van het begrip 'afstemming'

Vervolgens komen we toe aan datgene waar het ons in deze paragraaf om te doen is: de formulering van adequaat sturende deelvragen. Op grond van de opsplitsing in het boomdiagram en van de aangegeven keuzen daarbinnen, komen we tot de volgende verzameling deelvragen:
1. Welke verticale afstemming is nodig tussen managers, organisatieadviseurs, automatiseerders, gebruikers en ondernemingsraad?

Welke knelpunten treden op met betrekking tot:
2. het gebruiksgemak?
3. de kwaliteit van de arbeid?
4. de bouw van het informatiseringssysteem?

Deze deelvragen hebben een adequaat sturend vermogen. Ze zeggen veel meer over de gegevens die moeten worden verzameld en over wie daarvoor moeten worden benaderd dan de centrale vraag waaruit ze zijn afgeleid. De lezer wordt aangeraden de juistheid van deze bewering nauwkeurig voor zichzelf te verifiëren. Hij kan dit doen door zich per deelvraag af te vragen wat hij bij de uitvoering van het onderzoek zou gaan doen om deze vraag te beantwoorden. Als het goed is, zullen de ideeën hierover zich vlot aandienen.

Opgave 'arbo-artsen'

De doelstelling van het onderzoek luidt als volgt:
het doen van aanbevelingen aan X voor het beleid ter verbetering van de rol van de arbo-arts bij conflicten
door
het geven van inzicht in de meningen van betrokken groepen (arbo-artsen, leidinggevenden, medewerkers, P&O-functionarissen) over de invloed van arbeidsconflicten op ziekteklachten van medewerkers en over de rol van arbo-artsen bij de oplossing van deze conflicten.

a. Maak boomdiagrammen van de begrippen 'arbeidsconflict', 'ziekteklacht' en 'rol arbo-arts'. Onderscheid daarbij naar keuze dimensies en (deel)aspecten, delen en onderdelen, soorten en ondersoorten, typen en subtypen, categorieën en subcategorieën.
b. Selecteer uit elk van deze boomdiagrammen enkele te onderzoeken (deel)aspecten, (onder)delen, (onder)soorten, (sub)typen en/of (sub)categorieën.
c. Formuleer op grond van deze selectie relevante deelvragen voor het onderzoek.

Stappenplan en voorbeeld vraagstelling

Na deze uiteenzettingen over de wijze waarop een efficiënte en sturende vraagstelling voor onderzoek kan worden ontwikkeld, vatten wij een en ander weer samen in een stappenplan en eindigen met een voorbeeld.

Vraagstelling

Centrale vragen

Er zijn twee manieren om centrale vragen te formuleren. Beide kunnen elkaar aanvullen.

Splitsen onderzoeksmodel
1. Formuleer met behulp van de methode van het splitsen van het onderzoeksmodel de centrale vragen van het onderzoek.

of

Ondersteunende kennissoorten
1a. Bepaal welk(e) kennistype(n) in aanmerking komt (komen) gezien de doelstelling van het onderzoek. Maak hierbij gebruik van het eerder geconstrueerde onderzoeksmodel.
1b. Formuleer een of meer centrale vragen van dit kennistype of van kennistypen die voor deze doelstelling direct ondersteunend zijn. Controleer of de beantwoording kennis oplevert die nodig of nuttig is voor het bereiken van de doelstelling (efficiëntie).

Deelvragen

Hier kan zowel de methode van de ondersteunende kennissoorten als van het uiteenrafelen van kernbegrippen worden gebruikt. Zij kunnen elkaar goed aanvullen. Ook is het heel wel mogelijk om voor de ene centrale vraag een van beide methoden te gebruiken, en bij een volgende de andere methode.

Ondersteunende kennissoorten
2. Spoor per centrale vraag ondersteunende kennis op en formuleer deelvragen van dit kennistype. Stuit je op een 'hogere' kennissoort dan die van de betreffende centrale vraag, formuleer dan óf een centrale vraag van een 'hoger' kennisniveau, óf een andere deelvraag, of doe beide.

en/of

Uiteenrafeling kernbegrippen
2a. Bepaal de relevante kernbegrippen in de centrale vraag (vragen).
2b. Maak per kernbegrip een uiteenrafeling door middel van een boomdiagram. Deze activiteit is vaak mede gebaseerd op een bestudering van relevante literatuur.
2c. Kies met het oog op zowel haalbaarheid als efficiëntie van de vraagstelling in wording uit dit boomdiagram de te onderzoeken (deel)aspecten, (onder)delen, (onder)soorten, (sub)typen en/of (sub)categorieën, en formuleer voor elk daarvan een deelvraag.

Iteratie
Kijk overeenkomstig het principe van iteratief ontwerpen tijdens het hierboven beschreven proces *voortdurend* of de aldus verkregen vraagstelling aanleiding geeft tot veranderingen in de doelstelling of in het onderzoeksmodel. Indien dit zo is, voer deze verandering uit en doorloop opnieuw de stappen uit het stappenschema, enzovoort. Houd ook *voortdurend* de haalbaarheid van het project in de gaten, en neem maatregelen zodra daarover twijfels bestaan. Geef een nauwkeurig verslag van alle uitgevoerde iteraties, inclusief de overwegingen die daar aanleiding toe gaven.

Als men bij de eerste twee stappen kiest voor de eerste methode dan omvat, zoals de lezer kan nagaan, het stappenschema slechts twee stappen. Kiest men echter in beide stappen voor de tweede variant, dan omvat de totale procedure vijf stappen. Kortom, het stappenschema bestaat, *exclusief* uit te voeren iteratieslagen (zie hierna), uit minimaal twee en maximaal vijf stappen. Het spreekt voor zich dat bij elke uit te voeren iteratieslag het aantal te nemen stappen drastisch kan toenemen.

Vraagstelling 'MGB'

Tot slot passen we dit stappenplan toe op het voorbeeld 'MGB' uit de inleiding van dit hoofdstuk. We maken hierbij gebruik van een eerder geïntroduceerde diagnostische *gap analysis*. Deze vraagt op zijn beurt om gebruik van een conceptueel model (zie de Appendix).

Stap 1: Centrale vragen

Voor het formuleren van de centrale vragen van het onderzoek kiezen we er in dit voorbeeld voor om gebruik te maken van de methode van het splitsen van het onderzoeksmodel. We roepen het onderzoeksmodel van het onderzoek 'MGB' nog even in herinnering (zie ook hoofdstuk 3, figuur 3.9).

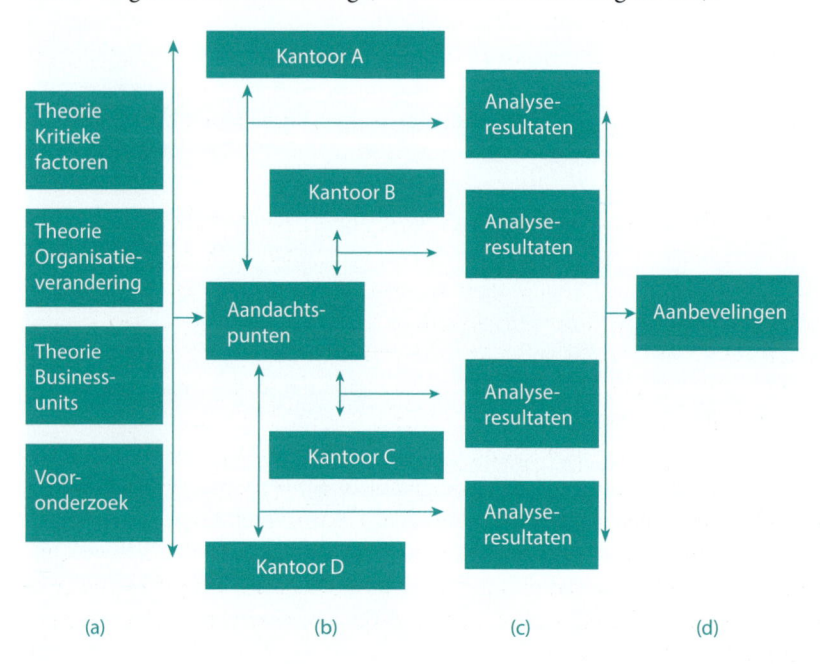

Figuur 4.12   Onderzoeksmodel 'MGB'

Het doel van het onderzoek is aanbevelingen te doen voor een succesvolle invoering van businessunits in de organisatie *door* de huidige situatie binnen vier regionale kantoren te beoordelen in het licht van kritieke succesfactoren voor de invoering van businessunits. Dat wil zeggen dat de onderzoeker de bestaande praktijk op dit gebied bij MGB gaat vergelijken met de gewenste praktijk. Bedoeld is hier gewenst in het licht van de invoering van business units en zoals deze wenselijkheid in de vakliteratuur wordt beschreven. Eerder hebben we dit type praktijkgericht onderzoek een 'diagnostische *gap analysis*' genoemd (hoofdstuk 3). De kritieke succesfactoren waarover wij hierboven spraken, zijn factoren die bepalend zijn voor, ofwel een effect hebben op, iets wat we willen bereiken. Meer in het bijzonder wil de onderzoeker in dit voorbeeld het concept van businessunits helpen invoeren en vormgeven. Een diagnostische *gap analysis* bestaat er dan niet alleen uit dat hij nagaat wat de theorie zegt over de manier waarop we een succesvolle invoering kunnen bereiken. Ook moet worden nagegaan hoe deze theorie zich verhoudt tot hoe men deze invoering in de praktijk bij MGB heeft proberen te realiseren. Uit het verschil tussen die twee leidt de onderzoeker direct af hoe de bestaande praktijk kan worden verbeterd (vergelijk figuur 3.4).

Met behulp van de in paragraaf 4.1 aangereikte methode kunnen we op basis van het onderzoeksmodel de volgende centrale vragen formuleren:

1. Hoe luiden de kritieke succesfactoren voor een succesvolle invoering van het businessunits-concept bij MGB?
2a. Hoe ziet de huidige situatie met betrekking tot de onder 1 genoemde factoren in de vier regionale kantoren eruit?
2b. Hoe wordt de huidige situatie in de vier regionale kantoren (zie 2a) beoordeeld in het licht van de kritieke succesfactoren?
3. Wat zijn de belangrijkste overeenkomsten en verschillen tussen de vier diagnoses in de regionale kantoren?

Na beantwoording van deze vragen kan naar verwachting het beloofde inzicht in de voorwaarden voor succesvolle invoering worden verkregen en kan de doelstelling van het onderzoek in principe worden bereikt. Constateer dat deze centrale vragen overeenkomsten vertonen met de in het onderzoeksmodel onderscheiden fasen (zie figuur 4.12): de centrale vraag 1 betreft fase (a); de centrale vragen 2a en 2b slaan op fase (b); de centrale vraag 3 zien we terug in fase (c); en de doelstelling tot slot is gerepresenteerd in fase (d).

Het lijkt erop dat we hiermee klaar zijn met het formuleren van de vraagstelling. Een probleem is echter nog dat (kernbegrippen in) centrale vragen vaak een complex en/of abstract karakter hebben. Daarmee voldoen ze doorgaans niet of onvoldoende aan het criterium van sturendheid, dat vooral om concreetheid vraagt. Om die reden ontrafelen we de centrale vragen in een serie concrete deelvragen die elk een minder complex en abstract, en daarmee een meer sturend karakter hebben.

Stap 2: Deelvragen
De centrale vragen zijn alle van het beschrijvende en dus het meest sturende type. Om die reden is hier met de methode van ondersteunende kennissoorten vermoedelijk niet veel winst in sturendheid meer te behalen. Daarom kiezen we

voor het alternatief, de methoden van het uitsplitsen van kernbegrippen. Zoals zal blijken, is hiermee nog een forse winst te boeken.

Stap 2a: Kernbegrippen

De eerste centrale vraag hierboven gaat over relevante bepalende factoren voor een succesvolle invoering van business units. Nu blijkt uit het onderzoeksmodel en de daarbij genoemde literatuur dat daarbij twee domeinen bepalend zijn. Dit zijn de vormgeving van het businessunits-concept en het management van organisatieverandering. Om meer sturendheid in de centrale vragen te krijgen lijkt het dan ook zinnig om de volgende twee kernbegrippen uit te splitsen: 'vormgeving businessunits-concept' en 'management van organisatieverandering'.

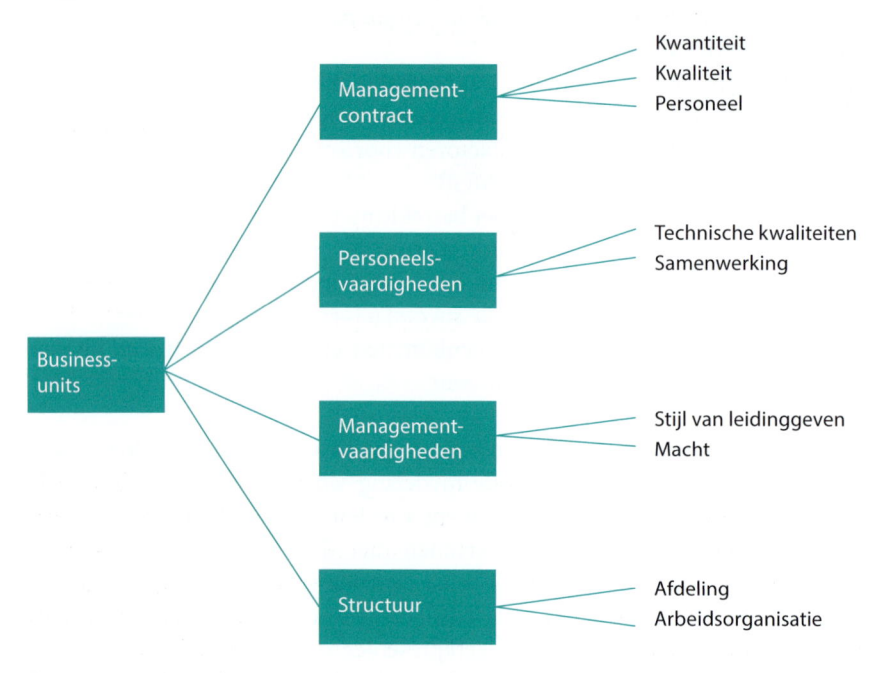

Figuur 4.13 Boomdiagram van 'vormgeving business-units'

Stap 2b: Boomdiagrammen

Per kernbegrip stelt de onderzoeker vervolgens de relevante aspecten en eventueel deelaspecten vast. Als hulpmiddel hierbij maakt hij gebruik van een boomdiagram. Hierbij kan, zoals gezegd, het uitvoeren van een literatuurstudie behulpzaam zijn. De onderzoeker gaat dan op zoek naar recente vakliteratuur waarin definities en uitwerkingen van het kernbegrip worden gegeven. In het onderhavige onderzoek oriënteert de onderzoeker zich op de studies over businessunits (o.a. Wissema, 1992)[1] en organisatieverandering

---

[1] Wissema, J.G. (1992). *Unit management: entrepeneurship and coordination in the decentralised firm*. Londen: Pitman.

(o.a. Groote et al., 1990)[2]. Een ontrafeling van het businessunits-concept wordt in het boomdiagram van figuur 4.13 weergegeven. Vervolgens kiest de onderzoeker voor de hierna volgende uiteenlegging van het begrip 'management van organisatieverandering' (zie figuur 4.14).

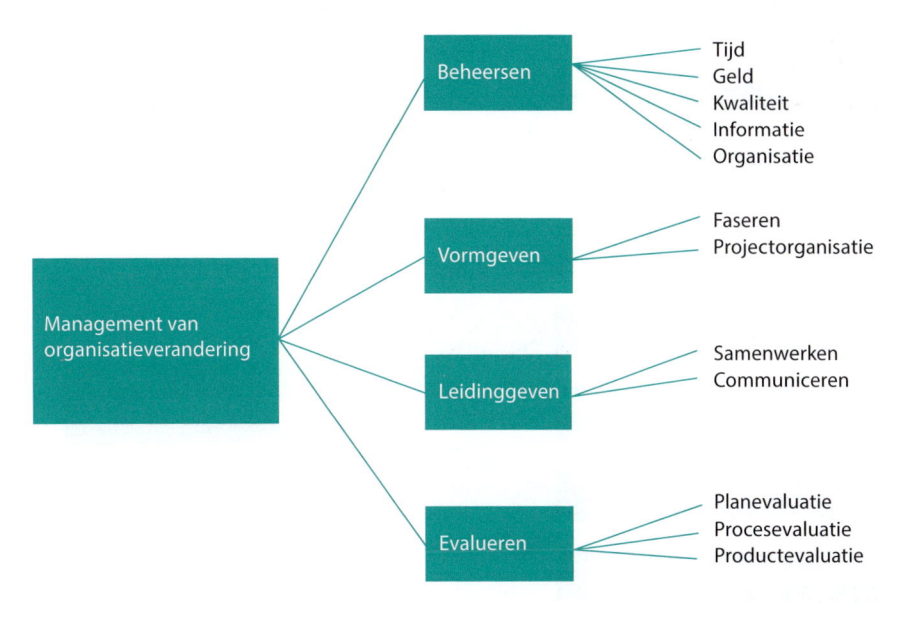

Figuur 4.14   Boomdiagram van 'management van organisatieverandering'

Stap 2c: De selectie van aspecten

Lang niet alle in het boomdiagram onderkende aspecten en onderdelen hoeven in het project te worden betrokken. Dat zou waarschijnlijk ook tot een onhaalbaar onderzoek leiden. Daarom, of vanwege de efficiëntie dan wel uit pure interesse, maakt de onderzoeker een welbewuste en beargumenteerde keuze uit dit geheel. In dat kader is het goed als hij in dit stadium nog eens goed het projectkader en de doelstelling van het project bestudeert. Ook kan hij in het kader van een kort vooronderzoek de keuze van de te onderzoeken aspecten en onderdelen voorleggen aan enkele deskundigen in en buiten de organisatie. Hierbij kan blijken dat de opdrachtgever vooral wil weten of er voldoende personele en managementkwaliteiten aanwezig zijn om de doelstellingen van het businessunits-plan te realiseren. Mogelijk ook wil hij weten in hoeverre het management in staat zou zijn de risico's qua benodigde financiën en beschikbare tijd te beheersen en het veranderproject adequaat vorm te geven. Voor de onderzoeker betekent dit dat de nadruk komt te liggen op de onderdelen 'managementvaardigheden' en 'personeelsvaardigheden' van het kernbegrip 'vormgeving businessunits' en op de onderdelen 'beheersen van

---

2   G.P. Groote, C.J. Sasse & P. Slikker (1990). *Projecten leiden: methoden en technieken voor projectmatig werken*. Utrecht: Het Spectrum.

geld', 'beheersen van tijd', 'fasering' en 'projectorganisatie' van het kernbegrip 'management van organisatieverandering'.

Vervolgens kunnen we de invloed die de gekozen aspecten hebben op een succesvolle invoering van businessunits als volgt in een pijlendiagram weergeven (zie figuur 4.15).

```
Technische kwaliteiten  ─┐
Samenwerking            ─┤
Stijl van leidinggeven  ─┤
Macht                   ─┼──→ Invoering businessunits
Beheersen van geld      ─┤
Beheersen van tijd      ─┤
Faseren                 ─┤
Projectorganisatie      ─┘
```

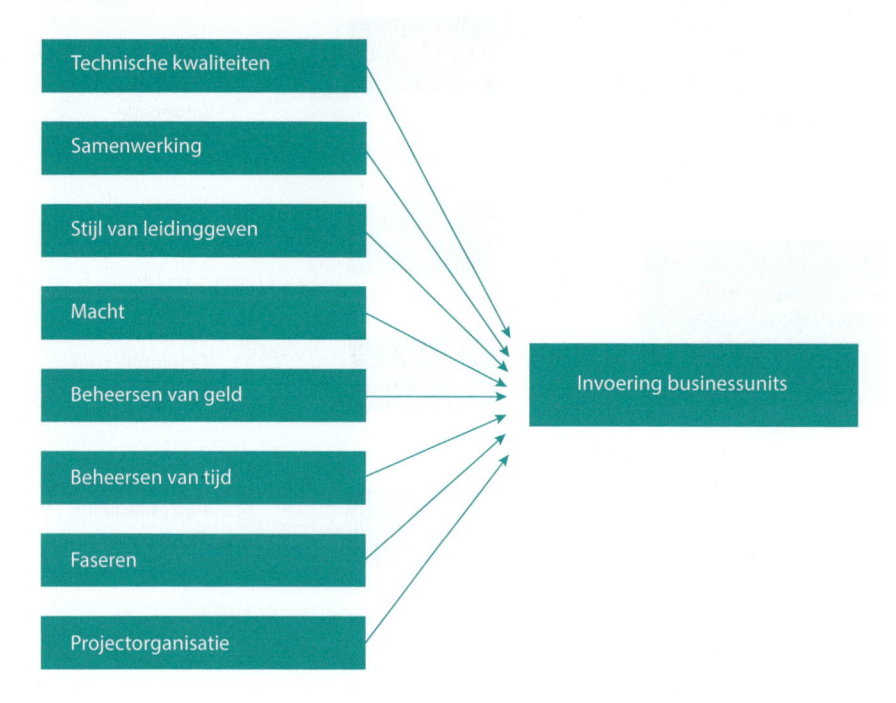

Figuur 4.15   Pijlendiagram met de geselecteerde aspecten van 'vormgeving business units' en 'management van organisatieverandering' als kritieke succesfactoren voor de invoering van businessunits

Voor elk effect (lees pijl) in dit pijlendiagram kan nu in een deelvraag worden nagegaan:
a. wat de theorie er precies over zegt: wat schrijft die voor of beveelt deze aan?
   Dit worden de deelvragen voor centrale vraag 1.
b. hoe de situatie er bij MGB uitziet op het gebied van de gekozen aspecten.
   Dit worden de deelvragen van centrale vraag 2a.
c. hoe (a) en (b) zich ten opzichte van elkaar verhouden.
   Dit worden de deelvragen van centrale vraag 2b.
d. wat de overeenkomsten en verschillen zijn tussen de antwoorden op de deelvragen (a), (b) en (c) hierboven bij de vier regionale kantoren.
   Dit worden de deelvragen bij centrale vraag 3.

De centrale vraag 1 is als volgt geformuleerd: 'Hoe luiden de kritieke succesfactoren voor een succesvolle invoering van het businessunits-concept bij MGB?'
De deelvragen bij deze centrale vraag zien er dan als volgt uit:
Wat zegt de theorie over de/het benodigde:
1.1 technische kwalificatie van het personeel?
1.2 samenwerking tussen het personeel?
1.3 stijl van leidinggeven van de betrokken managers?
1.4 aard van de macht van managers?
1.5 financiële beheer?
1.6 timemanagement?
1.7 fasering van projecten?
1.8 aard van de projectorganisatie?

Centrale vraag 2a: 'Hoe ziet de huidige situatie met betrekking tot de onder 1 genoemde factoren in de vier regionale kantoren eruit?'
De corresponderende deelvragen bij centrale vraag 2a luiden:
Hoe ziet de situatie in de vier regionale kantoren van MGB er feitelijk uit aangaande de/het:
2a.1 technische kwalificatie van het personeel?
2a.2 samenwerking tussen het personeel?
2a.3 stijl van leidinggeven van de betrokken managers?
2a.4 aard van de macht van managers?
2a.5 financiële beheer?
2a.6 timemanagement?
2a.7 fasering van projecten?
2a.8 aard van de projectorganisatie?

De deelvragen van de centrale vragen 2b en 3 worden op analoge wijze als hiervoor geformuleerd.

Zoals de lezer kan nagaan, geven deze deelvragen al veel beter aan wat er in het onderzoek moet gebeuren dan de centrale vragen waaruit ze zijn afgeleid. Vooral is nu vrij duidelijk welke waarnemingen bij MGB moeten worden verricht, welke data moeten worden verzameld en waar of bij wie de onderzoeker daarvoor moet zijn.

Ook maakt dit uitsplitsingsproces duidelijk hoe omvangrijk het project welbeschouwd is. In principe betekent dit dat de onderzoeker, aangekomen in deze fase van het ontwerpproces, er goed aan doet het project alsnog verder af te bakenen. Dit kan eenvoudig door rigoureus een of meer van de centrale onderzoeksvragen te schrappen. Wel moet dan meteen worden nagegaan of ook een inperking van de doelstelling nodig is. Een andere, 'nettere' mogelijkheid is om door middel van stipulatieve definities van kernbegrippen de reikwijdte van doel- en/of vraagstelling danig in te perken. Ook deze stappen zijn onderdeel van een iteratieve ontwerpbenadering. Meer hierover lees je in paragraaf 5.2.

Een onjuiste mogelijkheid is om in de gegeven situatie de centrale vragen (en de doelstelling) te handhaven, maar te schrappen in bijbehorende deelvragen. Dit leidt ertoe dat centrale vragen onvolledig, op invalide wijze en/of met onvoldoende empirische onderbouwing worden beantwoord. Met als gevolg schade aan de efficiëntie van de vraagstelling en daarmee van het project. Een ander nadeel kan zijn dat de vraagstelling inboet aan sturend vermogen. Ook beide kunnen het geval zijn. Aanzienlijk beter is het om in het aangegeven geval slechts een deel van de doel- en vraagstelling te onderzoeken en wel op een gedegen manier. Dit verdient verre de voorkeur boven van alles een beetje doen, met als gevolg weinig of geen overtuigingskracht van de onderzoeksresultaten.

Stap 3: Iteratie

Ook los van de vermelde aanvullende afbakening leidt als onderdeel van een iteratieve benadering de ontwikkeling van de vraagstelling hierboven tot een aanscherping van de doelstelling en van het onderzoeksmodel van het onderzoeksproject. Nadrukkelijk is nu vastgesteld dat de onderzoeker zich concentreert op de organisatie-interne kritieke succesfactoren en daarbij vooral aandacht schenkt aan de personeels- en managementvaardigheden, zich aandienende beheersingsvraagstukken en aan de vormgeving van het veranderingsproject.

De bijgestelde doelstelling luidt als volgt:
Het doel van het onderzoek is aanbevelingen te doen voor de succesvolle invoering van businessunits in de organisatie
door
de huidige situatie binnen vier regionale kantoren te beoordelen in het licht van kritieke succesfactoren voor een invoering van businessunits die succesvol is ten aanzien van personeelsvaardigheden (technische kwalificatie en samenwerking), managementvaardigheden (stijl van leidinggeven en macht), beheersingsvraagstukken (geld, tijd) en vormgeving van het veranderingsproject (fasering, projectorganisatie).

Begripsbepaling 5

De meeste fundamentele ideeën van de wetenschap zijn in wezen eenvoudig en zij kunnen als regel worden uitgedrukt in een taal die voor iedereen begrijpelijk is.
Albert Einstein

5.1 Inleiding

Nu we beschikken over een heldere en haalbare doelstelling, een overzichtelijk onderzoeksmodel en een aantal efficiënte en sturende onderzoeksvragen, lijkt het erop dat we kunnen beginnen met het maken van een onderzoekstechnisch ontwerp. Maar er is nog een tussenstap nodig, te weten een nadere bepaling en invulling van de kernbegrippen in het onderzoeksproject. Voor een deel is hun betekenis overigens al vastgelegd door de keuze van een aantal deelvragen uit een veelal grote verzameling van mogelijke deelvragen. Een nadere definiëring is niet alleen nodig omdat deze begrippen van grote invloed zijn op wat er in een onderzoek gaat gebeuren. Dit is ook nodig voor de sturendheid, aangezien deze begrippen op heel verschillende manieren kunnen worden ingevuld. In het alledaagse spraakgebruik maken wij ons zelden druk over de precieze betekenis van de begrippen die we gebruiken. Een intuïtief en globaal idee van die betekenis is doorgaans voldoende om een zinnig gesprek te kunnen voeren. Maar in een empirisch onderzoek is de onderzoeker zonder een nauwkeurige omschrijving van kernbegrippen het spoor al gauw bijster. De reden hiervan is dat het conceptuele ontwerp moet worden vertaald in concrete onderzoeksstappen. Voor de meeste beginnende onderzoekers betekent dit een ware 'cultuuromslag'. Zo krijgen studenten gedurende hun opleiding aan de middelbare school, en daarna aan de universiteit of hogeschool, ruime ervaring in het maken van werkstukken. Deze zijn gebaseerd op literatuurstudie en logisch nadenken. Hierbij is het niet nodig om een vertaalslag te maken naar de eigen zintuiglijke waarneming van de werkelijkheid. Daarom was het steeds voldoende om een intuïtief en globaal begrip te hebben van de gebruikte concepten. Om een idee te geven hoe dit verandert als een *empirisch* onderzoek moet worden uitgevoerd, volgt hieronder een voorbeeld.

Het voorbeeld laat goed het verschil zien in behoefte aan duidelijkheid in het alledaagse intermenselijk verkeer en bij het maken van een beschouwend werkstuk aan de ene kant, en in een empirisch onderzoek aan de andere. In een gesprek tijdens een feestje hebben we absoluut geen behoefte aan een nauwkeurige omschrijving van begrippen. De sfeer zou er zelfs onder kunnen lijden, maar in een onderzoek is dit bittere noodzaak. Zonder een nadere invulling van begrippen weten we niet waar en waarnaar we in de theorie en in de werkelijkheid precies moeten kijken, en op wie of wat we de doelstelling van ons project precies moeten richten.

> **Voorbeeld** Werkloosheid
>
> Stel, je studeert sociologie met als specialisatie methoden en technieken van onderzoek. Je vervult je afstudeerverplichtingen bij het ambtelijk apparaat van een provinciale overheid. Daar neem je deel aan een grootschalig onderzoek dat de nodige kennis en inzichten moet verschaffen voor het ontwikkelen van een werkloosheidsbeleid voor de betreffende provincie (extern doel). Men heeft je een mooi afgebakend onderdeel van dit onderzoek toegewezen. Het deelproject moet bijdragen aan een valide en bruikbaar antwoord op de volgende vraag (intern doel):
>
> Welke factoren leiden ertoe dat mensen in de betreffende regio langdurig werkloos zijn?
>
> Je besluit om met het oog op het beantwoorden van deze vraag een groot aantal mensen die al lange tijd zonder werk thuiszitten te gaan interviewen. Met deze vraaggesprekken wil je gegevens verkrijgen over zaken als de leeftijd, het opleidingsniveau, mogelijke handicaps, interesses, vaardigheden, levensbeschouwing, sociale contacten en dergelijke van de onderzoekspersonen.
> Enthousiast ga je meteen aan de slag met de verzameling van onderzoeksmateriaal. De eerste persoon die je op de lijst van potentieel te interviewen mensen tegenkomt, is een vrouw die steevast minstens twintig uur per week werkt in het huishouden. Ze heeft vier kinderen en een moeder die zwaar hulpbehoevend is. Ze zit bepaald niet verlegen om nog meer werk. Moet je haar als werkloos beschouwen? Een ander voorbeeld: moet je iemand die de werving van een inkomen willens en wetens overlaat aan de partner, als werkloos aanmerken? En wat te doen als je iemand tegenkomt die slechts voor vier uur per week een vaste baan heeft? Hoeveel uren betaald werk beschouw je als criterium voor wel of niet werkloos?
> Je hebt deze vragen nog maar net beantwoord of een nieuw twijfelgeval dient zich aan: iemand die de week vult met vrijwilligerswerk. Ook tref je op je zoektocht potentiële onderzoekspersonen aan die invalide of langdurig ziek zijn en mensen die lange tijd in het buitenland verblijven. Je komt in de namenregisters van lokale overheden zelfs enkele criminelen tegen die een straf uitzitten. Zij hebben allemaal te kennen gegeven dat ze graag een baan willen, maar is die wens reëel? Kortom: je tast in het duister bij de vraag wie nu wel en wie niet als werkloos moet worden beschouwd en dus wie je wel en wie niet moet interviewen.
>
> Overigens heb je niet alleen moeite om te bepalen wie je moet interviewen. Ook is het niet duidelijk hoe de doelgroep van het te formuleren beleid er precies uitziet. De doelstelling van het grotere project waaraan je meedoet, is het ontwikkelen van een voorlichtingscampagne voor werklozen. Deze heeft als doel het verhogen van hun kansen om aan betaald werk te komen. Dit alles als onderdeel van het te ontwikkelen werkloosheidsbeleid in de betreffende provincie. De vraag is of daar nu ook de zogenoemde verborgen werklozen bij horen. Bedoeld zijn vooral oudere mensen die wel een baan willen, maar die dit niet kenbaar maken. Zij weten zich bij voorbaat kansloos op de arbeidsmarkt. Ook in dat opzicht heb je behoefte aan een sluitende omschrijving van het begrip werkloos.

Kader 5.1

Het is nu wel duidelijk dat de manier waarop de vraagstelling van het onderzoek zal worden beantwoord, in niet onbelangrijke mate wordt medebepaald door de betekenis die de onderzoeker toekent aan de centrale begrippen in deze vraagstelling. Deze betekenis bepaalt voor een deel de soort kennis die in het onderzoek wordt geproduceerd. En deze kennis bepaalt op haar beurt in hoeverre de doelstelling van het onderzoek bereikt zal worden. Wanneer de onderzoeker in het voorbeeld hierboven werklozen definieert als 'zij die als werkzoekend staan ingeschreven bij een arbeidsbureau', dan vallen in ieder geval de verborgen werklozen buiten de boot. Dit kan een nadeel zijn voor het te ontwikkelen werkloosheidsbeleid. We hebben hier te maken met een gevoelige kwestie waarover men in ieder geval reeds in een beginstadium een beslissing moet nemen. Hoe langer de onderzoeker ermee wacht, hoe meer gedane arbeid achteraf vergeefse moeite kan blijken te zijn, of hoe groter het risico wordt op weinig bruikbare onderzoeksresultaten.

Maar ook zonder dat de onderzoeker bij het toekennen van betekenis aan begrippen bewuste of onbewuste *keuzen* maakt, kan die betekenisverlening gevolgen hebben voor het conceptuele ontwerp. Men kan namelijk bij het zoeken naar geschikte definities op onverwachte dingen stuiten, die een aanpassing van de doel- en/of de vraagstelling vergen. Bovendien zal in het volgende hoofdstuk blijken dat de betekenis die de onderzoeker aan kernbegrippen toekent, in sterke mate bepaalt welk soort materiaal moet worden verzameld. Kortom, een (minstens globale) omschrijving ofwel definiëring van kernbegrippen dient een integraal onderdeel te zijn van het *iteratieve* proces van het ontwerpen van een onderzoek. De conclusie is dat een eerste invulling van kernbegrippen niet kan worden uitgesteld tot de uitvoeringsfase.

Stipuleren

De volgende vraag is hoe de onderzoeker in dit stadium aan geschikte begripsomschrijvingen komt en waaraan deze definities moeten voldoen. Het antwoord op deze vraag is sterk afhankelijk van de aard van het onderzoek. Voor een theoriegericht onderzoek vindt men meestal goed uitgewerkte en onderbouwde definities in de vakliteratuur. Deze definities kunnen vaak zonder veel bezwaar worden gebruikt. Maar vooral bij een praktijkgericht onderzoek wordt aangeraden niet zonder meer de definities uit de literatuur over te nemen. De reden hiervan is dat deze begripsomschrijvingen meestal veel te algemeen, te complex en/of te abstract zijn voor dit onderzoek. Dit belemmert de onderzoeker ook om te komen tot een onderzoek dat in de daarvoor gestelde tijd kan worden afgerond. Bovendien zal het straks bij de uitvoering moeilijk blijken om de overstap naar de empirie te maken.

De oplossing hiervoor die wij in dit hoofdstuk uitwerken, is het formuleren van zogenoemde *stipulatieve* definities. Dit zijn definities die beginnen met de zinsnede 'In dit onderzoek verstaan wij onder ...', enzovoort. Kenmerkend voor deze definities is dat noch waarheid, noch een gangbaar woordgebruik maatgevend is voor de adequaatheid ervan, zoals dat normaliter het geval is met definities. Wat telt, is de *bruikbaarheid* van de gekozen omschrijving, en wel bruikbaarheid in het licht van de geformuleerde doel- en vraagstelling van het betreffende onderzoek. Dat betekent dat bij het definiëren van kernbegrippen niet kan worden volstaan met omschrijvingen zoals men die tegenkomt in handboeken of woordenboeken. De onderzoeker moet zelf een op het onderzoek, meer in het bijzonder op de ontwikkelde probleemstelling toegesneden omschrijving maken.

De zojuist geformuleerde eis van bruikbaarheid plaatst ons weer voor een nieuwe vraag, namelijk wat we in dit verband moeten verstaan onder bruikbaarheid. Er moet aan drie eisen zijn voldaan, willen wij spreken van een bruikbare stipulatieve definitie:
a. *afbakening* van een begrip tot haalbare proporties;
b. *duidelijkheid* over de vraag welke waarneembare zaken in de werkelijkheid onder de definitie vallen;
c. *aansluiting* bij de doel- en vraagstelling van het onderzoek.

De afbakenende functie van stipulatieve definities wordt behandeld in paragraaf 5.2. Het zorgen voor omschrijvingen in waarneembare ofwel operationele termen is onderwerp van paragraaf 5.3. De aanpassing van definities aan de doel- en vraagstelling van het betreffende onderzoek staat tot slot centraal in paragraaf 5.4.

5.2 Afbakening

Vaak denkt men dat de afbakening van een onderzoek op zijn vroegst begint bij het maken van een onderzoekstechnisch ontwerp. Pas daar bepaalt men immers welk en hoeveel materiaal de onderzoeker gaat verzamelen en wat hij vervolgens met dit materiaal gaat doen. Dit is een veelvoorkomende misvatting. In de loop van de nu volgende paragraaf wordt duidelijk dat een adequate afbakening van een onderzoek voornamelijk een kwestie is van het *conceptuele* ontwerp en in mindere mate van het *technische* ontwerp.

In hoofdstuk 2 heeft de lezer al kennisgemaakt met een eerste belangrijke afbakenende activiteit, namelijk het achterhalen van doelen van actoren in een projectkader, en het daaruit afzonderen van een nauw omschreven doelstelling van het onderzoek. Ook in hoofdstuk 4 nam de onderzoeker beperkende maatregelen door sommige uitsplitsingen in de boomstructuur wel en andere niet om te zetten in een onderzoeksvraag. Daarmee brengt een onderzoeker al een beperking aan in de vraagstelling van het onderzoek. In de nu volgende paragraaf laten we zien hoe deze begrenzing in een vraagstelling via zogenoemde stipulatieve definities kan worden geëxpliciteerd, geconsolideerd en verder toegespitst. Daarbij maken we gebruik van het onderscheid tussen het *domein* en het *beweerde* van een onderzoeksvraag, ongeacht of het een centrale vraag of een deelvraag betreft. Verder is hier van belang de methodiek van *rafelen en rasteren* zoals die in het vorige hoofdstuk is geïntroduceerd en uitgewerkt. Over deze twee onderwerpen gaat dan ook het restant van deze paragraaf.

Domein en beweerde

Centraal in deze paragraaf staat de omvang van een onderzoek, die binnen haalbare grenzen moet worden gehouden. Met de omvang van een onderzoek bedoelen we het geheel van activiteiten dat moet worden verricht om *geldige* en *bruikbare* antwoorden te krijgen op de vragen in de vraagstelling. Om te begrijpen hoe een onderzoeker door middel van stipulatieve begripsdefinities de omvang van een onderzoek in toom houdt, is een onderscheid in het domein en het beweerde van een onderzoeksvraag van belang. Het domein is dat deel van de werkelijkheid waarover de onderzoeker door middel van het onderzoek uitspraken wil doen. Het beweerde is datgene wat hij van dit domein wil weten of zeggen. In de uitspraak 'raven zijn zwart' bijvoorbeeld vormen 'raven' het domein en is 'zijn zwart' het beweerde. Als we deze uitspraak omzetten in de vorm van een vraag, namelijk 'zijn raven zwart?' dan noemen we 'raven' nog altijd het domein en vormt de zinsnede 'zijn zwart' nog steeds het beweerde. Dit laatste ondanks het feit dat we hier eigenlijk beter zouden kunnen spreken van 'het gevraagde'.

Opgave domein en beweerde

Welk onderdeel vormt in de volgende uitspraken het domein en welk het beweerde?

- Ambtelijke teksten zijn voor de meeste mensen moeilijk toegankelijk.
- Het onderwijs in Nederland is van een hoog niveau.
- Zijn perziken uit Portugal geel of beige?
- Ik zou wel eens willen weten of wijk X echt zo onveilig is als men wel eens beweert.
- Duitsers vinden Nederlandse autowegen slecht.

Een volgende stap is laten zien hoe dit onderscheid in domein en beweerde in verband staat met de omvang van een onderzoek. Vergelijk bijvoorbeeld de volgende twee uitspraken met elkaar:
- Zeilboten hebben een maximumsnelheid van 25 kilometer per uur.
- Pleziervaartuigen hebben doorgaans gunstige vaareigenschappen.

Stel dat we deze twee uitspraken als hypothesen nemen die we door middel van een hypothese-toetsend onderzoek op juistheid ofwel empirische houdbaarheid willen controleren. Het is duidelijk dat het aantal activiteiten dat nodig is om de tweede hypothese op houdbaarheid te onderzoeken, veel groter is dan het aantal voor de toetsing van de eerste hypothese. Hiervoor zijn twee redenen. In de tweede hypothese is niet alleen het domein maar ook het beweerde veel omvangrijker dan in de eerste hypothese. Zeilboten vormen een deelverzameling van de verzameling pleziervaartuigen (domein), terwijl vaarsnelheid slechts een van de vele eigenschappen van een vaartuig is (beweerde). Andere vaareigenschappen zijn bijvoorbeeld manoeuvreerbaarheid, koersvastheid, stabiliteit, comfort, enzovoort. Dit betekent dat, om na te gaan of deze twee hypothesen kloppen, er in het tweede geval veel meer gegevens en dus veel meer onderzoekswerk nodig zijn dan in het eerste. De onderzoeker dient niet alleen naar meer vaartuigen te kijken, maar van elk vaartuig moet hij ook veel meer te weten zien te komen. Stel dat we om deze gegevens te verzamelen de eigenaren van vaartuigen benaderen voor een interview. Dan zou de onderzoeker in het tweede geval niet alleen veel meer interviews moeten afnemen. Elk interview zou ook langer duren. Meer algemeen kunnen we grofweg zeggen dat de *Omvang* (O) van een onderzoek is uit te drukken als een *vermenigvuldiging* van het aantal eenheden in het *Domein* (D) met het aantal eigenschappen waarnaar het *Beweerde* (B) verwijst.

Symbolisch: $O = D \times B$

De vermenigvuldigingsfactor in deze 'formule' duidt erop dat een uitbreiding van het domein of van het beweerde flinke consequenties heeft voor de omvang van het onderzoek. De conclusie is dat we een onderzoek qua omvang kunnen inperken door ofwel het domein, ofwel het beweerde, ofwel beide af te bakenen. Om maar iets te noemen: door beperking van het domein kan men reistijd besparen. Als de onderzoeker in het voorbeeld van werkloosheid besluit om alleen onderzoek te doen in een bepaalde regio, dan heeft hij onder overigens gelijkblijvende omstandigheden minder reistijd nodig dan wanneer het (domein van het) onderzoek uitgebreid wordt tot heel Nederland. En als men het beweerde qua complexiteit en/of uitgebreidheid beperkt, kan men in plaats van een lang gesprek mogelijk volstaan met een korte schriftelijke of telefonische enquête.

Het totaal van domeinen van alle onderzoeksvragen samen noemt men ook wel de onderzoekspopulatie of kortweg *populatie*. Het betreft dat deel van de werkelijkheid waarover de onderzoeker door middel van het onderzoek uitspraken wil doen. Kenmerkend voor beginnende onderzoekers is dat zij graag grote populaties kiezen, en dat ze een hekel hebben aan afbakening. Zij vrezen dat door de afbakening het onderzoek aan waarde zal inboeten. Meer in het bijzonder zijn zij bang dat de mogelijkheid om te generaliseren naar grotere domeinen, c.q. ruimere populaties, afneemt. Kortom, zij vrezen dat de externe validiteit van hun uitspraken minder wordt. In principe is dat ook zo, maar dit is een noodzakelijke prijs die in een onderzoek betaald moet worden en waaraan beginnende onderzoekers dus moeten wennen. Immers, behalve een streven naar *algemene* uitspraken dienen deze ook *intern* geldig te zijn. Als een onderzoeker niet rigoureus afbakent, dan komt hij überhaupt niet tot zinnige uitspraken. Hij is dan onvoldoende in staat om beweringen (in casu de antwoorden op onderzoeksvragen) met voldoende en betrouwbare empirische gegevens te onderbouwen. Met andere woorden, de *interne* validiteit gaat verloren, en daarmee tevens de externe validiteit. Het is dan ook veel beter dat de ontwerper van een onderzoek zelf beperkingen aanbrengt in het domein en het beweerde van de onderzoeksvragen, dan dat later anderen aantonen dat de onderzoeksresultaten twijfelachtig of zelfs niet waar zijn.

Nu we weten welke zaken in het conceptuele ontwerp bepalend zijn voor de omvang van een onderzoek, is de volgende vraag hoe we het domein en het beweerde van de afzonderlijke onderzoeksvragen kunnen afbakenen. Een probaat middel daarvoor is de in hoofdstuk 4 geïntroduceerde methodiek van rafelen en rasteren door middel van boomdiagrammen. We passen dit middel toe op de kernbegrippen die in de onderzoeksvragen staan voor respectievelijk het domein en het beweerde. De afbakening van een onderzoeksvraag komt dan tot stand door in de stipulatieve definities van deze begrippen slechts bepaalde aspecten of onderdelen uit de boomdiagrammen op te nemen. De onderzoeker die dit doet, zal merken dat de vraagstelling helderder en concreter wordt, en daardoor ook sturender.

Hieronder volgt een voorbeeld van rafeling en rastering van kernbegrippen uit het domein en het beweerde van een vraagstelling en het op basis daarvan stipulatief definiëren van deze begrippen. In dit voorbeeld geven we uitsluitend de resultaten van de in dit kader te maken keuzen. In een korte bespreking daarna volgt een uiteenzetting van de achtergronden van deze keuzen.

Voorbeeld Overheidsambtenaren

Stel, je bent een studente bestuurskunde die is geïnteresseerd in bestuurlijke processen van grote overheidsorganisaties. Vooral het democratisch gehalte van besluitvormingsprocessen van overheidsorganen heeft jouw belangstelling. Een van de centrale vragen in je afstudeerproject luidt als volgt: in hoeverre hebben overheidsambtenaren een democratische instelling? De twee kernbegrippen zijn hier de woorden ambtenaar en democratische instelling. Het eerste woord betreft het domein en het tweede het beweerde van deze onderzoeksvraag.

Kader 5.2

Proberen we eerst het domein aan banden te leggen. Zoals het boomdiagram in figuur 5.1 laat zien, kunnen vele soorten en categorieën van ambtenaren worden onderscheiden. Daarvan kiest de onderzoeker in dit voorbeeld uitsluitend de categorieën die voorzien zijn van een asterisk (nogmaals, een toelichting op deze keuze volgt zo dadelijk). Een en ander resulteert in de volgende stipulatieve definitie van het begrip ambtenaar:

'Onder een ambtenaar wordt in deze studie verstaan iemand die bij provinciale overheden belast is met de ontwikkeling van het milieubeleid, in het bijzonder beleid op het gebied van geluidshinder.'

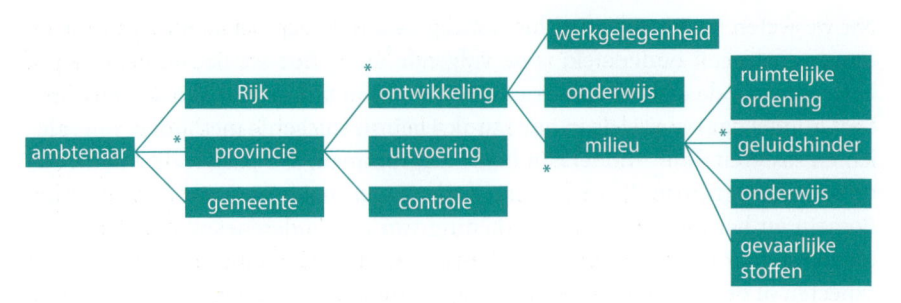

Figuur 5.1   Rafelen en rasteren van het begrip 'overheidsambtenaar'

Ook het begrip 'democratische instelling' uit het beweerde krijgt door middel van rafelen en rasteren een beperkte en op dit specifieke onderzoek afgestemde inhoud (zie figuur 5.2, inclusief de daarin aangebrachte asterisken), met als resultaat de volgende stipulatieve definitie:

'Onder een democratische instelling versta ik in deze studie dat iemand zich inzet voor haar of zijn ondergeschikten, een collegiale houding heeft, behulpzaam is voor klanten en voldoende tijd voor deze laatsten neemt.'

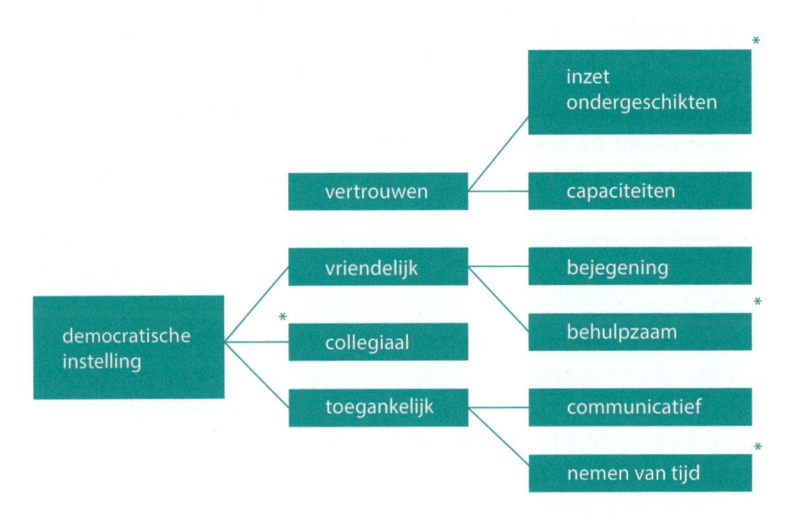

Figuur 5.2   Rafelen en rasteren van het begrip 'democratische instelling' van ambtenaren in hun werk

In het voorbeeld wordt ten aanzien van het begrip ambtenaar gekozen voor enkele specifieke categorieën van overheidsambtenaren, conform de rastering in het boomdiagram. Men kan er natuurlijk ook voor kiezen om alle in het schema voorkomende categorieën in het onderzoek te betrekken. Nog afgezien van de vraag of al die soorten ambtenaren een even groot belang hebben gezien vanuit de doel- en vraagstelling van het project, kleeft aan deze keuze een belangrijk bezwaar. De populatie, ofwel de verzameling van potentiële onderzoekseenheden, is erg groot en divers. De onderzoeker zal dan in ieder geval met een steekproef moeten werken. Maar dan nog is het de vraag of gelet op de beperkt beschikbare tijd van alle genoemde categorieën wel een voldoende groot aantal respondenten in het onderzoek kan worden vertegenwoordigd om alle variaties en schakeringen in beeld te brengen. Een veel interessantere manier van afbakenen tot haalbare proporties is dat de onderzoeker kiest voor bepaalde typen ambtenaren. Met een aldus gereduceerd domein is het voor deze onderzoeker gemakkelijker zo niet überhaupt haalbaar om tot goed onderbouwde (lees geloofwaardige en valide) en nieuwe kennis te komen. Verder ziet de lezer dat ook het beweerde danig is ingeperkt. Immers, onder een democratische instelling kan heel wat meer worden begrepen dan het geval is in de gekozen stipulatieve definitie. Maar daarvoor kiezen zou ook betekenen dat de onderzoeker de mensen bij het interviewen veel meer vragen moet stellen. Het is de vraag of dit gezien vanuit de eerder gekozen doelstelling per se nodig is. En als dat nodig zou zijn, dan kan dit aanleiding zijn om met het oog op de haalbaarheid en validiteit van het onderzoek deze ruime doelstelling bij te stellen tot meer haalbare proporties.

Hierboven werd vooral het domein van een onderzoeksvraag haalbaar gemaakt door slechts bepaalde delen en onderdelen, soorten en ondersoorten, typen en subtypen of categorieën en subcategorieën van onderzoekseenheden, hier mensen, te kiezen. Let op, het kiezen van dimensies en aspecten komt bij het afbakenen van het domein minder voor, en speelt vooral een rol bij een afbakening van het beweerde. Immers, daar vooral hebben de kernbegrippen een hoge complexiteit en abstractiegraad en dito theoretisch gehalte. Aan het bovenstaande moeten we nog een laatste afbakening van het domein toevoegen, die altijd nodig is, ongeacht het type vraagstelling. Dit betreft een verbijzondering naar *plaats* en *tijd*. Zo moet men in het voorbeeld van de pleziervaartuigen aangeven over welk geografisch gebied en welke tijdspanne het onderzoek zich uitstrekt. Gaat het om lokaal, regionaal, nationaal of mondiaal onderzoek? En betreft het een momentopname (welk moment?), een tijdspanne in het verleden of in de toekomst? Noem jaartallen of desnoods ook maanden, weken, dagen. De ontwerper van een onderzoek dient hier realistisch te zijn, want anders riskeert hij niet of zwak geldige onderzoeksresultaten.

Opgave stipulatieve definitie

Hieronder zie je drie voorbeelden van onderwerpen voor een onderzoek:
1. Leerproblemen bij leerlingen in het Nederlandse onderwijs.
2. Leiderschapsstijlen in verschillende bedrijfstakken in Gelderland.
3. Het leefklimaat van gedetineerden in de extra beveiligde gevangenis in Vught (EBI).

Opdracht
a. Kies een van de bovengenoemde onderwerpen voor onderzoek.
b. Bepaal het domein en het beweerde van dit onderwerp.

c. Maak met behulp van de techniek van 'rafelen en rasteren' een boomstructuur voor zowel het domein als het beweerde in het gekozen onderwerp.
d. Formuleer vervolgens voor zowel het domein als het beweerde een stipulatieve begripsdefinitie waarmee het uit te voeren onderzoek drastisch wordt ingeperkt. Denk bij wijze van oefening aan een onderzoek dat in slechts *enkele weken* kan worden uitgevoerd.

Tot slot vraagt de afbakening van een onderzoek vooral om een kritische behandeling van begrippen in de onderzoeksvragen die betrekking hebben op het domein, en in mindere mate die welke slaan op het beweerde. Voor de vertaling van begrippen in zintuiglijke waarneming geldt precies het omgekeerde. Vooral de begrippen in het beweerde hebben vaak een abstract en complex karakter en vragen derhalve om een nadere concretisering, ook wel aangeduid als operationalisering. Hierover gaat de nu volgende paragraaf.

5.3 Operationalisering

Een tweede in de inleiding genoemde voorwaarde om te kunnen spreken van een bruikbare invulling van begrippen betreft de *waarneembaarheid* van datgene wat in de (stipulatieve) definitie kenmerkend voor een fenomeen wordt genoemd. Meer in het bijzonder gaat het erom aan te geven wanneer of onder welke voorwaarden een bepaald begrip op een verschijnsel in de realiteit van toepassing is. Stel bijvoorbeeld dat macht een kernbegrip is in een onderzoek. Wanneer zal een onderzoeker nu van een bepaalde persoon X zeggen dat deze macht heeft, en hoe bepaalt hij de omvang van die macht? Als antwoord hierop kiest deze onderzoeker bijvoorbeeld het aantal mensen op een afdeling dat zegt dat zij voor een bepaalde actie toestemming van persoon X nodig hebben. Het aantal personen dat dit zegt, noemt men dan de *indicator* van het begrip macht. Meer algemeen is een indicator te omschrijven als een zintuiglijk (wat kan de onderzoeker zelf horen en zien) waarneembaar fenomeen dat ons informatie verschaft over het (niet direct waarneembare) verschijnsel dat met het te definiëren begrip wordt bedoeld. Het proces van kiezen en nauwkeurig omschrijven van indicatoren voor complexe en/of abstracte begrippen heet *operationaliseren*. Als eenmaal de indicatoren zijn gekozen, dan moet tot slot nog worden bepaald hoe de waarden op deze indicatoren worden vastgesteld. We hebben het dan over het feitelijke proces van *meting* (kwantitatief onderzoek) of van *registratie* en *beschrijving* (kwalitatief onderzoek). Daarbij zijn nodig (a) een *instrumentalisering* en (b) *instructies* voor de onderzoeker. Deze twee vormen het sluitstuk van een operationaliseringsproces.

In een kwantitatief onderzoek bestaat de instrumentalisering in veel gevallen uit een serie gesloten vragen voor een enquête of een gestructureerd interview. Een gesloten vraag is een vraag met een serie antwoordalternatieven waaruit de onderzoekspersoon kan kiezen. Maar het kan ook een serie welomschreven onderwerpen zijn waarop wordt gelet bij een gestructureerde observatie of bij een bestudering van documenten. Instructies zijn hier doorgaans *codeer*instructies, ofwel aanwijzingen voor de interviewer of observator hoe het waargenomene moet worden geïnterpreteerd en in een kort en informatief label (de code) kan worden weergegeven. Dit totale proces van operationalisering, instrumentalisering en het opstellen en gebruiken van codeerinstructies wordt ook wel *meting* genoemd.

In een kwalitatief onderzoek bestaat de instrumentalisering meestal uit een serie open vragen, dan wel een topic list voor een open interview. Ook kunnen het waarnemingsopdrachten zijn voor een open observatie of een kwalitatieve bestudering van tekstuele of audiovisuele documenten. De instructies bestaan uit aanwijzingen voor de uitvoering van de interviews, bekend als interviewinstructies, van open observaties of van de bestudering van documenten.

Slechts in een enkel geval zullen de dimensies en aspecten die bij het rafelen naar voren komen als te onderzoeken zaken, meteen al voldoende direct waarneembaar zijn. Meestal is dit niet het geval en zal de onderzoeker deze dimensies en aspecten moeten operationaliseren. Hij doet dit door er indicatoren voor te bedenken. Er kunnen grofweg twee redenen zijn waarom de zaken die in een stipulatieve definitie worden genoemd niet voldoen aan het criterium van waarneembaarheid. Een eerste reden is dat de invulling van sommige begrippen of aspecten daarvan sterk is gebonden aan heersende opvattingen, normen en waarden. We hebben dan *criteria* nodig om te kunnen beslissen of het begrip of aspect in kwestie op een bepaald object, gebeurtenis of proces van toepassing is of niet. Zo is het in het voorbeeld 'werkloosheid' in de inleiding de vraag onder welke voorwaarden iemand de status werkloos (en daarmee recht op een uitkering) krijgt. Enkele criteria die in Nederland anno 2015 gelden, zijn bepaalde leeftijdsgrenzen, geen zwaar mentaal of lichamelijk handicap hebben, en niet gedetineerd zijn.

Een tweede en voor onderzoekers meest voorkomende reden voor het operationaliseren van begrippen is abstractie van het betreffende begrip, waardoor een nadere sturing van de waarneming nodig is. Onderdeel van een stipulatieve definitie voor het begrip werkloze kan zijn dat de persoon in kwestie de wens heeft om betaald werk te verrichten. In het dagelijks leven begrijpt iedereen onmiddellijk wat hier bedoeld is. Maar hoe stellen we in een onderzoek, waar het kan gaan om honderden of misschien wel enkele duizenden werklozen, vast of iemand betaald werk wil verrichten? We kunnen dat natuurlijk de persoon in kwestie vragen, als een van de eerste vragen in een interview. Maar als die persoon aangeeft in het geheel niet in betaald werk te zijn geïnteresseerd, dan hebben we deze persoon voor niets benaderd. Dit betekent tijdverlies en het nodeloos lastigvallen van mensen. Handiger is het om te kiezen voor het al dan niet ingeschreven staan op een arbeids- of uitzendbureau, als indicator voor een 'wens tot het verrichten van betaalde arbeid'.

Natuurlijk is het zo dat er mensen zijn die wel ingeschreven staan, maar desondanks geen betaald werk nastreven. En omgekeerd komt het voor dat iemand niet staat ingeschreven, maar desondanks graag een baan zou willen hebben.

Dit zijn uiteraard aantastingen van de geldigheid van de hier gekozen indicator. Hier hebben we opnieuw te maken met onzekerheid waarmee een onderzoeker moet leren omgaan. Vrijwel geen enkele operationalisering is perfect geldig. In de praktijk moet dan ook altijd een compromis worden gezocht tussen geldigheid en haalbaarheid.

Uit het bovenstaande wordt duidelijk dat in feite altijd een operationalisering, ofwel vertaling in indicatoren, instrumenten en instructies, nodig is. Dit blijkt zelfs in een eenvoudig geval als het bepalen van iemands wens om te willen werken. We noemen dit met recht een eenvoudig geval, omdat kan worden volstaan met slechts een indicator. In complexere gevallen is soms een hele verzameling indicatoren nodig. Zo duurt een intelligentietest in de regel een hele dag. Er zijn zelfs al varianten die twee hele dagen vergen. Dit komt omdat intelligentie een zeer abstract en complex begrip is, dat een vergaande theoretische uitwerking door psychologen heeft ondergaan. Daardoor valt dit begrip uiteen in diverse dimensies, zoals taalvaardigheid, rekenvaardigheid en sociale vaardigheid. En deze ondergaan elk weer een uitsplitsing in verschillende aspecten en sub-aspecten. Daardoor zijn al gauw honderden indicatoren nodig om het gehele begripsdomein te kunnen afdekken. Deze hebben vaak elk weer een meervoudige instrumentalisering nodig in de vorm van concrete opgaven in een test.

Een voorbeeld van een begrip dat niet erg complex is, maar niettemin vraagt om meerdere indicatoren, is het begrip 'betrokkenheid' die een werknemer aan de dag legt bij de organisatie waarvoor hij werkt. Betrokkenheid is in zoverre een abstract begrip dat we deze niet onmiddellijk aan iemands gezicht kunnen aflezen. Wat we wel kunnen doen, is kijken naar zaken die logisch voortvloeien uit een betrokkenheid. Meer algemeen is een handige strategie om, als we een verschijnsel zelf niet kunnen waarnemen, in plaats daarvan te kijken naar de (waarneembare) gevolgen of uitwerking die dit verschijnsel heeft in de werkelijkheid. Hiervan gebruikmakend zou een operationalisering van het begrip betrokkenheid kunnen uitmonden in de volgende vijf indicatoren: de mate waarin

1. de organisatie de persoon in kwestie bezighoudt;
2. de werknemer zelfstandig initiatieven neemt richting de organisatie;
3. het wel en wee van de organisatie iemand aan het hart gaat;
4. men bereid is iets voor de eigen organisatie over te hebben;
5. de betreffende persoon moeite doet om anderen een gunstig beeld van de organisatie te geven.

Nadat we de indicatoren hebben gekozen, moeten deze worden geïnstrumentaliseerd. In een kwantitatief onderzoek is een voor de hand liggende mogelijkheid dat we de werknemers hierover vragen van het gesloten type stellen tijdens een enquête of een gestructureerd interview. Per indicator hebben we minimaal één vraag nodig. Maar vooral als we veel zekerheid willen aangaande de meetgeldigheid en/of als de indicator een relatief complex karakter heeft, zullen we al gauw kiezen voor meerdere vragen per indicator. Hieronder staat

een voorbeeld waarin elke hiervoor genoemde indicator is vertaald in een interviewvraag:
1. Praat u in gesprekken met familie, vrienden en bekenden wel eens over de organisatie waarin u werkt?
2. Neemt u wel eens initiatieven voor verbeteringen in de organisatie?
3. Bent u bereid om in voorkomende gevallen problemen in de organisatie op te lossen of te helpen oplossen?
4. Bent u bereid om waar nodig ongemakken te accepteren?
5. In hoeverre draagt u in uw contacten de organisatie positief naar buiten uit?

Bij elke vraag kunnen gesloten antwoordcategorieën aan de respondent worden aangeboden, lopend van altijd, vaak, regelmatig, soms naar nooit. Deze antwoordcategorieën maken de vragen hierboven van het gesloten type. Verdere instructies zijn in dit geval niet nodig, aangezien de respondent hier zelf het antwoord kiest dat het best bij hem past. We noemen dit systeem ook wel 'self rating'. Maar zouden we open vragen hebben gesteld (zie ook hieronder), dan zouden instructies nodig zijn om de open antwoorden op een systematische en uniforme wijze te duiden en te registreren.

In een kwalitatief onderzoek zouden we de gesloten vragen hierboven kunnen vervangen door open vragen, bijvoorbeeld beginnend met de zinsnede 'in hoeverre ... enzovoort'. Veel kwalitatieve onderzoekers hebben echter een voorkeur voor een nog meer open benadering. Deze bestaat eruit dat de vragen hierboven hooguit functioneren als een topic list, als onderwerpen die de onderzoeker tijdens een gesprek ter sprake wil brengen. Het zal duidelijk zijn dat juist bij een open benadering interviewinstructies nodig zijn. Dit om te zorgen dat: (a) datgene wat de onderzoeker wil weten ook daadwerkelijk aan bod komt, (b) de uitlatingen van de geïnterviewde helder zijn en 'to the point', en (c) de interviews enigszins vergelijkbaar zijn.

Het is mogelijk om op basis van de genoemde vijf indicatoren te komen tot een *operationele* (en doorgaans ook stipulatieve; zie hierna) definitie van het begrip betrokkenheid. Dit kan door eenvoudig de vijf indicatoren in de omschrijving van het begrip op te nemen, precies zoals dit werd gedaan met dimensies en aspecten bij de definities in de vorige paragraaf. Het resultaat noemen we een *operationele* definitie. Deze is operationeel omdat we op basis ervan direct kunnen overgaan op waarneming. De operationele definitie luidt in dit geval als volgt:

Voorbeeld Betrokkenheid

In deze studie noemen we een werknemer meer betrokken bij zijn organisatie naarmate deze persoon zegt er vaker met anderen over te spreken, initiatieven voor verbeteringen te nemen, bereid te zijn om voorkomende problemen op te lossen en ongemakken te accepteren, en de organisatie positief naar buiten uit te dragen.

Kader 5.3

Het spreekt voor zich dat ook de operationele definitie hierboven stipulatief van karakter is, zoals dit vrijwel steeds het geval is met operationele definities. Immers, de indicatoren zijn gekozen vanuit de doel- en vraagstelling van het onderzoek. Het is niet waarschijnlijk dat we die bijvoorbeeld in een handboek over bedrijfskunde precies zo tegenkomen, al is er wel een toename van gestandaardiseerde schalen in de literatuur te vinden. Een meetschaal of kortweg schaal is een serie geïnstrumentaliseerde indicatoren, ook wel (schaal)items genoemd. Elk daarvan beoogt één bepaald abstract en theoretisch begrip te meten. De vijf interviewvragen met betrekking tot betrokkenheid hiervoor zijn er een voorbeeld van.

Een begrip als betrokkenheid is weliswaar vrij abstract, maar het is een betrekkelijk weinig complex begrip. Vandaar dat hier met relatief weinig indicatoren kan worden volstaan. Zoals al eerder gezegd blijken sommige kernbegrippen in een vraagstelling niet alleen abstract, maar bovendien zeer complex te zijn. Dit is vooral het geval met zogenoemde theoretische begrippen. Deze spelen, zoals gezegd, vooral een rol in het *beweerde* van onderzoeksvragen. In zo'n geval zijn in principe veel meer dan vijf indicatoren nodig. Een voorbeeld daarvan zagen we hiervoor waar we de meting van het begrip intelligentie bespraken. Een ander, iets minder complex voorbeeld is het begrip 'democratisch gehalte van een samenleving'. Zo'n begrip is zo veelomvattend dat het verstandig is om het eerst door middel van een boomdiagram te splitsen in enkele dimensies en vervolgens de dimensies uit te splitsen in aspecten. *Als we dit alles doen onder de conditie dat naar rechts gaand in het boomdiagram de uitsplitsingen een steeds* **directere waarneembaarheid** *hebben, dan kunnen we de zaken die het meest rechts in het boomdiagram verschijnen indicatoren noemen.*

Het geheel noemen we een proces van operationaliseren (= waarneembaar maken). Een poging daartoe ziet de lezer in figuur 5.3. Hier worden aan het begrip 'democratisch gehalte' drie dimensies toegekend, te weten: vrijheid, gelijkheid en solidariteit. Deze dimensies hebben nog altijd een vrij abstract en complex karakter; we zien niet onmiddellijk in hoeverre in een land sprake is van de genoemde drie kenmerken. Daarmee is nog niet voldaan aan de eis van waarneembaarheid. De complexiteit lezen we af aan het feit dat elk van deze dimensies meerdere aspecten bevat. Zo kunnen we bij de dimensie 'gelijkheid' denken aan gelijkheid van mannen en vrouwen, van jongeren en ouderen, van autochtonen en allochtonen, enzovoort. Deze laatste aspecten zijn al beduidend minder abstract en complex, en dus meer direct waarneembaar. Ze hebben de kwaliteit van indicatoren. Het bovenstaande neemt niet weg dat de indicatoren nog altijd vragen om een verdere instrumentalisering, bijvoorbeeld in de vorm van vragen voor een vragenlijst. We dienen dan zodanige vragen te bedenken en te formuleren, dat de antwoorden ons een beeld geven van de mate waarin bijvoorbeeld mannen en vrouwen in een bepaalde maatschappij aan elkaar gelijk zijn. Met het oog op een nauwkeurige en betrouwbare meting kan een en ander al gauw enkele tientallen vragen opleveren. Dit is een reden waarom enquêtes vaak een groot aantal vragen bevatten. Voor een onderzoeker is het bovendien een reden temeer om het onderzoek (nog verder) af te bakenen.

5 Begripsbepaling

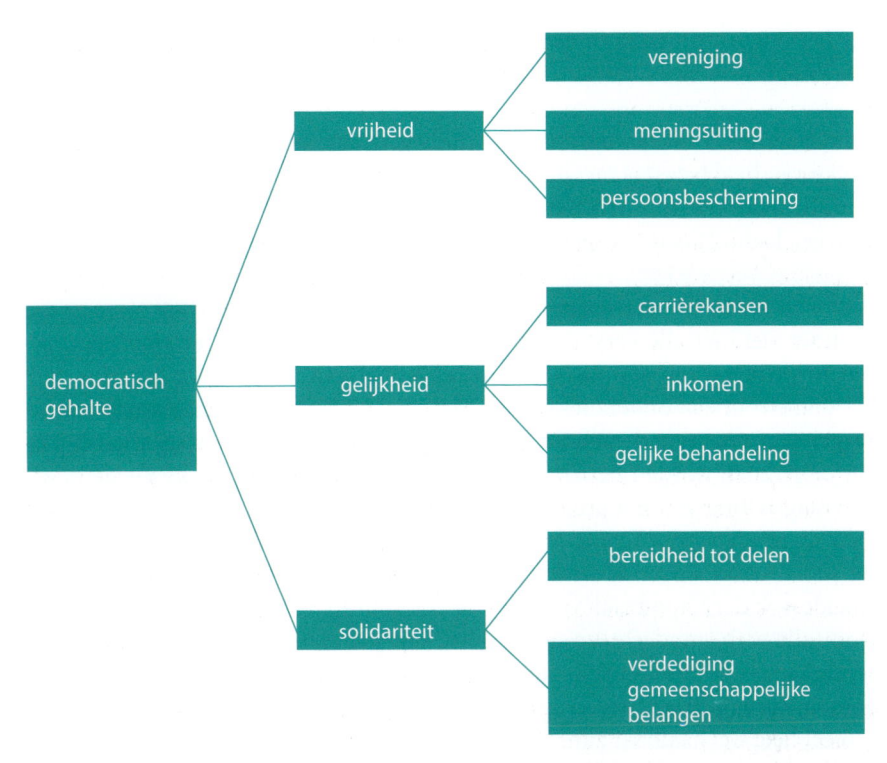

```
                                    ┌── vereniging
                        ┌─ vrijheid ─┼── meningsuiting
                        │            └── persoonsbescherming
                        │
                        │            ┌── carrièrekansen
democratisch gehalte ───┼─ gelijkheid ┼── inkomen
                        │            └── gelijke behandeling
                        │
                        │               ┌── bereidheid tot delen
                        └─ solidariteit ┤
                                        └── verdediging gemeenschappelijke belangen
```

Figuur 5.3   Operationalisering van het begrip 'democratisch gehalte van een samenleving' door middel van een boomdiagram

---

Opgave operationalisering

a. Maak twee verschillende operationaliseringen voor het begrip 'betrokkenheid', één voor betrokkenheid van een gedetineerde bij zijn medegevangenen, en een voor de mate van betrokkenheid van een supporter bij zijn favoriete voetbalclub.
b. Ga na wat de typische verschillen zijn tussen beide operationaliseringen, en geef aan welke argumenten en overwegingen aan deze verschillen ten grondslag liggen.

5.4 Afstemming op het onderzoek

Als derde voorwaarde om in het kader van het maken van een onderzoeksontwerp te kunnen spreken van een bruikbare begripsdefinitie stelden wij dat deze laatste moet aansluiten op de gekozen doel- en vraagstelling. We bekijken dit punt aan de hand van het voorbeeld 'overheidsambtenaren'. Stel dat het doel van dit project is te komen tot een trainingsprogramma voor jonge vrouwelijke ambtenaren met enige jaren beroepservaring. Neem vervolgens aan dat dit programma is gericht op het verhogen van de carrièrekansen van deze groep jonge mensen. In dat geval zou de stipulatieve definitie van het begrip 'ambtenaar', dat het domein in deze onderzoeksvraag aangeeft, als volgt kunnen worden uitgebreid:

'Onder een ambtenaar wordt in deze studie verstaan iemand die bij een gemeentelijke overheid belast is met de ontwikkeling van milieubeleid, in het bijzonder geluidshinderbeleid in Amsterdam, die vóór 1 januari 2013 in dienst is getreden, een leeftijd heeft tussen de 25 en 35 jaar en die van het vrouwelijke geslacht is.'

De lezer ziet hier allereerst een toespitsing van het domein naar *plaats* en *tijd*, wat in principe een standaardonderdeel is van een stipulatieve definitie van het domein in een onderzoeksvraag. Het jaartal 2013 is vooral gekozen om te zorgen dat uitsluitend mensen met (minstens) enkele jaren werkervaring in het onderzoek worden betrokken. Deze keuze volgt rechtstreeks uit de doel- en vraagstelling van het project. Daarnaast is er een verbijzondering gemaakt naar kenmerken van te onderzoeken personen, hier leeftijd en geslacht. Ook dit soort toespitsingen is strikt genomen in *elk* onderzoek nodig. In dit geval vloeide ook deze noodzaak voort uit de doelstelling van het project.

Door alle verbijzonderingen is ten slotte een populatie ontstaan die geen duizenden maar hooguit enkele tientallen personen beslaat. We hebben aldus het domein teruggebracht tot proporties die binnen een bescheiden onderzoeksproject heel wel haalbaar zijn. Hieronder geven we een tweede, meer uitgebreid voorbeeld waarin vooral het aspect van afstemming op de doel- en vraagstelling naar voren komt.

Voorbeeld Ziekteverzuim

Een van de vragen in een onderzoek luidt als volgt: in hoeverre is er in productieorganisaties met een participatieve stijl van leidinggeven minder ziekteverzuim dan in organisaties met meer traditionele vormen van leiderschap?
Een van de kernbegrippen is hier, naast leiderschap en productieorganisatie, het begrip ziekteverzuim. Een eerste poging tot omschrijving van dit begrip luidt:

'Ziekteverzuim is het aantal uren dat werknemers ziek zijn.'

Deze omschrijving schiet, gezien vanuit de optiek van een empirisch onderzoek, nog op drie punten tekort. Ten eerste dienen we uit het oogpunt van precisie niet een absolute maar een *relatieve* maat van verzuim te hanteren. Bedoeld is een relatering van het verzuim aan het aantal uren dat men werkt. Ten tweede heeft het weinig zin om het verzuim per individuele werknemer te bekijken. Immers, leiderschapsstijl is een collectief kenmerk van een bedrijf of van een afdeling daarbinnen.

Daarom dienen we het verzuim ook te bekijken voor het bedrijf respectievelijk de afdeling als geheel. Met andere woorden: we moeten het verzuim van de betrokken werknemers samenvoegen tot een totaal aantal binnen het bedrijf verzuimde uren. Ten derde dienen we met het oog op concreetheid nauwkeurig aan te geven waaraan we aflezen of, en zo ja, hoelang iemand ziek is. Een betrouwbare maar ook tijdrovende manier hiervoor is

een bezoek aan de zieke door een controlerend arts. Veel minder tijdrovend, maar ook minder betrouwbaar, alles heeft tenslotte zijn prijs, is het afgaan op de eigen ziekmelding van de werknemer. Deze beslissingen leiden tot de volgende definitie:
'Ziekteverzuim is het percentage van het totale aantal arbeidsuren per maand dat de werknemers van bedrijf X niet op het werk verschijnen onder opgaaf van gezondheidsklachten.'

Toch is deze definitie nog altijd onvoldoende toegesneden op het geschetste onderzoek. We zullen van de omschrijving expliciet moeten uitsluiten al die gezondheidsklachten die op voorhand niets met de leiderschapsstijl te maken hebben. Bovendien verleggen we met de zojuist gekozen omschrijving het probleem naar de vraag wat allemaal gezondheidsklachten zijn. Daarom rafelen we het begrip 'reden van ziekmelding' uiteen in een boomdiagram (zie figuur 5.4). Let wel, we rafelen dus niet het begrip 'ziekmelding' maar *reden* voor ziekmelding'. Meer algemeen geldt dat de onderzoeker zeer kritisch moet zijn in de keuze van het te rafelen begrip; elk woord telt. Binnen een uiteenrafeling geven we vervolgens aan wat we wel en niet gaan onderzoeken. In het schema van figuur 5.4 zijn met een asterisk redenen voor een ziekmelding aangegeven die in principe met leiderschapsstijl te maken kunnen hebben. De onderzoeker zal zich vooral moeten richten op klachten die te maken kunnen hebben met spanningen op het werk, voortvloeiend uit een bepaalde stijl van leidinggeven. Een en ander leidt ten slotte tot de volgende stipulatieve definitie:

'Onder ziekteverzuim wordt in deze studie verstaan het percentage van het totaal aantal contractuele werkdagen per jaar dat de werknemers van bedrijf X niet op het werk aanwezig zijn onder opgaaf van migraine, overspannenheid, vermoeidheid en/of depressiviteit.'

Kader 5.4

Tot zover het voorbeeld. Duidelijk is dat men een stipulatieve definitie niet snel zal tegenkomen in de vakliteratuur. Daarvoor is deze te veel afgestemd op de specifieke doel- en vraagstelling van dit onderzoek, vooral ook op de afbakening daarvan. Wel is het vaak zo dat de gekozen stipulatieve definitie kan gelden als een concreet of bijzonder geval van het bewuste begrip zoals dat in een theorie functioneert of is vastgelegd. Kortom, een onderzoeker kan bij het definiëren van begrippen niet zonder meer terugvallen op begripsomschrijvingen zoals deze te vinden zijn in theoretische handboeken en algemene woordenboeken. Maar hij kan zich er natuurlijk wel door laten inspireren.

Het ontwerpen van een onderzoek

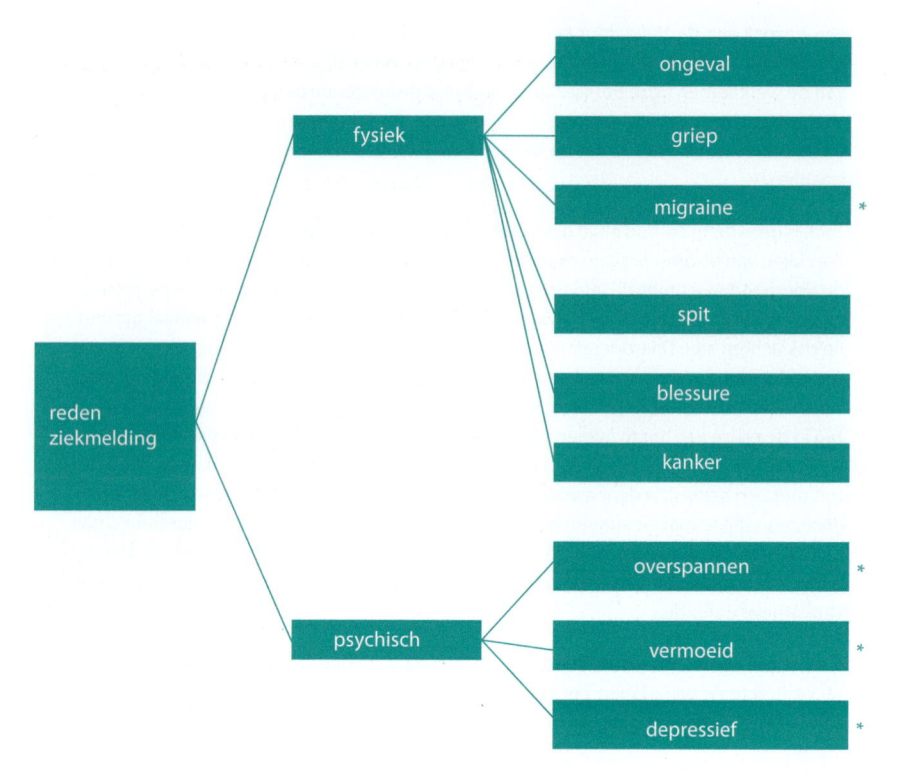

```
                    ┌─ ongeval
         ┌─ fysiek ─┼─ griep
         │          ├─ migraine *
         │          ├─ spit
reden    │          ├─ blessure
ziekmelding         └─ kanker
         │
         │              ┌─ overspannen *
         └─ psychisch ──┼─ vermoeid *
                        └─ depressief *
```

Figuur 5.4   Rafeling en rastering van het begrip 'reden van ziekmelding'

Opgave afstemming onderzoeksdoelstelling en stipulatieve definitie

Stel dat je onderzoek wilt gaan doen naar agressie van patiënten tegenover hun therapeuten in de geestelijke gezondheidszorg. Je hebt een tweetal nogal verschillende onderzoeksdoelen op het oog. Het ene is het leveren van een bijdrage aan het leefklimaat in een instelling voor geestelijke gezondheid. Een tweede doelstelling is het doen van aanbevelingen gericht op het zich veiliger voelen van therapeuten.

Opdracht
a. Maak twee verschillende stipulatieve begripsomschrijvingen van het begrip agressie (van een patiënt ten opzichte van zijn behandelaar), een voor elk van beide doelen.
b. Leg uit op welke overwegingen en argumenten de verschillen gebaseerd zijn.
c. Maak voor elk van beide begripsomschrijvingen van het begrip agressie een operationalisering met minimaal vijf indicatoren.
d. Leg voor de verschillen tussen beide operationaliseringen uit op welke argumenten en overwegingen deze gebaseerd zijn.

5 Begripsbepaling

Stappenplan en voorbeeld

Aan het einde gekomen van dit hoofdstuk vatten wij de gepresenteerde adviezen samen in het volgende stappenplan, dat een beginnende onderzoeker kan toepassen bij het maken van een onderzoeksontwerp.

> **Begripsbepaling**
>
> 1. Neem de begrippen uit de vraagstelling die het domein en het beweerde aangeven, inclusief de voor deze begrippen gemaakte rafeling en rastering (boomdiagrammen).
> 2. Controleer of dit niet meer dan *vier à vijf* begrippen zijn. Zijn het er meer, dan is dit in principe aanleiding om de vraagstelling te vereenvoudigen of delen daaruit te schrappen.
> 3. Geef van elk van deze begrippen een *stipulatieve definitie* door opsomming van die dimensies en aspecten waarvoor bij het rafelen en rasteren is gekozen.
> 4. Controleer de definities op *omvang*. Ga er hierbij van uit dat het onderzoek binnen twee maanden moet zijn afgerond; dit vereist een forse inperking. Indien nodig beperk je het domein nog verder door toevoeging van (nog striktere) tijd- en plaatsbepalingen en/of kenmerken van de onderzoekseenheden.
> 5. Vertaal de definities in *waarnemingstermen* door criteria en/of indicatoren voor de kernbegrippen te kiezen.
> 6. Formuleer operationele definities van de kernbegrippen door een opsomming te geven van de gekozen indicatoren.
> 7. Controleer of deze operationele definities voldoende zijn *aangepast* aan de doel- en de vraagstelling en de benodigde afbakening daarvan. Zo niet, stel dan óf deze definities, óf de doel- en vraagstelling, óf beide bij. Indien je iets wijzigt aan de doel- of vraagstelling, doorloop dan opnieuw de stappen 1 tot en met 6 (iteratie), en voer waar nodig andere aanpassingen door.
> 8. Formuleer een heldere weergave van het iteratieproces bij stap 7 dat klaar is voor opname in een onderzoeksverslag.

De aldus tot stand gekomen betekenisverlening aan centrale begrippen in de vraagstelling en eventueel het b-gedeelte van de doelstelling, is zo bepalend voor een onderzoek, dat de definities moeten worden beschouwd als *een onafscheidelijk geheel* met de vraagstelling. Anders gezegd, laat de vraagstelling steeds vergezeld gaan van begripsdefinities, en eventueel ook van de operationalisering. Dat laatste valt vooral te overwegen als het gaat om zeer abstracte en complexe kernbegrippen. We passen tot slot de richtlijnen en aanwijzingen in dit hoofdstuk toe op het voorbeeld betreffende langdurig werklozen in de inleiding. We volgen daarbij het zojuist gepresenteerde stappenschema.

Stap 1
Het enige kernbegrip in de vraagstelling is het begrip werkloos, dat bepalend is voor zowel het domein als het beweerde. Omdat voor dit voorbeeld de vraagstelling niet eerder aan de orde was en er dus ook niet is gerafeld en gerasterd, doen we dit hierna alsnog.

Voor het begrip 'werkloos' (het adjectief 'langdurig' komt later terug) ziet dit er als volgt uit:

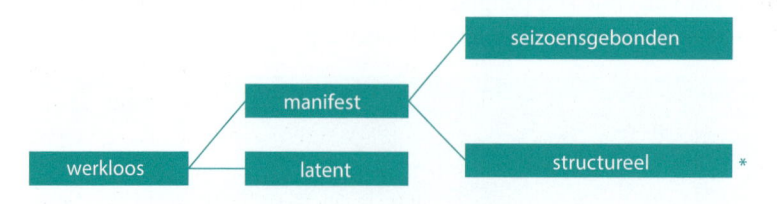

```
                              seizoensgebonden
                manifest
werkloos                      structureel          *
                latent
```

Figuur 5.5   Rafeling en rastering van het begrip 'werkloos'

Zoals blijkt uit de aangebrachte asterisk, kiezen we, op hier niet nader uit te werken gronden, voor de manifeste werkloosheid en daarbinnen voor de *structurele* werkloosheid. Daarmee vallen de verborgen werkloosheid en de seizoensgebonden werkloosheid definitief buiten het onderzoek.

Stap 2
Afgaande op het *aantal* kernbegrippen kan de vraagstelling niet buitensporig omvangrijk of complex genoemd worden. Er is dus vooralsnog geen reden om in te grijpen (maar wacht af of verdere iteraties niet alsnog tot verdere inperking nopen).

Stap 3
Mede op basis van de rastering hiervoor kiezen we voor de volgende stipulatieve definitie: 'Onder een langdurig werkloze verstaan we in dit onderzoek iemand die sinds een halfjaar of langer werk zoekt en wiens werkloosheid niet is toe te schrijven aan seizoensinvloeden.'

Stap 4
Gelet op de vele twijfelgevallen waarmee de onderzoeker in het voorbeeld werd geconfronteerd, lijkt de definitie van werkloze nog altijd veel te ruim. Let wel, het gaat hier om het *domein* van de vraagstelling. Er zijn vooral veel 'randgevallen'. Bovendien sluit de definitie het vrijwilligerswerk niet uit. Een verbetering lijkt de volgende definitie: 'Werkloos is iemand die *betaald* werk wil verrichten en wiens wens in Nederland anno 2015 legitiem wordt gevonden.'

Stap 5
Met deze algemene omschrijving zijn weliswaar al enkele vragen beantwoord. Maar hoe bepaal je of iemand de wens heeft om betaald werk te verrichten? We hebben een indicator nodig. Een in het interview te stellen vraag naar iemands arbeidswens voldoet wel aan de eis van waarneembaarheid, maar is hier toch niet geschikt als indicator. Je gaat dan immers veel mensen benaderen die meteen bij deze eerste vraag afvallen. En hoe bepaal je of iemands wens tot het hebben van een betaalde baan legitiem is? Ook hiervoor heb je criteria nodig.

Als indicator nemen we het al dan niet ingeschreven staan bij het Centrum voor Werk en Inkomen (CWI) van het UWV.

Stap 6
Wat betreft de legitimiteit van de wens tot het verrichten van betaald werk kies je enkele criteria zoals neergelegd in de volgende *operationele* definitie: 'In dit onderzoek beschouw ik iemand als werkloos als deze persoon staat *ingeschreven* bij een CWI, een leeftijd heeft *tussen 15 en 67 jaar, niet langdurig ziek of gehandicapt* is, *20 uur of meer per week* wenst te werken, *geen werkkring* heeft en binnen twee weken voor dit werk *beschikbaar* is.'
Zoals de lezer kan nagaan, zijn deze criteria alle direct waarneembaar, of direct waarneembaar te maken. De wijze van registreren van de wens tot werken staat nu vast. Je gaat na of iemand al dan niet staat ingeschreven bij een CWI. Ook zijn verschillende criteria genoemd waaraan moet zijn voldaan wil men in het onderzoek kunnen spreken van een legitieme arbeidswens en dus van werkloosheid. Maar nieuwe vragen rijzen. Wanneer noem je iemand 'langdurig ziek'? En in welke gevallen is sprake van een zodanige handicap dat een plaats op de reguliere arbeidsmarkt is uitgesloten? Kortom, het operationaliseringsproces is nog niet afgerond. Dat hoeft in dit stadium ook nog niet. Bij de uitvoering van het onderzoek kunnen op dit vlak nog altijd beslissingen worden genomen. In de fase van het formuleren van het conceptuele ontwerp is het, zoals eerder gezegd, slechts nodig die beslissingen te nemen aangaande de betekenis van kernbegrippen, die duidelijke gevolgen (kunnen) hebben voor de doel- en vraagstelling.

Stap 7
Over de vraag of de in stap 6 gegeven definitie voldoet aan de doelstelling van het onderzoek, het ontwikkelen van een werkloosheidsbeleid, kan op basis van de beschikbare informatie geen uitsluitsel worden gegeven. Een heikel politiek punt zou kunnen zijn het feit dat met de gekozen definitie de verborgen werkloosheid niet boven tafel komt. Het gaat hier om mensen die eigenlijk wel betaald werk zouden willen verrichten, maar die hun wens niet kenbaar maken omdat zij zich bij voorbaat kansloos op de arbeidsmarkt weten. Deze mensen staan niet ingeschreven bij een CWI en vallen daarmee buiten de boot.
Ook de bepaling dat slechts de wens tot *betaald* werk van niet-gehandicapten legitiem is, is omstreden. De onderzoeker doet er goed aan dit soort kwesties voor te leggen aan de opdrachtgever, dit om problemen over de onderzoeksresultaten in een later stadium te voorkomen.
Afgezien van het gestelde bij stap 6 lijkt de bij deze stap gegeven definitie de meeste problemen die de onderzoeker in het voorbeeld in de inleiding tegenkwam, te ondervangen. Een verdere bijstelling van de doel- en vraagstelling lijkt in dit stadium van ontwerp vooralsnog niet nodig.

Deel II
Onderzoekstechnisch ontwerp

Op dit punt in het ontwerpproces aangekomen is er sprake van een duidelijke overgang. Tot nu toe stond alles in het teken van een *conceptueel ontwerp*, ofwel het ontwikkelen van een haalbare en sturende doel- en vraagstelling en het maken van een onderzoeksmodel. De vraag die in dit deel aan de orde komt, is wat we allemaal moeten gaan doen om op de vragen uit de vraagstelling een valide en bruikbaar antwoord te krijgen. Ook wordt behandeld hoe een en ander binnen redelijke tijd en met een haalbare inspanning kan gebeuren. Met andere woorden: we moeten nu gaan nadenken over de manier waarop het onderzoek straks uitgevoerd moet worden.
Nu is over deze uitvoering vrij veel te vinden in de bestaande handboeken over methoden en technieken van onderzoek (zie hiervoor de aanbevolen literatuur achter in het boek). De lezer vindt daar echter vooral hoe de diverse vormen van onderzoek en van dataverzameling moeten worden *uitgevoerd*. De hoofdstukken in deel II onderscheiden zich hiervan doordat juist die zaken worden behandeld die de onderzoeker nodig heeft voor het maken van een *plan* voor deze uitvoering: het *onderzoekstechnisch ontwerp*. Ook dit is een zeer belangrijke voorbereidende werkzaamheid, die sterk bepalend is voor een adequate en vlotte uitvoering van het onderzoek. Dit neemt niet weg dat het raadzaam is dat, zodra de onderzoeker het onderzoek daadwerkelijk gaat uitvoeren, deze alsnog kennisneemt van de bestaande literatuur die gaat over de methoden en technieken die in zijn ontwerp zijn opgenomen (zie de aanbevolen literatuur).
Globaal zijn er twee voorwaarden waaraan moet zijn voldaan, wil men bij het onderzoekstechnisch ontwerpen in staat zijn tot het maken van de juiste afwegingen. Allereerst dient men een *overzicht* te hebben van de soorten keuzebeslissingen die moeten worden genomen en van de verschillende mogelijkheden waaruit telkens gekozen kan worden. Ten tweede dient men op de hoogte te zijn van de diverse *voor- en nadelen en de gebruiksmogelijkheden* (en -onmogelijkheden) van de diverse keuzen.

Het doel van dit deel is de lezer te helpen bij de beslissingen die bij het maken van een onderzoekstechnisch ontwerp moeten worden genomen en bij de argumenten die daarbij kunnen of dienen worden aangevoerd. Hieruit leiden we de volgende drie subdoelstellingen van dit deel af:
1. het geven van een *overzicht* van de diverse mogelijkheden wat betreft onderzoeksstrategieën, onderzoeksmateriaal en onderzoeksplanning waaruit een onderzoeker kan kiezen;
2. laten zien wat de diverse *voor- en nadelen en gebruiksmogelijkheden* zijn van deze keuzemogelijkheden;
3. het geven van *literatuurverwijzingen* voor meer informatie die men nodig kan hebben zodra de gekozen methoden en technieken in de uitvoeringsfase van het onderzoek in praktijk worden gebracht.

Onderzoeksstrategieën

6

Kennis is niet waar of onwaar zoals de aristotelische traditie ons wil doen geloven.
Zij heeft slechts een aantal sterke en dus ook een aantal zwakke kanten.
Elk kennisproduct is verbeterbaar.
Reuling (1986)

6.1 Inleiding

De meest bepalende beslissing die de onderzoeker bij het maken van een technisch ontwerp voor een ondezoeksproject moet nemen, is de keuze van een onderzoeksaanpak, ofwel onderzoeksstrategie. Onder een onderzoeksstrategie verstaan wij een geheel van met elkaar samenhangende beslissingen over de wijze waarop de onderzoeker het onderzoek gaat uitvoeren. Bij deze uitvoering wordt vooral gedoeld op het vergaren van relevant materiaal en de verwerking van dit materiaal tot valide antwoorden op de vragen uit de vraagstelling. Op dit punt in het ontwerpproces aangekomen duiken er opnieuw veel vragen bij de onderzoeker op. Het onderstaande voorbeeld geeft hiervan een indruk.

Voorbeeld Geluidsoverlast

Je woont in gemeente A, waar veel te doen is over de geluidsoverlast die een vlak langs de bebouwde kom lopende snelweg veroorzaakt. Er is al jarenlang 'getouwtrek', vooral tussen een vertegenwoordiging van de aangrenzende stadswijk en het gemeentebestuur. Eigenlijk heb je zelf ook last van de weg en je besluit om het leeronderzoek dat je voor je opleiding moet uitvoeren, aan deze problematiek te wijden. Als eens goed op papier zou komen te staan wat het probleem nu precies is, wie er allemaal last van hebben en welke consequenties het heeft voor verschillende inwonersgroepen, en/of welke oplossingen op andere plaatsen al zijn beproefd, wellicht dat dan het gemeentebestuur een keer bereid is tot het treffen van passende maatregelen. Misschien kun je op deze manier de genoemde vertegenwoordigers wel helpen.
Je zit nog wel met de vraag wat voor soort onderzoek het moet worden. Het eerste waaraan je denkt, is het rondsturen van een vragenlijst naar een groot aantal, bijvoorbeeld tweehonderd, inwoners van de gemeente A. Je zou de mensen kunnen vragen naar hun beleving van de geluidsoverlast en naar de gevolgen die deze heeft voor hun leven. Het voordeel van deze aanpak is dat je straks vanuit een brede achterban aan de gemeente kunt rapporteren. Dat zal meer indruk maken dan wanneer je slechts enkele interviews afneemt.

Je gaat aan deze mogelijkheid twijfelen bij de gedachte dat met gesprekken bij de mensen thuis een veel levensechter beeld kan worden verkregen dan met een afstandelijke schriftelijke enquête. De vraag rijst of je op die manier niet een nog meer overtuigende gesprekspartner voor het gemeentebestuur kunt zijn. Bovendien, enkele tientallen gesprekken zouden voldoende kunnen zijn om een redelijk beeld van de situatie te krijgen. Daarmee komt tijd vrij voor interviews met enkele deskundigen op het gebied van geluidsweringen en met ambtenaren belast met het geluidshinderbeleid. Dat zal het blikveld aanzienlijk verruimen en je in staat stellen om in een gesprek met de gemeente beter en overtuigender te argumenteren.

Een derde mogelijkheid die je overweegt, is een literatuurstudie naar deze problematiek. Er zijn al diverse milieukundigen op theoretisch niveau met deze kwestie bezig geweest. Zij zeggen vast iets over aanvaardbare normen aangaande geluidshinder, over de gevolgen die geluidshinder kan hebben voor de ecologische omgeving, over mogelijke oplossingen en over de voor- en nadelen die aan deze oplossingen verbonden zijn.

Weer een andere mogelijkheid die je na enig nadenken ziet en die een keuze alleen maar moeilijker maakt, is de bestudering van rapporten van onderzoeken naar de problematiek van geluidshinder in andere gemeenten. Mogelijk kun je ook zelf een evaluatieonderzoek doen naar de effecten van een geluidshinderbeleid dat in een vergelijkbare gemeente is uitgevoerd.

Je begrijpt wel dat een keuze uit al deze mogelijkheden voor een groot deel afhangt van een interventiestrategie die jij en/of de aan het begin genoemde wijkbewoners nog dienen te ontwikkelen. Maar de onzekerheid ontstaat voor een groot deel ook doordat je niet weet welke mogelijkheden van onderzoekaanpak er zoal zijn, wat je jezelf met de diverse mogelijkheden allemaal op de hals haalt, wat ze van je vergen en welke voor- en nadelen ze hebben.

Kader 6.1

De keuze voor een bepaalde onderzoeksstrategie bestaat uit enkele kernbeslissingen waaruit vervolgens weer een aantal andere beslissingen voortvloeit. Een eerste kernbeslissing betreft de vraag of de onderzoeker een breed overzicht over het gekozen terrein en de problematiek daarbinnen wil hebben. Of is hij meer geïnteresseerd in een diepgaand onderzoek waarin een tijdruimtelijk beperkt fenomeen in al zijn facetten wordt bekeken? Kortom, het betreft hier een keuze voor *breedte of diepgang*. We spreken hier met recht over een keuze, omdat beide mogelijkheden in een spanningsverhouding ten opzichte van elkaar staan. Kies je voor breedte, dan betekent dit een grootschalige aanpak die generalisering van de resultaten mogelijk maakt. Maar deze benadering legt beperkingen op aan de diepgang en detaillering van de resultaten. Kies je voor diepgang, dan stuurt dit aan op een kleinschaliger aanpak. Het is waar dat men daarbij tot minder generaliseerbare kennis komt. Maar deze aanpak stelt de onderzoeker wel in staat om te komen tot diepgang, detaillering, en een sterke onderbouwing, met een minimum aan onzekerheid aangaande de validiteit en bruikbaarheid van de resultaten.

Een tweede met de vorige samenhangende kernvraag is of de onderzoeker, dan wel diens opdrachtgever, houdt van *kwantificering*, waarbij bevindingen vooral worden neergelegd in tabellen, grafieken, cijfers en berekeningen. Of is hij eerder een beschouwend type dat meer ziet in een *kwalificerende* en interpreterende benadering waarbij vooral met tekst en beschouwend wordt gerapporteerd? Deze tweede kernvraag hangt nauw samen met een derde en laatste kernbeslissing. Is de persoon in kwestie het type van een echte onderzoeker? Bedoeld is een doe-mens die graag het veld ingaat, zelf gegevens verzamelt om op basis van een analyse van deze gegevens tot uitspraken te komen. Of is deze meer een denker en lijkt de keuze voor een bureauonderzoek, waarbij gebruik wordt gemaakt van bestaande literatuur en/of door anderen bijeengebracht materiaal, een beter idee?

Met de drie genoemde kernbeslissingen hangt een fors aantal andere beslissingen samen. Zo bepalen ze in vergaande mate het aantal en de soort van te kiezen onderzoekseenheden en de wijze waarop de onderzoeker die eenheden selecteert. Verder zijn de keuze van bronnen en de techniek(en) waarmee hij die bronnen gaat ontsluiten, ervan afhankelijk. En tot slot zijn deze beslissingen ook medebepalend voor de wijze waarop de gegevens en de literatuur worden verwerkt tot antwoorden op de vraagstelling.

Er zijn in de literatuur verschillende strategieën van onderzoek te vinden en uitvoerig beschreven. Elke strategie bestaat uit een specifieke mix van centrale en afgeleide beslissingen zoals hierboven bedoeld. In dit hoofdstuk worden de vijf belangrijkste strategieën uitgewerkt. Achtereenvolgens zijn dit: de survey, het experiment, de casestudy, de gefundeerde theoriebenadering en het bureauonderzoek. Omdat de lezer door de hoeveelheid en complexiteit van informatie in dit hoofdstuk de kans loopt het overzicht te verliezen, volgt hieronder van deze vijf onderzoeksstrategieën eerst een korte schets aan de hand van een voorbeeld (paragraaf 6.2). Dit geeft bovendien de mogelijkheid om in eerste aanzet al een keuze te maken, waarna men selectief verder leest. Daarna worden deze vijf strategieën afzonderlijk in een vijftal paragrafen verder uitgewerkt (paragrafen 6.3 tot en met 6.7). We sluiten het hoofdstuk weer af met een stappenplan dat de lezer kan volgen wanneer hij zelf een onderzoeksaanpak gaat ontwikkelen. Dit stappenplan wordt ter illustratie toegepast op het eerder aangehaalde voorbeeld 'geluidsoverlast'.

6.2 Vijf strategieën in vogelvlucht

Stel, je voert en promotieonderzoek uit aan Wageningen University & Research centre en je stelt belang in teeltmethoden in de hedendaagse akkerbouw. Er zijn, zoals gezegd, in principe vijf manieren om dit onderzoek te gaan doen, de zogenoemde onderzoeksstrategieën. Deze passeren hieronder achtereenvolgens kort de revue.

1. Survey

Een eerste mogelijkheid is dat deze promotieonderzoeker een *breed* overzicht gaat creëren van de actuele akkerbouwpraktijk in diverse regio's van Nederland. Daarbij wordt ook aandacht besteed aan de omstandigheden waaronder het werk op de bedrijven wordt uitgevoerd en aan de problemen en knelpunten die zich bij de dagelijkse gang van zaken voordoen. Het motief voor deze keuze is dat het zeer de vraag is of de bestaande vakliteratuur een voldoende compleet en actueel beeld van de genoemde praktijk kan verschaffen. Het ligt daarom voor de hand dat de onderzoeker in een grootschalig onderzoek gebaseerd op te verzamelen gegevens zelf dit brede overzicht tot stand gaat brengen. Dit betekent dat deze niet kiest voor een literatuuronderzoek maar voor een *empirisch* onderzoek.

In dat kader gaat de onderzoeker óf gesprekken voeren met akkerbouwers, óf ze stuurt hen een schriftelijke vragenlijst toe. Omdat deze onderzoeker graag uitspraken wil doen die zo weinig mogelijk afhankelijk zijn van specifieke lokale omstandigheden, kiest zij voor een groot aantal bedrijven verspreid over het hele land. Gelet op de wens om een totaalbeeld te krijgen ligt het voor de hand om een flink aantal bedrijven willekeurig, men spreekt hier van aselect, te kiezen uit alle akkerbouwbedrijven in Nederland. Onderzoekers noemen dit de *onderzoekspopulatie*. Een dergelijk onderzoek met grote aantallen willekeurig gekozen onderzoekseenheden, waarbij een breed overzicht over het terrein in kwestie wordt nagestreefd, noemt men wel een *survey-onderzoek*. De onderzoeker kiest hier meer voor *breedte en generaliseerbaarheid* dan voor diepte en specificiteit. Vanwege de grote aantallen onderzoekseenheden en het vele materiaal dat deze opleveren, ligt een *kwantitatieve* verwerking en analyse van de gegevens voor de hand. We spreken hier dan ook van een kwantitatief onderzoek.

2. Experiment

Een heel andere mogelijkheid is dat onze Wageningse onderzoeker nagaat welke effecten verschillende teeltmethoden hebben in termen van opbrengst, milieubelasting en biodiversiteit. In dat geval kan zij besluiten om te werken met proefvelden voor het onder verschillende condities telen van gewassen. Ze kan dit natuurlijk zelf gaan doen, met als voordeel dat zij alles onder controle heeft, maar dit vergt veel praktische kennis van het telen van gewassen. Een alternatief is dat ze probeert enkele akkerbouwers te interesseren voor het project. Stel, zij slaagt erin hen over te halen om volgens bepaalde teeltmethoden te gaan werken en zich daarbij strikt te houden aan enkele door haar te formuleren gedragsregels die voor het onderzoek van belang zijn. Zij komt regelmatig bij hen langs om allerlei metingen te verrichten en om met hen te praten. Doordat deze onderzoeker en de enthousiaste akkerbouwers er samen in slagen om allerlei omstandigheden goed onder controle te houden, krijgen alle betrokkenen een goed beeld van de effecten van de diverse teeltmethoden. In het hier geschetste geval is sprake van een *experiment*, meer in het bijzonder een *veldexperiment* (zie verderop).

3. Casestudy

Nog een andere mogelijkheid is dat onze onderzoeker gedetailleerd alle finesses van de teeltmethoden gaat blootleggen. Bedoeld zijn de variaties in de wijze waarop die methoden in praktijk worden gebracht, en de overwegingen die akkerbouwers daarbij hanteren. In dat kader wil zij misschien zelfs wel verbindingen leggen met allerlei sociaal-culturele achtergronden van de akkerbouwers, zoals religie, politieke opvattingen, levensbeschouwing en dergelijke. Zij kiest er dan voor om minder in de breedte, zoals bij het survey-onderzoek, en meer in de diepte te gaan. Besloten wordt dan ook om zorgvuldig enkele specifieke akkerbouwbedrijven uit te kiezen die nauwkeurig worden gevolgd. Door een gedetailleerde waarneming op locatie, het voeren van gesprekken in combinatie met het bestuderen van allerlei documenten, krijgt deze promotieonderzoeker een diepgaand inzicht in de wijze waarop bepaalde processen zich in de praktijk voltrekken. Ook kan duidelijk worden waarom ze zich zo en niet anders afspelen. Een dergelijk onderzoek noemt men een *casestudy*. Meestal hanteert men hierbij *kwalitatieve* methoden van onderzoek (Verschuren, 2003).

4. *Gefundeerde theoriebenadering*
In de beschrijvingen tot nu toe wilde de onderzoeker steeds een bepaalde (landbouw)praktijk in beeld brengen. Met andere woorden, zij was steeds bezig met een *praktijkgericht* project. Maar stel nu dat haar supervisors meer zijn geïnteresseerd in theorievorming. Hun idee is bijvoorbeeld een gedachtegang te ontwikkelen die verklaart waarom sommige landbouwers zich aangetrokken voelen tot milieuvriendelijke productiewijzen. Ook koesteren zij de wens om in kaart te brengen welke factoren een dergelijke oriëntatie bevorderen of in de hand werken. Ze willen daarmee een geheel eigen bijdrage leveren aan de theorievorming op het gebied van sociale vernieuwingsbewegingen in de westerse samenleving in het algemeen, en in de landbouw in het bijzonder. Kortom, de interesse gaat uit naar een zuiver *theoriegericht* promotieproject. In dat geval biedt een aanpak die bekendstaat als de gefundeerde theoriebenadering interessante mogelijkheden. Deze puur kwalitatieve benadering heeft raakvlakken met de eerdergenoemde casestudy. Kenmerkend is dat de verschillende zaken die in de werkelijkheid worden waargenomen, voortdurend met elkaar en met theoretische uitgangspunten worden vergeleken, om te zien vanuit welke gedachte ofwel hypothese de overeenkomsten en verschillen zijn te duiden en/of te verklaren.

5. *Bureauonderzoek*
Een laatste hier te noemen type onderzoek waaruit deze onderzoeker kan kiezen, speelt zich hoofdzakelijk af achter haar bureau, in de bibliotheek en/of in archieven. Vandaar dat we hier spreken van een bureauonderzoek. Dit ter onderscheiding van een onderzoek waarin de onderzoeker zelf het veld in gaat om met haar eigen zintuigen waarnemingen te verrichten in de empirische werkelijkheid, zoals in de vorige vier aanpakken het geval was.
Stel dat de genoemde onderzoeker wil weten welke teeltmethoden in de theorievorming op agrarisch gebied worden onderscheiden. Ook wil ze nagaan welke voor- en nadelen deze methoden hebben, en wel gezien vanuit zowel de landbouwwetenschap als vanuit natuur en milieu. Zij besluit om zich in het

onderzoek volledig te gaan baseren op bestaande literatuur en/of door anderen bijeengebracht materiaal. Te denken valt aan nota's, archieven en databanken van het ministerie van Landbouw en van het Landbouw Economisch Instituut (LEI), tijdschriften voor landbouwers, verslagen van onderzoeken van landbouwkundige onderzoeksbureaus, theoretische literatuur, enzovoort. Via indexen en zakenregisters groepeert ze dan de onderwerpen en/of gegevens en maakt aantekeningen. Ze vergelijkt verschillende standpunten van auteurs en probeert die eventueel te duiden vanuit bestaande belangengroepen. Wanneer het onderzoek op een dergelijke manier is ingevuld, spreken we van een *bureauonderzoek*.

We lieten achtereenvolgens vijf onderzoeksstrategieën de revue passeren. Daarbij tekende zich al enigszins af dat ze elk staan voor een bepaalde mix van kernbeslissingen. De drie eerdergenoemde kernbeslissingen zijn:
1. breedte versus diepgang;
2. kwalitatief versus kwantitatief onderzoek;
3. empirisch versus bureauonderzoek.

Met uitzondering van het bureauonderzoek zijn de genoemde strategieën te kwalificeren als empirisch onderzoek. Hierbij dient, zoals gezegd, de onderzoeker zelf het 'veld' in te gaan om waarnemingen te verrichten en materiaal te verzamelen. Het survey-onderzoek en vaak ook het experimenteel onderzoek kunnen worden aangemerkt als kwantitatief onderzoek. De gefundeerde theoriebenadering en de casestudy worden meestal als een kwalitatief onderzoek ingericht. Ook bij het bureauonderzoek werkt men meestal op kwalitatieve wijze, al kan hier ook sprake zijn van kwantitatieve analyses op door instellingen als het CBS en het CPB bijeengebracht cijfermateriaal. Men spreekt hier wel van ambtelijk statistisch materiaal. Verder onderzoekt men in een survey vooral in de breedte, terwijl de onderzoeker in een casestudy meer de diepte ingaat. Tot slot van deze opsomming vermelden we dat het survey, het experiment en de casestudy alle drie geschikt zijn om zowel in het theoriegerichte als het praktijkgerichte type onderzoek toe te passen. De gefundeerde theoriebenadering is speciaal ontwikkeld met het oog op theoriegericht onderzoek. Dat ook en vooral het bureauonderzoek inzetbaar is in een theoriegericht project, spreekt voor zich.

Opgave

a. Bedenk een projectkader en doelstelling die zich gezien vanuit jouw vakgebied meer lenen voor een survey dan voor een casestudy. Argumenteer je keuze.
b. Idem als bij a, maar nu omgekeerd.
c. Bedenk twee voor jouw vakgebied interessante doelstellingen die zich bij uitstek lenen voor een experiment. Argumenteer je keuze.

d. Bedenk een projectkader en doelstelling die zich typisch lenen voor een gefundeerde theoriebenadering. Argumenteer je keuze.
e. Idem als bij d, maar nu voor een bureauonderzoek. Waarom is juist hier een bureauonderzoek aangewezen?

Tot zover een eerste behandeling van vijf van de meest belangrijke onderzoeksstrategieën waaruit een onderzoeker kan kiezen. Voordat we deze elk afzonderlijk verder uitwerken, is een drietal opmerkingen op zijn plaats. Ten eerste benadrukken we dat, hoewel de vijf genoemde strategieën als zelfstandige hoofdvormen van onderzoek zijn terug te vinden in de methodische handboeken, men in de praktijk vaak zal uitkomen op mengvormen. Zo kan het ontwerp van een kwalitatief onderzoek kenmerken hebben van zowel een casestudy, de gefundeerde theoriebenadering als het bureauonderzoek. Dit benadrukt opnieuw het creatieve karakter van het maken van een onderzoeksontwerp.

Ten tweede is uit de voorbeelden hiervoor mogelijk al enigszins duidelijk geworden dat bij elke strategie een bepaald type doel- en vraagstelling hoort. Maar dit betekent voor het ontwerpproces niet dat de onderzoeksstrategie een pure afgeleide is van de doel- en vraagstelling. Mogelijk heeft de onderzoeker voorkeur voor een bepaalde strategie en laat hij de formulering van de doel- en vraagstelling mede afhangen van deze voorkeur. Dit kan in een kwalificatieonderzoek als een promotieproject of een afstudeerthesis een optie zijn. Maar bij opdrachtonderzoek kan dit vanzelfsprekend niet zomaar. Verder is het zo dat hij in het nadenken over de te volgen strategie op nieuwe of aanvullende ideeën voor de doel- en vraagstelling kan komen. Met deze gedachte maakte de lezer eerder kennis onder het kopje 'iteratief ontwerpen' (zie paragraaf 1.3).

Ten derde: door de ruime aandacht die er hier en ook elders in de literatuur aan wordt gegeven, kan de indruk ontstaan dat het volgen van een strategie alles bepalend is. Maar er is een alles dominerende stelregel die voor elk van de vijf strategieën geldt, namelijk dat bij de uitvoering van een onderzoek systematisch wordt toegewerkt naar een valide en bruikbaar antwoord op de vragen in de vraagstelling. Dit is dan ook de belangrijkste voorwaarde voor een geslaagd onderzoek. Toepassing van principes uit de gepresenteerde strategieën kan dit hooguit vergemakkelijken en/of nog meer valide of bruikbaar maken.

Vervolgens gaan we over op een meer uitgebreide behandeling van de diverse onderzoeksstrategieën. Deze behandeling vindt plaats volgens een vast stramien. Eerst worden de belangrijkste *kenmerken* van de betreffende onderzoeksstrategie geschetst. Vervolgens ziet de lezer verschillende varianten van de betreffende hoofdvorm langskomen. Daarna volgt van elke variant een *praktijkvoorbeeld*. De besprekingen worden telkens afgerond met een overzicht van de *voor- en nadelen en de gebruiksmogelijkheden* van de diverse hoofdtypen en hun varianten.

6.3 Het survey-onderzoek

Het survey is een type onderzoek waarbij de onderzoeker probeert om een breed beeld te krijgen van een in principe tijdruimtelijk uitgebreid fenomeen. Dit kan bijvoorbeeld zijn het ziektepatroon van astmapatiënten in Nederland, de naleving door het bedrijfsleven van milieuvoorschriften in het havengebied van Rotterdam, de aansluiting van het Europese ruimtelijk beleid bij het nationale ruimtelijk beleid van de lidstaten, enzovoort.

Kenmerken
Een survey herkent men aan de volgende zaken:
1. een ruim domein, bestaande uit een *groot aantal* onderzoekseenheden;
2. een *arbeidsextensieve* datagenerering;
3. meer *breedte* dan diepte;
4. een relatief grote *aselecte* steekproef;
5. een beweerde dat bestaat uit (scores op) variabelen en relaties daartussen;
6. een *van tevoren* vastgelegde procedure voor datagenerering;
7. *kwantitatieve* gegevens en dito analyse.

Deze zeven hoofdkenmerken hangen, zoals zal blijken, onderling nauw samen, en worden hieronder uitgewerkt en toegelicht. Het meest bepalende kenmerk van een survey-onderzoek is wel dat gegevens worden verzameld over een relatief groot aantal onderzoekseenheden; hieruit volgen de meeste van de overige zes kenmerken. Bij een 'groot aantal' moet in deze context gedacht worden aan minimaal 40 à 50 eenheden. Beneden dit aantal krijgen de resultaten van de meeste kwantitatieve analyses, eigen aan het survey-onderzoek, een onacceptabel lage betrouwbaarheid.
Een onderzoekseenheid kan letterlijk alles zijn waarover de onderzoeker uitspraken wil doen. Dit kunnen bijvoorbeeld zijn ambtenaren van een lokale overheid, dan wel de producten die een organisatie maakt zoals softwarepakketten of de diensten die een ziekenhuis levert, de afleveringen van een bedrijfsblad, enzovoort. Maar het kunnen ook grotere gehelen zijn, zoals bedrijven, provincies, ambtenarenapparaten van gemeenten of scholengemeenschappen.
Een tweede hoofdkenmerk van een survey is dat de onderzoeker zich bedient van weinig tijdrovende manieren van datagenerering. Dit is ook wel nodig, gelet op het grote aantal onderzoekseenheden dat moet worden benaderd. Meestal hanteert hij dan ook slechts een enkele methode, die bovendien redelijk snel kan worden uitgevoerd. Bepaald populair is hier de schriftelijke enquête.
Vanwege de beoogde breedte van het onderzoek – het aantal potentiële onderzoekseenheden (de populatie) kan gemakkelijk liggen in een orde van grootte van 5.000 tot 50.000 of nog (veel) meer – werkt men vaak met een steekproef. Typerend voor het survey is dat die steekproef in principe aselect wordt getrokken. Dat wil zeggen dat alle potentiële onderzoekseenheden in de populatie een even grote kans hebben om in de steekproef te worden opgenomen, ongeacht de kenmerken die deze eenheden hebben. Een aselecte trekking is de beste garantie

voor het verkrijgen van een representatief beeld van de totale populatie, zodat de onderzoeksresultaten straks kunnen worden gegeneraliseerd. Dit alles wijkt sterk af van de hierna te behandelen casestudy, waar men de onderzoekseenheden juist heel selectief kiest vanwege bepaalde kenmerken die ze hebben.

Eveneens kenmerkend voor een survey is dat het beweerde wordt geformuleerd in termen van (scores op) variabelen, en relaties daartussen. Dit houdt in dat deze onderzoeksvorm kan worden getypeerd als *reductionistisch* van aard. Dat wil zeggen dat de werkelijkheid wordt gereduceerd tot een verzameling onderzoekseenheden, en deze laatste tot een verzameling van variabelen (zie de punten 1 en 5 in het lijstje van kenmerken hiervoor).

Vanwege de grote aantallen gegevens die binnen dit onderzoekstype moeten worden verzameld, dient dit op een van tevoren goed gestructureerde wijze te gebeuren. Dit betekent dat in het geval van observaties of documentenonderzoek meestal wordt gekozen voor het gebruik van gesloten vragen (enquête of interview) of gesloten waarnemingscategorieën. Het werken met grotere aantallen onderzoeksgegevens (data) betekent in de meeste gevallen dat deze op een kwantitatieve wijze en met behulp van principes en procedures uit de statistiek worden verwerkt en geanalyseerd.

Varianten
Er zijn verschillende variaties op het survey-onderzoek, afhankelijk van de vraag of het gaat om een enkel of meerdere tijdstippen waarop materiaal wordt verzameld en van de vraag of dit materiaal bij een en dezelfde groep dan wel bij wisselende groepen wordt verzameld.

1. Cross-sectioneel onderzoek

Een onderzoek dat voldoet aan de zeven kenmerken hierboven en waarbij op slechts een enkel tijdstip materiaal wordt verzameld bij een en dezelfde groep, noemt men een cross-sectionele survey (CSS). Vanwege de gemakkelijke uitvoerbaarheid en de relatief lage kosten – veel is gestandaardiseerd en/of kan automatisch worden uitgevoerd – is dit in de westerse wetenschapsbeoefening anno 2015 een van de meest populaire vormen van onderzoek. Ook verreweg de meeste opiniepeilingen, marktonderzoeken en verkiezingsonderzoeken zijn van dit type.

2. Panelonderzoek

Als niet eenmalig maar op meerdere tijdstippen bij een en dezelfde groep gegevens worden verzameld en/of metingen worden verricht, spreken we van een panelonderzoek. Dit type onderzoek is vooral geschikt om veranderingen binnen onderzoekseenheden in beeld te brengen. De onderzoeker wil bijvoorbeeld weten wat de effecten zijn van een bijscholingsprogramma van werknemers op hun vermogen om tijdens het werk optredende problemen op te lossen. Hij kan dan hun vaardigheid in probleemoplossing meten voorafgaande aan de bijscholing en nog een keer nadat de bijscholing is afgerond. Men spreekt hier achtereenvolgens van nulmeting en nameting. Uit een vergelijking van beide meetresultaten kan voor elke werknemer worden afgeleid of, en zo ja in welke mate, deze persoon vorderingen heeft gemaakt. Het is van groot belang dat bij de nul- en de nameting exact dezelfde vragen worden gesteld. Doet men dit niet, dan wordt niet duidelijk in hoeverre verschillen in meetresultaten bij de nul- en de nameting kunnen worden toegeschreven aan de interventie dan wel (mede) het gevolg zijn van verschillen in stimuli (lees: vragen) bij de meting. Omdat bij elke individuele werknemer allerlei toevalligheden een rol kunnen spelen in de prestaties die deze levert, weet de onderzoeker pas of de bijscholing effectief is geweest als hij de resultaten van alle werknemers samen bekijkt. Het via de wet van de grote getallen uitschakelen van toeval is een van de grote voordelen van het survey-design.

3. Tijdreeksonderzoek

Soms ook verricht men niet meerdere metingen bij een en dezelfde groep, zoals bij de werknemers in het voorbeeld hierboven, maar bij steeds wisselende steekproeven. Men spreekt dan van een tijdreeksonderzoek. Het doel van dit type onderzoek is meestal het opsporen van een trend ofwel een verandering in een of ander fenomeen. Zo kan men op basis van een regelmatige verkenning bijhouden hoeveel werklozen in een bepaald land als werkzoekend staan ingeschreven. Of men berekent het gemiddelde aantal jaarlijks door ingezetenen in een land per spoor afgelegde kilometers tussen 1995 en 2015, om te zien wat voor trend dit te zien geeft. Omdat voor het bepalen van een trend een relatief groot aantal meetmomenten nodig is, zich meestal uitstrekkend over een aantal jaren, kan de onderzoeker de gegevens gewoonlijk niet zelf verzamelen. Hij dient gebruik te maken van gegevens die doorlopend door allerlei instanties worden verzameld. Hier is sprake van het eerdergenoemde ambtelijk statistisch materiaal.

Omdat men zowel in een panel- als in een tijdreeksonderzoek doorgaans werkt met kwantitatieve gegevens van grote aantallen onderzoekseenheden, meestal verkregen op basis van een aselecte steekproef, kunnen deze onderzoeksstrategieën worden gerekend tot de klasse van survey-designs. Men kan hier dan ook spreken van respectievelijk een *panel survey* en een *tijdreeks survey*. De verwerking van de kwantitatieve gegevens gebeurt in principe via de pc. Er zijn allerlei softwarepakketten die daarbij kunnen worden gebruikt, zoals SPSS en SAS. Hiermee kunnen fraaie tabellen en grafieken worden gemaakt en statistische berekeningen worden uitgevoerd. Een en ander kan verder duidelijk worden aan de hand van het volgende praktijkvoorbeeld. In de meeste universitaire opleidingen in de menswetenschappen krijgen studenten een training in dergelijke data-analyses.

Voorbeeld — Voorlichting

Een onderzoek naar de effectiviteit van een voorlichtingscampagne ter voorkoming van autodiefstal ziet er als volgt uit. De campagne begint en eindigt in november 2014 en bestaat uit persconferenties voor de landelijke, regionale en lokale radio, tv en pers. Daarnaast worden brochures verspreid bij garages, tankstations, autoverhuurbedrijven, alsook huis aan huis in diverse gemeenten. In de brochures worden tips gegeven hoe het risico op diefstal van goederen uit geparkeerd staande auto's kan worden verkleind. De meting voorafgaande aan de campagne (nulmeting) bestaat uit een telefonisch gesprek waarin vragen van het gesloten type worden gesteld. De meting wordt uitgevoerd bij een steekproef van inwoners van drie steden verspreid over Nederland. Deze steekproef wordt op aselecte wijze getrokken uit een lijst met de namen van alle inwoners van de betreffende gemeenten die in het bezit zijn van een telefoon. Men trekt bijvoorbeeld met behulp van een tabel met willekeurige getallen namen uit het telefoonboek. Direct bij het opnemen van de telefoon wordt gevraagd naar het gezinshoofd of diens partner. De eerste vraag die vervolgens gesteld wordt, is of men in het bezit is van een auto en of men die minimaal eenmaal per maand gebruikt. Luidt het antwoord op een van beide of allebei de vragen ontkennend, dan wordt de persoon in kwestie niet in de steekproef opgenomen en is dit het einde van het gesprek. Is het antwoord bevestigend, dan worden vervolgens enige vragen gesteld over mogelijke ervaringen met autodiefstal en over wat men weet en doet om dit soort diefstal te voorkomen. De onderzoekers gaan door met bellen tot het voorgenomen aantal van 600 enquêtes is bereikt. Men spreekt dan van een gerealiseerde steekproef.

Daarnaast worden er, voorafgaande aan de voorlichtingscampagne, op willekeurig (aselect) gekozen tijdstippen en in dito stadswijken van de in het onderzoek betrokken gemeenten, waarnemingen verricht bij 3000 in straten en op pleinen geparkeerd staande auto's. Gelet wordt op het zichtbaar daarin achterlaten van kostbaarheden, het niet afsluiten van ramen en portieren en dergelijke.

Na afloop van de campagne worden de 600 mensen bij wie de eerste keer een enquête is afgenomen, opnieuw telefonisch voor een enquête benaderd. Daarvan worden na herhaalde pogingen uiteindelijk 444 enquêtes gerealiseerd. Tijdens de gesprekken worden dezelfde vragen gesteld als bij de eerste keer, aangevuld met vragen over de verspreide brochures. Ook worden opnieuw geparkeerd staande auto's geïnspecteerd, en wel op dezelfde dagen van de week, op dezelfde momenten van de dag en in dezelfde wijken als de eerste keer. Dit alles wordt gedaan met het oog op een maximale vergelijkbaarheid van het onderzoeksmateriaal uit de voor- en nameting. In totaal worden in deze tweede ronde 4304 geparkeerd staande auto's gecontroleerd.

De uitslag van het onderzoek is dat vrij veel mensen de brochure kennen, deze zelfs hebben gelezen en in redelijke mate de inhoud daarvan blijken te kennen en te kunnen reproduceren. Vergeleken met de nulmeting is er vermoedelijk dan ook sprake van een toegenomen inzicht in hoe men zich tegen diefstal uit auto's kan beveiligen. Maar het effect daarvan in termen van het daadwerkelijk nemen van voorzorgsmaatregelen is volgens de waarnemingen minimaal. Het wekt dan ook geen verbazing dat uit de statistieken van de politie in de betrokken gemeenten nauwelijks een afname valt te constateren in het aantal aangiften van inbraken in auto's in de betreffende periode. Met andere woorden: er is geen enkele trendbreuk in het aantal (aangegeven) diefstallen. Het valt niet te verwachten dat andere steden het voorbeeld van deze campagne zullen volgen. Men besluit tot een grondige herziening van de voorlichting.

Kader 6.2

We zien hier een voorbeeld van een *panelonderzoek*, meer specifiek van een panel survey. Er is sprake van een *herhaalde meting* bij een grote en aselecte steekproef van onderzoekseenheden, te weten 600 personen en 3000 auto's, respectievelijk 444 personen en 4304 auto's. Daarbij moet worden opgemerkt dat om redenen van praktische aard concessies zijn gedaan aan het principe van aselecte steekproef. Gekozen wordt immers uit degenen met een aansluiting op het telefoonnet. Van deze laatsten hebben weer uitsluitend zij die in de telefoonregisters zijn opgenomen een kans om te worden getrokken. Daarmee worden mensen zonder telefoon, met een geheim nummer, met een recente aansluiting of afsluiting, uitgesloten. Jonge mensen die bij hun ouders inwonen, vallen eveneens buiten het onderzoek. Ten slotte zijn door de gekozen werkwijze ook zieken en hoogbejaarden ondervertegenwoordigd in de steekproef; zij verblijven immers in zieken- en verzorgingshuizen.

Ook aan het panelkarakter valt een en ander af te dingen. In feite is alleen het enquêtegedeelte te kwalificeren als een panelonderzoek. Alleen, hier is sprake van een herhaald onderzoek bij *dezelfde* personen. In het gedeelte dat slaat op de inspectie van geparkeerd staande auto's, volgt men de principes van een tijdreeks onderzoek, meer in het bijzonder van een tijdreeks survey. Immers, de verzameling geparkeerde auto's is bij de nameting niet dezelfde als bij de nulmeting. Met andere woorden: in dit gedeelte werkt men met wisselende groepen, en dat is hét kenmerk van een tijdreeksonderzoek. Bovendien, van de gecontroleerde auto's weten de onderzoekers niet of ze van de geënquêteerde personen zijn. Het zou natuurlijk sterker zijn als de auto's van deze laatsten worden waargenomen, zowel bij de voor- als bij de nameting. In dat geval kunnen we een verbinding leggen tussen wat mensen aan de telefoon zeggen enerzijds, en wat ze daadwerkelijk met en in hun auto doen anderzijds. Ook kunnen we dan met iets meer zekerheid een eventueel na de voorlichting verbeterde situatie toeschrijven aan deze voorlichting. Maar een dergelijk onderzoek is om begrijpelijke redenen omvangrijker en aanzienlijk lastiger om uit te voeren. Vandaar dat is gekozen voor deze eenvoudigere variant.

De wijze van datagenerering is conform de principes van een survey-onderzoek relatief weinig arbeidsintensief. Normaliter is een meervoudige wijze van dataverzameling – gebruikt worden enquêtes en waarnemingen in het veld – weliswaar te omvangrijk voor een survey. Maar een telefonische enquête gaat doorgaans vrij snel, terwijl de waarneming in dit onderzoek relatief snel verloopt omdat het gaat om een vluchtige controle op een beperkt aantal zaken.

Een moeilijk te vermijden onvolkomenheid van het onderzoek in dit voorbeeld is de vrij grote uitval: slechts 444 van de 600 personen die aanvankelijk in de steekproef van het panelgedeelte van het onderzoek zitten, worden met de nameting bereikt. Omdat degenen die uitvallen normaliter geen willekeurige (random) steekproef vormen uit het gehele personenbestand bij de nulmeting, komt dit de geldigheid van de onderzoeksresultaten niet ten goede. Dit nadeel van uitval doet zich bij de meeste panelonderzoeken in meer of mindere mate voor.

Tot zover een voorbeeld dat verschillende zaken duidelijk maakt. Ten eerste ziet de lezer een bevestiging van een eerdere bewering dat in de praktijk vaak mengvormen van verschillende varianten van een onderzoeksstrategie voorkomen. Ook een student kan in diens afstudeerproject een geheel eigen variant samenstellen. Men laat zich dan leiden door de situatie waarin men zich bevindt, de mogelijkheden die men heeft en de eisen die vanuit de opleiding worden gesteld. Ten tweede illustreert het voorbeeld hoe in een onderzoek allerlei concessies moeten worden gedaan. Zo moesten diverse pragmatische beslissingen worden genomen die de lezer misschien zullen verbazen. De realiteit is echter dat geen enkele onderzoeker ontkomt aan dit soort keuzen. We beweren zelfs dat een ideaal onderzoeksontwerp niet bestaat, en als het bestond, dan was het onuitvoerbaar.

Voor- en nadelen
Een van de belangrijkste redenen voor het gebruik van een survey is het bereik, dat vergeleken met het hierna te behandelen experiment en de casestudy groot is te noemen. Daarmee kan de onderzoeker niet alleen tot een breed overzicht en algemeen geldende ofwel extern valide uitspraken komen. Ook geeft het grote aantal onderzoekseenheden hem de mogelijkheid om allerlei statistische samenhangen (correlaties) te berekenen. Zo kan men in het voorbeeld van het als een survey uitgevoerde onderzoek naar de Nederlandse akkerbouw in de vorige paragraaf verschillende samenhangen ofwel correlaties berekenen. Bijvoorbeeld de samenhang tussen de prijs die een gewas oplevert en de voedingswaarde die het heeft, of tussen de prijs en het verwerkingsgemak van de gewassen. Ook kan men relaties leggen tussen allerlei kenmerken ofwel variabelen van de bedrijven. Te noemen zijn de relaties tussen de grondsoort, de kwaliteit en het peil van het grondwater enerzijds en de kwaliteit van de producten anderzijds. Bij het berekenen van samenhangen gebruikt men, zoals gezegd, in een dergelijk kwantitatief onderzoek principes uit de statistiek.
Een ander praktisch voordeel van het survey-onderzoek is dat er in vergelijking met de andere strategieën veel methodologische handboeken bestaan over dit type onderzoek, waaronder statistische uitgaven. Hierin wordt uitvoerig beschreven hoe de diverse onderdelen van dit onderzoekstype moeten worden uitgevoerd. Ook is er op dit vlak veel software voor dataverwerking en -analyse beschikbaar, veel meer dan voor kwalitatieve vormen van onderzoek. Genoemd werden al softwarepakketten zoals SPSS en SAS. Het survey-onderzoek is dan ook in vergaande mate gestandaardiseerd. Dit is niet alleen gemakkelijk voor de onderzoeker. Op deze manier zijn ook de resultaten en de wijze waarop deze tot stand zijn gekomen, in principe controleerbaar voor derden, waaronder de opdrachtgever. Wellicht zijn deze standaardisering en controleerbaarheid oorzaak van de grote populariteit die deze onderzoeksstrategie geniet bij onderzoekers en vooral ook bij opdrachtgevers. Onderdeel van deze populariteit is de ruime aandacht die dit type onderzoek krijgt in de meeste studierichtingen aan universiteiten en hogescholen. De overige onderzoeksstrategieën krijgen tot op heden doorgaans relatief weinig aandacht. Een vak als statistiek bijvoorbeeld,

dat in veel universitaire studierichtingen een verplicht onderdeel van het studieprogramma is, past geheel in de strategie van het kwantitatieve survey.

Een van de belangrijkste beperkingen van het survey-onderzoek is de in vergelijking met andere onderzoeksstrategieën geringe diepgang en het aspectmatige karakter van de verkregen kennis. Omdat de onderzoeker tijdruimtelijk gezien zo'n breed domein bestrijkt, bestudeert deze meestal noodgedwongen slechts bepaalde aspecten van het gekozen onderzoeksobject. Dit is een verschil met de meer kwalitatieve vormen van onderzoek waar, zoals zo dadelijk blijkt, veel meer wordt gepoogd een integraal beeld te krijgen van het onderzochte. Deze geringere diepgang is de belangrijkste prijs die moet worden betaald voor een totaaloverzicht over een breed terrein en generaliseerbare kennis.

Een ander nadeel van het survey kan zijn dat de onderzoeker van tevoren al relatief veel over het onderwerp in kwestie moet weten. Doordat hij op een snelle manier de data dient te genereren, wat nodig is vanwege de grote aantallen onderzoekseenheden, moet van tevoren een goed doordacht meetinstrument worden geconstrueerd. Voorbeelden zijn een vragenlijst voor een enquête, een waarnemingsschema voor een systematische observatie, of een categorieenstelsel voor een inhoudsanalyse van documenten. Meestal dienen daar als onderdeel van het meetinstrument instructies voor de onderzoeker aan te worden toegevoegd (zie hoofdstuk 7). Voor het maken van een meetinstrument, vooral van een adequate vragenlijst, is doorgaans veel voorkennis nodig. Zo is het meestal nodig dat de onderzoeker uitgebreid kennisneemt van de theorievorming op het terrein in kwestie. Er zijn gevallen waarin de laatstgenoemde niet of onvoldoende kan beschikken over dit soort voorkennis, terwijl ook theorievorming wel eens ontbreekt of zwak is. Uitvoering van een survey kan dan bezwaarlijk zo niet onmogelijk zijn, zodat men beter naar een andere strategie kan omzien. Meer in de rede ligt dan een casestudy en vooral een aanpak volgens de gefundeerde theoriebenadering.

Ook in snel veranderende situaties kan een survey moeilijk toepasbaar zijn. Dit speelt vooral in het praktijkgerichte onderzoek. De sterke mate van structurering vooraf die nodig is, maakt het onderzoek namelijk weinig wendbaar. Als eenmaal de vragenlijst is ontwikkeld en de steekproef getrokken, is het moeilijk om nog in te spelen op onvoorziene zaken en onverwachte gebeurtenissen. Vooral als het een onderzoek betreft dat moet bijdragen aan de oplossing van een probleem, kan dit een handicap zijn. In dit type onderzoek heeft de onderzoeker vaak te maken met een snel veranderende omgeving en met onverwachte bevindingen.

De genoemde bezwaren spelen meestal niet of veel minder in het theoriegerichte onderzoek. Vandaar de voorkeur van veel wetenschappers aan universiteiten en andere wetenschappelijke instellingen voor dit type onderzoek.

Gebruiksmogelijkheden

De verschillende varianten van een survey kunnen worden gebruikt als het onderzoeksdoel is te komen tot hetzij algemeen geldende kennis, hetzij kennis over onderzoekseenheden die talrijk zijn en of die een grote tijdruimtelijke uitgebreidheid hebben, hetzij beide. Voorbeelden van onderzoek met een groot aantal onderzoekseenheden zijn de problematiek van de samenvoeging van Nederlandse gemeenten, het ziekteverzuim bij een multinational, de tevredenheid van patiënten van een ziekenhuis over een periode van vijf jaar, de vitaliteit van de West-Europese bossen, het gebruik dat de inwoners van een stad maken van het aanbod van lokale media in die gemeente, enzovoort.

Van een panelonderzoek en een tijdreeksonderzoek kan men gebruikmaken als veranderingen in de tijd het object van studie zijn. Dit is onder meer het geval als men de effectiviteit van een of andere interventie, bijvoorbeeld een reorganisatie, een nieuwe wetgeving of een voorlichting, wil vaststellen. Wel is in dat geval de tijdreeks iets zwakker dan het panelonderzoek. De reden hiervan is dat bij de tijdreeks een verschil in meetresultaten bij de voor- en de nameting niet zonder meer kan worden toegeschreven aan de interventie. Mogelijk hebben deze verschillen ook te maken met verschillen tussen de groep die de nulmeting en de groep die de nameting ondergaat.

Een voordeel van het tijdreeksonderzoek boven het panelonderzoek is dat in principe geen testeffecten kunnen optreden. Dit zijn (leer)effecten die uitgaan van de nulmeting. Vraagt men bijvoorbeeld bij de voormeting naar iemands mening over een energiezuinige huishouding, dan kan alleen al door de gedachten die deze vraag bij de respondenten oproept een positieve houding tegenover energiebesparing in het huishouden ontstaan. Ziet men vervolgens bij de nameting een positievere houding dan voor de voorlichting, dan kan dit niet zonder meer worden toegeschreven aan de voorlichting. Als met wisselende groepen wordt gewerkt zoals in een tijdreeks, is deze verstorende nawerking van de nulmeting er uiteraard niet. Ook kan men in een tijdreeksonderzoek op een groot aantal tijdstippen metingen verrichten zonder dat diegenen die de enquêtevragen moeten beantwoorden 'murw' raken of zelfs afhaken. Immers, iedere persoon wordt in principe slechts een enkele keer benaderd.

Een tijdreeksonderzoek kan bijvoorbeeld worden gekozen door een afstudeerder in de beleidswetenschappen die als onderwerp heeft de carrièrekansen die vrouwen hebben bij de Nederlandse overheid. In dat kader kan bijvoorbeeld worden gekeken naar het verloop in het percentage vrouwen dat overheden in dienst hebben, berekend voor een reeks van jaren. Hetzelfde kan worden gedaan met het aantal vrouwen in bepaalde leidinggevende functies. Meestal krijgt men met deze benadering een trend te zien, op basis waarvan zoals eerder in hoofdstuk 4 bleek voorspellingen kunnen worden gedaan over de toekomstige ontwikkeling van het bestudeerde fenomeen. Voorwaarde is wel dat men instanties vindt waar de betreffende gegevens voorradig zijn. In een onderzoeksproject is er doorgaans geen gelegenheid om deze reeksen gegevens zelf te verzamelen. Dit is alweer een aanleiding om al itererend het zoeken naar een probleemstelling mede te laten afhangen van wat aan interessante (tijdreeks)gegevens beschikbaar is en gevonden kan worden.

Tot zover enkele karakteristieken van het survey-onderzoek. Voor meer informatie over dit type onderzoek en de daarbij te hanteren methoden, waaronder methoden van datagenerering en steekproeftrekking, verwijzen wij de lezer naar methodologische handboeken, zoals: Baarda en De Goede (2007), Segers (1989 en 1990), Swanborn (2002) en Verschuren (2009 en 2016).

> **Opgave**
> a. Bedenk een voor jouw vakgebied interessant projectkader en een doel- en vraagstelling die zich typisch lenen voor een cross-sectioneel survey.
> b. Idem voor een panelonderzoek.
> c. Idem voor een tijdreeksonderzoek.
> d. Schets voor elk van deze drie gevallen wat de voor- en nadelen, mogelijkheden en beperkingen zijn van de betreffende onderzoeksstrategie, *gegeven de gekozen doel- en vraagstelling*.

6.4 Het experiment

Een experiment is bij uitstek het type onderzoek waarmee men ervaringen kan opdoen met nieuwe te creëren situaties of processen en waarmee men kan nagaan wat de effecten van deze veranderingen zijn. Deze effecten krijgt de onderzoeker in beeld door (minimaal) twee zo veel mogelijk gelijke groepen te creëren, waarbij de ene groep een behandeling (interventie) ondergaat en de andere geen of een andere behandeling krijgt. Daarna kijkt laatstgenoemde in hoeverre de beide groepen van elkaar verschillen.

Kenmerken

Een experiment in zijn meest zuivere vorm – we spreken ook wel van een laboratoriumexperiment of van een random clinical trial (RCT) – herkent de lezer aan de volgende zaken:
1. Het doel is het vaststellen van een causaal effect van een interventie X op een doelvariabele Y.
2. Er worden (minimaal) twee groepen geformeerd, een experimentele groep en een controlegroep.
3. De proefpersonen of -objecten worden willekeurig toebedeeld aan beide groepen, de zogenoemde randomisatie.
4. De onderzoeker bepaalt (en niet de onderzochten) welke groep aan de interventie wordt blootgesteld en welke niet, en ook wat er verder binnen de groepen gebeurt.
5. De onderzoeker zorgt dat er geen of zo weinig mogelijk invloeden van buitenaf zijn.
6. Naast een nameting is er bij voorkeur sprake van een nulmeting voordat de interventie wordt uitgevoerd.

Deze zes kenmerken worden hieronder kort uitgewerkt en toegelicht. Om te beginnen is het experiment slechts geschikt voor beantwoording van een zeer specifiek type vraagstelling, te weten wat de causale invloed is van een onafhankelijke variabele X op een afhankelijke variabele Y. Daarbij wordt de variabele X door de onderzoeker/experimentator bewust gemanipuleerd, de zogenoemde interventie. Deze X kan bestaan uit een grote diversiteit van zaken. Voorbeelden zijn het vertonen van een voorlichtingsfilm gericht op gezond eten of op het voeren van een financieel adequate huishouding, het invoeren van een nieuwe leermethode op basisscholen, het doorvoeren van een organisatieverandering, enzovoort. De groep die de interventie ondergaat, heet experimentele groep. De groep die geen of een andere interventie ondergaat, heet controlegroep. Na de interventie wordt voor beide groepen nagegaan (gemeten) hoe zij zich gedragen op het vlak van datgene wat men met de interventie wil bereiken. Men noemt dit laatste ook wel de *doelvariabele* Y. In de voorbeelden hierboven betekent dit dat van de deelnemers aan het experiment in volgorde wordt nagegaan in hoeverre zij zijn gestopt met roken, betere leerprestaties hebben gekregen of producten leveren met een hogere kwaliteit dan voorheen. Ziet men verschillen tussen de beide groepen op het vlak van de doelvariabele Y, dan mogen deze worden toegeschreven aan de interventie, mits aan de kenmerken 3, 4 en 5 hiervoor is voldaan. We hebben hier te doen met een causale bewijsvoering die nagenoeg waterdicht is. Dit echter op voorwaarde dat de interventie inderdaad het *enige* systematische verschil vormt tussen de beide groepen.

De zojuist genoemde drie kenmerken staan alle drie in functie van deze gelijkheid. Naarmate er in mindere mate aan een of meer van deze drie kenmerken is voldaan, is de bewijsvoering minder waterdicht. Maar ook dan kan de bewijsvoering in vergelijking met de andere onderzoeksstrategieën nog altijd vrij sterk worden genoemd. Nemen we bijvoorbeeld kenmerk 2, de randomisatie. Stel dat de onderzoeker de toedeling aan groepen niet expliciet aan het toeval overlaat. De kans bestaat dan dat bijvoorbeeld in de ene groep meer mannen dan vrouwen terechtkomen en in de tweede juist minder mannen dan vrouwen. We weten in dat geval na afloop niet in hoeverre verschillen in de meetresultaten moeten worden toegeschreven aan de interventie, aan de factor geslacht, of aan beide.

Een bij onderzoekers berucht mechanisme dat de gelijkheid van groepen en daarmee de causale bewijsvoering ernstig bedreigt, is wat bekendstaat als *zelfselectie*. Met zelfselectie wordt bedoeld dat als regel juist mensen met speciale kenmerken wel of juist niet voor blootstelling aan de interventie kiezen. Dit uiteraard op voorwaarde dat zij de vrije keuze hebben. Stel bijvoorbeeld dat de onderzoeker wil vaststellen in hoeverre een voorlichting, gericht op het aankweken van een positieve houding ten opzichte van een veilige deelname aan het verkeer (X), effect heeft (Y). Neem vervolgens aan dat degenen die kiezen voor het kijken naar de voorlichting (X) juist diegenen zijn die al een positieve houding tegenover veilig verkeer (Y) hebben, wat beslist niet denkbeeldig is. Als we nu vinden dat in de experimentele groep meer mensen zitten die zich na afloop veiliger gedragen in het verkeer dan zij die deel uitmaakten van de controlegroep, dan is de conclusie onterecht dat de voorlichting effectief is. Niet de voorlichting beweegt de deelnemers tot een veiligere verkeersdeelname, maar omgekeerd, de positieve houding ten opzichte van een veilige verkeersdeelname is dan de aanleiding om zich bloot te stellen aan de voorlichting. Deze omkering van de causaliteitsvolgorde geeft natuurlijk een volledige verstoring van het experiment en van de daarop te baseren conclusies. De combinatie van de voorwaarden 3 en 4 hierboven moet de onderzoeker behoeden voor deze zelfselectie.

In plaats van een random toedeling maakt men met het oog op het verkrijgen van vergelijkbare groepen ook wel gebruik van *matching*. Hierbij zoekt men bijvoorbeeld voor een vrouw van middelbare leeftijd met drie kinderen en een universitaire opleiding in de experimentele groep een vrouw met vergelijkbare kwalificaties voor de controlegroep. In dit voorbeeld wordt gematcht op de variabelen geslacht, leeftijd, kindertal en opleiding. Natuurlijk kiest men voor het matchen variabelen die naar verwachting de grootste bedreiging voor de bewijsvoering vormen. Vanwege hun fundamentele karakter neemt men in veel onderzoeken geslacht, leeftijd en opleiding als variabelen waarop wordt gematcht.

Ook kenmerk 5, controle over omgevingsfactoren, is evenals de kenmerken 3 en 4 nodig om zeker te weten dat de interventie bij uitsluiting de oorzaak is. Zorgden zojuist bepaalde kenmerken van de deelnemers voor mogelijke alternatieve verklaringen, nu gaat het om mogelijke alternatieve oorzaken *van buitenaf*. Zo moet worden uitgesloten dat tv-programma's waarin de gevaren van onveilig gedrag in het verkeer op pregnante wijze aan de orde worden gesteld en die toevallig in de periode van de voorlichting worden uitgezonden, de werkelijke oorzaak zijn van veranderingen in de verkeersveiligheid. Als de deelnemers aan het experiment deze tv-programma's zien, dan is niet meer vast te stellen in hoeverre eventuele veranderingen in de verkeersdeelname zijn toe te schrijven aan de voorlichting of aan de bewuste tv-programma's, of aan beide.

De zesde en laatste voorwaarde ten slotte, het uitvoeren van een nulmeting, is nodig om bij de nameting zeker te weten of er wel echt iets veranderd is. Immers, als we bij de nameting verschillen constateren tussen de experimentele en de controlegroep, dan moeten we zeker weten dat die verschillen er vóór de interventie nog niet waren, andermaal op straffe van foutieve conclusies.

Varianten

Hoewel alle zes de kenmerken moeten worden gezien als voorwaarden voor een sluitende causale bewijsvoering, zal daaraan in de praktijk lang niet altijd volledig zijn voldaan. Dit betekent dat er verschillende sterkere en zwakkere varianten van het experiment bestaan, waarover nu meer.

1. Laboratoriumexperiment

Als aan alle zes voorgaande voorwaarden is voldaan, spreken we van een laboratoriumexperiment ofwel RCT. Dit is de meest sterke variant. Er is geen enkel type onderzoek waarmee een causale relatie tussen twee verschijnselen op meer overtuigende wijze kan worden aangetoond. Een in principe iets minder sterke variant is een onderzoek waarbij geen nulmeting is. Dit wil in de praktijk nogal eens voorkomen, omdat men vaak pas op het idee komt om een interventie op effectiviteit te onderzoeken nadat deze is uitgevoerd. Meestal is overigens in zo'n situatie een ontbrekende nulmeting niet de enige voorwaarde waaraan niet is voldaan. Maar is dat het geval, dan is doorgaans het verlies in causale bewijsvoering te overzien. In dat geval kan immers de nameting van de controlegroep fungeren als nulmeting van de experimentele groep. Een manier waarop er dan nog bij de conclusies iets mis kan gaan, is dat er ondanks de door de onderzoeker getroffen maatregelen systematische verschillen zijn tussen de experimentele groep en de controlegroep. Maar bij een adequate randomisatie en/of matching is die kans in principe beperkt.

Soms slaat het potentiële nadeel van een ontbrekende nulmeting zelfs om in een voordeel. Een nadeel van nulmeting kan zijn het risico van *testeffecten*. Een testeffect is, zoals gezegd, de invloed op de doelvariabele die uitgaat van de nulmeting. Dit gevaar zou zich bijvoorbeeld kunnen voordoen in het voorbeeld van de voorlichting over een veiliger gedrag van weggebruikers. In het kader van een nulmeting worden normaliter allerlei vragen gesteld betreffende diverse aspecten van een veilige verkeersdeelname. Alleen al door het stellen van deze vragen worden mensen aan het denken gezet. Zien we bij de nameting dat er bij de deelnemers een veiligere verkeersdeelname is ontstaan, dan weten we niet in hoeverre dit te danken is aan de voorlichting, of dat dit (mede) het gevolg is van de nulmeting. In dit soort gevallen kan de onderzoeker expliciet streven naar een ontwerp zonder nulmeting.

Nog beter is een experiment dat bekendstaat als het *Solomon Four Group Design*. Bij deze variant van het laboratoriumexperiment zijn er naast de experimentele groep drie controlegroepen. Een eerste controlegroep krijgt een nulmeting en geen interventie, een tweede groep ondergaat geen nulmeting en wel een interventie, en een derde groep krijgt geen van beide. Met een dergelijk ontwerp kunnen we niet alleen testeffecten op het spoor komen, maar ook mogelijke interacties tussen de nulmeting en de interventie. Een interactie betekent in deze context het effect van de *combinatie* van twee factoren, hier nulmeting en interventie. De causale bewijsvoering is hier op haar sterkst, maar het is wel een duur onderzoek.

Een tweede variant is het zogenoemde *factorieel ontwerp*. Hiervan kan de onderzoeker gebruikmaken als hij wil weten welke combinatie(s) van twee (of meer) interventies het meest effectief is (zijn). Hier wordt dus het zojuist geïntroduceerde fenomeen interactie expliciet onderzocht. Stel dat de onderzoeker wil weten welke combinatie van stijl van voorlichting en mediumtype het meeste effect sorteert. Qua stijl van voorlichting heeft hij de keus uit een waarschuwende en een feitenverstrekkende aanpak, en als medium kan worden gekozen uit de krant of de televisie. In totaal zijn er dan vier combinaties van stijl en medium. Om te weten welke combinatie het meest succesvol is, worden vier experimentele groepen samengesteld, één voor elke combinatie. Er is geen aparte controlegroep. De diverse groepen fungeren als elkaars controlegroepen.

2. Quasi-experiment

Naast de klasse van laboratoriumexperimenten zijn er verschillende varianten die bekendstaan onder de verzamelnaam quasi-experiment. Dit zijn in vergelijking met het zuivere laboratoriumexperiment ofwel RCT iets zwakkere varianten, omdat aan een of enkele van de zes genoemde voorwaarden niet (volledig) is voldaan. Een causale bewijsvoering moet dan, zoals intussen bij de lezer bekend is, worden uitgevoerd met iets minder garanties voor de *interne* geldigheid. Daar staat tegenover dat dit type onderzoek veel vaker toepasbaar is dan het laboratoriumexperiment. Bovendien zijn deze varianten meestal levensechter, wat de *externe* geldigheid van de resultaten ten goede komt. Binnen het quasi-experiment zijn weer verschillende sub-varianten mogelijk, waarvan wij er twee noemen.

Een bekende variant van de klasse van quasi-experimenten staat bekend als het werken met *bestaande groepen*. Stel een studieleider wil weten wat de effecten zijn van een nieuwe rekenmethode op de prestaties van leerlingen in het voortgezet onderwijs. Hij kan dan in de ene klas deze nieuwe rekenmethode invoeren en in de parallelklassen de oude methode handhaven. Vervolgens kan worden nagegaan wat de verschillen zijn in leerprestaties tussen de leerlingen in de diverse klassen. Hoewel hier niet voldaan is aan het derde kenmerk in het lijstje van zes punten hiervoor – waar wordt gewerkt met bestaande groepen, wordt per definitie niet gerandomiseerd of gematcht – kan toch worden gesproken van redelijk vergelijkbare groepen. De klassen zullen immers tamelijk gelijk zijn op de variabelen leeftijd en opleidingsniveau. Dit zijn niet zomaar twee variabelen. Ze zijn om begrijpelijke redenen heel belangrijk als het gaat om de vergelijking van leerprestaties van mensen. Aangezien scholen vaak een specifiek rekruteringsgebied hebben, zullen de groepen bovendien tot op zekere hoogte homogeen zijn qua sociaaleconomisch milieu. Ook zelfselectieprocessen krijgen hier in de regel weinig kans, aangezien leerlingen meestal niet zelf voor een klas kunnen kiezen, noch voor wat er binnen die klassen wel en niet plaatsvindt. Onder andere dit laatste komt doordat de leraar/experimentator een vrij grote controle heeft op wat er gebeurt in de klas en in de omgeving (zie de kenmerken 4 en 5 in het rijtje). Daardoor kunnen tevens eventuele externe factoren worden uitgeschakeld. Als een benadering van de nulmeting (kenmerk 6) ten slotte kunnen gemiddelde rapportcijfers uit het verleden worden gehanteerd.

Een tweede hier te noemen veel toegepaste quasi-experimentele variant van het type 'bestaande groepen' is het *veldexperiment*. Hier maakt de onderzoeker gebruik van verschillen die hij in 'het veld' aantreft, in plaats van zelf door middel van een interventie verschillen te creëren. Hij kan in deze variant weliswaar vaak niet bepalen wie aan een interventie X wordt blootgesteld, maar kan wel uitmaken wie deze interventie *niet* (heeft) ondergaan. Deze mogelijkheid doet zich bijvoorbeeld voor als men de effecten van een zogenoemde direct mailing wil weten. Blootstelling hieraan kan dan in zoverre niet worden geforceerd, dat mensen een toegezonden brief of e-mail naar eigen goeddunken kunnen bekijken of ongelezen laten. Maar wie geen brief of e-mail krijgt toegestuurd, blijft normaliter verstoken van blootstelling. Dit betekent dat er wat betreft het *niet* worden blootgesteld (nagenoeg) geen zelfselectie kan optreden.

Weer een ander voorbeeld is tot slot de onderzoeker die de effecten van lokale media in gemeenten wil bestuderen. Hij kan dan enkele gemeenten kiezen waar deze media aanwezig zijn en enkele gemeenten waar deze (nog) niet bestaan. Deze onderzoeker kan als onderzoeksstrategie kiezen voor een mix van een veldexperiment en een hierna te behandelen vergelijkende casestudy. Deze laatste mengvorm wordt veelvuldig gekozen door onderzoekers in een praktijkgericht onderzoek.

3. Nabootsing

In de voorbeelden tot nu toe was steeds sprake van experimenteren met vergelijkbare groepen. Hoewel de nu volgende varianten niet werken met vergelijkbare groepen en daarom strikt genomen niet vallen onder de eerder gegeven definitie van een experiment, mogen ze naar onze smaak niet in een opsomming als deze ontbreken. De bedoelde varianten hebben onderling en met het klassieke experiment gemeen dat de onderzoeker iets laat gebeuren om vervolgens te kijken naar de effecten of doorwerking (Y) die deze interventie (X) heeft. Bedoeld is een categorie van onderzoek waarin wordt gewerkt met nabootsing van de te onderzoeken werkelijkheid. Ook van dit type onderzoek bestaan verschillende varianten.

Een veel toegepaste vorm van nabootsing om daaruit lering te trekken is *computersimulatie*. Een voorbeeld is het maken van een computermodel van een communicatieproces, om vervolgens een van de onderdelen van dit model te veranderen, de interventie X. De computer kan dan doorrekenen wat daarvan de gevolgen (zullen) zijn. Het belangrijkste voordeel van deze computersimulatie is dat men relatief gemakkelijk en goedkoop allerlei wijzigingen in het model kan aanbrengen (de interventie X) om daarvan het effect (Y) te bestuderen. Bovendien en vooral is het voordeel dat, waar in de praktijk effecten vaak lang op zich laten wachten, men deze hier al na korte tijd kan meten.

Een andere voor diverse moderne vakgebieden interessante vorm van nabootsing is de *spelsimulatie* ofwel 'gaming'. Hierbij maakt men een spel van dat deel van de werkelijkheid dat men wil bestuderen. Zo'n spel bestaat grofweg uit een verzameling rollen. Per rol zijn er diverse taken, bevoegdheden en voorschriften waaraan de rolspeler zich moet houden. Bovendien krijgt elke speler bepaalde instructies en informatie die hij in bepaalde gevallen moet opvolgen respectievelijk naar eigen wens kan gebruiken bij het nemen van gedragsbeslissingen. In het spel kan men allerlei onverwachte gebeurtenissen (X) inbouwen (vergelijk de kanskaart bij het monopolyspel), waarna de gevolgen daarvan (Y) kunnen worden bestudeerd.

Nog weer een andere, vooral voor praktijkgerichte disciplines relevante manier van experimenteren door middel van nabootsing is het gebruik van *schaalmodellen*. Een bepaald proces of object kan op kleine schaal worden nagebouwd, waarna het minder kostbaar, tijdrovend en/of riskant is om hierin wijzigingen aan te brengen dan wanneer dit met het te onderzoeken systeem zelf gebeurt.

Dit middel wordt vooral gehanteerd bij het uittesten van nieuwe technologische ontwikkelingen (X), om te zien of deze ontwikkelingen uitpakken zoals voorzien en gewenst (Y).

Tot zover een overzicht van enkele varianten. Om de lezer nog meer inzicht te geven in wat een experiment als onderzoeksvorm inhoudt, volgt hieronder een praktijkvoorbeeld.

Voorbeeld — Kaartlezen

Bij militaire oefeningen raken legeronderdelen bij nachtelijke operaties regelmatig in moeilijkheden, dit mede als gevolg van bijzondere en onverwachte terreinomstandigheden. Dit brengt de legerleiding op de gedachte om de vaardigheid van manschappen in het interpreteren van zaken als luchtfoto's, stafkaarten en andere geografische informatie te verbeteren. Men besluit dan ook een trainingsprogramma te ontwikkelen. In principe heeft men de keuze uit twee soorten instructiemateriaal, te weten films en dia's. Omdat niet bekend is welke van beide de beste resultaten oplevert, probeert men beide varianten. Er worden drie groepen geformeerd. Een groep krijgt een training met behulp van filmmateriaal, een groep gaat oefenen met dia's, en een derde groep krijgt in het geheel geen instructies. In plaats daarvan krijgt deze groep bijvoorbeeld een voor het onderwerp volkomen neutrale speelfilm te zien.

Voor het samenstellen van de groepen hanteert men de volgende richtlijnen:
a. De groepen komen alle uit een en dezelfde compagnie.
b. Uit deze compagnie worden de deelnemers random geselecteerd.
c. De eenmaal samengestelde groepen worden nog eens speciaal gecontroleerd op opleidingsniveau.
d. De trainingen worden op dezelfde dagen van de week en op gelijke tijdstippen van de dag gegeven. Hetzelfde geldt voor de te verrichten metingen (zie hierna).
e. Men zorgt ervoor dat de activiteiten voor en na de instructies voor de drie groepen gelijk zijn.

Om de vaardigheid in het kaartlezen te meten kiest men voor een schriftelijke test bestaande uit 40 meerkeuzevragen. Voor een controle op mogelijke interactie-effecten van de mate van intelligentie van de proefpersonen neemt men ook een intelligentietest af (zie ook verderop). Beide testen worden in alle drie de groepen onaangekondigd afgenomen. Met het oog op mogelijke testeffecten doet men dit steeds een halve dag na afloop van de training.

De resultaten wijzen uit dat beide trainingen zorgen voor een iets verhoogde vaardigheid in het kaartlezen. Gemiddeld halen de beide getrainde groepen een hogere score dan de ongetrainde groep. De veronderstelling dat stilstaande beelden (dia's) voor het leren lezen van kaarten (eveneens stilstaande beelden) beter zijn dan bewegende beelden, wordt niet bevestigd. De groep met de diabeelden blijkt het weliswaar gemiddeld een fractie beter te doen dan de 'filmploeg', maar het verschil is niet statistisch significant. De bijdrage van de training aan het kaartlezen blijkt voor de meer intelligente deelnemers sterker dan voor degenen met een wat lagere score op de intelligentietest.

Kader 6.3

We zien hier een *laboratoriumexperiment* ofwel RCT met als *doelvariabele* een verhoging van vaardigheid in het kaartlezen (Y). De *interventie* (X) bestaat uit een tweetal trainingen met elk hun eigen soort instructiemateriaal. Voor elk van beide methoden wordt een aparte *experimentele* groep ingericht, met daarnaast één *controlegroep*. Met het oog op een sluitende bewijsvoering tracht men de groepen in allerlei opzichten *aan elkaar gelijk* te maken: (1) rekrutering uit *één en dezelfde* compagnie; (2) *randomisatie* aangevuld met een extra controle op de hier zeer belangrijke variabele opleidingsniveau; (3) inroostering van alle activiteiten op een en hetzelfde dagdeel (het individuele prestatieniveau kan over dagdelen variëren), en (4) een inbedding van de training in overeenkomstige activiteiten. Dit laatste wordt gedaan met het oog op uitschakeling van externe factoren als vermoeidheid of 'goed op dreef zijn' door voorafgaande activiteiten, anticiperen op bezigheden daarna, enzovoort.

Vanwege de hier zeker niet denkbeeldige mogelijkheid van testeffecten kiest men voor een ontwerp zonder nulmeting. Om te voorkomen dat de deelnemers extra hun best doen wordt verzwegen dat er sprake is van een experiment en worden ook de prestaties pas na afloop gemeten. Deze maatregelen verhogen in principe de natuurgetrouwheid van het experiment en daarmee de generaliseerbaarheid ofwel externe geldigheid van de onderzoeksresultaten.

De gehanteerde meetprocedure is van het type enquête met *gesloten* vragen. Het voordeel hiervan boven een interview met *open* vragen is de vergelijkbaarheid van de antwoorden in de verschillende groepen. Voor de externe geldigheid zou het nog beter zijn geweest om levensechte oriënteeropdrachten in het veld te geven, gevolgd door participerende observaties van de onderzoeker(s). Maar dit kost natuurlijk veel meer tijd. Bovendien kan dit ten koste gaan van de interne geldigheid. Hiervoor zijn diverse redenen aan te voeren. Niet alleen is hier sprake van een beperkte vergelijkbaarheid van meetresultaten die worden verkregen op basis van observaties in het veld (in plaats van schriftelijke testen). Ook zullen deze observaties vaak in moeilijk vergelijkbare omstandigheden plaatsvinden. En tot slot heeft de onderzoeker hier de situatie niet onder controle, waardoor externe invloeden (andere factoren dan de interventie) een kans krijgen.

Een laatste opmerkelijk gegeven in het experiment hiervoor is dat er sprake is van een interactie tussen de interventie en de intelligentie van de deelnemers. De trainingen hebben een effect, maar voor de slimmere deelnemers is dit effect sterker dan voor de minder slimme. Tot zover het voorbeeld.

Voor- en nadelen

Zoals ook het survey heeft de categorie van (quasi-)experimentele opzetten allerlei plus- en minpunten. Het verreweg belangrijkste voordeel van het zuivere experiment ofwel RCT is de hoge mate van *interne* geldigheid. Zoals gezegd kan met geen enkele andere onderzoeksstrategie het bewijs van een causale relatie tussen twee fenomenen X en Y op zo overtuigende wijze worden geleverd.

Een potentieel probleem is de *externe* geldigheid van de resultaten. In een experiment verkeren mensen in een voor hen ongewone situatie. Ze worden bijeengebracht in een groep met mensen met wie zij normaliter niet omgaan, en komen in een situatie die afwijkt van hun dagelijkse leefpatroon. Het is dan nooit helemaal zeker dat wat we vinden aan resultaten, ook opgaat voor het alledaagse leven. Een andere beperking is dat lang niet alle interventies uitvoerbaar zijn. Er kunnen morele bezwaren zijn tegen bepaalde experimenten. Zo is het ethisch gezien discutabel om bij het experimenteel uittesten van een veelbelovend nieuw geneesmiddel tegen aids een controlegroep in te richten die het middel niet krijgt. Ook kan het moreel aanvechtbaar zijn om mensen in een experimentele groep niet te vertellen wat de verwachte gevolgen van een interventie zijn, ondanks dat de validiteit van het onderzoek hier meestal om vraagt. Verder zijn er legio variabelen waarvan we de effecten willen weten, maar die niet of bezwaarlijk kunnen worden gemanipuleerd. Zo is het niet mogelijk om met een experiment na te gaan wat voor invloed het sociaaleconomisch milieu waaruit mensen komen (X) heeft op hun leerprestaties (Y). De reden is dat de experimentator niet naar believen variaties kan aanbrengen in het fenomeen sociaaleconomisch milieu.

Gebruiksmogelijkheden
Van een experimentele onderzoeksstrategie kan bijvoorbeeld, zoals eerder gezegd, heel goed gebruik worden gemaakt in een evaluatieonderzoek. Dit kan zich bijvoorbeeld voordoen als een onderzoeker de effectiviteit van een bepaald overheidsbeleid wil vaststellen, een vorm van productevaluatie. Of men wil nagaan wat de effecten zijn van een reorganisatie op de werksfeer en op de arbeidsproductiviteit in een bedrijf. Het gaat hier immers in beide gevallen om het aantonen van een causaal verband, te weten tussen de interventie X en de doelvariabele Y.
Experimenteren in de zin van nabootsing is vooral een mogelijkheid wanneer men toekomstige ontwikkelingen wil verkennen. Ook kan dit soort onderzoek worden ingezet om erachter te komen hoe mensen of bepaalde zaken reageren in een nieuwe omgeving of wanneer in een bestaande situatie wijzigingen worden aangebracht. In meer exploratieve zin kan vooral ook het veldexperiment dienen om erachter te komen wat bijvoorbeeld de meest geschikte werkprocedures in een organisatie zijn.
De lezer die van plan is een (quasi-)experimenteel onderzoek te gaan uitvoeren, wordt aangeraden om voordat hij aan de uitvoering ervan begint, kennis te nemen van de betreffende methodologische literatuur. Te noemen zijn Cook en Campbell (1979), Campbell en Stanley (1966) en Verschuren (2009). Voor (spel)simulatie kan worden verwezen naar Geurts en Vennix (1989), Vennix (1996) en Verschuren (2016).

Opgave

a. Bedenk een projectkader en doel- en vraagstelling die zich, gezien vanuit jouw vakgebied, typisch lenen voor een laboratoriumexperiment volgens een factorieel ontwerp.
b. Idem voor een experiment met bestaande groepen.
c. Idem voor een veldexperiment.

Beargumenteer steeds het antwoord.

6.5 De casestudy

De casestudy is een onderzoek waarbij de onderzoeker probeert om een diepgaand en integraal inzicht te krijgen in één of enkele tijdruimtelijk begrensde objecten of processen. Deze objecten of processen kunnen zijn een lokale omroep, een kloostergemeenschap, de totstandkoming van een bepaalde wet, de locatiekeuze van een stortplaats, enzovoort.

Kenmerken
Een casestudy herkent de lezer aan de volgende zaken:
1. een smal domein, bestaande uit een *klein aantal* onderzoekseenheden (cases);
2. een *arbeidsintensieve* benadering;
3. meer *diepte* dan breedte;
4. een *selectieve* ofwel strategische steekproef;
5. het beweerde betreft zoveel mogelijk de case als geheel, in plaats van kenmerken van de afzonderlijke eenheden (meestal personen) daarbinnen; de variabelen in een survey;
6. een *open* waarneming *op locatie*;
7. *kwalitatieve* gegevens en dito onderzoeksmethoden.

Zoals de lezer kan nagaan, laat vergelijking van deze kenmerken met die van een survey zien dat het survey en de casestudy in meerdere opzichten elkaars tegenpolen zijn. Hierna worden de genoemde kenmerken uitgewerkt en toegelicht.
Een eerste en belangrijkste kenmerk is dat men in de casestudy werkt met een relatief *klein aantal* onderzoekseenheden. Deze laatste worden in een casestudy overigens doorgaans case genoemd. Dit aantal kan variëren van één tot hooguit enkele tientallen. Uit dit eerste kenmerk vloeien de meeste van de andere zes automatisch voort. Dit komt doordat het werken met kleine aantallen diverse consequenties heeft voor de uitvoering van het onderzoek en voor de aard van de resultaten. Een eerste in het oog springende consequentie is dat in principe een kwantitatieve analyse van de verzamelde gegevens niet mogelijk is. In plaats

daarvan is men aangewezen op een of andere *arbeidsintensieve* en *kwalitatieve* manier van onderzoek doen. Dit betekent dat de onderzoeker niet zozeer gaat tellen en rekenen met waarnemingsresultaten, maar dat deze met elkaar worden vergeleken.

Een andere uit de eerste voortvloeiende karakteristiek van de casestudy is dat veel meer in de *diepte* dan in de breedte wordt gewerkt, zoals in een survey. Deze diepgang wordt bereikt door te werken met *verschillende arbeidsintensieve* vormen van datagenerering. In een survey-onderzoek gebruikt men vaak uitsluitend de telefonische of schriftelijke enquête met liefst gesloten vragen. In plaats daarvan kiest men in een casestudy vaak voor het meer arbeidsintensieve vrije face-to-face-interview met open vragen. Maar liever nog hanteert de onderzoeker een combinatie van zo'n individueel interview met bijvoorbeeld groepsinterviews, met observaties en met inhoudsanalyses van tekstueel en audiovisueel materiaal. We noemen dit *methodentriangulatie*. Ook probeert de onderzoeker diepgang te krijgen door te werken met meerdere bronnen, de zogenoemde *bronnentriangulatie*.

Een vierde kenmerk van de casestudy dat eveneens voortvloeit uit het werken met kleine aantallen, is een *strategische* steekproeftrekking in plaats van een aselecte trekking zoals in een survey. Met kleine aantallen is de kans om met een aselecte trekking een atypische steekproef te krijgen veel te groot. Dit met alle consequenties voor de externe geldigheid van de onderzoeksresultaten van dien. Bij een strategische steekproeftrekking laat de onderzoeker zich bij zijn keuze van onderzoekseenheden niet alleen bewust leiden door het conceptueel ontwerp. Ook datgene wat hij over de onderzoekseenheden te weten wil komen, is daarbij medebepalend. Kortom, de probleemstelling neemt bij het selecteren van onderzoekseenheden de plaats in van het toeval.

Een andere karakteristiek van de casestudy is dat men zoveel mogelijk probeert een *integraal* beeld te krijgen van het object *als geheel*. Men zou hier kunnen spreken van een *holistische* werkwijze, te onderscheiden van een aspectmatige ofwel reductionistische benadering die andermaal kenmerkend is voor het survey. Dit holistische uit zich in het gebruik van kwalitatieve en niet voorgestructureerde maar open manieren van dataverzameling. Te noemen zijn het vrije interview, (participerende) observatie en de interpretatie van tekstueel en audiovisueel materiaal. Ook hier helpt *triangulatie* bij het verkrijgen van een integraal beeld van het onderzoeksobject (lees: case). Het verkrijgen van een integraal beeld van het object speelt vooral een belangrijke rol bij de etnografische manier van dataverzameling (zie paragraaf 7.4).

Kenmerkend voor een casestudy is voorts dat het object, de case, in zijn *natuurlijke omgeving* wordt bestudeerd. In de inleiding spraken we in dit kader van een onderzoek *op locatie*. Een casestudy aangaande het functioneren van de lokale omroep in een gemeente betekent bijvoorbeeld dat de onderzoeker zelf naar deze omroeporganisatie toe gaat. Ter plaatse praat hij dan met de mensen, bestudeert documenten en verricht waarnemingen met eigen ogen en oren. In een survey zou hij de medewerkers van de omroep veeleer een schriftelijke enquête toesturen, telefonisch enquêteren of, in het meest vergaande geval, hen thuis opzoeken voor een interview.

Omdat de selectie van te onderzoeken cases in de casestudy een cruciale plaats inneemt, volgen hieronder tot slot enkele manieren van strategische steekproeftrekking. Grofweg zijn er twee mogelijkheden: de onderzoeker kiest voor óf minimaal óf maximaal van elkaar verschillende cases. Stel dat er nog heel weinig van het onderwerp in kwestie bekend is, en dat de onderzoeker om die reden van plan is een *exploratief* onderzoek te starten. Het kan dan raadzaam zijn om cases te zoeken die over het geheel genomen zo veel mogelijk op elkaar lijken (minimale variatie). Als er namelijk sterke verschillen tussen de cases zijn, dan is het moeilijk om tot algemene beschrijvende uitspraken te komen.

Een andere, wellicht nog interessantere strategie van steekproeftrekking is die waarbij de onderzochte cases in een bepaald *door de onderzoeker te kiezen* opzicht (X) maximaal van elkaar verschillen en voor het overige maximaal aan elkaar gelijk zijn. Deze strategie kan aantrekkelijk zijn als men gericht zoekt naar een causaal verband tussen twee fenomenen X en Y. Stel een onderzoeker vermoedt dat de mate van samenwerking tussen zorgverleners (X) in sterke mate de kwaliteit van de gezondheidszorg in ziekenhuizen bepaalt (Y). Om deze hypothese op houdbaarheid te controleren kan deze onderzoeker bij de selectie van cases zoeken naar maximaal contrast in de onafhankelijke variabele (X), hier de mate van samenwerking. Dat wil zeggen, hij zoekt een instelling waar nauwelijks enige vorm van samenwerking tussen zorgverleners is, en een instelling die op dit punt als goed bekendstaat. Kortom, we laten (X) zo sterk mogelijk variëren. Door middel van een vergelijkende casestudy van deze twee cases gaat hij vervolgens na of de tweede instelling zich onderscheidt door een betere kwaliteit van de verleende medische hulp (Y).

Een andere mogelijkheid is die waarbij voor een maximale variatie in de *afhankelijke* variabele (Y) wordt gezorgd. In het gegeven voorbeeld is deze strategie zinvol als de onderzoeker wil nagaan welke factoren de kwaliteit van medische hulp bepalen of beïnvloeden. Hij zou dan enkele (afdelingen binnen) ziekenhuizen kunnen selecteren die bekendstaan om hun hoge kwaliteit van medicatie en zorg (Y). Deze zou hij kunnen vergelijken met (analoge afdelingen van) ziekenhuizen die in dit opzicht als minder goed te boek staan. In een vergelijkende analyse speurt hij dan naar systematische verschillen tussen de goede en de minder goede (afdelingen van) ziekenhuizen. Worden die verschillen gevonden, dan kunnen deze onder voorbehoud worden aangewezen als de oorzaken van de kwaliteitsverschillen.

Opgave

Wat zijn de redenen en de aard van het zojuist genoemde voorbehoud? Streef naar volledigheid in je antwoord. Tip: het antwoord op deze vraag is te vinden in de behandeling van het experiment hiervoor.

Een derde en laatste hier te noemen methodiek om cases voor een casestudy te selecteren is de zogenoemde *snowball sampling* (sneeuwbalprocedure). Hierbij selecteert de onderzoeker de cases een voor een. De eerste case wordt bestudeerd, op grond van bevind van zaken wordt de tweede geselecteerd, enzovoort. Deze methodiek kan worden gehanteerd als nog maar weinig van het terrein in kwestie bekend is en/of wanneer de onderzoeker volledig in het ongewisse is over wat hij in een case zoal kan tegenkomen. Ook indien de onderzoekspopulatie en de elementen daarin van tevoren niet bekend zijn, kan met vrucht een sneeuwbalprocedure worden gevolgd. Dit doet zich bijvoorbeeld voor in een onderzoek onder zwervers en daklozen in een bepaalde stad. De reden is dat deze mensen meestal niet met naam en toenaam bekend zijn bij de gemeente, terwijl het hier bovendien een sterk wisselende groep kan betreffen. Men trekt dan een steekproef door een eerste zwerver/dakloze aan het eind van het gesprek (lees: interview) te vragen of hij/zij nog een andere zwerver/dakloze in de betreffende stad kent, en waar/hoe hij deze zou kunnen vinden, enzovoort. Een andere hier te noemen interessante mogelijkheid voor snowball sampling doet zich voor als we bijvoorbeeld een bepaalde informatiestroom of een interactienetwerk willen achterhalen. We kunnen dan een respondent vragen bij wie hij bepaalde informatie heeft opgedaan, respectievelijk met wie deze persoon regelmatig interacteert of communiceert. De persoon die hij dan noemt, wordt vervolgens voor een interview benaderd, waarna eenzelfde vraag volgt, enzovoort.

Varianten
Er zijn binnen de casestudy verschillende modaliteiten en varianten, waarvan we hier de belangrijkste noemen.

1. Enkelvoudige casestudy
In de enkelvoudige casestudy wordt slechts één case diepgaand bestudeerd. Bij voorkeur ligt hier een zwaar accent op methodentriangulatie. Deze bestaat bijvoorbeeld uit een combinatie van individuele interviews, groepsgesprekken, observaties en raadpleging van tekstuele en audiovisuele documenten. Dit alles om het toeval – we hebben maar één case – zo veel mogelijk uit te schakelen. Bovendien is dit in het voordeel van de diepgang, dat een andere kenmerkende kwaliteit is van de casestudy (zie kenmerk 3 hiervoor). Een variant van de enkelvoudige casestudy is die waarbij in een en dezelfde case meerdere sub-cases worden onderscheiden, de zogenoemde embedded casestudy. Stel de onderzoeker wil uitspraken doen over het ambtelijke apparaat van een nationale overheid. Met het oog hierop onderzoekt hij de afzonderlijke ministeries of zelfs afdelingen daarbinnen als waren het losse cases. In dit kader wijzen we op het verschil tussen waarnemings- en onderzoekseenheden. In het voorbeeld hierboven vormen ministeries de onderzoekseenheden. Dit zijn, zoals bekend, de eenheden waarover we uitspraken willen doen. Als waarnemingseenheden ofwel databronnen fungeren dan de afzonderlijke afdelingen.

2. Vergelijkende casestudy

Het verschil tussen een vergelijkende en een enkelvoudige casestudy is dat men niet één case afzonderlijk bestudeert, maar verschillende cases die onderling worden vergeleken. Vandaar dat men hier wel spreekt van een vergelijkende casestudy. Deze heeft bijvoorbeeld belangrijke voordelen bij het zoeken naar causale verbanden tussen verschijnselen. Eerder bespraken we in dat verband over maximaal contrast in de onafhankelijke of de afhankelijke variabele. Ook hier zijn weer varianten te noemen, waarvan de twee belangrijkste hierna volgen.

De hiërarchische methode: bij deze variant voert men het onderzoek in twee fasen uit. In de eerste fase onderzoekt men de *afzonderlijke* cases als betrof het een serie van enkelvoudige casestudy's. Hierbij is het van groot belang dat deze afzonderlijke cases zo veel mogelijk *onafhankelijk* van elkaar worden bestudeerd. Bij de analyses en bij het weergeven van de onderzoeksresultaten van die afzonderlijke cases wordt bij voorkeur een vast patroon gevolgd. Dit vergemakkelijkt het uitvoeren van vergelijkingen in de daaropvolgende tweede fase. In deze tweede fase neemt men de afzonderlijke resultaten van de diverse cases uit de eerste fase als input voor een vergelijkende analyse over alle onderzochte cases heen. Hierbij tracht de onderzoeker verklaringen te vinden voor de overeenkomsten en verschillen tussen de diverse cases zoals die in de eerste fase naar voren zijn gekomen. Ook kan hij tot een hoger abstractieniveau van kennis komen door diverse zaken uit de afzonderlijke cases onder meer algemene en abstracte noemers te plaatsen.

Een variatie op deze methode zien we als in de eerste fase niet meerdere cases afzonderlijk door een en dezelfde onderzoeker worden bestudeerd, maar als verschillende onderzoekers dezelfde case bestuderen. De door hen *onafhankelijk van elkaar* verkregen onderzoeksresultaten worden vervolgens in de tweede fase op een iets hoger abstractieniveau geanalyseerd. Men noemt dit wel *onderzoekerstriangulatie*. Deze onderzoeksvorm kan echter in principe alleen worden toegepast als wordt gewerkt met andere databronnen dan personen. Men kan het een persoon nu eenmaal niet aandoen om hem de een na de andere onderzoeker op zijn dak te sturen met steeds dezelfde of analoog geformuleerde vragen. Wel uitvoerbaar is deze variant als bijvoorbeeld gebruik wordt gemaakt van schriftelijke en/of audiovisuele documenten en observaties als databronnen.

De hiërarchische methode is, zoals gezegd, een probaat middel om tot een hogere abstractiegraad en theorievorming te komen Daarnaast biedt deze interessante mogelijkheden voor het door studenten en promotieonderzoekers uit te voeren kwalificatieonderzoek (thesis, dissertatie). Zij ondernemen bijvoorbeeld met een medestudent of collega-PhD-student een gezamenlijk project waarin zij onder meer het principe van onderzoekerstriangulatie toepassen. Dit levert weliswaar normaliter meer werk op dan wanneer men het onderzoek alleen verricht. Immers, optredende verschillen moeten worden geduid, en via verbeterde waarnemingsschema's en dito codeerinstructies (zie hoofdstuk 5) worden weggewerkt, en uiteindelijk tot een eensluidende conclusie worden gebracht. Maar de grote winst is in principe een (sterk) verhoogde zekerheid over de interne validiteit van de onderzoeksresultaten. Ook het holistische karakter van de resultaten kan op deze manier in principe worden versterkt: wat de een niet ziet of hoort, ziet of hoort de ander wel.

De sequentiële methode: in deze variant van een vergelijkende casestudy begint de onderzoeker met een case die hij diepgaand bestudeert. Op grond van de bevindingen kiest hij een tweede case. Deze wordt vervolgens *in vergelijking met* de resultaten van de eerste case bestudeerd. Pas nadat uit deze vergelijking conclusies zijn getrokken, kiest men mede op basis van deze conclusies een derde case, enzovoort. Deze methode vertoont gelijkenissen met zowel de hiërarchische methode, de snowball sampling als met de verderop te behandelen gefundeerde theoriebenadering.

Tot zover een overzicht van enkele varianten van de casestudy. Hieronder volgt ter verdere verduidelijking een praktijkvoorbeeld.

Voorbeeld — Rustig Doorgaan

In verzorgingshuis 'Rustig Doorgaan' hoort men in de wandelgangen steeds meer klachten. Er zijn spanningen en er is sprake van ziekteverzuim en verloop onder het personeel. Tijdens de bestuursvergaderingen klagen ook de vertegenwoordigers van de bewoners steen en been: onvriendelijke bejegeningen en onvoldoende zorg door het personeel zijn aan de orde van de dag. De werkdruk van het personeel is door de bezuinigingen van de afgelopen jaren veel te hoog. Het opvallende is dat er grote verschillen zijn tussen de diverse afdelingen van het bewonerscomplex. In de ene afdeling lijkt alles pais en vree, in de andere afdeling gonst het van de negatieve geruchten, terwijl ook roddel en achterklap de sfeer volledig vergallen. De vraag is wat de achtergronden zijn van de geconstateerde problemen. Pas als dit duidelijk is, kan zinvol worden nagedacht over een oplossingsplan en over een beleid waarmee dit plan kan worden gerealiseerd.

De directie besluit dan ook tot een onderzoek en verstrekt een opdracht aan onderzoeksbureau UVWD. Dit bureau start daarop met een onderzoek. De onderzoekers verwachten na een eerste intakegesprek met verschillende betrokkenen dat er sprake is van een complexe problematiek die over een lange reeks van jaren is gegroeid. Daarom besluiten ze om de gehele situatie vanuit verschillende perspectieven en in haar totale context diepgaand te bestuderen.

Besloten wordt om per afdeling van het verzorgingshuis een onderzoek te verrichten. Men start met de afdeling waar de problemen het grootst zijn en met een afdeling waar alles nog zonder al te veel problemen verloopt. In beide afdelingen worden gesprekken gevoerd met de bewoners. Ook met het personeel wordt gepraat en overleg gevoerd. Daarnaast gaan de onderzoekers op gezette tijden naar de eetzaal, de recreatiezaal en andere gemeenschappelijke ruimten om te zien wat er gebeurt en waar de mensen over praten. Vooral als de bewoners druk discussiëren, zijn de onderzoekers alert. Verder worden vergaderingen bijgewoond en verslagen van eerdere vergaderingen bestudeerd. Aan het begin van die vergaderingen laten de onderzoekers bij voorkeur ook de problematiek op de agenda zetten.

Voor wat betreft het observatiegedeelte van het onderzoek spreken de onderzoekers af de waarnemingen zo veel mogelijk onafhankelijk van elkaar te verrichten, om daarna de resultaten met elkaar te vergelijken.

Ten slotte vragen en krijgen de onderzoekers een beperkte toegang tot geanonimiseerde medische dossiers. De anonimisering dient ter bescherming van de privacy van de betrokken bewoners. Als aanvulling daarop praten de onderzoekers met alle hulpverleners die naast het reguliere verzorgende personeel in het verzorgingshuis werkzaam zijn. Het aldus verzamelde materiaal wordt per afdeling diepgaand bestudeerd en met elkaar in verband gebracht (lees: geconfronteerd; zie hoofdstuk 3). Op basis van de resultaten die dit oplevert, wordt vervolgens een derde afdeling voor onderzoek geselecteerd, waarna dezelfde procedure volgt. Op deze manier worden in totaal zes van de twaalf afdelingen bewust gekozen en aan een onderzoek onderworpen. Op basis van de eerste resultaten van deze zes afzonderlijke studies wordt in een slotanalyse gepoogd een gedetailleerd totaalbeeld te krijgen van de oorzaken en achtergronden van de problemen.

Kader 6.4

We zien hier een team van onderzoekers aan het werk dat een praktijkgericht onderzoek uitvoert volgens het model van de vergelijkende casestudy. Refererend aan de interventiecyclus in hoofdstuk 2 nemen zij als onderzoeksdoel het stellen van een diagnose, te weten het achterhalen van de oorzaken en achtergronden van de problemen. Met het oog hierop starten zij met een *strategische* selectie van cases. Dat wil zeggen, zij kiezen twee afdelingen die *maximaal verschillen* op het punt van de te verklaren ofwel afhankelijke variabele (Y), te weten de ernst van de geschetste problemen. Dit is een handige strategie, aangezien de onderzoekers de oorzaken en achtergronden van de geschetste problemen willen achterhalen. Vervolgens werken ze volgens het principe van *snowball sampling*.

Verder valt uit de beschrijvingen op te maken dat in de eerste plaats personen, te weten bewoners en personeel en later ook andere hulpverleners, worden gekozen als databronnen. Bij deze personen worden met behulp van interviews (gesprekken) relevante gegevens verzameld. Maar ook het middel van observatie wordt gebruikt als de onderzoekers besluiten om op gezette tijden rond te gaan kijken in gemeenschappelijke ruimten en bij gemeenschappelijke activiteiten van de bewoners. Er is dus sprake van zowel *methoden- als bronnentriangulatie*. Daarnaast buiten zij het feit dat ze met meerdere onderzoekers aan hetzelfde project werken uit met een slimme *onderzoekerstriangulatie*. Ze besluiten immers om de observaties zo veel mogelijk onafhankelijk van elkaar te verrichten, en later de resultaten onderling te vergelijken. Nog meer bronnentriangulatie vindt plaats in de vorm van de bestudering van documenten, te weten medische dossiers van de bewoners.

Verder wordt duidelijk dat de onderzoekers kiezen voor een *hiërarchische vergelijkende casestudy*. Immers, de diverse afdelingen worden aanvankelijk *afzonderlijk* bestudeerd. Pas in een tweede fase worden de resultaten van deze deelstudies bij elkaar gelegd en met elkaar vergeleken om zodoende een *diepgaand totaalbeeld* te krijgen. We zien overigens ook elementen uit de *sequentiële* methode, waar de derde en volgende cases steeds worden gekozen op grond van en worden vergeleken met eerdere cases.

Ook dit voorbeeld laat goed zien dat de onderzoeker hier vrij is om zijn eigen ontwerp te maken en dat hij rustig kan afwijken van standaardprocedures. Ook kunnen elementen uit verschillende varianten en strategieën in het onderzoeksontwerp worden ingebouwd. Dit alles maakt het ontwerpen van een onderzoek tot een creatieve bezigheid waarbij veel fantasie, persoonlijk inschattingsvermogen en eerder verworven kennis en inzichten kunnen worden benut.

Voor- en nadelen
Vooral voor een praktijkgericht onderzoek kan de casestudy voordelen bieden. Ten eerste biedt deze onderzoeksstrategie mogelijkheden om een *integraal* beeld te krijgen van het onderzoeksobject. Hierin wijkt de casestudy af van het survey en het experiment, waarmee vooral aspectkennis wordt verkregen. Dit integrale beeld kan vooral een voordeel zijn in een onderzoek dat is gericht op verandering van een bestaande situatie. Pogingen tot verandering zijn in het algemeen riskant wanneer men de situatie en de context waarin het object is ingebed, niet in al zijn facetten kent. Men overziet dan immers de mogelijke gevolgen van een ingreep niet.

Een tweede voordeel van een praktijkgericht onderzoek dat als een casestudy is ingericht, schuilt in de mate van benodigde voorstructurering. In de casestudy is veel minder voorstructurering nodig dan in een survey of in een experiment. Dit maakt de casestudy in vergelijking met de beide andere strategieën veel *wendbaarder*. Hier is het dan ook veel gemakkelijker om tijdens het onderzoek nog van koers te veranderen. Dit is vooral een voordeel als het onderzoek betrekking heeft op een snel veranderende situatie, wat vooral in een praktijkgericht onderzoek beslist geen zeldzaamheid is.

Een derde en laatste hier te noemen voordeel van de casestudy, gezien vanuit een praktijkgericht project, is dat de resultaten vaak eerder door 'het veld' zullen worden *herkend*, *begrepen* en *geaccepteerd* dan die van een ingewikkeld (want nogal statistisch) kwantitatieve survey of van een experiment dat vaak enigszins kunstmatig is. Een van de redenen hiervan is dat in een kwalitatieve casestudy de onderzoeker een minder afstandelijke rol speelt dan in een survey en in een experiment. Bovendien liggen de gebruikte, zoals gezegd hoofdzakelijk kwalitatieve, methoden dichter aan tegen het gezonde verstand en zijn de gegevens die deze opleveren meer alledaags van karakter. Daardoor kunnen de gebruikte methoden en de resultaten die ze opleveren, herkenbaarder zijn en beter worden geaccepteerd dan in een survey of experiment het geval is. Deze acceptatie door 'het veld' is vaak een voorwaarde om een daadwerkelijke bijdrage aan een veranderingsproces te kunnen leveren. Voor de theoriegerichte onderzoeker spelen deze argumenten niet of in ieder geval veel minder.

Een potentieel nadeel van de casestudy is dat de *externe* geldigheid van de resultaten onder druk staat. Naarmate men minder gevallen bestudeert, is het moeilijker om de bevindingen van toepassing te verklaren op het geheel of op analoge gevallen. Het spreekt voor zich dat dit voor een praktijkgericht onderzoek, waarin men bijvoorbeeld uitspraken wil doen over slechts één organisatie, in principe nauwelijks een probleem is. Maar in het theoriegerichte onderzoek kan dit wel degelijk een rol spelen. Ook in dat opzicht is de kwantitatieve survey een tegenpool van de casestudy. In het survey is externe geldigheid in principe makkelijker haalbaar dan in een casestudy. Maar door de geringere diepgang, de meer arbeidsextensieve methoden en de geringere wendbaarheid zal de interne geldigheid in een survey eerder onder druk komen te staan dan in een casestudy. Kortom, het hangt er maar van af waar de onderzoeker zijn prioriteit wil leggen: bij de interne of bij de externe validiteit van onderzoeksresultaten.

Gebruiksmogelijkheden

De casestudy biedt vooral voor de beginnende onderzoeker interessante mogelijkheden. Hiervoor zijn drie pragmatische redenen aan te voeren. Een eerste voordeel is dat dit type onderzoek in principe gemakkelijker binnen haalbare proporties is te houden dan bijvoorbeeld het experiment en vooral het survey. Dit laatste vanwege de hoge mate van voorstructurering die het survey en ook het experiment vereisen, en het grote aantal onderzoekseenheden waarover in het survey gegevens moeten worden verzameld.

Een tweede praktisch voordeel voor de beginner kan zijn dat bij een casestudy in principe met relatief weinig methodologische kennis en training toch heel zinvolle onderzoeksresultaten kunnen worden verkregen. Zoals gezegd heeft de casestudy en de daar te volgen werkwijzen meer overeenkomsten met het alledaagse denken en handelen dan het geval is met de andere onderzoeksstrategieën. Zo kan een student zonder veel kennis van methoden en statistiek in principe gemakkelijker en met minder risico's een casestudy uitvoeren dan bijvoorbeeld een survey of een experiment. Vooral in de analysefase van een survey is enige kennis van de statistiek en kwantitatieve onderzoeksmethoden onontbeerlijk.

Een derde en laatste hier te vermelden praktisch voordeel is dat de casestudy, anders dan de meeste andere strategieën, in vrijwel elke situatie is toe te passen. Zo stuit een experiment vaak op praktische of morele bezwaren, terwijl slechts zeer specifieke causale vraagstellingen kunnen worden onderzocht. En voor een survey ontbreken vaak de benodigde grote aantallen onderzoekseenheden. Bovendien zijn zoals betoogd veel praktijkgerichte vraagstellingen gebaat bij een meer kwalitatieve benadering.

De lezer die overweegt om zijn onderzoek naar het model van de casestudy in te richten, wordt geadviseerd om in aanvulling op het bovenstaande kennis te nemen van bijvoorbeeld Yin (2003), Dul en Hak (2008), Hutjes en Van Buuren (1996) en Verschuren (2003 en 2016).

Opgave

a. Stel, je wilt een casestudy uitvoeren naar de *aard* van conflicten die zich op een van de afdelingen van een gemeentelijk ambtenarenapparaat voordoen. Je wilt hiermee tot een diepgaand inzicht in de aard van deze conflicten komen. Maak een gedetailleerd technisch ontwerp voor dit onderzoek. Geef bij elke daarbij gemaakte keuze aan wat je argumenten en overwegingen zijn.

b. Stel, je wilt in vervolg op de casestudy bij a via een tweede casestudy in kaart brengen wat de typische *gevolgen* zijn van de conflicten op de bewuste afdeling. Maak een technisch ontwerp voor deze casestudy, die in slechts twee maanden onderzoekstijd kan worden uitgevoerd. Beargumenteer al je daarbij gemaakte keuzen. Geef ook een lijstje van de vele maatregelen die je bij het maken van het ontwerp neemt/hebt genomen om tot een drastische inperking van het project te komen.

6.6 De gefundeerde theoriebenadering

Een onderzoek dat is uitgevoerd volgens de gefundeerde theoriebenadering, is te karakteriseren als een manier om, met bewust afzien van kennis die de onderzoeker van het object heeft, en door het voortdurend op elkaar betrekken (confronteren) van fenomenen, te komen tot nieuwe theoretische inzichten.

Kenmerken
De belangrijkste kenmerken van de gefundeerde theoriebenadering zijn:
1. een zoeken naar *verklaringen* en *theorievorming*;
2. een *zoekende* en *tentatieve* houding van de onderzoeker;
3. *empirie-gestuurd* in plaats van het meer gebruikelijke theorie-gestuurd;
4. een *kwalitatieve* analyse, vooral door het voortdurend onderling en met elkaar *vergelijken* van empirische gegevens en theoretische noties en concepten;
5. een *inductieve* in afwijking van een gebruikelijk dominante deductieve werkwijze;
6. het gebruik van zogenoemde *sensitizing concepts*;
7. een *consequente toepassing* van hierna nader aan te geven procedures en technieken.

Deze zeven kenmerken, waarvan de meeste onderling nauw samenhangen, lichten we hierna kort toe.
In deze bij uitstek kwalitatieve onderzoeksbenadering (zie ook kenmerk 4) ontstaat een theorie of een theoretisch concept langzaam maar zeker *tijdens* het onderzoek. De onderzoeker begint dus niet met een uitgewerkte theorie die vervolgens wordt getoetst, maar laat die theorie oprijzen uit het empirische materiaal (zie ook kenmerk 3). Vandaar dat hier ook wel wordt gesproken van een 'emergent design'.

Zoekende houding
De onderzoeker begeeft zich als het ware als een ontdekkingsreiziger op pad. Niet voor niets heet de voor deze benadering baanbrekende studie van Glaser en Strauss uit 1967 *The Discovery of Grounded Theory*. Het is een speurtocht die soms langs meer bekende contreien voert, maar vaak ook leidt naar onbekende landschappen, waarin de onderzoeker moeite heeft om de weg te vinden en

vast te houden. De onderzoeker dient daarbij voortdurend open te staan voor de indrukken die de bestudering van de onderzoeksgegevens en het bestuderen van relevante literatuur meebrengen. Deze open houding – ook wel 'theoretical sensitivity' genoemd – 'refers to the attribute of having insight, the ability to give meaning to data, the capacity to understand, and capability to separate the pertinent from that which isn't' (Strauss & Corbin, 1990). Sommige onderzoekers hebben een dergelijke houding van nature meer dan andere. Maar deze attitude is ook aan te leren en kan worden versterkt naarmate men zich toelegt op en meer vertrouwd raakt met de technieken en procedures zoals hierna beschreven.

In de sociale wetenschappen staat deze houding van de onderzoeker bekend als een 'hermeneutische' of 'verstehende' houding. Deze onderscheidt zich van een meer hypothetisch-deductieve benadering van bijvoorbeeld de survey-onderzoeker (zie ook kenmerk 5). Deze laat zich in principe in sterke mate leiden door wat hij zelf al van het object van studie weet, alsook door bestaande theoretische inzichten. Ook richt deze onderzoeker zich meestal op hypothesetoetsing, meer dan op theorieontwikkeling. Beide zijn legitieme wetenschappelijke houdingen en leiden tot een verdere ontwikkeling van de wetenschap, mits men daarbij de wetenschappelijke criteria van navolgbaarheid en geldigheid in acht neemt. Voor de zoekende houding impliceert dit laatste dat de onderzoeker er voortdurend op let zich niet te laten meeslepen door zijn fantasie en creativiteit. In plaats daarvan behoudt hij een kritische en sceptische houding ten aanzien van de zich ontwikkelende theorie. Onderdeel daarvan is dat de ontwikkelde concepten al tijdens de uitvoering van het onderzoek voortdurend op hun geldigheid ofwel empirische houdbaarheid worden getoetst. Als zij deze toets niet doorstaan, dan wordt hun betekenis aangepast of worden ze terzijde geschoven en zo mogelijk vervangen door een ander concept (Blumer, 1986).

Voortdurende vergelijking

Vaak wordt de gefundeerde theoriebenadering aangeduid als de methode van *voortdurende vergelijking*. De onderzoeker is tijdens zijn ontdekkingsreis steeds bezig om datgene wat hij aantreft te vergelijken met wat eerder is waargenomen en geïnterpreteerd of wat anderen hebben beschreven. Hij onderzoekt of het nieuwe fenomeen dezelfde kenmerken bezit als een eerder waargenomen vergelijkbaar fenomeen, dan wel juist afwijkende eigenschappen laat zien. In dat laatste geval wordt nagegaan of er hierbij sprake is van een afwijking die de regel bevestigt, van een bijstelling van de regel of dat het een geval is van een tot nu toe onderbelicht facet van het te ontwikkelen theoretisch concept. Er zijn heel wat vergelijkingsmogelijkheden, waarvan we er enkele noemen. De voorbeelden erbij zijn ontleend aan een onderzoek van Benschop uit 1996 (zie Benschop & Doorewaard, 1998).

a. Primaire empirische vergelijking

De onderzoeker kan een door hem zelf waargenomen verschijnsel vergelijken met een ander fenomeen uit hetzelfde onderzoek. In een onderzoek naar de kwaliteit van de arbeid in de banksector bijvoorbeeld constateert Benschop dat deeltijdarbeid vooral voorkomt bij de lager gekwalificeerde administratieve en niet bij de hogere commerciële functies. Tevens constateert zij dat vooral vrouwen in een bank in deeltijdfuncties werken. Zou er een verband bestaan tussen beide verschijnselen, zo vraagt zij zich af?

b. Secundaire empirische vergelijking

De onderzoeker kan een door hem aangetroffen verschijnsel vergelijken met hetzelfde of een analoog door andere onderzoekers beschreven verschijnsel. Onze onderzoeker bestudeert bijvoorbeeld verslagen van door anderen uitgevoerd onderzoek naar de mate waarin er in deeltijd gewerkt wordt. Zij constateert dat ook in deze onderzoeken gewag wordt gemaakt van het feit dat vooral vrouwen in lagere deeltijdfuncties werkzaam zijn. Dit bevestigt dan een (nieuw ontdekte) regel.

c. Primaire theoretische vergelijking

De onderzoeker vergelijkt een door hem waargenomen verschijnsel met de theoretische inzichten die hij eerder zelf voor soortgelijke of analoge verschijnselen heeft ontwikkeld. Op basis van een eerste analyse van de aangetroffen verschijnselen formuleert de onderzoeker in ons voorbeeldonderzoek twee hypothesen. De eerste is dat vooral vrouwen met jonge kinderen een deeltijdbaan prefereren boven een fulltime baan. Dit vanwege hun zorgverplichtingen binnenshuis. De tweede hypothese houdt in dat vooral kort cyclisch en dus laaggekwalificeerd werk in aanmerking komt voor deeltijdfuncties. De combinatie van beide hypothesen zou verklaren waarom vooral vrouwen laaggekwalificeerde deeltijdtaken uitvoeren. In de volgende door haar onderzochte onderneming constateert Benschop opnieuw dat ook daar vooral vrouwen in deeltijd werken. Zij besluit dan om beide hypothesen te onderzoeken. Dit niet alleen door ook de gezinssituatie van deze vrouwen in de analyse te betrekken. Bovendien gaat ze het cyclische karakter van de deeltijdfuncties bestuderen. Haar theoretische vermoedens worden bevestigd.

d. Secundaire theoretische vergelijking

De onderzoeker vergelijkt een verschijnsel met theorieën van andere onderzoekers. De onderzoeker in ons voorbeeld bestudeert onder andere de wetenschappelijke literatuur die gaat over de kwaliteit van de arbeid, over deeltijd en over de positie van vrouwen in organisaties. Daaruit blijkt dat het door haar waargenomen verschijnsel van vooral vrouwen met jonge kinderen op laaggekwalificeerde arbeidsplaatsen, vaker geplaatst wordt binnen de theorie van de *mommy track*. Deze behelst dat vrouwen met jonge kinderen vaak alleen in deeltijd kunnen werken. Ook stelt deze theorie dat, ongeacht hun kwaliteiten en kwalificaties, deze vrouwen doorgaans uitsluitend terechtkomen op de lager gekwalificeerde functies. Vaak worden zij in hun arbeidscarrière op een zijspoor gezet. De onderzoeker noteert dit als een hypothese die zij aan haar onderzoeksmateriaal wil gaan toetsen.

e. Theorieënvergelijking

De onderzoeker vergelijkt de door hem ontwikkelde theoretische concepten met andere theoretische concepten. Benschop duikt bijvoorbeeld verder de literatuur in en vergelijkt de theorie van de *mommy track* met andere theorieën over carrièrekansen en -beperkingen. Daaruit blijkt dat succesvolle carrières vaak gemaakt worden door mensen die zich helemaal kunnen storten op hun werk en geen andere sociale of maatschappelijke verplichtingen hebben. Zo ontdekt zij dat gecombineerde verantwoordelijkheden vaak een carrièrebarrière vormen.

f. Deductieve vergelijking

De onderzoeker leidt uit een of andere theorie het voorkomen van een karakteristiek van een verschijnsel af. Vervolgens gaat hij in het eigen onderzoek op zoek naar karakteristieken die met de aan de theorie ontleende karakteristieken vergelijkbaar zijn. In het voorbeeldonderzoek signaleert de onderzoeker in de wetenschappelijke literatuur over loopbaanontwikkeling bijvoorbeeld dat men er in organisaties als vanzelfsprekend van uitgaat dat mensen die een carrière ambiëren, zich fulltime ter beschikking stellen. Voetstoots wordt aangenomen dat mensen die blijk geven van andere prioriteiten, zoals het verzorgen van kinderen, geen carrière willen maken. De onderzoeker gaat na hoe er binnen de door haar onderzochte bedrijven gedacht wordt over het maken van carrières. Zij komt veel uitspraken en meningen tegen die het beeld bevestigen van een carrièremaker als een persoon die fulltime beschikbaar is voor de organisatie.

g. Inductieve vergelijking

De onderzoeker stelt in de werkelijkheid een karakteristiek van een verschijnsel vast en gaat vervolgens in de theorie op zoek naar een verklaring voor deze karakteristiek. Benschop constateert bijvoorbeeld dat in de door haar onderzochte bedrijven veel mensen impliciet een bepaald beeld hebben van wat men doorgaans verstaat onder een carrièremaker. Zo denkt men aan een persoon die meer dan fulltime wil werken en bereid is zijn privéleven daarvoor op te offeren. Vaak ook heeft men daarbij een man voor ogen. Het valt deze onderzoeker op dat dit beeld door veel vrouwen die in deeltijd werken onderschreven wordt. Ook deze vrouwen blijken het normaal te vinden dat zij – juist omdat zij in deeltijd werken – geen carrièreperspectief hebben. Op zoek naar een verklaring voor dit fenomeen stuit de onderzoeker op theorieën die een dergelijk zelfbeeld verklaren vanuit genderspecifieke socialisering en identiteitsvorming. Andermaal heeft zij een interessant idee dat zij aan haar onderzoeksmateriaal op houdbaarheid kan gaan toetsen. Mogelijk levert haar dit ook meer details op voor de genoemde genderspecifieke theorie; dat zou een verrijking van de bestaande theorievorming betekenen.

Tot zover de voorbeelden. De onderzoeker kan naar wens de vergelijkingstypen kiezen, afhankelijk van wat zich in het onderzoek aandient. Verder is kenmerkend voor deze onderzoeksstrategie dat niet alleen het ontwerpen van het onderzoek zoals gebruikelijk, maar ook het uitvoeren ervan op iteratieve wijze gebeurt. Als de onderzoeker bijvoorbeeld halverwege het onderzoek op het spoor komt van een theoretische verklaring, dan gaat hij met deze nieuwe 'bril' op terug naar eerder door hem geanalyseerde interviewverslagen, documenten of observatierapporten. Dit om meer details van dit nieuwe inzicht te genereren.

Van belang bij al deze activiteiten is dat de onderzoeker zorgvuldig en navolgbaar te werk gaat. Dit is hier veel meer van belang dan bij andere onderzoekstypen. Dit vanwege het feit dat de onderzoeker hier veel vrije keuzemogelijkheden heeft en sterk moet vertrouwen op eigen interpretaties en intuïtie. In feite is de laatstgenoemde zelf het 'meetinstrument'. Daarom doet hij van elke stap nauwkeurig verslag om aan te geven op welke manier de bevindingen zich ontwikkelden. Behulpzaam hierbij zijn de min of meer gestandaardiseerde procedures en technieken van de gefundeerde theoriebenadering, waarover nu meer.

Procedures en technieken

Juist de ontwikkeling van nieuwe theorieën en theoretische concepten draagt het gevaar in zich van subjectiviteit en onnavolgbaarheid van de onderzoeker. Daarom, hebben de grondleggers van deze onderzoeksstrategie extra veel waarde gehecht aan het consequent volgen van bepaalde procedures en technieken. Deze stellen kritische collega-onderzoekers in staat het ontwikkelingsproces van de nieuwe theorie stap voor stap te volgen en op waarde te schatten. Hierna presenteren we in het kort de belangrijkste procedures en technieken. Ze vullen elkaar aan en de onderzoeker kan ze in vrijwel elke fase van het onderzoek toepassen.

1. Sensitizing concepts en open codering

In de eerste fase van theorievorming gaat het om het verkennen van het onderzoeksterrein. De onderzoeker maakt hierbij gebruik van alle hem ter beschikking staande bronnen en technieken. Ook is hij nieuwsgierig naar en stelt zich open voor alles wat informatie kan verschaffen over het onderzoeksterrein in kwestie. In deze fase spelen zogenoemde 'sensitizing concepts' een belangrijke rol. Dit zijn voor de uit te voeren analyse richtinggevende concepten. De betekenis ervan wordt aan het begin van het onderzoek nog zo open mogelijk gehouden. In de loop van het onderzoek wordt aan deze begrippen naar bevind van zaken geleidelijk een steeds specifiekere betekenis toegekend. In deze eerste fase worden vooral losse aantekeningen gemaakt van de waargenomen verschijnselen. Ook worden tentatief begrippen gekozen die de beschreven verschijnselen kunnen duiden: de sensitizing concepts. Strauss en Corbin (1990) noemen deze activiteiten 'open codering'. Dit is het proces waarin gegevens met elkaar worden vergeleken. Ook probeert de onderzoeker in deze fase stukken tekst of audiovisueel materiaal te karakteriseren door het toekennen van een pakkend label ofwel *code*. Hierna ziet de lezer een voorbeeld van open codering, waarbij gebruikgemaakt wordt van sensitizing concepts.

Voorbeeld Oversprongedrag (1)

Veel studenten stellen hun studeeractiviteiten uit tot vlak voor het tentamen. Een onderzoek naar het studeergedrag van studenten moet meer inzicht opleveren in dit fenomeen. 'Dat heeft veel te maken met oversprongedrag', zegt een van de geïnterviewden. 'Je stelt het studeren steeds maar uit omdat je, zo vind je, eerst nog iets anders moet doen.' De onderzoeker gaat na wat er zoal komt kijken bij dit oversprongedrag. Hij doet dit door andere mensen hierover te interviewen, zijn eigen oversprongedrag te analyseren en andere studies hierover te lezen. *Oversprongedrag* is dan een 'sensitizing concept' in het onderzoek naar het studeergedrag van studenten.

Nu heeft elke student zo zijn eigen manieren van oversprongedrag ontwikkeld. De onderzoeker bestudeert daarom verschillende verschijningsvormen van het oversprongedrag en beschrijft deze. Vervolgens kent de laatstgenoemde aan dit gedrag een label of code toe om daarmee het in een tekstgedeelte beschreven gedrag te karakteriseren. Door verschillende verschijningsvormen onderling te vergelijken (open codering) krijgt de onderzoeker meer en meer inzicht in de karakteristieken van dit fenomeen.

Kader 6.5

2. Axiale codering

Vervolgens dienen de toegekende codes en de voorlopige inhouden en connotaties die deze hebben gekregen, te worden vergeleken en aldus te worden verrijkt met nieuwe of meer specifieke betekenisinhouden. Dit gaat door totdat deze codes, lees concepten in ontwikkeling, in voldoende mate ontwikkeld zijn tot volwaardige begrippen, die eenduidig zijn omschreven. Ook geven zij belangrijke facetten van het te analyseren onderzoeksterrein weer. Strauss en Corbin (1990) spreken in dit verband over 'axiale codering', een procedure waarin de verschillende concepten (codes, labels) met elkaar in verband worden gebracht, zo mogelijk binnen een oorzaak-gevolgschema. In dit proces worden de *condities* en de *context* weergegeven waarbinnen het bestudeerde *fenomeen* optreedt. Ook brengt dit proces van axiale codering de *handelingstrategieën* van mensen die dit fenomeen voortbrengen naar voren, alsook de *gevolgen* die deze strategieën hebben. We geven hiervan weer een voorbeeld.

Voorbeeld Oversprongedrag (2)

Bij de ontwikkeling van het oversprongedrag (*fenomeen*) spelen diverse zaken in het studentenleven een rol. Te noemen zijn de zwaarte van het tentamen, de prestaties van de student tot dusver, diens sociale contacten, de faalangst, enzovoort (*condities en context*). Het oversprongedrag zelf bestaat uit een veelvoud van handelingen (*strategieën*), zowel op het terrein van het studeergedrag zelf (eerst nog een ander artikel lezen), het sociale gedrag (eerst bij anderen op bezoek gaan) als het strikt individuele gedrag (eerst de keuken schoonmaken en boodschappen doen). Oversprongedrag veroorzaakt spanning, slechte tentamenresultaten en schuldgevoelens (*gevolgen*).

Kader 6.6

3. Selectieve codering

De veelheid van beschreven verschijnselen en ontwikkelde begrippen en trefwoorden wordt teruggebracht tot een kernachtige omschrijving van de te ontwikkelen theorie. Dit gebeurt door de kernbegrippen vast te stellen en de essentie van de samenhangen tussen deze begrippen en aanverwante verschijnselen in een betooglijn te formuleren. Strauss en Corbin (1990) noemen dit 'selectieve codering', het vaststellen van een 'core category' (kernbegrip) door de redenering achter de samenhang van verschijnselen (verhaallijn) aan te geven.

Voorbeeld   Overspronggedrag (3)

Het overspronggedrag van studenten lijkt deel uit te maken van een meer complex leef- en denkpatroon, dat typisch is voor studenten in onze tijd. (De lezer ziet de betekenisinhoud van het sensitizing concept langzaam groeien.) Er is sprake van een zogeheten studentensubcultuur (kernbegrip). Deze subcultuur heeft een aantal structurele kenmerken. Bedoeld zijn bijvoorbeeld de aard van de huisvesting en een aantal handelingskenmerken, zoals het blokken voor een tentamen of een studentikoos leven leiden. Nadere analyse van deze kenmerken van de studentensubcultuur brengt naar verwachting meer aan het licht over het studeergedrag, inclusief het overspronggedrag van studenten.

Kader 6.7

Na de formulering van het kernbegrip en van de centrale betooglijn wordt ten slotte de theorie in wording verder uitgewerkt. Hierbij gaat het vooral om het zoeken naar relaties tussen de gevonden kernbegrippen onderling, en naar verbanden van deze laatste met de overige belangrijke concepten in het onderzoek. Verder worden zo mogelijk verbindingen gelegd met andere bestaande theorieën op dit terrein. De grenzen van de theorie in wording worden afgetast door extreme situaties te bestuderen die in eerste instantie de theorie lijken tegen te spreken. Daarna is de theorie rijp voor empirische toetsing. Tot zover de bespreking van een drietal elkaar in de tijd opvolgende procedures van codering die de onderzoeker kan doorlopen. Zo dadelijk geven we een voorbeeld dat het hele proces bestrijkt.

Varianten

Er bestaan van deze benadering geen gestandaardiseerde varianten. Wel kan een onderzoeker een eigen ontwerp maken door bepaalde accenten te leggen en keuzen te maken uit de diverse vergelijkingsmogelijkheden die er zijn. We geven hier een voorbeeld van.

> **Voorbeeld** Gender subtext
>
> Een voorbeeld van de toepassing van de procedures en technieken van de gefundeerde theoriebenadering is het eerder ter sprake gebrachte onderzoek van Benschop (zie Benschop & Doorewaard, 1998). Hierin worden verschijningsvormen en effecten van het onderscheid tussen mannen en vrouwen en tussen masculiniteit en femininiteit in organisaties in kaart gebracht. In de wetenschappelijke publicaties op het terrein van vrouwenstudies wordt gewezen op het bestaan van onderliggende, aan macht gerelateerde, processen in organisaties. Deze processen zorgen ervoor dat er sprake blijft van genderongelijkheid in organisaties. Benschop gebruikt in haar onderzoek deze notie van onderliggende *machtsprocessen* als een 'sensitizing concept'. Vervolgens werkt zij dit concept op exploratieve wijze verder uit. Ze doet dit door bestaande theorieën op dit terrein te confronteren met door haar verzameld empirisch materiaal.
>
> Zij gaat in de wetenschappelijke literatuur op de terreinen van vrouwenarbeid, vrouwenstudies en organisatiewetenschappen op zoek naar begrippen en noties die haar bij haar speurtocht naar machtsprocessen behulpzaam kunnen zijn. Vervolgens verzamelt Benschop bij vijf cases in de banksector gegevens over deze processen. Ze doet dit met behulp van triangulatie van observaties, interviews en documentanalyses.
>
> Met behulp van de techniek van open codering werkt zij een aantal begrippen uit die van belang lijken bij de beschrijving van het fenomeen genderongelijkheid. Een van die begrippen is het begrip 'paradepaardjes'. Hiermee zijn bedoeld vrouwen die erin geslaagd zijn om hoge posities te verwerven en wier carrière als lichtend voorbeeld wordt voorgehouden aan iedereen in de organisatie. Met behulp van de technieken van axiale en selectieve codering, toegepast op de genoemde begrippen, komt Benschop tot de ontwikkeling van het kernbegrip *'gender subtext in organisaties'*. Hieronder verstaat zij een verzameling van organisatorische maatregelen en sociale praktijken die vaak impliciet het genderonderscheid reproduceren of zelfs produceren. Doorgaans manifesteert dit genderonderscheid zich als genderongelijkheid. De genoemde arrangementen hangen onderling samen en vormen de basis voor de verschillende organisatiepraktijken waarin het genderonderscheid naar voren komt.
>
> De resultaten van haar onderzoek laten zien dat gender subtext zoals dit door Benschop wordt geconcipieerd, voorkomt in diverse en uiteenlopende sociale praktijken en verschillende organisatorische constellaties. Dit gebeurt echter vaak zonder dat de betrokken mannen en vrouwen zich hiervan bewust zijn, laat staan dat zij deze gender subtext opzettelijk creëren en/of in stand houden. Zo is er overduidelijk sprake van een ongelijke horizontale en dito verticale arbeidsverdeling tussen mannen en vrouwen. Maar tegelijkertijd overheerst in alle onderzochte bedrijven, zowel bij mannen als bij vrouwen, de mening dat er sprake is van gelijkheid in behandeling en waardering van mannen en vrouwen. In die zin is er sprake van een gelijkheidsideologie.
>
> De studie van Benschop is vooral verkennend van aard. Het concept 'gender subtext' krijgt gaandeweg meer gestalte door de voortdurende vergelijking tussen theoretische basisconcepten over macht, interactie en identiteit enerzijds, en empirische gegevens anderzijds. Het is vervolgens zaak om het concept in een empirisch vervolgonderzoek te toetsen. Dit kan door het zodanig te operationaliseren dat bijvoorbeeld ook kwantitatief onderzoek naar het bestaan en de invloed van genderongelijkheid mogelijk wordt.
>
> Kader 6.8

Voor- en nadelen

Een belangrijk voordeel van de gefundeerde theoriebenadering is dat hiermee een theorie kan worden ontwikkeld die ondanks haar abstractie zeer herkenbaar is voor de personen over wie deze theorie gaat. Eerder zagen we dit als een belangrijke voorwaarde voor de bruikbaarheid van onderzoeksresultaten. De reden van deze bruikbaarheid is dat deze theorie in veel gevallen op basis van bestaande praktijken, en niet alleen op basis van een creatief en associatief gedachteproces, wordt ontwikkeld. Vandaar ook de naam 'grounded theory'. Ook is het een methode waarmee de onderzoeker een totaalbeeld van een complexe situatie kan krijgen. Een gevaar kan zijn dat men zich juist in die complexiteit verliest en dat men de eigen fantasie al te zeer de vrije loop laat.

Gebruiksmogelijkheden

De gefundeerde theoriebenadering is vooral geschikt als men een theorie wil ontwikkelen op een nieuw, nog niet of weinig onderzocht terrein. Favoriet daarbij is dat men niet zozeer streeft naar abstracte, maar naar dicht bij de empirie staande theorieën. Ook is deze strategie bruikbaar bij het uitwerken van onderdelen van de vraagstelling. Regelmatig komt het voor dat een onderzoeker op onderdelen geconfronteerd wordt met onvoldoende uitgewerkte theoretische concepten. Door nu – zij het op beperkte schaal – gebruik te maken van de procedures en technieken van de gefundeerde theoriebenadering is de onderzoeker in deze gevallen in staat om de vraagstelling op wetenschappelijke wijze verder uit te werken. Deze verdere uitwerking komt dan vooral tot uiting in de definities van de kernbegrippen uit deze doel- en vraagstelling. Zoals de lezer weet, vormen deze laatste immers een onafscheidelijk onderdeel van een goede probleemstelling. Daarom ook verdient het aanbeveling om van de in een vraagstelling geformuleerde theoretische concepten na te gaan of deze een hechter theoretisch fundament behoeven. De onderzoeker combineert in dat geval de gefundeerde theoriebenadering met een of meer varianten van de casestudy, het experiment, het survey- of het bureauonderzoek.

Voor wie volgens deze gefundeerde theoriebenadering wil gaan werken, adviseren wij kennis te nemen van auteurs als Glaser en Strauss (1967), Strauss en Corbin (1990), Smaling (1987), Wester (1987) en Boeije (2005).

Opgave

a. Bedenk voor jouw vakgebied drie terreinen of onderwerpen voor een onderzoek waarvan je aanneemt dat deze zo nieuw zijn dat er nog geen of weinig theorievorming voor heeft plaatsgevonden. Juist deze lenen zich immers extra goed voor een gefundeerde theoriebenadering.
b. Bedenk voor elk van deze drie terreinen of onderwerpen een begrip dat zich leent om te gebruiken als sensitizing concept. Licht je antwoord toe.

6.7 Bureauonderzoek

Bureauonderzoek is een onderzoeksstrategie waarbij de onderzoeker gebruikmaakt van door anderen geproduceerd materiaal, dan wel waarbij hij probeert via reflectie en het raadplegen van literatuur tot nieuwe inzichten te komen.

Kenmerken
Een bureauonderzoek herkent de lezer aan vier zaken:
1. gebruik van bestaand *tekstueel en audiovisueel materiaal*, in plaats van het gebruikelijke verzamelen van empirisch materiaal;
2. een hoofdrol voor *logisch en systematisch nadenken (reflectie)*;
3. *geen direct contact* met het onderzoeksobject;
4. gebruik van het materiaal vanuit *een ander perspectief* dan waarmee het werd geproduceerd.

We lichten deze kenmerken hier kort toe. Veruit het belangrijkste kenmerk van een bureauonderzoek is dat het materiaal dat wordt gebruikt, door anderen is geproduceerd. De onderzoeker gaat er dus bijvoorbeeld zelf niet op uit om mensen te interviewen of om processen te observeren.
Er zijn drie categorieën bestaand materiaal waarvan in een bureauonderzoek gebruik kan worden gemaakt: literatuur, secundaire data en ambtelijk statistisch materiaal. Met *literatuur* worden bedoeld boeken, artikelen, congrespapers en dergelijke, waarin wetenschappers hun onderzoeksresultaten en overige kennisproducten neerleggen. Met *secundaire data* doelen we op empirische gegevens die door andere onderzoekers of door de onderzoeker zelf in een eerder onderzoek bijeen zijn gebracht. Dit kunnen bijvoorbeeld protocollen zijn waarin interviews zijn vastgelegd. Maar het kan ook gaan om databestanden die geschikt zijn voor een kwantitatieve analyse met behulp van de pc. Er zijn allerlei archieven waar dit soort secundair materiaal ligt opgeslagen, de zogenoemde databanken. Het is van belang erop te wijzen dat secundaire data kunnen stammen uit empirisch onderzoek, zoals een survey, een experiment of een casestudy. Materiaal dat voortkomt uit een gefundeerde theoriebenadering echter is vaak zo persoonsgebonden, dat het zich bezwaarlijk leent voor een secundair onderzoek. Dit betekent dat bureauonderzoek waarin van secundaire data gebruik wordt gemaakt, in grote lijnen voldoet aan de karakteristieken van een van de typen onderzoek zoals beschreven in de paragrafen 6.3 tot en met 6.5. Met *ambtelijk statistisch materiaal* bedoelen we data die periodiek of voortdurend worden verzameld voor een breder publiek.
De hiervoor genoemde kenmerken 2 en 3 zijn een rechtstreeks gevolg van het werken met bestaand materiaal. Aan deze kenmerken zijn diverse voordelen maar ook enkele beperkingen verbonden. Deze worden verderop behandeld onder het kopje 'Voor- en nadelen'.

Varianten

We onderscheiden twee hoofdvarianten van het bureauonderzoek, te weten *literatuuronderzoek* en *secundair onderzoek*. Parallel aan het onderscheid tussen kennisbronnen en databronnen maakt de onderzoeker bij het eerste type onderzoek gebruik van door anderen geproduceerde *kennis* (*kennis*bronnen). In het tweede geval wordt gewerkt met door anderen geproduceerde *empirische gegevens* (*data*bronnen). Het spreekt overigens voor zich dat ook hier weer de mogelijkheid bestaat van een mix van beide varianten. Beide typen lichten we hieronder kort toe.

1. Literatuuronderzoek

Vooraf merken we op dat een bestudering van literatuur onderdeel uitmaakt, of althans dient uit te maken, van elk type onderzoek. Hieronder gaat het ons echter om een onderzoek dat geheel en al bestaat uit een bestudering (en vergelijking) van literatuur.

Zoals de naam al zegt, steunt men bij een literatuuronderzoek geheel en al op de bestaande vakliteratuur. Deze onderzoeksstrategie komen we bijvoorbeeld tegen als een onderzoeker de theoretische stand van zaken op een bepaald terrein of thema in kaart wil brengen. De wijze waarop de gekozen literatuur wordt bestudeerd, is geheel afhankelijk van de doelstelling van het project. Om dit te laten zien vergelijken we twee situaties met elkaar. In het ene geval is het doel de visie op het fenomeen macht van de politicologen Hunter en Dahl met elkaar te vergelijken. In het tweede geval wil de onderzoeker een overzicht geven van definities die in de bedrijfseconomische literatuur worden gegeven van het begrip 'cashflow'. In het eerste onderzoek dient men de geschriften van beide politicologen grondig te bestuderen. Men is hier immers niet alleen op zoek naar een definitie van macht bij beide auteurs. Ook wil men weten welke visies op macht beiden hebben en wat de achtergronden zijn van deze visies. Om de verschillen in visies beter te kunnen begrijpen kan de onderzoeker besluiten om ook biografieën over beide heren te bestuderen. Literatuuronderzoek betekent in dit geval diepgaande bestudering van enkele nader te selecteren wetenschappelijke studies van de genoemde politicologen.

Een dergelijk onderzoek heeft veel trekken van een casestudy. De onderzoeker maakt hier gebruik van een werkwijze die men zou kunnen aanduiden als een *kwalitatieve* inhoudsanalyse. In het tweede geval echter gaat het uitsluitend om de vergelijking van verschillende bedrijfseconomische definities, die vaak in de vorm van een formule zijn weergegeven. Literatuuronderzoek betekent in dit geval juist niet een diepgaande bestudering van slechts enkele boekwerken. Meer aangewezen is hier een vluchtige screening van een groot aantal bedrijfseconomische publicaties. Dit om zo veel mogelijk verschillende definities van het begrip 'cashflow' op te sporen, vervolgens met elkaar te vergelijken en op hun merites te beoordelen. Dit onderzoek heeft trekken van een survey, met een werkwijze die lijkt op een *kwantitatieve* inhoudsanalyse.

2. Secundair onderzoek

Van een secundaire onderzoeksstrategie is sprake als bestaande data worden herordend en vanuit een nieuw gezichtspunt worden geanalyseerd en geïnterpreteerd. Veel onderzoeken binnen de bedrijfs-, bestuurs- en beleidswetenschappen maken voor de beantwoording van (onderdelen uit) de vraagstelling van deze strategie gebruik. Voorwaarde is natuurlijk dat de data betrouwbaar zijn, betrouwbaar in de alledaagse betekenis. Aan deze voorwaarde voldoet veel statistisch materiaal dat erkende onderzoeksinstituten, zoals het eerdergenoemde CBS, jaarlijks publiceren. Ook kan men ervan uitgaan dat de cijfers in de jaarrekeningen of jaarverslagen van bedrijven en instellingen getoetst en gecontroleerd zijn.

Aan de andere kant kunnen statistische gegevens een heel verkeerd beeld van de werkelijkheid geven, ook als deze gegevens in technisch opzicht juist zijn. In een advertentie van een autorijschool staat bijvoorbeeld: 'Bij onze school heeft 85% van degenen die bij de eerste keer slaagden, minder dan 25 rijlessen gehad.' Dit klinkt heel wat anders dan: '30% van degenen die voor de eerste keer opgaan voor het rijexamen slaagt en daarvan heeft een groot aantal meer dan 25 rijlessen gehad.' Beide uitspraken kunnen waar zijn, maar ze geven een geheel verschillende suggestie.

In secundair empirisch onderzoek maakt de onderzoeker in veel gevallen vooral gebruik van statistische gegevens die op *kwantitatieve* wijze worden verwerkt en geanalyseerd. Maar het is ook mogelijk om secundair onderzoek te doen, gebruikmakend van secundaire *kwalitatieve* onderzoeksgegevens. Zo kan een onderzoeker de interviewverslagen van een collega vanuit een andere vraagstelling opnieuw op een kwalitatieve wijze analyseren. Hij leest bijvoorbeeld de interviewverslagen door en poogt de meningen van de respondenten in het licht van een nieuwe theorie te interpreteren. Hieronder lichten we het fenomeen bureauonderzoek nader toe. Eerst ziet de lezer een voorbeeld van een literatuuronderzoek, gevolgd door een voorbeeld van een secundair onderzoek.

Voorbeeld Kwaliteit van de arbeid

Het begrip 'kwaliteit van de arbeid' is binnen de bedrijfswetenschappen een actueel concept. Naar dit fenomeen is al het nodige empirische en theoretische onderzoek verricht. Er bestaat echter geen eenduidige, overkoepelende definitie van kwaliteit van de arbeid. In de literatuur vindt men een onderscheid tussen een objectieve en een subjectieve benadering van dit begrip. Vooral economen kiezen vaak voor een objectieve insteek. In de objectieve benadering worden aspecten van het werk beoordeeld door het tegen het licht te houden van intersubjectieve criteria voor kwaliteit van de arbeid. In de subjectieve benadering worden de verwachtingen die iemand zelf heeft met betrekking tot zijn werk afgezet tegen diens arbeidsbeleving. Men stelt dus de mate van *tevredenheid* met het werk vast. Deze laatste benadering wordt in vele arbeidssociologische benaderingen voorgestaan.

In lijn met het voorgaande neemt een bedrijfswetenschappelijk onderzoeker zich voor om de verschillende definities te vergelijken die de afgelopen tien jaar zijn gehanteerd in de Amerikaanse en Europese traditie van onderzoek naar kwaliteit van de arbeid. Het doel van het project is om te komen tot een voorstel voor een meer algemene, overkoepelende definitie van 'kwaliteit van de arbeid'. Met gebruikmaking van verschillende hulpmiddelen en werkwijzen zoals zoekregisters, samenvattingen, vaktijdschriften en de sneeuwbalmethode, verzamelt de onderzoeker de titels van 253 onderzoeksverslagen en wetenschappelijke artikelen op het terrein van de kwaliteit van de arbeid. Hieruit kiest zij er vervolgens aselect 85 voor nader onderzoek. In deze 85 publicaties zoekt deze onderzoeker vervolgens naar begripsomschrijvingen. Ook neemt zij globaal kennis van de context waarbinnen deze definities zijn gehanteerd. Zij vergelijkt en ordent de diverse definities en contexten van het begrip 'kwaliteit van de arbeid'. Op basis hiervan dringt zich de conclusie op dat een overkoepelende definitie niet haalbaar is. Wel doet de onderzoeker voorstellen voor enkele zowel objectieve als subjectieve definities van het begrip die een relatief groot deel van de bestaande definities overkoepelen. Ook geeft zij aan wat de diverse voor- en nadelen zijn van deze definities, gezien vanuit bepaalde contexten.

Kader 6.9

In dit voorbeeld herkent de lezer een literatuuronderzoek dat overeenkomsten heeft met een survey. De onderzoeker werkt met een relatief groot aantal onderzoekseenheden. In dit geval zijn dat 85 publicaties (kennisbronnen) die zij at random trekt uit een populatie van 253 titels. Deze publicaties doorzoekt zij vervolgens op een relatief klein aantal zaken.

Voorbeeld Pensioenkosten en pensioenvoorziening

Een ander voorbeeld betreft een student bedrijfseconomie, specialisatie financial accounting. Deze beginnende onderzoeker is geïnteresseerd in de wijze waarop de lasten van pensioenen in jaarrekeningen worden verwerkt. Immers, bedrijven en instellingen dienen jaarlijks geld te reserveren voor de pensioenverplichtingen die zij zijn aangegaan voor hun personeelsleden. Maar het is onwaarschijnlijk dat er in hetzelfde boekjaar een even groot geldbedrag aan pensioenen wordt uitgegeven. Met andere woorden: pensioenkosten drukken niet op dezelfde wijze op het resultaat van een onderneming als bijvoorbeeld de salariskosten in het lopende boekjaar. De vraag is nu of, en zo ja op welke wijze, de student deze pensioenkosten in de jaarrekening opneemt. In de bedrijfseconomische literatuur worden zes verwerkingsmethoden behandeld, gebaseerd op een verschillende toepassing van bedrijfseconomische principes. De genoemde student vraagt de jaarverslagen op van twintig willekeurig gekozen beursgenoteerde multinationals in een bepaald boekjaar. Vervolgens onderzoekt hij of, en zo ja op welke wijze, deze ondernemingen de pensioenkosten in de jaarrekening opnemen. De student kan in zijn verslag van het afstudeerproject inzicht geven in een aantal kenmerken van de methoden van verwerking van pensioenkosten. Het blijkt dat er nogal wat verschillen bestaan in de manier waarop deze bedrijven omgaan met de verwerking van deze kosten. Uit het onderzoek blijkt zelfs dat bij veel bedrijven de wijze van verwerking niet erg inzichtelijk is. Zo wordt uit de jaarrekeningen vaak niet duidelijk hoeveel kosten worden geboekt en onder welke post(en) deze pensioenkosten vallen. Er valt nog wel wat te verbeteren aan de financiële verslaglegging van ondernemingen, zo luidt zijn conclusie. Hij sluit zijn scriptie af met enkele suggesties voor een verbetering.

Kader 6.10

In dit voorbeeld ziet de lezer een beginnende onderzoeker aan het werk volgens de strategie van een secundair onderzoek. Een casestudy waarin hij via triangulatie zelf allerlei bedrijfseconomische gegevens verzamelt, was ook een reële optie geweest. Toch ligt het in dit geval voor de hand om het afstudeerproject op te zetten als een secundair onderzoek. Dit gelet op het doel om de kwaliteit van de verslaglegging zelf te beoordelen.

Voor- en nadelen
Een bureauonderzoek heeft verschillende voor- en nadelen. Het belangrijkste voordeel is dat de onderzoeker met behulp van deze onderzoeksstrategie *snel* over een groot aantal gegevens kan beschikken. Binnen de tijd die voor een project wordt ingeruimd, is vaak geen ruimte voor een uitgebreide dataverzameling. Literatuuronderzoek en secundaire analyse op eerder verzameld materiaal zijn vaak wel mogelijk. Een van de nadelen van secundair onderzoek is dat het materiaal waarvan de onderzoeker gebruikmaakt, in principe voor *andere doeleinden* is verzameld dan waarvoor hij het wenst te gebruiken. Hij moet dan roeien met de riemen die hij heeft. Als de onderzoeker zelf het materiaal gaat verzamelen, zoals in een survey of in een casestudy, dan kan hij precies bepalen welke gegevens worden gegenereerd en welke niet. In de praktijk van het secundaire onderzoek blijkt dan ook vaak dat men het onderzoeksontwerp moet aanpassen aan de aard en de omvang van het beschikbare materiaal. Dit nadeel geldt uiteraard ook voor de theorieën en theoriefragmenten die iemand in het kader van een literatuuronderzoek gaat bestuderen. Dit nadeel impliceert bovendien dat de onderzoeker bijna onvermijdelijk met een *eenzijdige* kijk op het onderzoeksmateriaal genoegen moet nemen. Stel dat de onderzoeker gebruikmaakt van onderzoeksmateriaal dat verzameld is in het kader van een onderzoek naar de interne arbeidsmarkt van bedrijven. Stel verder dat het een onderzoek is waarbij vooral gekeken is naar de aanbodkant van de zaak. Bedoeld zijn bijvoorbeeld kenmerken van functionarissen die voor een andere baan in aanmerking komen. In dat geval leent dit materiaal zich minder voor een onderzoek waarin wordt beoogd om ook de vraagkant van het arbeidsmarktproces in kaart te brengen.
Het feit dat de onderzoeker niet zijn eigen materiaal produceert, heeft voorts een belangrijke praktische consequentie. Deze is dat de onderzoeker bij de formulering van de doel- en vraagstelling afhankelijk is van de vraag of al het benodigde materiaal in de ter beschikking staande bronnen gevonden kan worden. Voor zover dat niet het geval is, moeten de doel- en vraagstelling worden aangepast.
De consequentie van het bovenstaande is dat de onderzoeker geen direct contact heeft met de onderzoekseenheden. Voor zover deze eenheden mensen zijn, betekent dit dat hij allerlei non-verbale informatie mist, zoals gezichtsuitdrukkingen, gebaren en lichaamshoudingen. Ook kan men geen toelichting geven als iemand iets niet of verkeerd dreigt te begrijpen.

Gebruiksmogelijkheden

Een bureauonderzoek heeft talrijke gebruiksmogelijkheden. In principe kan elke onderzoeksstrategie, het experiment vooralsnog uitgesloten, worden toegepast op door anderen verzameld onderzoeksmateriaal, waardoor het een vorm van bureauonderzoek wordt. Stel dat een onderzoeker gebruikmaakt van een bestaand databestand, vergaard op basis van een representatieve steekproef uit de te bestuderen populatie. Hij kan dan een secundaire analyse op het materiaal uitvoeren, andermaal een vorm van bureauonderzoek. Dit heeft dan alle voordelen van een survey-onderzoek (zie hiervoor) zonder het nadeel van een doorgaans tijdrovende gegevensverzameling. Ook kan men het in het kader van een door anderen uitgevoerde casestudy verzamelde materiaal opnieuw gaan bekijken. Het is in principe mogelijk om in het eigen project eenzelfde diepgang te bereiken als in de oorspronkelijke casestudy waaraan het materiaal is ontleend. Dit zonder de verplichting om zelf geschikt onderzoeksmateriaal te genereren. Zelfs is het mogelijk om met behulp van in het kader van experimenten verzamelde gegevens een secundaire analyse te maken. De onderzoeker probeert bijvoorbeeld via een statistische analyse een nog niet in het oorspronkelijke onderzoek getoetste hypothese te verifiëren.

Er zijn verschillende omstandigheden waarbij de keuze voor een bureauonderzoek als onderzoeksstrategie voor de hand ligt. Op de eerste plaats is een dergelijke strategie aantrekkelijk indien er materiaal voorhanden is dat past bij de voorliggende doel- en vraagstelling. De meeste vakgroepen van universiteiten voeren grootscheepse onderzoeksprogramma's uit. Daarin is sprake van een breed opgezette dataverzameling waaruit diverse onderzoekers kunnen putten die werken aan verschillende onderling samenhangende vraagstellingen. Men spreekt hier wel van een omnibus-project. Aansluiting bij zo'n programma heeft belangrijke voordelen. Men springt als het ware op een rijdende trein, en men kan gemakkelijk steun vinden bij andere onderzoekers binnen het programma die met soortgelijke problemen kampen.

Een tweede geval waarin de keuze voor een secundair onderzoek voor de hand ligt, doet zich voor als de onderzoeksobjecten of relevante databronnen uitsluitend bestaan uit informatiedragers. Bedoeld zijn papier (tekst) en tapes of disks (audiovisueel materiaal). In het hierboven vermelde afstudeerproject, waarin onderzoek wordt gedaan naar de financiële verslaglegging van ondernemingen, ligt een bureauonderzoek voor de hand.

Tot slot spreekt het voor zich dat het bureauonderzoek, waaronder literatuuronderzoek, vooral veel voorkomt bij theoriegerichte onderzoeksprojecten. Veel theoretisch werk komt tot stand door een combinatie van logisch nadenken, kritische reflectie en bestudering van bestaande literatuur. Overigens valt dit type onderzoek niet echt binnen het domein van dit boek, dat zich vrijwel geheel richt op het empirisch onderzoek.

Over het bureauonderzoek, de verschillende varianten ervan, alsook de voor- en nadelen en de gebruiksmogelijkheden die dit type onderzoek heeft, kan de lezer nadere informatie vinden in Swanborn (1987) en Vorst (1982).

Opgave

Zoek naar vijf voor jouw vakgebied relevante terreinen waarvoor volgens jou secundaire data voorhanden of te vinden zijn. Tip: denk hierbij aan allerlei instanties die zich met een systematische vergaring en opslag van gegevens bezighouden. Noem ook de betreffende bronnen van deze data.

Stappenplan en voorbeeld

Onderzoeksstrategie

1. Ga na of je vanuit de doel- en vraagstelling van een op te zetten onderzoek en vanuit jouw deskundigheid en interesse kiest voor *breedte of diepgang*.
2. Ga vanuit dezelfde soort overwegingen als bij stap 1 na of je kiest voor een overwegend *kwantificerende* of *kwalificerende* benadering.
3. Bepaal of je kiest voor een *empirisch* of *niet-empirisch* onderzoek.
4. Kies mede op basis van je beslissingen bij stap 1, 2 en 3 op *welke van de vijf* geschetste onderzoeksstrategieën het door jou te ontwerpen onderzoek het meest moet gaan lijken.
5. Kies op grond van je doel- en vraagstelling binnen de gekozen strategie voor een van de *varianten* en voor een verdere invulling van de kenmerken van het onderzoek.

Ter afsluiting van dit hoofdstuk passen we het stappenplan toe op het voorbeeld 'geluidshinder' uit de inleiding.

Stap 1
Zoals elk onderdeel van een ontwerp dient ook de in een onderzoek te volgen strategie vorm te krijgen vanuit het projectkader en de doel- en vraagstelling. Het projectkader bestaat uit een actiegroep in gemeente A die een geluidshinderbeleid wil. Nadenkend over een doelstelling kies je ervoor om de gemeente een *zo levensecht en compleet* mogelijk beeld te geven van de geluidshinderproblematiek. Dit betekent dat je meer de nadruk legt op *diepgang* dan op breedte.

Stap 2
Je kiest niet voor een interventiestrategie waarbij wordt geprobeerd om vanuit een zo groot mogelijke achterban bij de gemeente aan te kloppen. Dit zou vragen om een enquête bij een grote steekproef van inwoners van gemeente A. Dit zou op zijn beurt betekenen dat je kiest voor kwantitatief onderzoek. Je koos echter bij stap 1 voor een meer 'indringende' benadering. Dit vraagt om een *kwalitatief* onderzoek.

Stap 3
Verder ben je van plan om zo veel mogelijk de actuele werkelijkheid te laten spreken. Dit houdt in dat je kiest voor een *empirisch* onderzoek. Dat wil zeggen, onderzoek dat is gebaseerd op je eigen zintuiglijke waarneming.

Stap 4
Gegeven de keuzen die bij de stappen 1, 2 en 3 worden gemaakt, ligt het voor de hand om het onderzoek in te richten volgens de strategie van de *casestudy*. Dit is immers een strategie waarin wordt gewerkt met een relatief klein aantal onderzoekseenheden. Dit kleine aantal stelt je als onderzoeker in staat om meer in de diepte te gaan dan bijvoorbeeld het geval is in een survey. Zou je als interventiestrategie hebben gekozen voor politieke druk vanuit een breed draagvlak, dan was een survey de aangewezen strategie geweest. Je had dan op basis van een grote aselecte steekproef, met gebruikmaking van een arbeidsextensieve methode van datagenerering (enquête) en via de weg van kwantificering, tot een onderzoeksrapport kunnen komen waarmee je naar de gemeente was gestapt.

Stap 5
Je denkt de casestudy als volgt te gaan inrichten. Allereerst besluit je tot het afnemen van open interviews bij de mensen aan huis. Je kunt dan meteen ook op basis van eigen waarneming (observatie) vaststellen hoe het staat met de geluidshinder. Dit laatste zowel binnen als buiten de huizen op de adressen die worden bezocht. Je gaat je daarbij tevens bedienen van geluidsmeters (directe meting). Gelet op deze meervoudige wijze van waarneming kunnen we hier met recht spreken van *methodentriangulatie*. Voor de selectie van cases, in dit geval mensen in wijk A, maak je gebruik van de *sneeuwbalmethode*. Begonnen wordt met een of enkele interviews, en op basis van de bevindingen worden volgende mensen voor een vraaggesprek gezocht. Je neemt je voor om in totaal twintig gezinnen te selecteren, waar in principe wordt gesproken met een van de aanwezige volwassenen. Verder besluit je om vijf *rapporten* door te nemen van elders uitgevoerd geluidshinderbeleid.

Onderzoeks-materiaal

7

We hebben twee oren en een mond opdat we minder praten en meer luisteren.
Zeno, 300 jaar v. Chr.

7.1 Inleiding

Een van de zaken waarover een onderzoeker bij het maken van het technische ontwerp voor een onderzoek moet nadenken, is de vraag wat voor soort materiaal nodig is en waar en hoe dit materiaal te verkrijgen is. Over het algemeen is dit een lastige, maar ook spannende bezigheid, waarbij andermaal enige fantasie en creativiteit welkom zijn. De reden hiervan is ten eerste dat er een vertaalslag nodig is van denken naar doen (waarnemen), ofwel van theorie naar empirie. Dat wil zeggen dat we vanuit de vraagstelling moeten zien te komen tot een keuze van het relevante onderzoeksmateriaal. De belangrijkste voorwaarde om dit te kunnen verwezenlijken vormt de definiëring en operationalisering van kernbegrippen uit de doel- en vraagstelling zoals die zijn uitgewerkt in hoofdstuk 5.
Er is nog een tweede reden waarom de onderzoeker vooral in deze fase van het ontwerpproces wel enige inventiviteit kan gebruiken. Deze houdt in dat er doorgaans een groot potentieel van meer maar vooral ook van minder voor de hand liggend onderzoeksmateriaal denkbaar is dat enig licht kan werpen op het onderzoeksobject. Bedoeld is materiaal dat kan bijdragen aan de beantwoording van de vraagstelling en via deze aan het bereiken van de doelstelling. Er is enige fantasie voor nodig om deze mogelijkheden tot bewustzijn te brengen. Bovendien is het zo dat er doorgaans een grote diversiteit van overwegingen en motieven is die kan meespelen bij het maken van keuzen op dit vlak. Hierbij kan een onderzoeker slechts deels terugvallen op onderzoekstechnische argumenten. Daarnaast zal hij allerlei pragmatische en persoonlijke motieven moeten laten meespelen. Om de lezer daarvan een eerste indruk te geven volgt hier een voorbeeld.

Voorbeeld Politie Rotterdam

Je afstudeerproject heeft als centrale vraag: hoe gaan mannelijke en vrouwelijke agenten van de rijkspolitie in Rotterdam op het werk met elkaar om? Een van de eerste dingen die je denkt te moeten doen, is in de bibliotheek op zoek gaan naar literatuur over rolpatronen. Daarover vind je iets bij de afdeling vrouwenstudies en in de sociologische literatuur die gaat over roltheorie. Daarnaast is het belangrijk om ook zelf naar de werkelijkheid te gaan kijken. Een mogelijkheid is om in werktijd met verschillende politiefunctionarissen te gaan praten. Je vindt gesprekken voeren een leuke manier om aan gegevens te komen. Een onlangs gevolgde interviewtraining liet zien dat deze techniek veel meer inhoudt dan je oorspronkelijk dacht.

Een heel andere mogelijkheid die je eveneens overweegt, is de waarneming met eigen ogen. Deze gedachte komt op doordat je verschillende mensen van het Rotterdamse corps persoonlijk goed kent. Via hun bemiddeling moet het mogelijk zijn om corpsleden tijdens hun werkuren te vergezellen. Je vindt dit niet alleen een spannende gedachte, het gaat bovendien een schat van gegevens 'uit de eerste hand' opleveren.

Je vindt het moeilijk om uit beide mogelijkheden te kiezen, want zo voelt het wel een beetje. Je vindt ze weliswaar allebei leuk om te doen, maar de keuze voor waarnemingen in het veld schrikt ook wel af. 'Hoe kom ik met een zo weinig gestructureerde manier van onderzoeken tot voor anderen overtuigende conclusies?', zo vraag je jezelf af. Wat dat betreft, lijken je gesprekken veel beter. Bovendien, veldwaarnemingen nemen veel tijd in beslag. Zeker als je bedenkt dat je waarschijnlijk ook nog wel wat papierwerk moet doornemen. Te denken valt aan rapporten en nota's van de corpsleiding, dossiers van de klachtenbalie en dergelijke. Ook gesprekken met deskundigen, zoals de bedrijfsarts en -psycholoog, zouden wel eens broodnodige aanvullende informatie kunnen opleveren. Dit geldt vooral voor de gevolgen die rolpatronen kunnen hebben voor het welzijn van mensen. En misschien kunnen ook personeelsadvertenties in dagbladen, videobanden van politieoptredens en de wijze waarop het corps via de lokale radio en tv in het nieuws komt, nog enig aanvullend licht op de zaak werpen.

Wat de benodigde tijd betreft, zijn volgens jou vraaggesprekken met corpsleden en burgers in vergelijking met directe waarnemingen in het voordeel. Niet alleen kun je tijd besparen door onder burgers schriftelijke vragenlijsten uit te zetten. Ook gesprekken met de corpsleden zelf hebben als voordeel dat gerichte vragen kunnen worden gesteld. Bij vrije waarnemingen in het veld ofwel observatie moet je maar afwachten wat zich allemaal voordoet, zo is je redenering. En een soort simulatie waarbij een geselecteerde groep mannelijke en vrouwelijke agenten allerlei situaties spelen, wijs je als minder levensecht van de hand. Bovendien zou dit ook wel erg veel vergen van jou als organisator.

Maar ook de gesprekken en schriftelijke vragenlijsten, zo denk je, hebben zo hun nadelen. De kans op strategische en sociaal wenselijke antwoorden op vragen is groot. Bovendien moeten grote aantallen ingevulde vragenlijsten meteen met de pc worden verwerkt. Dat zou je verplichten eerst nog een cursus automatische dataverwerking te volgen, een niet geringe investering.

Je kiest uiteindelijk voor de veldwaarnemingen ofwel observaties op locatie. De doorslaggevende reden is de aard van de probleemstelling. Deze vraagt om kennis van *gedragingen* van mensen. Bij gebruik van interviews of vragenlijsten kom je slechts tot registratie van gedrags*intenties* of gedrags*herinneringen* van mensen, maar niet van *feitelijk* gedrag. Bovendien gaat het om zaken waarover vooral de mannelijke agenten waarschijnlijk niet zo vrij praten. Beide argumenten pleiten in het voordeel van systematische waarnemingen (observaties) boven gesprekken. De keuze voor veldwaarnemingen biedt je bovendien de gelegenheid om bekenden van je bij de politie eens in een heel andere situatie te zien dan je gewend bent.

Waarschijnlijk betekent een en ander wel dat er minder tijd overblijft voor gebruik van zaken als intranet en social media, wat je ook erg leuk en zinvol had gevonden. Maar je weet maar al te goed: alles heeft zijn prijs, ook een goed (afgebakend) onderzoek.

Kader 7.1

De lezer ziet zichzelf hier geplaatst in de rol van onderzoeker die de keuze heeft uit diverse bronnen. Ter sprake komen de vakliteratuur, personen in diverse functies, diverse soorten van documenten en enkele typen private en publieke media. Om bij corpsleden en burgers relevante informatie naar voren te halen worden technieken als interview, enquête en observatie tegen elkaar afgewogen. Natuurlijk komen lang niet alle mogelijkheden die er zijn in dit ene voorbeeld aan bod. Maar deze illustratie maakt al wel duidelijk in welke complexe situatie de onderzoeker ook in deze fase weer terechtkomt. Zo zie je dat:

a. er veel en zeer divers materiaal is waarvan gebruik kan worden gemaakt;
b. er enige inventiviteit nodig is om interessant materiaal te bedenken;
c. je al gauw genoodzaakt bent om keuzen te maken en het onderzoek af te bakenen;
d. er bij deze keuzen heel uiteenlopende motieven mee kunnen spelen;
e. je tamelijk vrij bent om daaruit te kiezen;
f. je in het kader van iteratief ontwerpen de doel- en vraagstelling tot op zekere hoogte aan je voorkeuren voor manieren van materiaalverzameling kunt aanpassen;
g. je ondanks al deze vrijheden enige notie moet hebben van de voor- en nadelen en gebruiksmogelijkheden van de diverse keuzemogelijkheden, wil je tot zinvolle resultaten kunnen komen.

Het doel van dit hoofdstuk is de lezer wegwijs te maken in de vele mogelijkheden die er op het vlak van onderzoeksmateriaal en het verzamelen en genereren daarvan bestaan. Door deze zaken op concrete gevallen toe te passen (zie de opgaven in dit hoofdstuk) leert deze om op een verantwoorde manier uit al deze mogelijkheden te kiezen en om keuzen met deugdelijke argumenten te staven. Daarom volgt in dit hoofdstuk allereerst een overzicht van *bronnen* waaruit de onderzoeker kan putten, alsook welke voor- en nadelen en welke gebruiksmogelijkheden deze bronnen hebben (paragraaf 7.2). Dan volgt een overzicht van mogelijkheden om uit deze bronnen de relevante informatie naar voren te halen, de *ontsluiting* van bronnen (paragraaf 7.3). Daarbij wordt steeds aandacht geschonken aan de diverse gebruiksmogelijkheden van ontsluitingsmethoden, in methodologische handboeken algemeen aangeduid als methoden van dataverzameling of datagenerering. In een slotparagraaf worden de relatieve *voor- en nadelen* van technieken voor datagenerering ten opzichte van elkaar besproken (paragraaf 7.4). We eindigen dit hoofdstuk weer met de presentatie van een stappenplan en de toepassing van dit stappenplan op het voorbeeld hierboven.

7.2 Soorten gegevens en bronnen

Zoals de titel zegt, gaat deze paragraaf over de vraag waar de onderzoeker relevante informatie vandaan kan halen. Maar voordat we hierop ingaan, moet eerst duidelijk zijn waarover de onderzoeker zoal informatie nodig heeft en

over wat voor soort informatie het dan gaat. De volgende drie vragen worden dan ook achtereenvolgens beantwoord:
a. Welke hoofdcategorieën van onderzoeksobjecten kunnen worden onderscheiden?
b. Welke soorten informatie over deze objecten zijn voor een onderzoek van belang en waaraan herken je die soorten?
c. Waar haal je die informatie vandaan?

De eerste vraag is waarop de informatie die we zoeken, betrekking heeft. Dit is de vraag naar de objecten van onderzoek. Aangezien we ons in deze uitgave richten op empirisch onderzoek, gaat het steeds om informatie over zintuiglijk waarneembare fenomenen in de werkelijkheid. In figuur 7.1 staat in de linker kolom een indeling van deze fenomenen in twee brede categorieën. Deze hoeven elkaar niet uit te sluiten en beide kunnen in een en hetzelfde onderzoek fungeren als onderzoeksobject. Bedoeld zijn: (1) personen of groepen van personen, en (2) situaties, voorwerpen en processen.

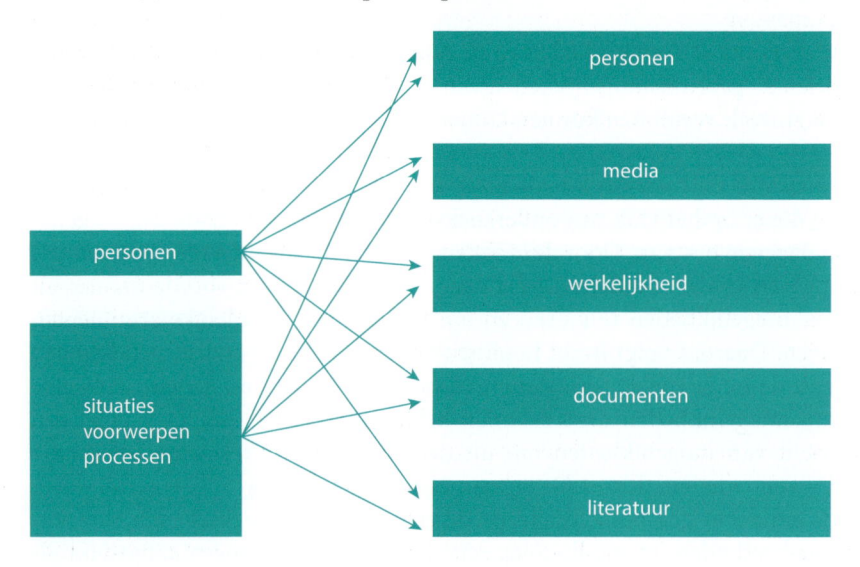

Figuur 7.1   Objecten van onderzoek en bronnen van informatie

Voorbeelden van personen als object van onderzoek zijn gemeenteambtenaren die belast zijn met de uitvoering van de Wet geluidhinder of de medewerkers van een lokale omroep. Van een situatie als onderzoeksobject is bijvoorbeeld sprake als we de huidige stand van zaken op de arbeidsmarkt in Engeland bestuderen, of de geluidshinder bij de luchthaven Schiphol. Ook kan een fysiek voorwerp het object van studie zijn, bijvoorbeeld een gebouw of een automatiseringssysteem. Ten slotte is er sprake van een proces als object van onderzoek als men iets in zijn ontwikkelingsgang of uitvoering wil bestuderen. Zo kan het verloop van overleg tussen bepaalde actoren worden bestudeerd, of de wijze waarop nieuwsinhouden van media tot stand komen.

Een tweede vraag die ten aanzien van bronnen moet worden beantwoord, is wat deze bronnen precies moeten opleveren. Grofweg kunnen twee soorten informatie belangrijk zijn in een onderzoek:
a. data ofwel gegevens;
b. kennis.

In het verlengde hiervan spreken we van respectievelijk *databronnen* en *kennisbronnen*.
Bij gegevens gaat het om kenmerken van onderzoeksobjecten, en wel kenmerken in de meest brede betekenis van het woord. Bedoeld is letterlijk alles waaraan onderzoeksobjecten herkend kunnen worden. In het kwantitatieve onderzoek spreken we hier ook wel van *variabelen*. Vormen personen het object van onderzoek, dan gaat het om zaken als ervaringen en gedragingen, meningen en opvattingen, gevoelens en belevingen. Maar ook kale gegevens als leeftijd, opleidingsniveau, inkomen, lichaamsgewicht of schoenmaat kunnen voor een onderzoek relevant zijn. Bij de tweede brede categorie van onderzoeksobjecten, situaties, voorwerpen en processen, kan het gaan om gegevens als kennis en vaardigheden die op een lokale arbeidsmarkt worden gevraagd en aangeboden. Andere mogelijkheden zijn de kwaliteit van het milieu of de biodiversiteit op een bepaalde locatie, de leiderschapsstijlen van leidinggevenden en de soorten macht die spelen in een grote organisatie, het aantal radiatoren en het aantal vierkante meters raamoppervlak in een gebouw, de tijdsduur van en de specialismen betrokken bij een besluitvormingsprocedure, enzovoort.
Tegenover losse gegevens als onderzoeksmateriaal ofwel data staat kennis in de vorm van kant-en-klare inzichten en theorieën zoals die eerder door anderen zijn ontwikkeld. Te noemen zijn kennis over de werking van macht in een organisatie, over de oorzaken en de gevolgen van autoritair leiderschap, over het functioneren van een bepaalde wet, enzovoort. Een indruk van de manier waarop kennis in de vorm van theorieën bij de beantwoording van een vraagstelling kan worden benut, kreeg de lezer bij het bouwen van een onderzoeksmodel in hoofdstuk 3 en bij de wijze waarop dit model een rol kan spelen bij de formulering van een vraagstelling in hoofdstuk 4.
Kenmerkend voor data is dat ze in principe met zeer summiere aanduidingen worden weergegeven. Vaak gebeurt dit in de vorm van cijfercodes, maar in een kwalitatief onderzoek kunnen dit ook verbale codes en korte aantekeningen van de onderzoeker zijn (zie de gefundeerde theoriebenadering in paragraaf 6.6). Bij kennis gaat het om redeneringen en is dus meer tekst nodig. Zowel bij data als bij kennis is het de onderzoeker die de losse elementen door middel van nadenken en analyse tot een geheel moet maken en die uit dit geheel conclusies moet trekken. Als het gaat om een kwantitatief onderzoek op basis van empirische data, dan berekent de onderzoeker gemiddelden of samenhangen. In een kwalitatief onderzoek echter probeert hij de gegevens te duiden en op elkaar te betrekken om ze aldus te verwerken tot conclusies (lees: antwoorden op de onderzoeksvragen).

Maar vormen kenniselementen de grondstoffen voor (delen van) het onderzoek, dan worden deze met elkaar geconfronteerd. De onderzoeker kijkt welke implicaties het ene kenniselement heeft voor het andere. Ook gaat hij na welke inconsistenties, verschillen en overeenkomsten er in de teksten zijn te vinden, en trekt hieruit conclusies (zie ook het fenomeen 'confrontatie' in hoofdstuk 3). Vervolgens komen we toe aan de hoofdmoot van deze paragraaf, te weten de vraag waar precies we de benodigde data en kennis vandaan kunnen halen. In de rechterkolom van figuur 7.1 zijn vijf soorten bronnen onderscheiden. Deze worden hieronder achtereenvolgens kort besproken. Voordat we hiermee beginnen, zijn twee opmerkingen van belang. Op de eerste plaats wijzen wij er voor alle duidelijkheid op dat de genoemde bronnen natuurlijk ook zelf het object van onderzoek kunnen zijn. Zo kunnen heel wel personen of groepen van personen worden bestudeerd. Hetzelfde geldt uiteraard voor zaken als media en documenten. In deze gevallen probeert de onderzoeker met behulp van een of meer van de overige bronnen aan materiaal te komen.

Ten tweede merken we op dat er in wezen nog een zesde bron is van materiaal dat voor een onderzoek kan worden gebruikt. Bedoeld zijn data die eerder door anderen of door instanties zijn verzameld. Zo kan de onderzoeker gebruikmaken van de gegevens die andere onderzoekers hebben verzameld en geanalyseerd. Er zijn tegenwoordig veel instellingen waar zulke databestanden worden verzameld en gearchiveerd. Ook zijn er in de meeste landen instanties die periodiek of voortdurend allerlei gegevens verzamelen (zie ook paragraaf 6.7).

Hierna gaan we over op een behandeling van de vijf in figuur 7.1 genoemde bronnen. We doen dit volgens een vast stramien. Eerst wordt verduidelijkt wat een bepaalde bron inhoudt. Dan volgt een overzicht van mogelijkheden en varianten van dit type bron. Ten slotte volgt per bron een overzicht van voor- en nadelen, afgerond met een schets van gebruiksmogelijkheden.

Personen

In het sociaalwetenschappelijke onderzoek zijn personen meestal de belangrijkste bron van data en informatie. Er zijn twee redenen waarom personen bij de meeste onderzoekers een grote popularité genieten als bron voor hun onderzoek:

a. Personen kunnen, individueel of in groepsverband, een zeer grote *diversiteit* van informatie verschaffen.
b. Vergeleken met de andere bronnen kan deze informatie op een relatief *snelle* wijze vrijkomen.

Deze twee potentiële voordelen van personen als informatiebronnen worden hierna achtereenvolgens toegelicht.

Diversiteit

Er zijn drie manieren waarop personen kunnen fungeren als bron:
1. Iemand verschaft gegevens over zichzelf. In dit geval spreken we van een *respondent*.

2. Iemand verschaft data over anderen of over door hem gekende situaties, voorwerpen en processen. Hier fungeert de persoon in kwestie als *informant*.
3. Een persoon fungeert als leverancier van kennis, in welk geval we spreken van een *deskundige* (in de meest brede zin van het woord).

Bij 1 en 2 gaat het om gegevens die de onderzoeker via interpretatie en analyse moet verwerken tot antwoorden op de onderzoeksvragen uit de vraagstelling. Bij 3 worden de onderzoeksvragen of daaruit afgeleide deelvragen rechtstreeks ter beantwoording voorgelegd aan de deskundigen. Verder zijn in de eerste twee gevallen personen een *data*bron, in het derde geval vormen zij een *kennis*bron. Gegevens die respondenten ons verschaffen, betreffen bijvoorbeeld hun meningen, opvattingen, interesses, motieven, houdingen en gedragingen. Zo vraagt de onderzoeker in een onderzoek naar perspectieven op de arbeidsmarkt van schoolverlaters naar zaken die een licht kunnen werpen op, of een verklaring kunnen geven voor deze perspectieven. Te noemen zijn bijvoorbeeld interesses, kennis en vaardigheden, wensen ten aanzien van het soort werk dat ze willen doen, voorkeuren voor arbeidstijden en de gewenste maximale en minimale afstand tot de werkplek, toekomstplannen en dergelijke. Ook kan naar achtergrondkenmerken worden gevraagd, zoals geslacht, leeftijd, geloofsovertuiging en opleiding. Deze kunnen allemaal, direct of indirect, van belang zijn bij het beantwoorden van de vraagstelling van een onderzoek. Dit laatste is vooral het geval als naar verklaringen wordt gezocht van zaken als meningen, houdingen en gedragingen van de onderzochte personen.
Een persoon in de rol van informant geeft gegevens over andere mensen of over dingen buiten hemzelf. Bijvoorbeeld, een leerkracht (informant) geeft de onderzoeker informatie over de interesses en capaciteiten van zijn leerlingen (onderzoekspersonen), of ooggetuigen (informanten) vertellen de verkeersonderzoeker de toedracht van een verkeersongeluk.
Van personen als deskundigen is ten slotte sprake als bijvoorbeeld wordt gezocht naar de oorzaken van een dalende productiviteit in een bedrijf. Hierbij kunnen bijvoorbeeld de bedrijfsarts en een organisatieadviseur worden ingeschakeld. Bij deskundigen moet je overigens niet alleen denken aan mensen met gespecialiseerde theoretische en praktische kennis als resultaat van scholing. Ook en vooral ervaringsdeskundigheid is in veel gevallen een welkome bron, vooral in het praktijkgerichte onderzoek. Als afsluiting merken wij op dat bij de punten 1 en 2 hiervoor sprake is van databronnen. Bij punt 3 hebben we te maken met kennisbronnen.

Snelheid
De relatief grote snelheid waarmee we bij personen informatie kunnen verkrijgen, heeft twee redenen. Ten eerste kunnen met behulp van personen gemakkelijk afstanden in tijd en ruimte worden overbrugd. Zo kan iemand die door Rusland heeft gereisd, ons in de rol van informant veel over dat land vertellen zonder dat wij als onderzoeker zelf dat land hoeven te bezoeken. Een tweede

reden is dat deze informatie direct kan worden aangeboord via een gerichte stimulus-response techniek, zoals het hierna te behandelen interview. We kunnen iemand immers door middel van vragen en uitspraken of andere prikkels, zoals beelden of handelingen, stimuleren tot het geven van precies die informatie die nodig is voor het onderzoek. Ook hoeven we niet te wachten tot iets zich voordoet, zoals bij het observeren van een proces of het bestuderen van documenten het geval is.

Voor- en nadelen

De twee voor onderzoek belangrijkste voordelen van personen als bronnen kwamen zojuist al naar voren, te weten de grote diversiteit van informatie en de snelheid waarmee deze informatie kan vrijkomen. Een ander nog niet genoemd voordeel is de relatief grote stuurbaarheid door de onderzoeker en daarmee de zekerheid dat zijn vraagstelling beantwoord kan/zal worden. Door gerichte vragen te stellen kan de onderzoeker, zoals gezegd, precies op die informatie aansturen die nodig is voor de beantwoording van de onderzoeksvragen.

Toch kunnen er soms redenen zijn om ondanks deze voordelen geheel of deels af te zien van personen als bron. Dit kan bijvoorbeeld het geval zijn als men iets onderzoekt waarover mensen niet zo gemakkelijk praten en wat men ook bij waarneming niet zo gemakkelijk te zien zal krijgen. Te noemen zijn zaken zoals het gebruik van (veel) alcohol of het plegen van strafbare feiten. Of men verwacht sterk subjectief gekleurde antwoorden op de vragen, zoals bijvoorbeeld te vrezen valt bij evaluatieonderzoek naar het succes en falen van mensen. Ook kan het in een onderzoeksproject gaan om zaken die mensen zichzelf niet of onvoldoende bewust zijn, waarover zij nog nooit eerder hebben nagedacht en/of die zij moeilijk in gedrag of woord tot uiting kunnen brengen. Vooral problemen met de verwoording van gedachten kunnen zich voordoen bij kinderen, bejaarden, sommige ziekten en bij verstandelijk gehandicapten. De onderzoeker kan dan genoodzaakt zijn om op zoek te gaan naar alternatieve bronnen zoals informanten en deskundigen, dan wel een of enkele van de overige vier databronnen.

Gebruiksmogelijkheden

Personen zijn op zoveel manieren als bron inzetbaar dat er voor de in dit boek beoogde disciplines, grofweg de menswetenschappen, bijna geen onderzoek is te bedenken waarin personen geen rol als data- of kennisbron zouden kunnen spelen. Maar vooral bij een grote tijdruimtelijke uitgestrektheid van het onderzoeksobject, waar vragen rijzen over de haalbaarheid, kunnen personen als bronnen uitkomst bieden. Stel dat iemand een landenvergelijkend onderzoek doet naar de brandveiligheid van grote productieondernemingen in Frankrijk en Duitsland. In plaats van deze bedrijven te bezoeken telefoneert deze persoon met logistiek personeel zoals portiers, interieurverzorgers, bedrijfspolitie en bewakers. Hij benadert hen als informanten of (ervarings)deskundigen met vragen over de behuizing en over het reilen en zeilen van deze organisaties.

Een tweede extra reden om personen als bronnen te hanteren doet zich voor in bepaalde typen evaluatieonderzoek. Stel dat de onderzoeker wil weten of een bepaalde wetgeving voldoet aan de moderne eisen van uitvoerbaarheid. Hij kan ambtenaren dan vragen wat hun ervaringen zijn met de uitvoering van deze wet. Een ander voorbeeld is dat men kantoorpersoneel vraagt naar het ervaren bedieningsgemak van een automatiseringssysteem.

Opgave

Stel, je wilt onderzoeken wat de kwaliteit van leven is in de Nederlandse gevangenissen. (a) Maak een zo volledig mogelijke inventarisatie van (categorieën van) personen die je als databron of als kennisbron kan benaderen. (b) Geef steeds aan of deze personen worden benaderd als respondent, informant of deskundige. (c) Maak per persoon of categorie van personen een lijstje van problemen die je verwacht aangaande de validiteit van de te verkrijgen gegevens. (d) Hoe zou je deze problemen in principe kunnen vermijden en/of verminderen?

Media

Een in belangrijkheid toenemende categorie van databronnen zijn de media. Met media zijn bedoeld overbrengers van informatie die bestemd is voor een breder publiek. Een verschil met de hierna te behandelen documenten is dat daar in principe sprake is van (minstens een bedoelde of impliciete) geadresseerde. Zoals het schema in figuur 7.2 laat zien, is er een grote variëteit van media, een variëteit die overigens nog steeds toeneemt. Veel inhouden van elektronische media worden in toenemende mate vastgelegd op beeld- en geluidsband en vervolgens gearchiveerd. Met name deze archieven openen interessante mogelijkheden voor onderzoek (zie ook de hierna te behandelen documenten). Wat het schema hieronder overigens niet laat zien, is dat naast de gevestigde publieke media de laatste tijd vooral private media in opkomst zijn. Bedoeld zijn zaken als intranet en pc-netwerken.

Verreweg de belangrijkste databron van deze soort is het internet. Het internet is een massamedium in de ware zin van het woord. Het is een groot, open en wereldwijd netwerk van computers en computernetwerken en is op dit moment (2015) veruit het meest gebruikte communicatiemiddel. Via allerlei zoeksystemen op het internet is tegenwoordig op de meest uiteenlopende gebieden een immense stroom van gegevens beschikbaar, zoals Wikipedia of Google Scholar. Daarnaast bestaan er verschillende systemen voor het verspreiden en verkrijgen van wetenschappelijke gegevens, informatie en kennis, zoals het Web of Science. Hierin zijn gegevens opgeslagen over artikelen in duizenden wetenschappelijke tijdschriften. Wel dient de onderzoeker bij het gebruik van deze bron extra alert te zijn op de betrouwbaarheid en validiteit van de gegevens. De reden hiervan is dat hij die gegevens niet zelf heeft gegenereerd, en de kwaliteit van de bronnen niet kent. Voor de meeste van deze bronnen geldt dat iedereen in principe deze gegevens op internet kan zetten, respectievelijk die van anderen naar believen kan wijzigen.

De informatie op het internet is niet alleen beschikbaar in de traditionele vorm van een uitgeschreven tekst. In toenemende mate kan men ook informatie verkrijgen die is vastgelegd als instructiefilm, informatiecollege of een korte documentaire. Steeds vaker is het daarbij mogelijk dat de onderzoeker op interactieve wijze deelgenoot wordt van het continue proces van verspreiden en verkrijgen van informatie. Hij kan bijvoorbeeld participeren aan discussiegroepen of, via een stapsgewijs opgebouwd vraag-en-antwoordspel, zich een complexe leerstof eigen maken.

Veel van de informatie op het internet is openbaar, maar in sommige gevallen kan men slechts na betaling toegang krijgen tot deze informatie.

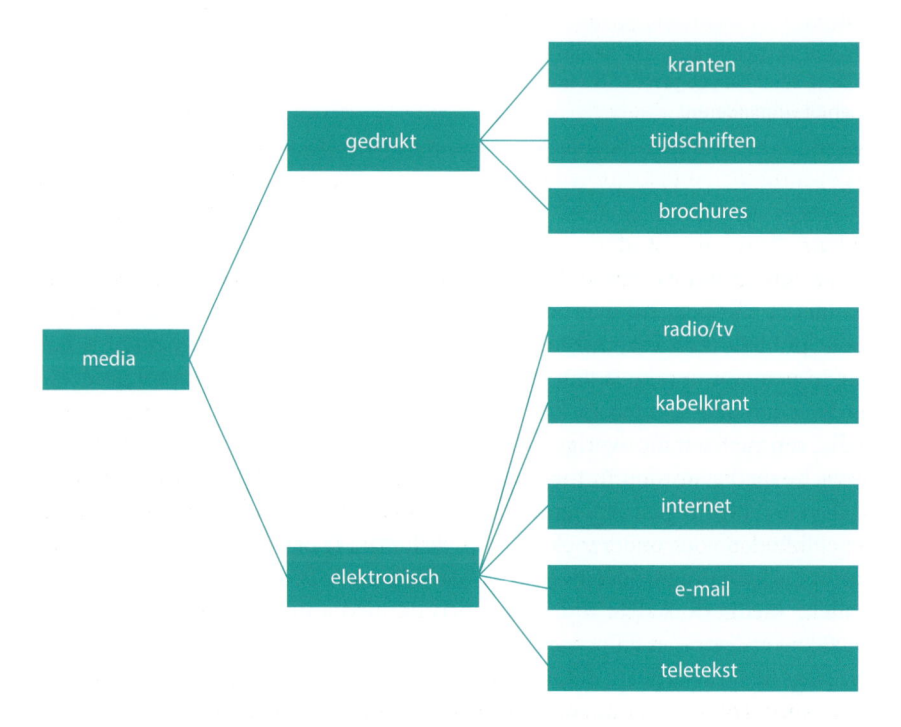

Figuur 7.2   Soorten media als bronnen voor onderzoeksmateriaal

Voor- en nadelen

Het aanboren van het internet is een zeer snelle en goedkope manier om gegevens te verzamelen. Toch is hier een waarschuwend woord op zijn plaats. Zoals we al enigszins gesuggereerd hebben, blijken deze gegevens in nogal wat gevallen door amateurs te worden verzameld. Het resultaat daarvan kan zijn dat de validiteit van die gegevens laag is. Ook de betrouwbaarheid kan in het geding zijn, in zoverre men niet weet met welke bedoelingen die gegevens op internet zijn gezet. Een kritisch en selectief gebruik is geboden. En in ieder geval dient de onderzoeker steeds de vindplaats op internet nauwkeurig te vermelden, inclusief de datum.

Verder zijn belangrijke voordelen van media als bronnen voor een onderzoek de doorgaans hoge informatiedichtheid, de hoge mate van actualiteit en het brede geografische bereik zonder dat de onderzoeker zich hoeft te verplaatsen. Vooral een beperkte beschikbare tijd kan aanleiding zijn om een probleemstelling te bedenken die geheel of gedeeltelijk op basis van gegevens die ontleend zijn aan media, kan worden beantwoord.

Een beperking van media als data- en kennisbronnen is natuurlijk dat lang niet voor elk type vraagstelling relevante media-inhouden te vinden zijn. Ook dient men erop bedacht te zijn dat sommige door media geleverde gegevens een vluchtig karakter hebben waaraan niet te veel eeuwigheidswaarde moet worden toegekend. Voorbeelden hiervan zijn telefoongesprekken en e-mailberichten.

Gebruiksmogelijkheden

Als het onderzoeksobject een grote tijdruimtelijke uitgestrektheid heeft, vormen media vaak een van de weinige mogelijkheden om met een redelijke inspanning toch enigszins een overzicht over het gehele terrein te krijgen. Stel dat een onderzoeker het politieke functioneren van vrouwengroepen in een land als Chili wil bestuderen. Het scheppen van een totaalbeeld door het land te bereizen en steeds gesprekken met mensen te voeren en observaties te verrichten kost dan al gauw te veel tijd. Een analyse van relevante programma's op radio en tv en van artikelen in de landelijke pers kan een goed alternatief zijn. De onderzoeker dient er natuurlijk wel voor te zorgen dat de diverse politieke en levensbeschouwelijke kleuren in dat land in het materiaal zijn vertegenwoordigd. Vooral ook als informatie nodig is over zaken die fout gaan of waarover mensen ontevreden zijn of zich zorgen maken, zijn media het overwegen waard. Wat dat betreft kunnen bijvoorbeeld ook bedrijfsmedia zoals bedrijfsjournaals, personeelsbladen, e-mailberichten en dergelijke interessante gegevens opleveren.

In de meeste gevallen geven media informatie over situaties, fysieke en virtuele voorwerpen en processen in de empirische werkelijkheid. Maar ook personen of groepen van personen kunnen in principe op basis van media worden bestudeerd. Dit geldt natuurlijk vooral voor bekende persoonlijkheden of groepen. Een mogelijkheid is bijvoorbeeld dat een politicoloog of beleidskundige een studie maakt van het fenomeen 'Obama', voor zover deze zich als president manifesteerde en manifesteert via de publieke media.

Verder kan vanwege de actualiteit datgene wat mensen met elkaar uitwisselen via netwerken en e-mail, een belangrijke en vaak ook verrassende bron van informatie voor een onderzoek zijn. Je kunt er bijvoorbeeld uit afleiden wie met wie contact onderhoudt en welke soort informatie er wordt uitgewisseld. Andere voor een onderzoek interessante gegevens zijn bijvoorbeeld te vinden in personeelsadvertenties, ingezonden brieven, knipseldiensten, vaste rubrieken in dagbladen en tijdschriften, actualiteitenprogramma's op radio en televisie, enzovoort.

> **Opgave**
>
> Stel je wilt onderzoeken wat de kwaliteit van leven is in de Nederlandse gevangenissen. Maak een zo uitputtend mogelijke inventarisatie van bronnen uit de categorie 'media' die hier gebruikt zouden kunnen worden. Geef voor elke bron aan welke voor- en nadelen het gebruik ervan heeft. Tip: gebruik hierbij de methode van ontrafelen door middel van een boomdiagram uit paragraaf 4.5.

De werkelijkheid

Op het eerste gezicht hoort de werkelijkheid alleen thuis in de linkerkolom van figuur 7.1 met categorieën van objecten. Toch zijn er twee redenen om deze ook in de rechterkolom als een bron op te nemen. De eerste reden is dat de werkelijkheid soms direct object van meting is, bijvoorbeeld als we de tijdsduur bepalen van een productieproces, het aantal decibels bij geluidshinder meten, uitruktijden van de brandweer opnemen, of de hartslag en bloeddruk van sporters vastleggen. In al deze gevallen is de onderzochte werkelijkheid zelf databron.

Ook bij systematische observaties fungeert de werkelijkheid als databron. In principe geldt dit ook voor personen in de rol van respondent. Echter, de reden waarom we respondenten en informanten plaatsen onder 'personen' en niet onder 'werkelijkheid', is dat er bij respondenten en informanten sprake is van een 'sluis van verwoording'. Onder de rubriek 'werkelijkheid' plaatsen wij uitsluitend personen als bij hen directe metingen worden verricht, zoals met behulp van een centimeter of thermometer, en niet indirect via het stellen van vragen.

Een tweede reden om de werkelijkheid zelf als bron op te nemen is dat situaties, voorwerpen en processen soms op indirecte wijze iets zeggen over personen. Als je wilt weten welke trajecten het vaakst door werknemers in een organisatie worden afgelegd, dan kun je bijvoorbeeld kijken naar de vloerbedekking. Ook kan het interieur van een gebouw iets zeggen over de hiërarchische verhoudingen in de organisatie die er is gehuisvest. Nog een ander voorbeeld is het bekijken van wat mensen met het huisafval meegeven als indicatie voor hun milieubewustzijn. Onderzoekers spreken in deze gevallen van 'unobtrusive measures'. De validiteit ervan is over het algemeen zeer hoog (zie hierna).

Voor- en nadelen

Verreweg het belangrijkste voordeel van directe meting en van 'unobtrusive measures' is de hoge mate van objectiviteit en validiteit van de resultaten. Er is geen 'sluis van verwoording', geen strategisch of sociaal wenselijk gedrag van de onderzochten, geen of weinig beïnvloeding van het onderzoeksobject door de onderzoeker.

Een in het oog springende beperking die alleen voor de werkelijkheid als bron geldt, is dat deze uiteraard slechts kan dienen als databron en niet als kennisbron. Een beperking van directe metingen is voorts dat deze voor veel vraagstellingen in de door ons beoogde disciplines geen of slechts een beperkte betekenis hebben. Een beperking van het gebruik van 'unobtrusive measures' is dat ze slechts indirect iets zeggen over datgene wat we willen weten. Daarom beschikken we het liefst over meerdere van die verborgen metingen en moeten ze vaak in combinatie met andere databronnen worden gebruikt. Maar in zo'n combinatie kunnen ze dan ook zeer sterke informatie opleveren.

Gebruiksmogelijkheden
Gebruik van de werkelijkheid als databron is in principe steeds interessant als de vraagstelling gaat over zaken waarover mensen niet zo gemakkelijk praten of waarvan ze zichzelf niet zo bewust zijn. Andere gevallen waarin de werkelijkheid zelf wordt gekozen als databron, doen zich voor als de onderzoekspersonen de onderzoeker niet helemaal vertrouwen. Dit kan bijvoorbeeld het geval zijn als de inwoners van een bepaalde woonplaats vrezen dat het onderzoek is bedoeld om bepaalde omstreden plannen van de gemeente door te (kunnen) voeren. Bij een rechtstreekse benadering kunnen ze dan geneigd zijn tot het geven van strategische antwoorden (interview) of tot het vertonen van strategisch gedrag (observatie).
Het bedenken van geschikte 'unobtrusive measures' vraagt meestal enige creativiteit en fantasie. Vaak lukt dit het best in discussie met anderen, vooral met mensen die de betreffende praktijksituatie door en door kennen. De onderzoeker moet er dan wel even werk van maken om hen precies en in zo operationeel mogelijke termen uit te leggen wat hij wil meten.

Documenten
Documenten vormen een vierde categorie van bronnen waaruit men gegevens of kennis voor een onderzoek kan putten. Deze lijken enigszins op media, al dan niet vastgelegd op informatiedragers. Een verschil is dat documenten in principe een duidelijke adressering hebben, terwijl media een publieke bestemming hebben. Soms ook hebben ze in het geheel geen externe bestemming, zoals het geval is met dossiers. Ook documenten kunnen zeer divers zijn. Zo kan men in het kader van een onderzoek zaken raadplegen als programma's van politieke partijen, onderzoeksverslagen, processen-verbaal van de politie, dossiers van artsen, jaarverslagen van bedrijven, rapporten en nota's van overheden, briefwisselingen tussen instanties, bezwaarschriften van burgers, overzichten van Kamers van Koophandel, enzovoort. Verschillende documenten dus, zoals deze worden opgeslagen in archieven.
Ook of juist minder voor de hand liggende documenten kunnen verrassend interessante gegevens opleveren. Te noemen zijn stambomen, logboeken, dagboeken, reisverslagen, opstellen van leerlingen, poëziealbums van kinderen, enzovoort. De kunst is natuurlijk wel om in een gegeven situatie op zulke ideeën te komen en ook om vervolgens toegang te krijgen tot dit soort documenten. Het betreft hier aspecten van onderzoek die niet vragen om dorre intellectuele activiteiten en bekwaamheden, maar om een open houding en creatieve

instelling van de onderzoeker. Daarnaast beschikt een goede onderzoeker over sociale vaardigheden om toegang te krijgen tot bepaalde bronnen. De moeilijkheid is vaak om erachter te komen bij welke instanties bruikbaar materiaal te vinden is. Een brainstorm met collega's of met willekeurige anderen kan daarbij helpen.

Voor- en nadelen

Praktische voordelen van documenten zijn dat deze vaak in grote hoeveelheden en diversiteit beschikbaar zijn en dat voor de verzameling en ontsluiting ervan doorgaans weinig kosten hoeven te worden gemaakt. Ook de relatief geringe vaardigheden die nodig zijn om ze te exploiteren, kunnen voor de gemiddelde onderzoeker een pragmatisch voordeel zijn. Een methodisch voordeel is dat geen sprake is van uitgelokt fysiek of vebraal gedrag, zoals het geval is als we aan personen vragen stellen. Over het algemeen komen documenten immers tot stand zonder dat de makers zich realiseren dat ze ooit kunnen worden gebruikt in een onderzoek. Op deze manier worden strategisch en sociaal wenselijk gedrag vermeden, welk voordeel documenten gemeen hebben met media. Een ander voordeel van documenten is dat ze 'slijtvast' zijn. Daarmee wordt bedoeld dat we documenten naar believen eindeloos kunnen raadplegen zonder dat er een respondent is die vermoeid, verveeld of geïrriteerd raakt. Deze 'eigenschap' is belangrijk om documenten volledig voor een vraagstelling te benutten. Daarvoor is het nodig om het materiaal telkens vanuit één enkele onderzoeksvraag door te spitten. Op die manier wordt in principe meer uit het materiaal gehaald dan wanneer we proberen in één keer te letten op alles wat voor de beantwoording van alle onderzoeksvragen relevant zou kunnen zijn. In dit laatste geval zal veel relevants ons ontgaan. Bij personen als databronnen is een dergelijke werkwijze praktisch niet uitvoerbaar. Mensen zouden vermoeid en verveeld raken als we ze steeds met vragen lastigvallen, met alle consequenties voor valide en betrouwbare informatie van dien.

Het potentiële voordeel van de doorgaans grote hoeveelheid beschikbaar documentatiemateriaal kan ook omslaan in een nadeel. De onderzoeker kan voor lastige keuzeproblemen komen te staan. Nodig is dan een willekeurige steekproef of een welbewuste door de doel- en vraagstelling gestuurde selectie. Maar nog afgezien daarvan zal een onderzoeker die documenten wil gebruiken, vaak veel materiaal moeten doorploegen om iets te vinden dat voor zijn onderzoek relevant is. Wat dat betreft, is een stimulus-response techniek zoals het hierna te behandelen interview, waarbij heel doelgericht naar bepaalde gegevens gezocht (lees: gevraagd) wordt, in het voordeel.

Gebruiksmogelijkheden

In de meeste onderzoeken kunnen documenten van allerlei aard belangrijke aanvullende gegevens opleveren. Voorbeelden zijn inzage in dossiers van klachtenbalies en van bedrijfsartsen, als aanvulling op interviews met managers, respectievelijk bedrijfsartsen in een onderzoek naar oorzaken van een hoog ziekteverzuim in een bedrijfstak. Of de onderzoeker bestudeert verdragen tussen landen op het gebied van milieubescherming, als aanvulling op een enquête onder overheidsambtenaren naar invloeden van milieubewegingen. Documenten kunnen vooral ook een belangrijke rol spelen in onderzoek met een historiserende vraagstelling. Dit is bijvoorbeeld het geval wanneer men de archieven van vergaderstukken van een bepaald type school raadpleegt. Dit om te reconstrueren hoe een bepaalde ontwikkeling zich heeft voltrokken. Op veel terreinen worden archieven bijgehouden waaruit de onderzoeker met een historische belangstelling kan putten.

Opgave

Stel, je wilt onderzoeken wat de kwaliteit van leven is in de Nederlandse gevangenissen. Ga na welke bronnen uit de categorie 'documenten' hiervoor gebruikt zouden kunnen worden. Geef voor elke bron aan welke voor- en nadelen het gebruik ervan kan hebben. Tip: voor een opdracht als deze is het handig om deze samen met een collega uit te voeren; het is dan iets gemakkelijker om op ideeën te komen.

Literatuur
Hoewel hier als laatste behandeld, is de literatuur op een bepaald vakgebied het eerste waarnaar in een onderzoek moet worden gekeken. Vanwege het reflectief karakter ligt het voor de hand om de literatuur vooral als kennisbron te hanteren. Immers, de onderzoeker treft hier theoretische inzichten aan die kunnen helpen bij de beantwoording van onderzoeksvragen. Bijvoorbeeld, de auteur legt bepaalde verbanden tussen verschijnselen die kunnen helpen bij de beantwoording van de vraagstelling van een verklarend, een diagnostisch of een evaluatief onderzoek. Bestaande literatuur is ook een centrale factor als men in een onderzoek verschillende theorieën of theoretische concepten vergelijkt (lees: confronteert) voor de uitwerking van een eigen theoretische kader. We hebben in hoofdstuk 3 al kennisgemaakt met deze toepassing van literatuur als kennisbron bij het maken van een onderzoeksmodel, en daarbinnen bij de ontwikkeling van een onderzoeksperspectief (zie ook de Appendix).

Hoewel gebruik van literatuur als kennisbron de hoofdmoot is, kan deze ook dienen als databron, en wel op een tweetal manieren. De eerste is dat de literatuur zuivere beschrijvingen van de werkelijkheid bevat. De onderzoeker kijkt dan bij wijze van spreken met de ogen van de auteur naar de werkelijkheid. Elementen in deze beschrijvingen beschouwt hij dan als gegevens (databron). Deze worden vervolgens met elkaar en met andere gegevens gecombineerd en tot nieuwe inzichten verwerkt. Een voorbeeld hiervan is de geschiedkundige die de (realistische) romans van een aantal schrijvers bestudeert met het oog op de reconstructie van een bepaald tijdsbeeld, van het leven van een maatschappelijke groepering of van een bepaalde cultuur.

Een tweede geval waarin de literatuur dienst doet als databron, doet zich voor als de onderzoeker de geschriften van een persoon gebruikt als een bron van gegevens over deze persoon. Bijvoorbeeld, hij gebruikt alle geschriften van Einstein bij het maken van een persoonsbeschrijving ofwel biografie van deze natuurkundige.

Literatuur bestaat in verschillende vormen en varianten. Veel wetenschappelijk onderzoek bijvoorbeeld wordt gepubliceerd in de vorm van monografieën. Dit zijn, niet zelden omvangrijke, boekwerken die op een enkel onderwerp betrekking hebben. De meeste proefschriften als resultaat van promotieonderzoek in de menswetenschappen kunnen als een monografie worden gekwalificeerd. Daarnaast bestaan er verschillende vormen van redactiebundels. Deze hebben weliswaar betrekking op een bepaald onderwerp of samenhangend geheel van onderwerpen, maar de afzonderlijke hoofdstukken zijn geschreven door verschillende auteurs, die allen hun eigen visie geven op het onderhavige onderwerp. Vaak ook zijn deze bundels het resultaat van congressen, waar professionals uit verschillende richtingen papers presenteren en bespreken. Ook gebundelde congres papers maken deel uit van de literatuur die een onderzoeker kan gebruiken.

Voorbeeld — Literatuur als databron

Een boekwerk over de textielarbeiders in Twente in de eerste helft van de vorige eeuw, waarin het leven van deze mensen nauwkeurig en waarheidsgetrouw wordt beschreven, kun je gebruiken als databron. Op dezelfde manier kan een onderzoeksrapport met nauwkeurige beschrijvingen van het reilen en zeilen van een jeugdbende dienen als databron in een onderzoek naar de toekomstperspectieven van de leden van deze groep. Weer een andere manier waarop literatuur kan functioneren als databron, doet zich voor indien een onderzoek als doel heeft om de definitie van een begrip te verscherpen. De onderzoeker kan dan een overzicht maken van alle mogelijke definities van dit concept, waarbij hij kritische opmerkingen plaatst. Op basis hiervan ontstaat uiteindelijk een nieuw voorstel voor een definitie.

Kader 7.2

Een belangrijke wijze van wetenschappelijk publiceren is het schrijven van wetenschappelijke artikelen in vaktijdschriften. In de wetenschappelijke bibliotheken vindt men een groot aantal van deze vaktijdschriften over een reeks van jaren. Een bezoek aan deze bibliotheken helpt de onderzoeker vaak een behoorlijk eind op weg bij het opzetten van zijn onderzoek. Behalve in vaktijdschriften worden wetenschappelijke inzichten tevens opgenomen in zogeheten handboeken op een bepaald terrein. In een handboek wordt een aantal deelterreinen van een wetenschappelijk thema behandeld. Omdat sommige van deze handboeken bestaan uit losbladige elementen, die regelmatig worden herschreven, treft men in deze handboeken vaak een verzameling aan van de nieuwste inzichten op een bepaald terrein.

Voor- en nadelen

Een voordeel van (vak)literatuur als kennisbron is dat er op vele terreinen al diepgaande inzichten zijn verworven, zodat de onderzoeker niet zelf helemaal vooraan hoeft te beginnen. Controleer daarom of je doel- en vraagstelling en het conceptueel model wel helemaal up-to-date zijn. Het zou zonde zijn als je er later achterkwam dat anderen al eerder hetzelfde hebben onderzocht. Literatuur als databron heeft het voordeel dat de onderzoeker niet zelf het materiaal hoeft te verzamelen. Een beperking is echter dat in de literatuur lang niet altijd alle data en informatie zijn te vinden die gezien de doel- en vraagstelling nodig zijn.

Een nadeel van literatuur als kennisbron waarvoor wij de lezer willen waarschuwen, kan zijn dat al die fraai verzorgde en vaak in moeilijk toegankelijke taal geschreven boekwerken al gauw enige autoriteit uitstralen. Het gevaar daarvan is dat de onderzoeker een te groot vertrouwen in de bestaande literatuur krijgt en dat hij andere auteurs slaafs volgt. Maar zelfs in een literatuuronderzoek waarin de onderzoeker in feite alleen maar werkt met door anderen geproduceerde inzichten, is het de bedoeling dat hij zelf tot nieuwe kennis en inzichten komt. Dit is het verschil tussen het hier bedoelde literatuur*onderzoek* enerzijds en een literatuur*studie* als voorbereiding op een tentamen anderzijds. Lees er ook paragraaf 6.6 nog eens op na.

Gebruiksmogelijkheden

Bestaande vakliteratuur kan voor diverse onderdelen van een onderzoeksontwerp relevante of zelfs noodzakelijke informatie opleveren. Zoals we hebben gezien, is het globaal bestuderen van literatuur behulpzaam bij de nadere bepaling van de in een onderzoek gekozen optiek (zie hoofdstuk 3). Ook is een globale oriëntatie in de literatuur meestal onontbeerlijk voor het uiteenrafelen, definiëren en operationaliseren van de kernbegrippen uit de doel- en vraagstelling van het onderzoek (zie de hoofdstukken 4 en 5).

Ook tijdens de uitvoering van een onderzoek speelt de bestaande literatuur doorgaans een belangrijke rol. Zo maakt men meestal gebruik van literatuur bij het schrijven van de verschillende versies van een onderzoeksverslag. Vooral de theoretische duiding van de onderzoeksresultaten is vaak een belangrijk onderdeel van de verslaglegging (zie ook hoofdstuk 8). Ook kan de onderzoeker bepaalde verwachtingen over de onderzochte realiteit uit een theorie destilleren. Vervolgens kan hij in het onderzoeksmateriaal kijken in hoeverre die verwachtingen kloppen.

Tot zover een overzicht van data- en kennisbronnen die de onderzoeker bij het voorbereiden en uitvoeren van het onderzoek ten dienste kunnen staan. De vijf genoemde bronnen verschillen onderling in de mate waarin en de frequentie waarmee ze als kennis- respectievelijk databron kunnen fungeren. In de meeste onderzoeken fungeren personen, media en documenten vooral als databron en in mindere mate (ook) als kennisbron. Voor literatuur geldt precies het omgekeerde. De werkelijkheid zelf ten slotte fungeert bijna per definitie als databron.

Tot slot verdient het doorgaans aanbeveling om in een onderzoek meerdere bronnen aan te boren. In dit verband spraken we eerder van triangulatie, meer in het bijzonder van bronnentriangulatie. Een reden hiervoor is dat gezien vanuit de doel- en vraagstelling de diverse bronnen elk hun eigen mogelijkheden en onmogelijkheden, sterke en zwakke punten hebben. Om diezelfde reden is het van groot belang om niet voor de vraagstelling als geheel maar per (deel)vraag te bepalen welke data- en kennisbronnen zullen worden gebruikt. Men komt dan over het algemeen tot een meer creatief gebruik van bronnen en haalt in beginsel meer uit het onderzoek dan wanneer wordt besloten om routinematig te werken met steeds dezelfde bron(nen).

Opgave

Je studeert sociologie met als specialisatie methoden en technieken van onderzoek. Je vervult je afstudeerverplichtingen bij het ambtelijk apparaat van een provinciale overheid. Daar neem je deel aan een grootschalig onderzoek dat de nodige kennis en inzichten moet verschaffen voor het ontwikkelen van een werkloosheidsbeleid voor de betreffende provincie. Men heeft je een mooi afgebakend onderdeel van dit onderzoek toegewezen. Jouw deelproject moet bijdragen aan een antwoord op de volgende vraag: Welke factoren leiden ertoe dat mensen in de betreffende regio langdurig werkloos zijn? Je maakt gebruik van de volgende stipulatieve definitie van 'werkloosheid': 'In dit onderzoek beschouw ik iemand als werkloos als deze persoon als werkzoekend staat *ingeschreven*, een leeftijd heeft *tussen 15 en 65 jaar*, *niet langdurig ziek of gehandicapt* is, *20 uur of meer per week* wenst te werken, *geen werkkring* heeft en binnen twee weken voor dit werk *beschikbaar* is.'
Maak een zo volledig mogelijke inventarisatie van bronnen die je zou kunnen gebruiken om de genoemde onderzoeksvraag te beantwoorden. Geef voor elke (soort) bron aan welke delen van de vraagstelling volgens jou op basis hiervan onderzocht kunnen worden. Geef ook van elke bron zo veel mogelijk aan wat er de voor- en nadelen, mogelijkheden en beperkingen van zijn, *gezien in het licht van de onderhavige vraagstelling*.

7.3 De ontsluiting van bronnen

Een tweede beslissing die in samenhang met het te kiezen materiaal moet worden genomen bij het maken van een technisch ontwerp van een onderzoek, betreft de vraag op welke manier bij de gekozen bronnen de gewenste informatie kan worden gehaald. We spreken in dit verband voortaan ook wel van de ontsluiting van bronnen. Hoe kunnen we bijvoorbeeld voor het onderzoek relevante gegevens bij personen als databronnen naar voren halen? Welke gegevens kunnen we onttrekken aan situaties, voorwerpen en processen in de empirische werkelijkheid? Hoe halen we relevante passages uit de vakliteratuur? Zoals in de rechterkolom van figuur 7.3 te zien is, zijn er vijf verschillende manieren of technieken om dit te doen. Zoals deze figuur laat zien, is elke techniek specifiek voor enkele soorten van bronnen.

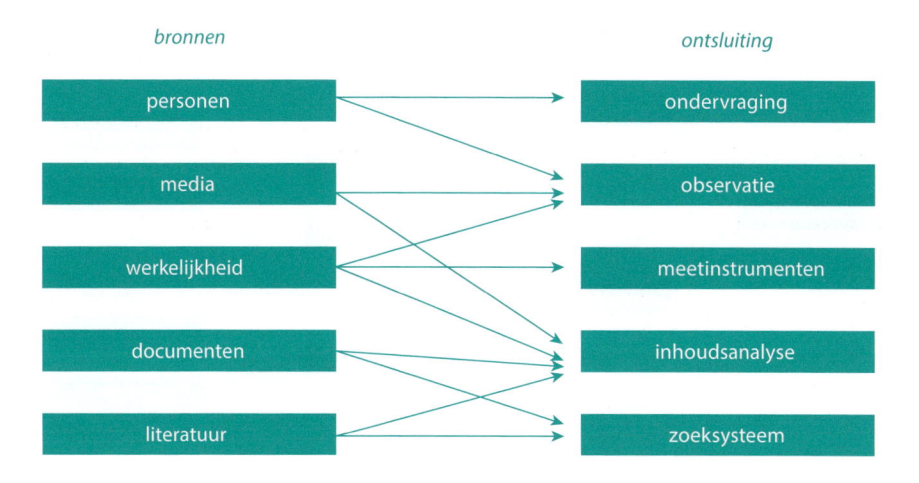

```
      bronnen                              ontsluiting
   ┌───────────────┐                    ┌───────────────┐
   │   personen    │───────────────────▶│  ondervraging │
   └───────────────┘                    └───────────────┘

   ┌───────────────┐                    ┌───────────────┐
   │    media      │───────────────────▶│   observatie  │
   └───────────────┘                    └───────────────┘

   ┌───────────────┐                    ┌───────────────┐
   │  werkelijkheid│───────────────────▶│ meetinstrumenten│
   └───────────────┘                    └───────────────┘

   ┌───────────────┐                    ┌───────────────┐
   │   documenten  │───────────────────▶│ inhoudsanalyse│
   └───────────────┘                    └───────────────┘

   ┌───────────────┐                    ┌───────────────┐
   │   literatuur  │───────────────────▶│   zoeksysteem │
   └───────────────┘                    └───────────────┘
```

Figuur 7.3   Technieken voor de ontsluiting van bronnen

Hierna worden deze vijf technieken achtereenvolgens behandeld. Vooral de voor het maken van een onderzoekstechnisch ontwerp belangrijke voor- en nadelen en gebruiksmogelijkheden van de diverse technieken komen voor het voetlicht.

Het stellen van vragen

Het stellen van vragen zoals in een enquête of een interview is in de menswetenschappelijke disciplines de meest gebruikte methode van dataverzameling. Hierbij probeert de onderzoeker door het aanbieden van stimuli – meestal vragen of uitspraken in een vragenlijst – bij van tevoren zorgvuldig gekozen personen de gewenste informatie te krijgen. Hij laat zich hierbij, zoals bij elk meetinstrument, sturen door de vraagstelling en definities en operationalisering van de daarin voorkomende kernbegrippen.

Zoals het schema in figuur 7.4 laat zien, zijn er verschillende varianten van de techniek van ondervraging. Een hoofdindeling is die in interview en enquête. Deze onderscheiden zich op twee aspecten van elkaar:
a. de mate van voorgestructureerdheid;
b. de mate van openheid van te stellen vragen.

Met voorgestructureerdheid wordt bedoeld dat van tevoren precies vastligt wat gevraagd wordt, hoe er gevraagd wordt en wat de volgorde van de vragen is. De openheid van een vraag betreft de mate waarin de persoon aan wie de vragen gesteld worden, vrij is in de wijze waarop hij antwoord geeft. Bij open vragen is deze persoon helemaal vrij. Bij gesloten vragen bestaat het antwoord uit het aanvinken van een of meer door de onderzoeker geformuleerde antwoordmogelijkheden. Deze vorm staat bekend als een meerkeuzevraag.

```
                        ┌─ schriftelijk
              ┌─ enquête ┤
              │         │              ┌─ face-to-face
              │         └─ mondeling ──┤
ondervraging ─┤                        └─ telefonisch
              │         ┌─ telefonisch
              └─ interview ┤
                        │                ┌─ individueel
                        └─ face-to-face ─┤
                                         └─ groep
```

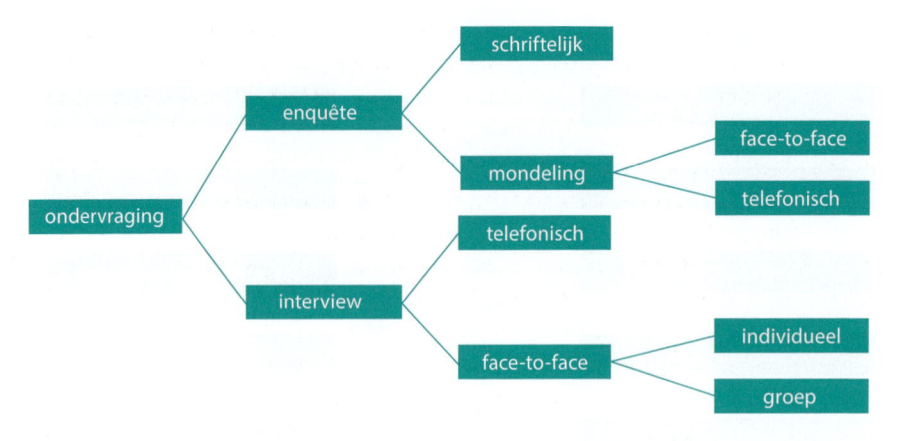

Figuur 7.4   Varianten van de techniek van ondervraging

Op basis van de twee genoemde aspecten kan een interview worden gekarakteriseerd door een geringe mate van voorstructurering en open wijze van vraagstelling.

In zijn meest vrije vorm heeft de interviewer slechts een lijstje met onderwerpen in het achterhoofd. Hij heeft hier de mogelijkheid om, indien gewenst, met de ondervraagde te interacteren. Hij vraagt bijvoorbeeld om toelichting op een antwoord of geeft waar nodig zelf toelichting bij een vraag. Ook heeft een interviewer de mogelijkheid om, afhankelijk van een antwoord en van eventuele gezichtsexpressies en andere lichaamstaal, tijdens het interview nieuwe of aanvullende vragen te formuleren.

In een enquête is sprake van een hoge mate van (a) voorstructurering en (b) gesloten vragen. De enquêteur heeft een minimale of in het geheel geen interactie met de ondervraagde. Het spreekt overigens voor zich dat interview en enquête zoals hier gedefinieerd ideaaltypen zijn en dat in de praktijk meestal mengvormen voorkomen. Dit geldt vooral voor de manier waarop de vragen gesteld worden. Veel vragenlijsten bevatten deels open en deels gesloten vragen. Het is meer een kwestie van accenten.

Van beide ondervragingstechnieken bestaan meerdere varianten. In principe vragen de telefonische varianten minder tijd dan de face-to-face-varianten van ondervraging. Maar het voordeel van de face-to-face-benadering is dat de interviewer zicht heeft op gezichtsexpressies en andere lichaamstaal. Deze kunnen vooral van belang zijn voor een juiste interpretatie van de antwoorden. Ook kunnen ze, zoals gezegd, nodig zijn om te weten of de respondent extra informatie nodig heeft of moet worden gestimuleerd en gemotiveerd om nog meer informatie te geven. Dit laatste kan vooral nodig zijn als het gaat om moeilijke onderwerpen, moeilijk ofwel in rationeel, ofwel in emotioneel opzicht. Zo kan men om een indruk te krijgen hoe bedrijven omgaan met de milieuwetgeving, veel beter de verantwoordelijke managers bezoeken voor een interview dan dat ze worden opgebeld. Maar opbellen is waarschijnlijk weer beter dan deze managers een schriftelijke enquête toe te sturen. In het laatste geval loopt men de kans om bij een heikel onderwerp als dit weinig ingevulde vragenlijsten terug te ontvangen. En de betrouwbaarheid en geldigheid van de antwoorden die wel worden verkregen, zal vermoedelijk laag zijn. Hoewel een schriftelijke enquête dus niet altijd geschikt is, vraagt deze meestal nog minder tijd dan de telefonische enquête. De eerste wordt per post of per e-mail afgewerkt, wat zowel reistijd als tijd die nodig is voor het afnemen van de vragenlijst bespaart. Een andere variant naast het individuele telefonische en face-to-face-interview is het groepsinterview, ook wel bekend als focusgroep. Hierbij wordt een aantal mensen voor een groepsdiscussie bij elkaar gebracht. Kenmerkend voor deze vorm van interviewen is dat mensen op elkaar kunnen reageren. Dit kan bijvoorbeeld een voordeel zijn als de onderzoeker iets van mensen wil weten waarover ze nog niet of weinig hebben nagedacht. Stel dat een onderzoeker een bijdrage wil leveren aan de formulering van een toekomstig arbeidstijdenbeleid van de overheid. Hij zou dan scholieren als toekomstige werknemers kunnen vragen naar wensen die zij hebben op het gebied van werktijden. De kans dat respondenten in een individueel interview niet goed weten hoe zij hierop moeten reageren, is groot. In een groepsinterview waarin zij zich al discussiërend een mening kunnen vormen, kan gemakkelijker relevante informatie en kennis vrijkomen dan in individuele gesprekken. Dezelfde argumenten als hierboven gelden voor zaken die ambivalent zijn.

Een ander geval waarin interviews in groepsverband de voorkeur kunnen verdienen, doet zich voor als informatie nodig is over moeilijk in te schatten zaken. Te noemen zijn toekomstige ontwikkelingen of de gevolgen van een interventie. Als men bijvoorbeeld wil weten wat toekomstige marktontwikkelingen zijn of de gevolgen van een fusie, dan is een groepsinterview een optie. Een derde en laatste hier te noemen indicatie voor het afnemen van groepsinterviews doet zich voor als de probleemstelling van het onderzoek te maken heeft met de wijze waarop de te onderzoeken groep individuen met elkaar communiceert of samenwerkt. Bijvoorbeeld, in een verzorgingshuis worden de bewoners, het verzorgend personeel en de huisartsen van de bewoners geacht met elkaar te communiceren en samen te werken. Stel nu dat de doelstelling van het onderzoek is het verbeteren van die communicatie en samenwerking. De kans is dan groot dat groepsinterviews met vertegenwoordigers van alle drie de groepen kunnen bijdragen aan het beantwoorden van de onderzoeksvragen.

Bij een groepsinterview moet er wel steeds voor worden gewaakt dat niet een of enkele dominante personen de groep hun mening opleggen. Daarmee verdwijnt immers de meerwaarde van een groepsgesprek. De onderzoeker moet hier vooral op toezien als deze dominantie dreigt te leiden tot een onkritische groepsmening. De laatstgenoemde heeft in zo'n geval niet alleen de taak om alle relevante informatie uit het groepsgesprek op te pikken, zowel auditief als visueel. Daarnaast is hij ook en vooral discussieleider. Dat laatste is bovendien nodig om het groepsgesprek steeds in een richting te leiden die relevant is gezien de onderzoeksvragen die beantwoord moeten worden. Vanwege de complexiteit van beide taken kan het raadzaam zijn om deze te verdelen over twee personen. De een heeft de rol van discussieleider en de ander die van observant/registrator.

Tot slot is hier een waarschuwing op zijn plaats. Sommige onervaren onderzoekers zien in een groepsinterview een handige mogelijkheid van werkbesparing. Waarom zou je vijftien mensen elk afzonderlijk benaderen als je ze ook allemaal tegelijkertijd in het onderzoek kunt betrekken? Dit is een ongeldige redenering. Het groepsinterview en het individuele interview zijn twee geheel verschillende methodieken, elk met hun eigen voor- en nadelen, mogelijkheden en beperkingen.

Een techniek die zowel trekken vertoont van het groepsinterview als van de schriftelijke enquête, is de zogenoemde Delphi-techniek. Deze past men speciaal toe bij het ondervragen van deskundigen en is dan ook meer een techniek van *kennis*generering dan van *data*generering. Ze verloopt in meerdere ronden. In de eerste ronde legt de onderzoeker een aantal deskundigen op het terrein van het onderzoek een bepaalde vraag voor met het verzoek om hierop schriftelijk te reageren. Vervolgens bekijkt hij de antwoorden zorgvuldig en probeert de grote lijnen en eventuele tegenstellingen aan te geven. Deze informatie gaat terug naar de deelnemers met het verzoek na te gaan of zij, gegeven de antwoorden en overwegingen van de andere deskundigen die aan de Delphi deelnemen, aanleiding zien om hun eerste antwoord aan te vullen of bij te stellen. Vervolgens bekijkt de onderzoeker de antwoorden uit de tweede ronde en benadert de deelnemers indien nodig nog een derde keer. Meestal treden in een derde ronde geen noemenswaardige wijzigingen meer op, zodat met twee ronden kan worden volstaan.

Het belangrijkste voordeel van de Delphi-techniek is dat de deelnemers tot een weloverwogen oordeel kunnen komen, waarin diverse mogelijke gezichts- en standpunten tegen elkaar worden afgewogen. De onderzoeker zelf kan op deze manier een overzicht krijgen van de verschillende standpunten die er ten aanzien van een bepaald fenomeen zijn. Een praktisch voordeel van de Delphi-techniek is dat deze geheel per post of e-mail kan worden afgewerkt. Dit bespaart de onderzoeker niet alleen veel werk. Bovendien geeft deze de mogelijkheid om indien nodig deskundigen over de hele wereld voor deelname te benaderen.

Gebruiksmogelijkheden

Interview en enquête zijn over het algemeen nuttig voor het achterhalen van meningen, opvattingen, ervaringen, belevingen, gevoelens, beoordelingen of plannen van mensen. Wil de onderzoeker deze en dergelijke zaken ook begrijpen of verklaren, dan is het nuttig om ook te vragen naar allerlei achtergrondinformatie over de betrokkenen. Te denken valt aan leeftijd, geslacht, politieke mening, beroep, opleiding en dergelijke. En eventueel kan ook worden gevraagd naar de gevolgen die zaken als gedachten, emoties en gedragingen (kunnen) hebben.

Als het oogmerk van de onderzoeker niet zozeer gegevens ofwel data is, maar kennis die direct kan worden benut voor de beantwoording van de onderzoeksvragen, dan kunnen naast respondenten ook deskundigen worden benaderd voor een enquête of vraaggesprek, inclusief een groepsgesprek. Meer informatie over dit laatste, een groepsgesprek met experts, en aanverwante technieken is in de literatuur te vinden onder het label 'participatief onderzoek'.

Observatie

Observatie is een techniek van datagenerering waarbij de onderzoeker in principe op locatie waarnemingen verricht bij personen, situaties, voorwerpen of processen en zich daarbij laat sturen door een waarnemingsschema. Een waarnemingsschema is een overzicht van aan de doel- en vraagstelling ontleende zaken, aangeduid met trefwoorden, waarnaar tijdens de observatie moet worden gekeken en waarop moet worden gelet. Men noemt dit ook wel de waarnemingscategorieën. Dit waarnemingsschema bevat in principe altijd een tijdfasering. Het tijdstip waarop of de periode waarin iets plaatsvindt, kan zeer belangrijke informatie zijn. We weten dan niet alleen op welk moment van de dag of deel van de week (maand, jaar) iets gebeurt. We kunnen achteraf ook altijd afleiden hoelang iets duurt, in welke volgorde zich verschillende zaken afspelen en in welke voorafgaande en volgende activiteiten of gebeurtenissen iets is ingebed. Zo kan het een heel verschil uitmaken of een tentamen steeds aan het begin of aan het eind van een vermoeiende dag wordt voorbereid.

Van de observatie bestaat een sterk voorgestructureerde en een meer vrije variant. In de voorgestructureerde variant zijn de waarnemingscategorieën van tevoren zodanig ver uitgesplitst en nauwkeurig omschreven, dat bij de waarneming kan worden volstaan met het plaatsen van kruisjes in de diverse categorieën. Dit lijkt sterk op wat er in een schriftelijke enquête gebeurt. Een verschil is dat bij de enquête de onderzoekspersonen (respondenten of informanten) de categorieën invullen, terwijl bij de voorgestructureerde observatie de onderzoeker dit doet. In de meest vrije vorm van observatie heeft de onderzoeker slechts een lijstje met aandachtspunten in het achterhoofd, precies zoals dit het geval is bij de meest vrije vorm van interviewen.

Bij elke vorm van observatie van (groepen van) personen bestaat de kans dat men de observator als indringer en pottenkijker beschouwt. Dit kan gevaar opleveren voor de validiteit van de te vergaren gegevens. De kans bestaat dan dat men zich anders gaat gedragen dan men zonder de aanwezigheid van de observator zou hebben gedaan. Een remedie hiertegen is dat de laatstgenoemde op structurele basis deelneemt aan de dagelijkse activiteiten van de onderzochte groep. We noemen dit *participerende* observatie. Stel, een beginnende onderzoeker (lees student) wil meer weten over fusieprocessen in de zakelijke dienstverlening. Met het oog hierop neemt hij een vakantiebaantje bij een filiaal van een zojuist gefuseerd bankkantoor. Gestuurd door de doel- en vraagstelling van het onderzoek werkt hij van tevoren een waarnemingsschema uit, zodat duidelijk is waar hij zoal naar moet kijken en waarop hij moet letten.

Binnen deze participerende aanpak is er nog de keus van de onderzoeker om zijn rol als observator al dan niet bekend te maken. Maakt deze zich niet bekend – men spreekt dan wel van undercover observatie – dan zal het 'pottenkijkereffect' waarschijnlijk in het geheel niet spelen. Maar ook als deze zichzelf wel bekendmaakt, is de kans groot dat de onderzoekspersonen na enige tijd zo vertrouwd met de aanwezigheid van de onderzoeker/observator zijn, dat er nauwelijks nog enig reactief gedrag valt te duchten. Of dit laatste ook inderdaad het geval zal zijn, is overigens mede afhankelijk van de vraag of ook het onderzoeksdoel volledig bekend wordt gemaakt. Stel de onderzoeker zegt dat hij met de opdrachtgever als uiteindelijke doelstelling is overeengekomen het doen van voorstellen voor een nieuw personeelsbeoordelingssysteem. Het is dan niet denkbeeldig dat de onderzoekspersonen zullen proberen een voor hen gunstige invloed uit te oefenen op de waarnemingsresultaten. Dit kan een reden zijn om de onderzochte groep geen of slechts globale informatie te geven over de werkelijke doelstelling van het onderzoek. Overigens zag de lezer al eerder een voorbeeld van participerende observatie aan het begin van dit hoofdstuk, waar een onderzoeker een studie maakt van de man-vrouwverhoudingen bij de politie. Een bijzondere vorm van dataverzameling via (participerende) observatie vindt plaats in een etnografisch onderzoek. In zo'n onderzoek bestudeert de onderzoeker gedurende langere tijd het dagelijkse reilen en zeilen van de te onderzoeken groep. Hij loopt bijvoorbeeld mee met politieagenten die op straat surveilleren. Zo maakt deze onderzoeker mee wat de agenten meemaken, maar bemoeit hij zich verder niet met de gang van zaken. Op deze manier krijgt de onderzoeker een goed beeld van allerlei gebeurtenissen en complexe processen die zich op straat afspelen. Participerende observatie wordt meer en meer toegepast in onderzoek in organisaties. Deze methode van dataverzameling past vooral bij onderzoek naar ingewikkelde en onbewust verlopende processen. Bedoeld zijn zaken als machts- en beïnvloedingsprocessen, communicatiepatronen en conflicten. Hoewel het een moeilijk uitvoerbare en tijdrovende methode is, pleiten Den Hertog en Van Sluijs (1995) voor etnografisch onderzoek binnen de organisatiewetenschappen. Etnografische studies kunnen een rijke oogst opleveren. Zij kunnen door hun diepgang tot inzichten leiden die met andere onderzoeksstrategieën moeizamer en minder volledig naar boven kunnen worden gehaald. Vandaar dat deze methode vaak wordt toegepast tijdens een vooronderzoek. De inzichten die de onderzoeker opdoet, zijn in dat geval nuttig voor het (her)formuleren van de doel- en vraagstelling van het hoofdonderzoek.

Tot slot van deze passage over observatie vermelden we nog een techniek die veel op een systematische observatie lijkt. De mogelijkheid bestaat dat niet de onderzoeker maar de onderzochten zelf van uur tot uur, of zoveel vaker als nodig en haalbaar is, bijhouden wat ze doen. Men noemt dit wel *tijdschrijven*. Deze aanpak valt vooral te overwegen als men personen langere tijd in hun dagelijkse bezigheden wil volgen en men niet in de gelegenheid is tot het uitvoeren van observaties. De kans bestaat dat de gegevens die dit oplevert minder betrouwbaar, gedetailleerd en volledig zijn dan die welke een systematische observatie door de onderzoeker zelf kan opleveren. Zo kan subjectiviteit niet worden uitgesloten. Maar men bespaart wel veel tijd, wat weer andere mogelijkheden kan opleveren.

Stel bijvoorbeeld dat een onderzoeker wil weten op welke wijze vertrouwenspersonen van patiënten in psychiatrische ziekenhuizen hun werk uitvoeren.

Zijn aanwezigheid als observator kan in dergelijke situaties hinderlijk of ronduit onmogelijk zijn. Een alternatief is dat deze mensen wordt gevraagd naar de manier waarop zij hun werkdagen invullen. De vraag is dan wel hoe goed zij zich dit herinneren. Bovendien zullen ze geneigd zijn slechts te melden wat zij denken dat van belang is. Maar voor een onderzoeker zijn nu juist vaak de ogenschijnlijk onbelangrijke details interessant. Een alternatief is dat de onderzoekspersonen formulieren krijgen met in de linker marge een dagindeling in bijvoorbeeld halve uren of kwartieren, en met rechts ruimte voor aantekeningen. Het verzoek is dan om een aantal dagen of strategisch gekozen dagdelen zo concreet en gedetailleerd mogelijk in te vullen wat men precies op verschillende momenten doet.

Dit tijdschrijven kan voor de personen in kwestie een grote belasting zijn, die nogal wat tijd en vooral discipline vraagt. Daarom werkt deze methode in principe pas goed als het een onderzoek betreft dat de onderzoekspersonen helemaal zien zitten en/of als de resultaten voor hen belangrijk zijn.

Met observatie (en tijdschrijven) krijgen we, zoals gezegd, in feite alleen gedrag te zien en geen gedrags*motieven*, noch meningen, opvattingen en dergelijke. Daarom wordt deze methode vrijwel altijd gecombineerd met het voeren van gesprekken en het bestuderen van documenten; een vorm van methodentriangulatie.

Gebruiksmogelijkheden

Observatie en eventueel tijdschrijven zijn aangewezen technieken als het voor de beantwoording van een vraagstelling belangrijk is dat mensen enige tijd worden gevolgd in hun doen en laten. Dit kan bijvoorbeeld het geval zijn als men wil weten hoe werknemers omgaan met een nieuwe doelgroep van de organisatie waarvoor zij werken. Een ander voorbeeld waarin de keuze van observaties als methode van datagenerering logisch is, is dat we willen weten hoe groepen jongeren tot crimineel gedrag komen. We kunnen dan een jongerengroep volgen, waarbij bijvoorbeeld wordt gelet op interactiepatronen: wie interacteert met wie in en buiten de groep en wat is de aard van de interacties? Op die manier kunnen groepsprocessen, leerprocessen en netwerken van jongeren in kaart worden gebracht. Als we uitsluitend geïnteresseerd zijn in het verbale gedrag van mensen in een groep, dan beperken we ons tot een zogenoemde conversatieanalyse: wie zegt wat, tegen wie en in reactie waarop?

Overigens hoeft inzicht in de gedragingen van mensen niet de enige drijfveer te zijn om te kiezen voor observaties. Ook voor het werkelijk begrijpen van meningen en gedragingen kan deze techniek van belang zijn. Stel dat de onderzoeker een nauwkeurig beeld wil krijgen van het werk van ambulancepersoneel. Hij zou dit door middel van een interview met dit personeel kunnen proberen te achterhalen. Maar een manier die waarschijnlijk een vollediger en meer valide beeld te zien geeft, is het vergezellen van ambulances tijdens de uitvoering van het werk. Zo zou men enige tijd kunnen meerijden met ambulances. Men ziet dan niet alleen het gedrag van het ambulancepersoneel, maar ook hoe slachtoffers en omstanders zich gedragen. Bovendien ziet men wat het ambulancepersoneel ziet, wat belangrijk kan zijn voor een juiste interpretatie, verklaring en evaluatie van hun fysieke en verbale gedrag. Hierbij fungeert de onderzoeker nadrukkelijk niet alleen als observator, maar is tegelijkertijd zelf meetinstrument. Door introspectie en inleving (hoe zou ik zelf in deze situatie reageren?) probeert hij iemands gedrag te begrijpen.

Meetinstrumenten
Een meetinstrument zoals hier bedoeld, kan worden omschreven als een mechaniek, een voorwerp of een procedure waarmee we fenomenen in de werkelijkheid direct kunnen kwantificeren of kwalificeren. De nadruk ligt op 'direct' om daarmee de indirecte meting via personen, media en documenten uit te sluiten. Immers, de sturingsinstrumenten die bij dit soort bronnen worden gebruikt, in casu vragenlijsten, waarnemingsschema's en categorieënstelsels (zie ook onder inhoudsanalyse hierna), kunnen – zoals eerder opgemerkt – ook worden beschouwd als meetinstrumenten. Om die reden vatten we bijvoorbeeld een intelligentietest op als een vragenlijst. Bij het kwantificeren worden fenomenen in maat en getal vastgelegd. Zo is de duimstok een geschikt meetinstrument om iemands lichaamslengte, en een centimeter om iemands taille vast te stellen. Een stopwatch kan worden gebruikt om de tijdsduur van bepaalde processen exact te bepalen. Bij het kwalificeren kennen we een of andere kwaliteit toe aan het meetobject. Een kwalificatie is bijvoorbeeld: persoon X is katholiek.

Gebruiksmogelijkheden
Vergeleken met de natuurwetenschappen worden in de sociale, de beleids- en de managementwetenschappen minder vaak meetinstrumenten in de hier bedoelde zin gebruikt. Vaker wordt hier gemeten met behulp van vragenlijsten bij enquête en interview, waarnemingsschema's bij observatie en categorieënstelsels bij inhoudsanalyse. Op inhoudsanalyse gaan we nu dieper in.

Inhoudsanalyse
Inhoudsanalyse is een techniek voor het genereren van gegevens uit documenten, uit media en uit de werkelijkheid. Vaak gebeurt dit met behulp van een categorieënstelsel. Ook literatuur kan met een inhoudsanalyse worden onderzocht, namelijk ingeval deze fungeert als databron. In gevallen waarin literatuur wordt gebruikt als kennisbron, zoals het geval is bij een literatuuronderzoek, kunnen strategieën worden gevolgd zoals beschreven in paragraaf 6.7. Een categorieënstelsel zoals hierboven bedoeld is vergelijkbaar met de vragenlijst voor een interview of een enquête en met een waarnemingsschema voor observatie. Met andere woorden: het betreft hier een vertaling van de vragen uit de vraagstelling in concrete zaken waarop men bij het bestuderen van inhouden van media en documenten moet letten. Dit betekent dat ook hier weer een operationalisering van de centrale begrippen uit de vraagstelling nodig is. In feite is een categorieënstelsel, evenals de vragenlijst in een enquête of interview en het waarnemingsschema bij observatie, een soort meetinstrument. Zaken uit de werkelijkheid karakteriseert de onderzoeker door deze een plaats

te geven in de categorieën. Dit kan een kwantitatieve aangelegenheid zijn. We karakteriseren bijvoorbeeld persoon X naar lichaamslengte door deze te plaatsen in de categorie 1,86 meter. Dit is meten in de alledaagse betekenis. Maar in veel gevallen vindt een meer kwalitatieve karakterisering plaats, bijvoorbeeld de registratie 'persoon X reageert met ongenoegen op situatie Y': ook dit is een vorm van meting.

Het spreekt voor zich dat een categorieënstelsel kan variëren van globaal naar precies. In de meest globale vorm is zo'n stelsel niet meer dan een lijstje met uit de vraagstelling afgeleide aandachtspunten, precies zoals de lijst met onderwerpen bij een vrije vorm van het interview. Toch wordt geadviseerd om te werken met een meer uitgebreide variant. Bedoeld is een aanpak waarin nauwkeurig wordt aangegeven wanneer een fenomeen uit de werkelijkheid valt onder een (of meer) van de centrale begrippen uit de doel- en vraagstelling.

Er bestaan twee hoofdvormen van inhoudsanalyse, te weten kwalitatieve en kwantitatieve inhoudsanalyse (niet te verwarren met de kwantitatieve en kwalitatieve meting van zojuist, al zijn er wel raakvlakken). In een strikt kwalitatieve inhoudsanalyse gaat het om de reductie van de voor de onderzoeker relevante informatie uit een grote hoeveelheid tekstueel of audiovisueel materiaal. De waarnemingscategorieën zijn in principe open en de onderzoeker is meestal op zoek naar betekenissen die de producenten van het onderzochte materiaal aan bepaalde zaken verlenen. De laatstgenoemde is hier eerder bezig met inhouden te duiden, te begrijpen en onder een globaal en altijd voorlopig label te plaatsen, dan dat deze inhouden worden geturfd in gesloten categorieën (zie ook onder 'gefundeerde theoriebenadering' in paragraaf 6.6). Doet de onderzoeker dit laatste wel, dan is er sprake van een kwantitatieve inhoudsanalyse. In dit type inhoudsanalyse is de onderzoeker vooral gericht op vaststelling van het belang van bepaalde thema's, uitspraken of benaderingen op grond van kwantitatieve indicaties (hoe vaak? hoeveel? hoelang?).

In zowel een kwalitatieve als een kwantitatieve inhoudsanalyse is de essentie dat het tekstuele en/of audiovisuele materiaal wordt bekeken vanuit de onderzoeksvragen of vanuit een daaruit afgeleid categorieënstelsel (zie hierboven), met als doel een antwoord te vinden op deze vragen.

Gebruiksmogelijkheden

Inhoudsanalyse van documenten en eventueel literatuur is voor veel onderzoeksprojecten een van de belangrijkste onderdelen bij het verwerven van relevant onderzoeksmateriaal. De reden hiervan is dat documenten die voor een onderzoek relevant zijn:

a. doorgaans groot in aantal en diversiteit zijn;
b. daardoor een welkome aanvulling kunnen vormen op interviews en observaties;
c. relatief gemakkelijk toegankelijk zijn; en
d. tamelijk 'slijtvast' zijn. Met slijtvastheid is bedoeld dat we documenten, anders dan individuen, op elk moment en zoveel we willen kunnen raadplegen zonder dat dit wachttijden of vermoeide en verveelde respondenten oplevert.

Zoeksystemen

Voor de meeste onderwerpen bestaat een grote hoeveelheid wetenschappelijke en vakliteratuur. Het is natuurlijk ondoenlijk om in het kader van een onderzoek al deze literatuur te bestuderen. We gaan gericht op zoek om uit de berg literatuur juist die artikelen of boeken te selecteren die behulpzaam zijn bij het opzetten en/of de uitvoering van het onderzoek. Daarom is het nodig dat we ons bedienen van een adequaat zoeksysteem, een hulpmiddel om tot literatuurselectie te komen. Het verdient aanbeveling om bij het zoeken naar literatuur van verschillende van deze systemen gebruik te maken.

Op de eerste plaats zijn er diverse vormen van zoekregisters gebaseerd op trefwoorden. Deze zoekregisters zijn in de meeste bibliotheken voorhanden. Het voordeel van deze registers is dat de belangrijkste publicaties op een bepaald terrein onmiddellijk getoond kunnen worden. Voorheen was de wetenschappelijke onderzoeker in dit verband aangewezen op de grote trefwoordenregisters die in elke wetenschappelijke bibliotheek aanwezig waren. In lange rijen kaartenbakken stonden per onderwerp publicaties op kaarten gerangschikt. Men stelde de kernbegrippen van het onderzoek vast en hanteerde deze kernbegrippen of aanverwante begrippen als trefwoorden, op zoek naar relevante literatuur. Dit 'kartonnen' systeem is intussen vervangen door elektronische zoeksystemen. Via elektronische netwerken zijn de zoekregisters van diverse grote bibliotheken toegankelijk voor pc-gebruikers die op deze netwerken zijn aangesloten. Via het intoetsen van het gekozen trefwoord verschijnt direct een selectie van recente literatuur op het scherm. De bekwame gebruiker van de 'elektronische snelweg' kan binnen afzienbare tijd veel zoekregisters raadplegen.

Maar als zoeksysteem blijft ook een elektronisch zoekregister in beperkte mate nuttig. Immers, het systeem geeft uitsluitend de meest elementaire informatie over de publicaties: naam van de auteur, titel van de publicatie, jaar van uitgave, uitgever, enzovoort. Over de inhoud van de studie wordt meestal geen informatie gegeven. Daarvoor bestaan weer andere verzamelingen die kunnen worden geraadpleegd: de excerpten en besprekingen. Op verschillende terreinen van wetenschappelijk onderzoek bestaan er verzamelingen van uittreksels van de meest belangrijke publicaties en artikelen op het betreffende terrein. Vaak wordt de betreffende publicatie ook van deskundig commentaar voorzien. Deze uittreksels en besprekingen worden op hun beurt weer gebundeld en op gezette tijden verspreid onder degenen die zich hierop hebben geabonneerd. Wetenschappelijke bibliotheken hebben in principe een dergelijk abonnement. Ook hier weer hebben de leveranciers dankbaar gebruikgemaakt van de mogelijkheden die de moderne media ons bieden. Veel van deze uittreksels en bijbehorende bibliografieën zijn via de elektronische netwerken te raadplegen. In veel gevallen kan men de gezochte uittreksels en besprekingen niet alleen via het beeldscherm inzien, maar ook downloaden, zodat de tekst kan worden geprint of bewerkt.

Een derde hulpmiddel dat nog meer zicht geeft op inhoud van literatuur, is een screening van geselecteerde vaktijdschriften. Deze tijdschriften presenteren jaaroverzichten van de in een heel jaar gepubliceerde artikelen. Ook nemen ze vaak boekbesprekingen op van recente publicaties die door de redactie van het betreffende tijdschrift belangrijk geacht worden. Door enkele jaargangen van deze tijdschriften door te bladeren en overzichten te bestuderen kom je al gauw achter de meest relevante literatuur.

Wanneer je deze vaktijdschriften doorbladert op zoek naar relevante artikelen, is het handig meteen te kijken naar de aankondigingen van congressen en symposia die in deze vaktijdschriften zijn opgenomen. We hebben immers al aangegeven dat op deze congressen en symposia de meest recente, nog niet gepubliceerde, inzichten worden gepresenteerd en besproken. Indien relevant kunnen congrespapers worden opgevraagd.

Een vierde en laatste hier te noemen manier van opsporen van publicaties is die volgens het sneeuwbalprincipe. Wanneer het onderwerp van een onderzoek is bepaald, kiest men een of enkele van de belangrijkste recente publicaties. Vervolgens kijkt men naar de inhoudsopgave van het boek en worden de literatuurverwijzingen die achter in de publicatie zijn opgenomen, grondig doorgenomen, enzovoort. Het is dus in feite een systeem van verwijzing op verwijzing. Vaak kan men al aan de inhoudsopgave van een publicatie zien in welke richting de belangstelling en soms zelfs de visie van de betreffende auteur gaat. Dit vluchtige bestuderen brengt de onderzoeker wellicht op ideeën of geeft hem nieuwe trefwoorden in handen waaraan hij tot nu toe nog niet had gedacht. Deze ideeën en trefwoorden kunnen weer worden gebruikt bij de verdere speurtocht naar relevante publicaties. Ook brengen de literatuurlijsten de onderzoeker vaak op het spoor van verwante teksten. Op deze manier raakt men vrij snel thuis in de stand van zaken op het betreffende terrein.

Gebruiksmogelijkheden

Het zal duidelijk zijn dat het hanteren van zoeksystemen om relevante literatuur, documenten en secundair materiaal op het spoor te komen, voor elk onderzoek van belang is. Maar het spreekt voor zich dat de vakliteratuur bij een literatuuronderzoek of een theoriegericht onderzoek meestal een belangrijkere rol speelt dan bij empirische praktijkgerichte onderzoeken. Toch moet ook bij deze praktijkgerichte onderzoeken niet al te snel genoegen worden genomen met de eerste de beste literatuurverwijzing die zich aandient of die de onderzoeker te binnen schiet. Wanneer hij een of meer van de hierboven vermelde werkwijzen of hulpmiddelen hanteert, komt hij in de meeste gevallen al vrij snel achter meer recente of minder voor de hand liggende, maar meer uitdagende literatuur. Deze literatuur geeft vaak nieuwe inzichten en opent wellicht andere dan de 'bekende' bestaande wegen.

> **Opgave**
>
> In de opgave aan het einde van paragraaf 7.2 is gevraagd aan te geven welke bronnen je zou kunnen gebruiken voor het onderzoek naar de achtergronden van werkloosheid. Ga nu na met behulp van welke methode(n) of methodiek(en) deze ontsloten zouden kunnen worden. Streef hierbij naar volledigheid. Ga vervolgens per bron voor elke genoemde methode of methodiek na wat de voor- en nadelen, mogelijkheden en beperkingen ervan zijn, *gegeven de vraagstelling van het onderzoek* en de randvoorwaarden die dit onderzoek stelt.

7.4 Voor- en nadelen

In de vorige paragraaf kwamen al verschillende voor- en nadelen van de afzonderlijke ontsluitingstechnieken ter sprake. In deze slotparagraaf behandelen we de relatieve voor- en nadelen, mogelijkheden en onmogelijkheden van de technieken en procedures ten opzichte van elkaar.

Om te beginnen hebben de twee hoofdvormen van ondervraging, de enquête en het interview, ten opzichte van elkaar allerlei voor- en nadelen. Een voordeel van de enquête boven het interview is dat de eerste in principe minder tijd kost dan de tweede. Dit geeft de mogelijkheid om met een enquête een groter aantal mensen te bereiken dan onder vergelijkbare omstandigheden met een interview mogelijk is.

Tegenover het kleinere bereik staat dat in het meer arbeidsintensieve face-to-face-interview wel dieper kan worden gegraven en 'moeilijker' zaken aan de orde kunnen komen dan in een enquête. Let wel, dit voordeel geldt minder voor het telefonische interview, onder andere omdat hier de lichaamstaal van de respondent als informatiebron wegvalt. Bovendien maakt het uitblijven van oogcontact het gesprek in emotioneel opzicht vaak minder intensief. Dieper graven kan bijvoorbeeld nodig zijn als de onderzoeker wil weten welke weerstanden burgers voelen bij de naleving van allerlei maatschappelijke normen en regels. Een schriftelijke enquête zal dan, zoals eerder gememoreerd, een hoge non-respons opleveren. Dit terwijl in de wel ingeleverde vragenlijsten de kans op ontwijkende, strategische of sociaal wenselijke antwoorden groot is. Het eerste vormt een bedreiging van de externe, en het tweede van de interne validiteit van de onderzoeksresultaten.

Vergelijken we vervolgens de techniek van het stellen van vragen met andere technieken. Vergeleken met observatie is een nadeel van het schriftelijk of mondeling vragen stellen de onmogelijkheid om gedragingen van mensen in beeld te krijgen. Zoals al eerder is gememoreerd, komen we hooguit gedrags*percepties*, gedrags*herinneringen* en gedrags*intenties* te weet, geen *feitelijk* gedrag. Nu kunnen deze drie zaken natuurlijk alle drie het expliciete object van studie zijn, in welk geval er weinig aan de hand is. Zo is bijvoorbeeld de subjectieve perceptie bij patiënten van de patiëntvriendelijkheid van artsen in principe een betere graadmeter voor het welbevinden van deze patiënten dan een 'objectieve' gedragsmeting bij artsen door de onderzoeker. Maar indien en voor zover de onderzoeker uit is op het in kaart brengen van feitelijk gedrag van mensen, moet deze er rekening mee houden dat de genoemde drie fenomenen hiervoor weinig valide indicatoren zijn. Daarvoor is de observatie veel meer geschikt. Een buitengewoon handig alternatief vormt hier natuurlijk ook inhoudsanalyse van eventueel beschikbaar audiovisueel materiaal; een vorm van uitgestelde observatie.

Een nadeel van observatie is dat we geen gedrags*motieven* te weten komen, wat weer wel kan met behulp van een interview of een enquête. In die zin zijn ondervraging en observatie complementair ten opzichte van elkaar. Niet alleen gedragsmotieven en -intenties, maar ook belevingen en gedachten van de te onderzoeken personen kunnen overigens een of andere vorm van ondervraging noodzakelijk maken. Voorbeelden zijn de kennis die landbouwers hebben van duurzame productiemethoden, en inschattingen die brandweerlieden hebben van de omvang en ernst van een brand bij het bepalen van hun 'uitrukstrategie'. Andere, meer sociaal-psychologische voorbeelden zijn de problemen die kinderen hebben met het zich voegen naar de reglementen en gedragscodes van hun school, en het belang dat Marokkaanse vaders hechten aan de begeleiding van hun zonen.

Naast de onmogelijkheid om feitelijk gedrag te registreren noemen we nog enkele beperkingen van het interview als methode van datagenerering. Ten eerste gaat deze techniek ervan uit dat mensen hun gedachten, gevoelens en belevingen op een adequate manier kunnen verwoorden. Maar zeker voor kleine kinderen, zieken en hoogbejaarden kan hier een probleem liggen. Een alternatief kan dan zijn om bijvoorbeeld de ouders respectievelijk de kinderen van deze mensen te benaderen als informant. We moeten ons dan wel terdege blijven realiseren dat we werken met gegevens 'uit de tweede hand'. Overigens kan men ook meer in het algemeen zeggen dat mensen aanzienlijk kunnen verschillen in zowel hun vermogen als hun bereidheid om gedachten en gevoelens te verwoorden.

Een van de belangrijkste bedreigingen die de onderzoeker die gebruik wil maken van interviews en enquêtes parten kan spelen, is de mogelijkheid dat mensen een strategisch antwoord geven op vragen. Dit gevaar, dat al enkele keren eerder ter sprake kwam, speelt vooral als de onderzoeker iets wil onderzoeken waarop een zekere sociale wenselijkheid rust. Zo zal op een vraag of iemand bestaande veiligheidsvoorschriften in acht neemt, vaak bevestigend worden geantwoord, ook al schiet die naleving tekort. In een dergelijke situatie kan gebruik van informanten, van directe observatie en/of van de bestudering van relevante documenten uitkomst bieden.

Een laatste hier te noemen beperking van vraagtechnieken is dat we met een interview of een enquête meestal geen of weinig zicht hebben op de fysieke en sociale omgeving waarbinnen zich bepaalde zaken afspelen. Zo zal de onderzoekster in ons voorbeeld willen weten hoe agenten tijdens hun surveillances omgaan met burgers. Dit gedrag zal in sterke mate afhangen van de omstandigheden. Zijn er toeschouwers, en zo ja, hoe reageren die op de situatie? Is er sprake van tijdsdruk of een hectische toestand? Is er een dreiging van geweld? Hoe is de sfeer op straat? Participerende observatie brengt deze context veel gedetailleerder en meer valide in beeld dan een interview.

Naast de eerder vermelde mogelijkheid om gedragingen, interactiepatronen en netwerken te achterhalen, is een voordeel van observeren dat de kans op strategische reacties van de onderzoekspersonen kleiner is dan bij stimulus-response technieken zoals het stellen van vragen. Dit geldt vooral voor de participerende observatie. Naarmate de onderzoeker langer aan bepaalde activiteiten of processen deelneemt, zal deze ook minder als een buitenstaander worden gezien. Maar bij dit laatste moet wel worden opgelet dat de onderzoeker zich niet al te veel gaat vereenzelvigen met de geobserveerden. Dit kan een 'objectieve' waarneming in de weg staan. Het kan in dit kader ook nodig zijn dat de onderzoeker geen of slechts globale mededelingen doet over het soort informatie waarnaar hij op zoek is, alhoewel de normen over wat ethisch toelaatbaar is hier nauwlettend in het oog moeten worden gehouden.

Een ander voordeel kan zijn dat er bij observatie sec geen 'sluis van verwoording' is. Zodra iemand zijn gevoelens onder woorden wil brengen, kan bewust of onbewust vertekening optreden. Maar de wijze waarop mensen zich gedragen 'liegt er niet om'. Hiermee is een belangrijke bron van vertekening en onvolledig beeld geëlimineerd. Handelingen zijn meestal onbewust, vandaar. En verder is lichaamstaal een belangrijke informatiebron, vooral als het gaat om onbewuste zaken, terwijl het probleem van verwoording hier per definitie geen rol speelt. Met deze 'lichaamstaal' brengen mensen dingen tot uiting waarvan ze zichzelf niet eens bewust zijn. Verder kwam al naar voren dat bij observatie de mogelijkheid bestaat om de onderzoekspersonen in hun natuurlijke context te bestuderen. Bij een interview treedt men in principe uit die natuurlijke omgeving. Hierdoor gaan mensen zich mogelijk anders uiten en gedragen. Bovendien heeft de onderzoeker dan geen zicht op de context waarbinnen de onderzochten normaliter functioneren.

Observatie heeft ook enkele nadelen. Zo kan het lastig en tijdrovend zijn om waarnemingsresultaten op een betrouwbare en geldige wijze te verwerken tot overtuigende antwoorden op de onderzoeksvragen. Een van de redenen hiervan is dat observatie grotendeels non-verbale informatie oplevert, die moet worden omgezet in verbale informatie. Bedoeld zijn de antwoorden op de onderzoeksvragen die de onderzoeker geacht wordt te formuleren. De belangrijkste reden is echter dat de onderzoeker bij observatie over het algemeen (veel) meer interpretatieruimte heeft dan in een interview het geval is. Wat is de meest valide interpretatie van wat iemand in de werkelijkheid ziet? Dit punt verwijst tevens naar de controleerbaarheid van de onderzoeksresultaten. Deze is bij observatie voor derden doorgaans lager en moeizamer dan wanneer een vraagtechniek wordt gebruikt. Hierdoor kan de onderzoeker zich kwetsbaar voelen. Deze kwetsbaarheid kan worden versterkt als de mensen die de onderzoeker gaat observeren hem beschouwen als een pottenkijker. Een manier om dit te

ondervangen is dat hij een tijdje lid wordt van de betreffende vereniging, club of organisatie. Dit is de meest vergaande vorm van participerende observatie.
Inhoudsanalyse van tekstueel of audiovisueel materiaal heeft met observatie gemeen dat er weinig kans is op vertekening als gevolg van sociale wenselijkheid en strategische antwoorden. Immers, het soort materiaal dat vrijkomt bij de vier soorten bronnen van inhoudsanalyse komt doorgaans los van de onderzoeker tot stand. Zo kunnen jaarverslagen in principe meer betrouwbare informatie over omzetcijfers opleveren dan een vraag hierover aan de manager. Ook het gevaar dat je als onderzoeker mensen op bepaalde ideeën brengt, is hier uitgesloten. Dit risico is vooral aanwezig als de onderzoeker van mensen dingen wil weten waarover ze nog nooit bewust hebben nagedacht.
Daarnaast zijn er ook enkele beperkingen verbonden aan de inhoudsanalyse van literatuur, documenten en media. Zo kunnen documenten en media een bepaalde censuur ondergaan. Ieder kent wel de opmerking van de voorzitter van een vergadering dat bepaalde passages niet voor de notulen bestemd zijn. Ook tv- en radioprogramma's bevatten vaak een politieke kleur, afhankelijk van de omroep en de programmamaker. In sommige landen ondergaat zelfs literatuur een politieke of politionele censuur. Een andere intussen bij de lezer bekende beperking die de bestudering van documenten gemeen heeft met vraagtechnieken, vormen validiteitsproblemen, die zich onherroepelijk voordoen als we fysiek gedrag willen bestuderen.
Aan het eind van dit hoofdstuk gekomen kunnen we twee conclusies trekken. De eerste is dat de onderzoeker er goed aan doet om, binnen de grenzen van de beschikbare tijd, steeds zo veel mogelijk verschillende bronnen aan te boren en om meerdere technieken van ontsluiting te gebruiken. Wat met de ene bron respectievelijk ontsluitingsmogelijkheid niet of minder in beeld komt, is juist een sterk punt van een andere bron, respectievelijk manier. Kortom, probeer zo veel mogelijk te trianguleren teneinde een zo valide en volledig mogelijk beeld te krijgen van de onderzochte werkelijkheid. Baken desnoods het onderzoek verder af (zie paragraaf 5.2) om de daarvoor benodigde tijd vrij te maken. De tweede conclusie is dat een optimale werkwijze is dat de bronnen en technieken in principe per (deel)vraag uit de vraagstelling worden gekozen.

Stappenplan en voorbeeld

Onderzoeksmateriaal

1. Bepaal per *(deel)vraag* de relevante *objecten* en de *soorten informatie* die voor deze objecten nodig zijn. Gebruik hierbij schema 7.1.
2. Bepaal per object of soort info uit stap 1 welke en hoeveel *bronnen* je nodig hebt. Gebruik hierbij de schema's 7.2 en 7.3.
3. Bepaal per bron uit stap 2 welke *ontsluitingsmethode(n)* je gaat hanteren. Gebruik hierbij de schema's 7.3 en 7.4.

> 4. Itereer de stappen 1, 2 en 3 zowel onderling, met de doel- en vraagstelling als met de definities. Let op zaken als haalbaarheid en omvang van het onderzoek in relatie tot interne en externe geldigheid, triangulatie en arbeidsintensiviteit van de methoden. Pas deze zaken indien nodig *daadwerkelijk* aan.

Vervolgens passen we dit stappenplan toe op het voorbeeld 'politie Rotterdam' uit de inleiding.

Stap 1
Aangezien in deze stap de vraagstelling van het onderzoek het vertrekpunt is, geven we die eerst. De tweede centrale vraag luidde: hoe gaan mannelijke en vrouwelijke agenten van de rijkspolitie in Rotterdam op het werk met elkaar om? Hoewel dat in het voorbeeld niet is gedaan, is het juist met het oog op de keuze van relevant onderzoeksmateriaal gewenst om deze vraag in deelvragen uit te splitsen. Stel dat de betreffende studente in het voorbeeld tot de volgende twee deelvragen komt:
1. Hoe gaan mannelijke en vrouwelijke agenten met elkaar om op het bureau?
2. Hoe gaan mannelijke en vrouwelijke agenten met elkaar om in de buitendienst?

Het hier gemaakte onderscheid in werklocatie is vooral van belang vanuit oogpunt van zichtbaarheid. Omdat het werk binnen de muren van het bureau goeddeels is onttrokken aan het oog van buitenstaanders, bestaat de mogelijkheid dat de omgangspatronen hier anders zijn dan in het openbaar.
Het is duidelijk dat in beide vragen de 'objecten' bestaan uit personen, in dit geval agenten. Zoals vrijwel steeds in een onderzoek heeft ook de studente hier behoefte aan theoretische inzichten over het onderwerp in kwestie. Daarnaast zijn gegevens (data) nodig, en wel twee soorten:
a. gegevens over de personen in kwestie en de manier waarop zij met elkaar omgaan;
b. achtergrondgegevens over de functionaris en de organisatie in kwestie. Deze laatste gegevens zijn nodig om de gegevens bij a te kunnen interpreteren.

De benodigde theoretische inzichten en empirische gegevens lopen voor de beide deelvragen enigszins uiteen. Voor de eerste deelvraag gaat de voorkeur van de studente uit naar organisatietheorieën, waaronder machtstheorieën. Qua gegevens denkt ze aan vragen betreffende de sfeer op het werk, mogelijke incidenten op het vlak van gender, wie welke initiatieven neemt en de mate waarin die initiatieven door collega's en de leiding worden overgenomen. Achtergrondgegevens zoals de hiërarchische verhoudingen op het werk, de manier waarop op het bureau de taken zijn verdeeld, en dergelijke, vindt ze ook belangrijk.

Voor de tweede deelvraag kiest de studente een andere theoretische benadering dan bij de eerste, te weten de zogenoemde interactietheorie en een theorie over crisis- en conflictbeheersing. Ook qua data ziet zij een verschil met de eerste deelvraag. Voor die eerste deelvraag haalt zij de gegevens hoofdzakelijk bij de betreffende functionarissen en vooral uit de politieorganisatie zelf. Bij de tweede deelvraag echter kan het interessant zijn om ook burgers, de doelgroep van het politieapparaat, te vragen hoe zij vinden dat mannelijke en vrouwelijke agenten met elkaar omgaan. Verder vindt de studente politieoptredens bij ongelukken en calamiteiten in principe relevant. Juist onder druk kunnen bepaalde verhoudingen tussen mannen en vrouwen verhevigd tot uiting komen, zo redeneert zij.

Stappen 2 en 3

In de meeste gevallen is er geen bezwaar tegen om de stappen 2 en 3 gecombineerd uit te voeren, zoals ook hier. In het volgende overzicht is achter de bronnen tussen haakjes het aantal van deze bronnen vermeld dat de studente in het voorbeeldonderzoek wil aanboren. Bij de observatie van de werksituatie (deelvraag 1) betekent het getal 3 het voornemen om twee hele werkdagen en een nacht op het politiebureau aanwezig te zijn voor het verrichten van observaties, te weten drie werkperioden. Bij de observatie van agenten (deelvraag 2) is het voornemen om een hele dag mee te lopen met tien verschillende koppels agenten die op surveillance gaan in verschillende wijken van de stad. Van deze koppels zijn er zes gemengd, twee bestaan alleen uit mannen en twee worden gevormd door vrouwen. Hier wordt met verschillende samenstellingen van de koppels gewerkt om later vergelijkingen te kunnen trekken en uit eventuele verschillen conclusies te kunnen trekken op het vlak van gender.

Het getal 20 achter 'bedrijfsjournaals' slaat op het aantal uitzendingen dat zal worden bekeken. Het getal 30 achter 'personeelsblad' geeft aan dat in alle dertig nummers die in de afgelopen drie jaar zijn verschenen, wordt gezocht naar aanwijzingen voor de manier waarop vrouwelijke en mannelijke agenten in Rotterdam met elkaar omgaan. Met het oog op omgangsvormen van mannelijke en vrouwelijke agenten bij ongelukken en calamiteiten ten slotte is het voornemen om te zoeken bij gearchiveerde programma's en actuele uitzendingen van de lokale en landelijke radio en tv. Een asterisk achter de bronnen geeft aan dat de betreffende bron voor beide deelvragen wordt gebruikt.

Eerste deelvraag

Bronnen	soort/aantal	ontsluiting
personen	individuele agenten (30)	face-to-face-interview
	bedrijfsarts (1)*	face-to-face-interview
media	bedrijfsjournaals (20)*	inhoudsanalyse
	personeelsblad (30)*	inhoudsanalyse
documenten	dossiers klachtenbalie (1)*	inhoudsanalyse
	dossiers bedrijfsarts (1)*	inhoudsanalyse
situaties	werksituatie (3)	observatie

Tweede deelvraag

Bronnen	soort/aantal	ontsluiting
personen	koppels agenten (m+v) (10)	observatie
	burgers (200)	schriftelijke enquête
	bedrijfsarts (1)*	face-to-face-interview
media	lokale tv/radio (1)	inhoudsanalyse
	landelijke tv/radio (1)	inhoudsanalyse
	bedrijfsjournaals (20)*	inhoudsanalyse
	personeelsblad (30)*	inhoudsanalyse
documenten	dossiers klachtenbalie (1)*	inhoudsanalyse
	dossiers bedrijfsarts (1)*	inhoudsanalyse

Stap 4

Het aantal soorten bronnen en de aantallen die men van elke soort bron wil aanboren, is in een eerste inventariserende ronde meestal veel te groot, zoals ook hier. Toch is een inventarisatie van alles wat de onderzoekster als mogelijke bron ziet, niet overbodig. Het overzicht hierboven is een handig uitgangspunt, omdat de studente nu een totaalbeeld heeft van wat ze aan materiaal zou kunnen gebruiken voor de beantwoording van de vraagstelling. Schrappen in zo'n overzicht levert een meer weloverwogen en adequate selectie op dan wanneer ze zou kiezen voor het eerste dat in haar opkomt. Dit echter *op voorwaarde dat (die delen of aspecten uit) de voorlopige set van onderzoeksvragen worden geschrapt* waarop de geëlimineerde delen van het onderzoeksmateriaal betrekking hebben; een geval van *iteratie*. Doet men dit niet, dan raakt men óf in tijdnood, óf in validiteitsproblemen, of beide. De in zo'n schema als hierboven genoemde aantallen worden nog (minstens) twee keer op haalbaarheid bekeken. De eerste keer is dat bij de iteratie in stap 4 (zie hieronder). Maar ook bij de onderzoeksplanning (zie hoofdstuk 8) wordt deze haalbaarheid nog eens tegen de achtergrond van het totaal van in het onderzoek te verrichten activiteiten bekeken.

Zo op het oog is geen enkele bron in het overzicht overbodig, zeker niet als de onderzoekster al triangulerend een zo compleet mogelijk beeld van de situatie zou willen krijgen. Maar de vraag is of dit allemaal wel haalbaar is in één afstudeerproject en of elke bron wel noodzakelijk is om een redelijk beeld te krijgen. Als ze moet schrappen, wat vrijwel altijd het geval zal zijn, dan weegt ze de informatie die iets oplevert voor het beantwoorden van de onderzoeksvragen af tegen (a) de hoeveelheid tijd die het kost om deze informatie beschikbaar te krijgen en (b) de mate van zekerheid over de validiteit van deze informatie. De lezer zag in dit hoofdstuk dat er grote verschillen zijn in de voor ontsluitingstechnieken benodigde werktijden en doorlooptijden. Op basis van dit soort afwegingen besluit de onderzoekster tot de volgende keuzen (zie ook de casusbeschrijving in de inleiding).

Om te beginnen schrapt ze de bedrijfsjournaals. De hoeveelheid tijd die het kost om de videobanden te bekijken, is naar haar oordeel te groot in verhouding tot de kwaliteit en de hoeveelheid relevante gegevens die dit naar haar verwachting en die van haar begeleider zal opleveren. Verder besluit ze de dertig agenten niet te interviewen, gelet op de grote hoeveelheid tijd die dit gaat vergen. Volgens haar begeleider kost dit globaal een volle werkdag per interview, all-in. Ze zou in plaats daarvan kunnen kiezen voor een schriftelijke enquête. Deze techniek is immers veel minder arbeidsintensief, zodat deze keus haar veel tijdwinst oplevert. Daarmee zouden weliswaar de benodigde achtergrondgegevens (zie b in stap 1 hiervoor) prima bijeengebracht kunnen worden. Maar voor gegevens over de wijze waarop de politiemensen daadwerkelijk met elkaar omgaan op het politiebureau (zie a in stap 1), bieden deze ongetwijfeld nog minder kans op valide materiaal dan de aanvankelijk geplande interviews (denk aan de passages over gedragsmeting hiervoor). Op grond van deze overwegingen besluit de studente om alsnog af te zien van deelvraag 1, en zich uitsluitend te concentreren op vraag 2. Nadere beschouwing wijst uit dat de daarvoor benodigde gegevens in redelijkheid binnen de beschikbare tijd verzameld kunnen worden. Op grond van het schrappen van deelvraag 1 besluit de studente tot slot om ook haar doelstelling toe te spitsen op het interactiegedrag van mannelijke en vrouwelijke agenten in de buitendienst. Hiermee besluit ze voorlopig de iteratie, om deze pas te heropenen bij het maken van een onderzoeksplanning.

Onderzoeks- planning

8

Napoleon is niet ten onder gegaan aan een gebrek aan strategisch inzicht, maar aan een slechte timing.

8.1 Inleiding

Verreweg het grootste gedeelte van het onderzoeksontwerp is intussen de revue gepasseerd. Vooral het *wat* (doel- en vraagstelling) en een groot deel van het *hoe* (onderzoeksmateriaal en onderzoeksstrategie) zijn achter de rug. Van het *hoe* resteren nog de analyse van het onderzoeksmateriaal en het rapporteren van de resultaten. Beide onderdelen laten zich slechts in globale zin vooraf ontwerpen. De precieze vormgeving is te zeer afhankelijk van wat de onderzoeker tijdens de uitvoering daadwerkelijk tegenkomt. Om die reden behandelen we deze onderwerpen als integrale onderdelen van de onderzoeksplanning. Deze laatste neemt een prominente plaats in in het proces van ontwerpen, zoals het vervolg laat zien.

Planning betreft vooral het *wanneer* en *hoeveel* van onderzoek. Bedoeld zijn beslissingen over de volgorde en de perioden waarin we de benodigde activiteiten zullen verrichten. Ook moet telkens worden beslist hoeveel van deze activiteiten in de gegeven omstandigheden van de onderzoeker haalbaar zijn. Hierover, alsook over analyse en rapportage, gaat het laatste deel van dit boek. We starten weer met een voorbeeld van iemand die voor een volgende en dit keer laatste taak in het ontwerpproces staat, te weten het maken van een planning voor het onderzoek.

Voorbeeld Van ganser harte

Een studente beleidsgerichte milieukunde heeft het idee opgevat om haar afstudeerproject te wijden aan de problematiek van de grauwe gans. Door de grote aantallen waarin deze ganzen in Nederland overwinteren, ontstaat grote schade aan landbouwgewassen. Het gevolg is dat deze dieren massaal door landbouwers worden afgeschoten. De studente ziet in een zogenoemde set aside-regeling van de overheid mogelijkheden om deze diersoort van de ondergang te redden. Een dergelijke regeling, die van oorsprong bedoeld was om overproductie in de landbouw tegen te gaan, stelt landbouwers in staat om met behulp van een subsidie landbouwgrond enige tijd braak te laten liggen. Haar idee is nu om deze gronden in te richten als foerageerplaats voor ganzen. Om deze aanpak te laten slagen dienen landbouwers volgens haar op de hoogte te zijn van verschillende zaken. Ten eerste moeten ze deze overheidsregeling en wat die inhoudt kennen. Ten tweede dienen zij het belang van de ganzenproblematiek in te zien. En ten derde is het nodig dat deze landbouwers inzicht krijgen in de manier waarop je geschikte foerageerplaatsen kunt inrichten.

Als middel om dit te bereiken denkt zij aan het geven van voorlichting. Met haar afstudeerproject denkt zij de kennis te kunnen leveren die nodig is om voor dit doel geschikt voorlichtingsmateriaal te maken. Uit deze concrete doelstelling heeft ze intussen al een heldere vraagstelling afgeleid. Ook het technische ontwerp is in haar ogen af. Ze heeft de contouren uitgezet van een casestudy waarin ze triangulerend gebruikmaakt van interviews met landbouwers en met landbouw- en milieudeskundigen. Ook calculeert zij in dat ze relevante documenten van de overheid en van boerenorganisaties bestudeert.

Ze wil met de uitvoering beginnen, maar nu vraagt haar begeleider om planning, inclusief een tijdschema met tussenresultaten. Hij zegt deze nodig te hebben om voor zichzelf een goed begeleidingsplan te kunnen maken.

Hierover nadenkend komen er bij deze studente diverse vragen op. Zo vraagt ze zich af wat ze straks eerst moet doen: interviews houden of documenten bestuderen. En hoeveel tijd kosten die activiteiten eigenlijk? Dat moet ze weten om te kunnen bepalen hoeveel interviews ze af kan nemen. Ook vraagt ze zich af wat de begeleider bedoelt met 'tussenresultaten'. Eigenlijk ziet ze het hele verzoek van de begeleider niet zitten. Een planning maken klinkt mooi, maar het loopt in de praktijk toch altijd anders. Dan kun je ook net zo goed geen planning maken, zo is haar redenering. Een planning maken en volgen is alleen maar lastig, zeker als de begeleider je er voortdurend op afrekent. Maar de laatste houdt vol.

Kader 8.1

Over het fenomeen planning bestaan nogal wat misverstanden. Voor veel mensen is dit niet meer dan een rij uit te voeren activiteiten, met daarachter de data waarop deze activiteiten moeten zijn afgerond. Deze data zien zij uitsluitend als harde deadlines om te zorgen dat alles op tijd afkomt. Kortom, planning wordt in deze opvatting uitsluitend gezien als een controlemechanisme, zoals ook de vrees was van de studente. Daarmee is planning verworden van een middel tot een doel in zichzelf.

Hiertegenover stellen wij een opvatting van planning als een vormgevend en stimulerend hulpmiddel bij enerzijds het maken van een onderzoeksontwerp, en anderzijds een adequate uitvoering van het onderzoek. In dit hoofdstuk werken wij eerst deze opvatting van planning uit (paragraaf 8.2). Vervolgens wordt deze planningsconceptie vertaald in een activiteitenplan (paragraaf 8.3) en een tijdsplan (paragraaf 8.4). Zoals gebruikelijk geven we aan het eind een samenvatting van dit hoofdstuk in de vorm van een stappenplan en passen we dit plan toe op een voorbeeld. In dit geval is dat de casus 'van ganser harte'.

8.2 Karakteristieken van planning

Onder de planning van een onderzoek verstaan wij (het maken van) een overzicht van te verrichten activiteiten, van de tussen- en eindproducten die deze activiteiten opleveren en van de volgorden en perioden waarin dit alles moet gebeuren. De lezer ontdekt in deze formulering twee verschillende betekenissen van het woord planning: planning als activiteit ofwel een proces, en planning als resultaat van deze activiteit ofwel een product.

Planning als proces en als product hebben in onze opvatting elk een eigen functie. De functie die men er meestal aan toekent is zoals gezegd die van controlemechanisme. Men beschouwt de planning als een ijkpunt om te controleren of bij de uitvoering alles volgens plan gebeurt en verloopt, en of alles op tijd af is. Hiertegenover stellen wij de opvatting dat een planning (als product) veel meer dient om tijdens de uitvoering van een onderzoek een zo optimaal mogelijke tijdsbesteding met maximaal haalbare resultaten te bewerkstelligen. Bij de uitvoering doen zich altijd onvoorziene omstandigheden voor, en een planning dient er dan onder andere voor om hierop zo adequaat mogelijk te reageren. Stel dat de planning in een bepaald tussendoel voorziet en dat dit doel niet of niet op tijd wordt gehaald. Het is dan zaak na te gaan wat hiervan de redenen zijn en tot welke maatregelen in de uitvoering of mogelijk zelfs aanpassingen in het ontwerp deze aanleiding geven. We zouden dit een monitoringfunctie van planning kunnen noemen. Monitoring betekent in alledaags Nederlands zoiets als 'een vinger aan de pols houden'. Maar we bedoelen dan niet een controlerende monitoring zoals in de gangbare opvatting. We hebben een vormgevende en kwaliteitsverhogende monitoring op het oog.

Een tweede punt waarin onze planningsconceptie afwijkt van een gangbare is dat wij er naast de vormgevende en verbeterende monitoringfunctie *tijdens de uitvoering* van het onderzoek, ook twee belangrijke *ontwerpfuncties* aan toekennen. In dat geval hebben wij het over planning als proces. Een eerste ontwerpfunctie is dat de ontwerper met het maken van een planning op iteratieve wijze bijdraagt aan het bereiken van een haalbaar en harmonieus ontwerp. Bij het maken van een planning hebben we voor het eerst in het ontwerpproces een overzicht over de activiteiten die in het onderzoek moeten worden verricht. We doelen dan niet alleen op de onderzoeksvragen die moeten worden beantwoord. Ook beoogd zijn de keuzen die in het technische ontwerp zijn gemaakt aangaande het onderzoeksmateriaal en de te hanteren onderzoeksstrategie. Genoemd overzicht kan bij voorbaat de te verwachten knelpunten in de uitvoering aan het licht brengen die al vóór aanvang vragen om een aanpassing van het ontwerp. Doordat we de activiteiten die moeten worden uitgevoerd bovendien in een tijdsperspectief plaatsen (zie paragraaf 8.4 over het tijdsplan), ontstaat ook de mogelijkheid van een nieuw perspectief op het conceptueel en technisch ontwerp tot dusver. Ook hieruit kunnen eventuele aanpassingen van het onderzoeksontwerp voortvloeien. Met andere woorden, in deze conceptie maakt planning een wezenlijk onderdeel uit van het iteratief proces van ontwerpen zoals dat in paragraaf 3.2 is uitgewerkt.

Een tweede ontwerpfunctie van planning is dat we nadenken over de vraag *wanneer* en in welke *volgorde* bepaalde activiteiten het best kunnen worden uitgevoerd. Ook denkt de onderzoeker hier na over de vraag hoe deze activiteiten *met elkaar in verband* kunnen worden gebracht en welke activiteiten *tegelijkertijd* kunnen worden uitgevoerd. Vooral dit laatste is betekenisvol. Activiteiten kunnen elkaar in gunstige zin beïnvloeden. Dit is een reden dat wij naast een zuiver *seriële* ofwel volgtijdelijke planning van activiteiten zoals in een gangbare planningsconceptie, kiezen voor een conceptie waarin ook plaats is voor een *parallelle* ofwel gelijktijdige uitvoering van taken. Hierna werken we dit punt verder uit.

Samenvattend komt in het voorafgaande een beeld van planning naar voren dat op twee punten afwijkt van het gangbare idee van controlemiddel. Een planning als *product* wordt in onze conceptie gezien als een elegant en doeltreffend hulpmiddel om de uitvoering van een project in goede banen te leiden. Deze planning moet bijvoorbeeld zorgen dat na een tegenvaller niet alles in een vliegende haast wordt afgewerkt. In plaats daarvan kunnen aanpassingen in het ontwerp en/of in de uitvoering er alsnog voor zorgen dat de resterende tijd en middelen zo optimaal mogelijk worden benut. Dit is de vormgevende monitoringfunctie waarover wij spraken. Planning als *proces* vervult een belangrijke functie in het iteratief proces dat moet leiden tot een haalbaar en harmonieus ontwerp. Bovendien ontwerpt de onderzoeker, als het goed is, met een planning het hele uitvoeringsproces. Dit is de eerdergenoemde ontwerpfunctie van planning.

Seriële en parallelle planning (als product)

De zojuist genoemde voorkeur voor een combinatie van seriële en parallelle planning heeft alles te maken met onze kijk op onderzoek. Een vormgevende monitoringfunctie zou weinig kans krijgen als wij een onderzoek zouden zien als een proces dat volgens een strikt lineaire, vooraf vastgestelde tijdvolgorde verloopt. In dat geval is de uitvoering van een onderzoek te vergelijken met het afrollen van een traploper. In telegramstijl ziet dit 'afrollen' er als volgt uit: eerst een doelstelling formuleren, dan een onderzoeksmodel maken, vervolgens een vraagstelling ontwikkelen en een operationalisering uitwerken, daarna vragenlijsten, waarnemingsschema's en categorieënstelsels construeren, dan materiaal verzamelen, gevolgd door de verwerking en de analyse van dit materiaal, met als sluitstuk de rapportage van de resultaten en (eventueel) het doen van voorstellen en aanbevelingen.

In afwijking van deze vrij gangbare en in het hoger onderwijs breed uitgedragen lineair-seriële conceptie staan wij een onderzoeksbenadering voor die kan worden gekarakteriseerd als iteratief-parallel. Voor het maken van een onderzoeksplanning betekent dit dat wij niet opteren voor een uitsluitend seriële planning zoals in de gangbare opvatting, maar voor een combinatie van seriële en parallelle planning. Hiervoor zijn een pragmatische en twee principiële redenen te noemen. De pragmatische reden is dat in een onderzoek altijd wachttijden kunnen optreden. De onderzoeker moet bijvoorbeeld wachten op bepaalde boeken die hij wil bestuderen, of de te interviewen personen blijken een volle agenda te hebben. Daardoor wordt de onderzoeker gedwongen om intussen andere zaken aan te pakken. In dit kader is het onderscheid tussen de begrippen werktijd en doorlooptijd van belang. Werktijd betekent de hoeveelheid tijd die men met een bepaalde activiteit daadwerkelijk bezig is. Doorlooptijd is de periode dat iets duurt. Zo kan men in principe in één dag (werk)tijd een interview afnemen. Maar de periode die nodig is om vijftien interviews te realiseren, kan door andere bezigheden van de onderzoeker zelf en van de respondenten wel twee maanden zijn. Vooral als *werktijd* en *doorlooptijd* sterk van elkaar verschillen, is het zaak om meerdere activiteiten tegelijkertijd te plannen. Hieruit volgt dat elke onderzoeker noodgedwongen enigszins parallelliseert, ook al zou hij een voorkeur hebben voor het 'veilige' serialiseren.

Maar daarnaast zijn er ook principiëlere argumenten om in het onderzoek te parallelliseren. In vorige hoofdstukken werd diverse keren het belang van iteratief ontwerpen benadrukt. Maar ook de uitvoering van een onderzoek is gebaat met een iteratieve aanpak. Dit vanwege de onzekerheid die inherent is aan het doen van onderzoek. Het doel van onderzoek is het verwerven van inzicht in zaken die wij tot op heden onvoldoende menen te kennen. Dit betekent dat we tijdens de uitvoering voortdurend op zaken stuiten die we niet hebben voorzien. Deze zaken kunnen niet alleen gevolgen hebben voor volgende stappen van de onderzoeker. Ook kunnen ze leiden tot een noodzakelijke uitbreiding van het aantal te nemen stappen in het onderzoek. Maar in een serieel uitgevoerd onderzoek is er weinig speelruimte om nog iets aan eerdere stappen te veranderen of toe te voegen, aangezien we het hebben over reeds afgeronde activiteiten. Dit pleit voor een meer parallelle uitvoering en dus ook voor een parallelle planning van een onderzoek.
Een tweede principieel argument om bepaalde activiteiten gelijktijdig of in combinatie met elkaar uit te voeren is dat daardoor synergie kan ontstaan. Synergie is er bijvoorbeeld bij interviews. Als men mondelinge interviews afneemt, is het raadzaam om elk interview meteen na afloop te verwerken en te analyseren in het licht van de vraagstelling. In contrast hiermee wordt in een seriële planning eerst geïnterviewd, dan worden de resultaten hiervan verwerkt, vervolgens geanalyseerd en pas daarna beschreven. Het voordeel van een parallelle planning en uitvoering is dat de interviewer alle details nog in het geheugen heeft, inclusief de non-verbale taal die een respondent 'spreekt'. Bovendien leert men uit het ene interview hoe men in het volgende interview te werk moet gaan. In dat geval analyseert de onderzoeker het onderzoeksmateriaal gelijktijdig met het verzamelen ervan.
Het in onze ogen voor theoriegericht onderzoek belangrijkste voordeel ontstaat bij parallelle planning van het onderzoeksproces en het schrijfproces. Deze opvatting wordt hieronder in een aparte sub-paragraaf ('Onderzoeken en schrijven') toegelicht en uitgewerkt.

Een volgende vraag is niet alleen welke consequenties de door ons toegekende ontwerpfuncties en -opvattingen over een (deels) parallelle planning als proces hebben voor de vorm en de inhoud die een planning als product krijgt. Ook moet worden nagegaan op welke wijze deze vorm en inhoud tot stand komen:

ontwerp als proces. De belangrijkste consequenties voor een planning als proces zijn dat de onderzoeker enerzijds meer aandacht geeft aan planning dan in een gangbare opvatting en anderzijds dat hij iteratief te werk gaat. Zo vraagt de monitoringfunctie om meer dan een lijstje van activiteiten met daarachter data waarop deze moeten zijn afgerond. Nodig zijn een goede doordenking van en argumentatie voor gekozen volgorden van activiteiten, en een inschatting van mogelijke kinken in de kabel tijdens de uitvoering. En zo mogelijk moeten ook scenario's worden opgesteld over hoe in zulke gevallen te handelen, en over speelruimten in de planning om eventuele verstoringen van de planning op te vangen. En wat betreft de iteratieve werkwijze: de onderzoeker itereert bij planning niet alleen binnen het planningsproces zelf, maar ook binnen het totale onderzoeksontwerp. Dit laatste betekent dat niet alleen het wat en waarom (conceptueel ontwerp) en het hoe (onderzoekstechnisch ontwerp) worden vertaald in een planning. Omgekeerd vraagt men zich voortdurend af welke consequenties beslissingen die in het kader van de planning worden genomen, hebben voor het ontwerp als geheel. Zodra onderdelen van dit ontwerp (exclusief de planning) worden bijgesteld, heeft dit weer consequenties voor de planning, enzovoort.

8.3 Activiteitenplan

Onze omschrijving van het begrip planning aan het begin van de vorige paragraaf komt erop neer dat een planning als product is te definiëren als een overzicht van tijdgebonden activiteiten en producten. In de nu volgende paragraaf geven we een idee van deze activiteiten en producten en van de wijze waarop deze ten opzichte van elkaar moeten worden gepositioneerd. We doen dit aan de hand van het schema in figuur 8.1.

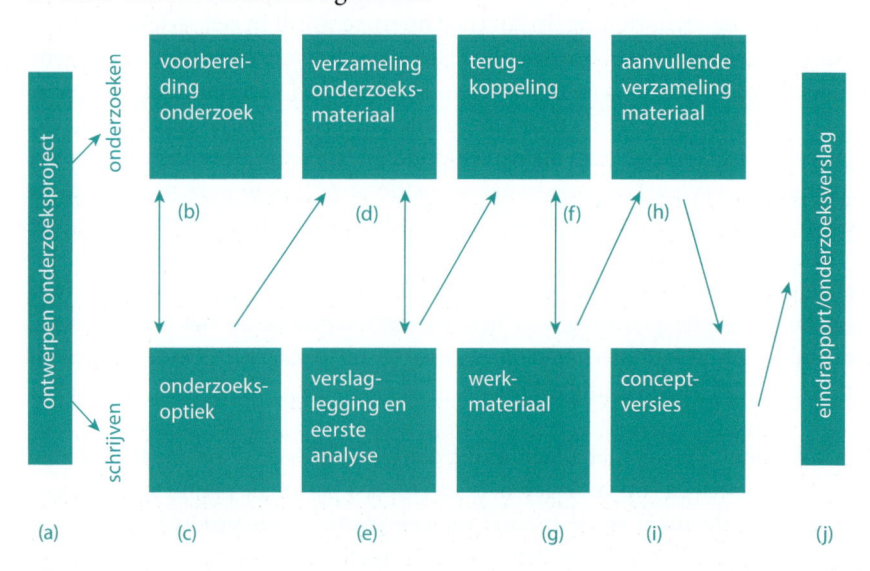

Figuur 8.1   Activiteitenplan voor een onderzoek als onderdeel van een planning

Achtereenvolgens worden drie aspecten van dit activiteitenplan besproken. Eerst gaan we in op de parallelle activiteiten van 'onderzoeken' en 'schrijven'. Daarna besteden we aandacht aan de werktijd en doorlooptijd die nodig is om de verschillende activiteiten, in figuur 8.1 voorzien van een letteraanduiding, uit te voeren. Tot slot geven we een voorbeeld van een globale en voorlopige inhoudsopgave van het onderzoeksverslag. Daarbij geven we voortdurend indicaties van benodigde *werk*tijden en *doorloop*tijden. Deze zijn zeer ruw en globaal. In de praktijk zijn er veel sterk wisselende factoren die deze tijden bepalen. Desondanks zijn ruwe indicaties gegeven, omdat vooral beginnende onderzoekers doorgaans niet goed weten hoeveel tijd bepaalde activiteiten kosten.

Onderzoeken en schrijven
In het schema van figuur 8.1 wordt een onderscheid gemaakt tussen twee hoofdgroepen van activiteiten tijdens de uitvoering van een onderzoek. Bedoeld zijn een *onderzoeks*traject en een *schrijf*traject. De lezer ziet deze beide trajecten parallel afgebeeld in respectievelijk het bovenste en onderste gedeelte van het schema. Voordat we de diverse activiteiten in het schema afzonderlijk behandelen, volgt hieronder eerst een argumentatie voor deze parallellisering.
In deze uitgave stellen wij ons op het standpunt dat bij de uitvoering van een onderzoek, of het nu gaat om een theoriegericht of praktijkgericht onderzoek, om een opdrachtonderzoek of een kwalificatieonderzoek (afstudeerproject en promotieproject), er vanaf het begin sprake dient te zijn van twee parallel verlopende trajecten, te weten een onderzoekstraject en een schrijftraject. Met het onderzoekstraject bedoelen wij het geheel van activiteiten rondom het verzamelen, verwerken en analyseren van het onderzoeksmateriaal (zie hoofdstuk 6). Met het schrijftraject beogen wij de bestudering van het onderzoeksmateriaal en het verwerken ervan tot antwoorden op de vragen uit de vraagstelling. De meeste onderzoekers zijn gewend dit laatste aan te duiden als analyse. In hun gedachtegang wordt analyse gevolgd door schrijven, waarmee zij *communicatief* schrijven bedoelen. Dit is schrijven waarbij wordt gelet op leesbaarheid, heldere formuleringen, correct taalgebruik, consistente lay-out en dergelijke.
Weinig mensen realiseren zich dat dit communicatieve schrijven moet worden voorafgegaan door zogenoemd *conceptualiserend* schrijven. Dit is een manier van schrijven waarbij het niet primair gaat om het produceren van teksten, maar van heldere gedachten. Pas daarna zet de schrijver deze losse gedachten om in een vloeiend en goed leesbaar betoog: het communicatieve schrijven. Het ontwikkelen van een logisch en voor anderen te volgen betoog is veel complexer dan beginnende onderzoekers vaak geneigd zijn te denken. Er zijn minstens drie stadia in te onderkennen, die overigens niet strak te scheiden zijn. Ten eerste moet men op basis van het bijeengebrachte materiaal heldere gedachten ontwikkelen. Vervolgens dient men de verschillende gedachten met elkaar te vergelijken en met elkaar te *confronteren*. Veel onderzoekers schenken aan dit laatste aspect te weinig aandacht, met als gevolg een onsamenhangend en voor anderen niet te volgen betoog. Een derde component in het bouwen van een betoog is de verwoording van de gedachten. Ook al denkt de schrijver dat de

ideeën in zijn hoofd helder zijn, als deze ideeën worden opgeschreven zal vaak blijken dat anderen de gedachtegang niet (helemaal) volgen. Er is namelijk een groot verschil tussen de gedachten die door je hoofd spelen en gedachten die men op papier zet. De gedachten in het hoofd zijn over het algemeen impliciet en hebben nog niet zulke vaste vormen. Inconsistenties vallen dan nog niet zo op en al denkende kneedt men, onbewust en aan het zicht onttrokken, de gedachten voortdurend in een gewenste richting.

Om te komen tot een eindverslag dat door anderen volledig en zonder al te veel interpretatieproblemen te volgen is, is conceptualiserend schrijven in onze ogen een onmisbaar hulpmiddel. Tijdens dit conceptualiserend schrijven schrijf je dus primair voor jezelf, om je gedachten te ordenen. Pas als dit is gebeurd, komt communicatief schrijven voor anderen aan bod. Met deze aanpak willen wij andermaal breken met een ons inziens minder vruchtbare, veel moeilijkere en minder vlot uitvoerbare lineair-seriële werkwijze. Deze bestaat eruit dat eerst alle tijd wordt gestoken in de verzameling, verwerking en vervolgens analyse van het onderzoeksmateriaal. Pas op het laatst worden de analyseresultaten geformuleerd en in een verslag weergegeven. In plaats daarvan stellen wij ons een proces voor waarin analyseren en conceptualiserend schrijven één geheel vormen. De achterliggende gedachte is dat men juist door het schrijven dingen scherp van elkaar kan onderscheiden en afbakenen, om ze vervolgens met elkaar in verband te brengen. Dit laatste moet worden gezien als het basiskenmerk van analyse. Zo kan in principe meer uit het onderzoeksmateriaal worden gehaald dan in een seriële aanpak. Verder stellen wij ons voor dat een op deze manier opgevat schrijfproces wordt geparallelliseerd met de verzameling en verwerking van onderzoeksmateriaal. Deze in onze opvatting eveneens meer dynamische en efficiënte wijze van werken betekent dat de onderzoeker al vanaf het begin van het project conceptualiserend aan het schrijven is. Al schrijvend komt hij op ideeën voor nieuw materiaal of voor een andere optiek waarmee naar het verzamelde materiaal wordt gekeken. Dit betekent dat beide trajecten niet serieel maar parallel worden gepland. Overigens, zoals straks blijkt, kan en moet ook *binnen* de afzonderlijke trajecten worden geparallelliseerd.

In het schema van figuur 8.1 zijn beide trajecten opgenomen. Wat opvalt, is allereerst dat ze beide meteen na de ontwerpfase beginnen, zoals blijkt uit de pijlen die de beide trajecten in het schema verbinden. Verder is in het schema geen sprake van een strikt doorgevoerde opeenvolging in tijd (serialiteit). De verticale dubbele pijlen duiden op een wisselwerking en gelijktijdigheid (parallelliteit), en op een iteratieve werkwijze.

Werktijden en doorlooptijden
Komen we vervolgens toe aan een behandeling van de afzonderlijke in figuur 8.1 genoemde activiteiten. Elke activiteitensoort in het schema is voorzien van een letteraanduiding. Deze worden in de teksten hierna gebruikt om naar de corresponderende onderdelen in het schema te verwijzen.

We geven van elke activiteit een korte omschrijving, alsook een indicatie van de benodigde werktijd en doorlooptijd. Wij waarschuwen de lezer nogmaals dat de aangegeven werktijden slechts zeer ruwe indicaties zijn voor een eerste gedachtebepaling. Deze blijken vooral voor nog onervaren onderzoekers een handig hulpmiddel te kunnen vormen. Bij deze indicaties zijn wij uitgegaan van een onderzoeksproject dat volgens de organisatie waar het onderzoek plaatsvindt, en/of de studieleiding zes maanden mag duren. Dat betekent in de praktijk een totale werktijd van 24 werkweken. Dit is meteen ook de doorlooptijd van het project. De onderzoeker dient dus zodanig te plannen dat er voor het project *als geheel* geen verschil is tussen werktijd en doorlooptijd. Stel nu dat men bij de planning aanvankelijk uitkomt op een onderzoeksproject dat langer (meestal) of korter (zelden of nooit) is dan de zes maanden die ervoor staan. Men kan dan het ontwerp zodanig afbakenen dat de naar rato verlengde (of eventueel verkorte) werk- en doorlooptijden naar verwachting toereikend zijn om het onderzoek uit te voeren.

a. Ontwerpen onderzoek

Hoewel het maken van een ontwerp een voorbereidende activiteit is die al voor een groot deel is afgerond tegen de tijd dat men voor het eerst een (tijds)planning maakt, moet deze toch in de planning (als product) worden opgenomen. Voor het inschatten van de benodigde tijd kan men gebruik maken van de volgende overwegingen. Tijdrovend in de ontwerpfase zijn vooral de verkenning van het projectkader, en de worstelingen met wat de beginnende onderzoeker, diens begeleider of de vertegenwoordiger van de organisatie waar(voor) het onderzoek plaatsvindt nu eigenlijk precies willen. Ook hebben de eerstgenoemden doorgaans relatief veel tijd nodig voor het overwinnen van allerlei onzekerheden die optreden, en voor het overwinnen van weerstanden tegen afbakening. Hier gaat verreweg de meeste doorlooptijd in zitten. Daarnaast kosten ook een globale screening van de literatuur en het op iteratieve wijze ontwikkelen van een doel- en vraagstelling flink wat tijd.

Minder tijd dan de meeste mensen denken kost het onderzoekstechnische gedeelte van het ontwerp. Dit echter onder de nadrukkelijke voorwaarde dat men beschikt over een doel- en vraagstelling die voldoen aan de in de hoofdstukken 2 en 4 gestelde eisen. Hier ligt dan ook een belangrijke taak voor de (in onderzoeksontwerp getrainde) begeleiders van een onderzoek. Onder de genoemde voorwaarden levert het maken van een onderzoekstechnisch ontwerp doorgaans geen noemenswaardige problemen op, en kan deze vlot tot stand komen. Twee weken werktijd en een doorlooptijd van een maand zijn voor het maken van een volledig onderzoeksontwerp voor een bescheiden onderzoek zoals een afstudeerproject, reële inschattingen.

b. Voorbereiding uitvoering

Op de eerste plaats heeft men tijd nodig om kennis te maken met de context waarbinnen het onderzoek gaat plaatsvinden, en/of om vertrouwd te raken met het theoretische materiaal dat bestudeerd moet worden. Vaak blijkt dat deze eerste kennismaking cruciaal is voor het welslagen van het project. Als de onderzoeker erin slaagt zich vertrouwd te maken met de context waarbinnen het project plaatsvindt, dan groeit ook het vertrouwen in de afloop ervan. De voorbereidingstijd voor een onderzoek hangt verder sterk af van de gekozen onderzoeksstrategie en de daarmee samenhangende eisen die aan de onderzoeker worden gesteld. Soms, zoals bij een survey, worden er hoge eisen gesteld aan de voorbereiding van de gegevensverzameling. Zo stelt men in een survey van tevoren de onderzoekspopulatie en de (vaak ingewikkelde) steekproefprocedure vast en maakt men een vragenlijst. Ook bij een experiment speelt de voorbereiding een belangrijke rol. De onderzoeker zoekt mensen die geschikt en bereid zijn voor deelname en bereidt de proefopstellingen en/of de experimentele ingreep voor. Daarbij is meestal veel denkwerk nodig voor het opsporen en verhelpen of reduceren van mogelijke verstoringen van de bewijsvoering.

Het welslagen van een survey of een experiment staat of valt dan ook met de kwaliteit van de voorbereiding. Er is geen kans om fouten te herstellen, tenzij men het onderzoek in zijn geheel overdoet. Voor de voorbereiding van een survey of experiment zijn dan ook al gauw drie à vier weken werktijd nodig, met eenzelfde doorlooptijd. De overige onderzoeksstrategieën, de gevalstudie, de gefundeerde theoriebenadering en het bureauonderzoek, vergen vaak minder voorbereiding, maar kosten als keerzijde naar verhouding dikwijls meer uitvoeringstijd. Voor het ontwerpen van een bescheiden onderzoek waarin deze strategieën worden gebruikt, is een geschatte werktijd van een à twee weken, en een doorlooptijd van twee à drie weken meestal wel toereikend.

c. Uitwerking onderzoeksoptiek

In een volgende fase (maar denk aan een iteratieve benadering) werkt de onderzoeker via een literatuurstudie, gesprekken met deskundigen, bestudering van documenten en eventueel een vooronderzoek een onderzoeksoptiek uit. Hij doet dit niet zelden in de vorm van een conceptueel model (zie de Appendix). Op basis van deze uitwerking maakt hij ook, afhankelijk van de gekozen wijze van verzameling van het onderzoeksmateriaal, een vragenlijst (interview of enquête), een waarnemingsschema (observatie) en/of een categorieënstelsel (inhoudsanalyse van documenten). Merk overigens op dat we de uitwerking van de onderzoeksoptiek onder het schrijftraject hebben geplaatst en niet onder het onderzoekstraject. De achtergrond hiervan is de aanbeveling om de onderzoeksoptiek al aan het begin in conceptvorm te beschrijven. Later kan deze in een definitieve vorm in het onderzoeksverslag worden opgenomen. Een werktijd en doorlooptijd van twee à drie weken moet in de meeste gevallen van een onderzoek met bescheiden omvang voldoende zijn.

d. Verzameling onderzoeksmateriaal

Het is moeilijk om algemene richtlijnen te geven voor de werktijd die voor de verzameling van onderzoeksmateriaal nodig is. Deze tijd hangt sterk af van de gekozen onderzoeksstrategie. Stel, de onderzoeker is in staat om al het materiaal te verzamelen door achter zijn bureau veertig jaarverslagen van grote ondernemingen te bestuderen. In dat geval is de klus sneller geklaard dan wanneer de laatstgenoemde op bezoek moet bij twintig over heel Nederland verspreide grote gemeenten. Dit om de gemeentesecretarissen te interviewen en ter plaatse rond te kijken. Wel kunnen we enkele voorbeelden geven van benodigde werktijden.

- Ondervraging

Het houden van een schriftelijke of mondelinge enquête kost als regel veel tijd, zelfs als men gebruik kan maken van web surveys of sociale media. Het blijft altijd nodig om vragenlijsten te ontwikkelen, te testen en te versturen. Verder moeten er niet zelden herinneringsbrieven of e-mails worden geschreven. Ten slotte is men veel tijd kwijt aan het invoeren, verwerken en analyseren van de ingevulde vragenlijsten. Die tijd is vooral ook nodig door de grote aantallen waarmee we bij een schriftelijke enquête meestal te maken hebben.

We geven een voorbeeld: in een afstudeerproject waarin werd onderzocht in welke mate bedrijven gebruikmaken van 'direct mailing', was de materiaalverzameling gebaseerd op circa 1000 enquêteformulieren met een respons van 620 formulieren. De werktijd voor deze activiteit bedroeg vier weken.

Voor het houden van interviews gelden andere normen voor werktijd en doorlooptijd. Meestal rekent men per interview circa acht uur werktijd, vanaf de voorbereiding tot en met de vastlegging en ordening van de interviewgegevens. Ongeveer de helft hiervan is nodig voor de genoemde vastlegging. Omdat deze activiteit valt onder activiteit (e) hierna, rekenen we voor de voorbereiding en het afnemen van de interviews (activiteit d) vier uur per interview. Indien in een onderzoek dertig interviews gepland zijn, dan kost het afnemen van de interviews alleen al circa drie weken werktijd. Maar nogmaals, daar komen zonder meer drie weken bij voor een eerste verwerking! Het spreekt voor zich dat de doorlooptijd in verband met doorgaans onvermijdelijke wachttijden in de meeste gevallen langer zal zijn.

- Observatie

Wanneer de onderzoeker een werkproces wil observeren met behulp van de methode van tijdschrijven, bijvoorbeeld een orderstroom of een administratieve procedure, kost dat per werkstroom al gauw drie volle werkdagen. In een onderzoek naar de effectiviteit van bestuurlijke informatiestromen bijvoorbeeld verzamelde de onderzoeker materiaal over een tiental administratieve procedures. Deze activiteit nam in het totaal vier weken in beslag.

De participerende observatie kost meer werktijd. Neem een jonge communicatiewetenschappelijk onderzoeker die als opdracht heeft uit te zoeken hoe het winkelpersoneel van een grote supermarkt communiceert met de klanten. Hij neemt voor een maand een parttimebaan als vakkenvuller bij deze supermarkt, die hij gebruikt voor het verrichten van participerende observaties. 's Avonds maakt hij uitgebreide aantekeningen van wat hij allemaal ziet en hoort. Na die maand heeft hij nog een maand nodig om zijn aantekeningen te analyseren en het onderzoeksrapport te schrijven. Aldus komt hij uit op een looptijd van in totaal twee maanden, met een effectieve werktijd van zes weken.

- Inhoudsanalyse

Stel, in een onderzoek naar zorgbehoeften van bejaarden wordt een secundaire analyse uitgevoerd op de verslagen van zestig half-open interviews. De onderzoeker hoeft dus niet zelf de interviews af te nemen en voor- en na te bereiden. Toch is deze onderzoeker zes weken bezig met het categoriseren, bewerken en analyseren van alle gegevens.

- Zoeksystemen

Een bedrijfswetenschappelijk onderzoeker heeft in kaart gebracht welke definities en operationaliseringen van het begrip 'kwaliteit van de arbeid' sedert 1970 zijn gehanteerd in onderzoeken van Nederlandse sociologen en psychologen op het terrein van arbeid en organisatie. Hij heeft daarbij de archiefkelders van onderzoeksinstituten moeten omploegen, teneinde onderzoeksmateriaal over dit onderwerp te vinden en te bestuderen. Hij is daar vijf weken continu mee bezig geweest.

e. Verslaglegging en eerste analyse

Met deze activiteit zijn we weer terug in het schrijftraject. Zodra het onderzoeksmateriaal is verzameld, legt de onderzoeker dit direct vast en maakt hij allerlei notities van dingen die bij de verzameling en eerste verwerking zijn opgevallen. Het kan dan gaan om aanvullende informatie, zoals non-verbale communicatie, om ideeën die men krijgt bij een interpretatie van de gegevens, en de bijdrage die deze kunnen leveren aan de beantwoording van de onderzoeksvragen. Deze verslaglegging vormt dan ook tevens een eerste analyse van het onderzoeksmateriaal. Liefst spit de onderzoeker in deze fase het materiaal meerdere keren door, telkens aan de hand van één vraag uit de vraagstelling. Pas dan is men waarschijnlijk in staat om alle voor de vraagstelling relevante details en nuances uit het materiaal te halen. Bij deze eerste analyse blijft de onderzoeker nog dicht bij het oorspronkelijke onderzoeksmateriaal. Pas straks bij de activiteiten (g) 'werkmateriaal' en (i) 'conceptversies' neemt hij steeds verder afstand van het ruwe materiaal, en probeert hij steeds explicieter de vragen uit de vraagstelling te beantwoorden.

De benodigde werktijd voor deze activiteit is uiteraard allereerst afhankelijk van de aard en omvang van het onderzoeksmateriaal. Maar los hiervan kan deze activiteit variëren van een integraal uitschrijven van het interview, het maken van uittreksels tot het afluisteren van geluidsbanden waarbij de onderzoeker slechts datgene noteert wat van belang lijkt voor zijn vraagstelling. Zo is het in een diagnostisch onderzoek dat wordt uitgevoerd op basis van interviews, vaak niet nodig om elk interview letterlijk uit te schrijven. Maar als men een onderzoek doet naar zingevingsprocessen van bijvoorbeeld mensen met een bepaalde religie, dan verdient het aanbeveling om elk interview letterlijk uit te werken. De reden is dat zingeving meestal slechts 'tussen de regels door' naar voren komt en moet worden afgeleid uit beschouwingen van de respondent. Dit vereist een nauwkeurige en diepgaande analyse van de liefst letterlijke teksten van de respondent.

Het spreekt voor zich dat het volledig uitschrijven van interviews meer werktijd kost dan het maken van samenvattingen. En dit laatste is weer meer werk dan het afluisteren van geluidsbanden waarbij de onderzoeker slechts noteert wat van zijn gading is. Dit laatste is natuurlijk werkbesparend, maar kan in principe alleen als men simpele onderzoeksvragen heeft. En dan nog is het helemaal de vraag of alle nuances uit het materiaal gehaald kunnen worden. Wat namelijk nu een onbetekenend detail lijkt, kan even later een relevant gegeven blijken te zijn. Bij de tijdsplanning zou een globale richtlijn kunnen zijn om ongeveer evenveel werktijd voor deze activiteit (e) te reserveren als nodig is voor activiteit (d) 'verzamelen onderzoeksmateriaal'.

f. Terugkoppeling

Het doel van deze activiteit is te controleren of het verzamelde materiaal correct is weergegeven en geïnterpreteerd. De onderzoeker doet dit door de interview- en observatieverslagen als resultaat van activiteit (e) voor te leggen aan de betrokkenen om te checken of deze zich erin herkennen. Sommige uitvoerders van kwalitatief onderzoek noemen deze controle ook wel 'member check'. Ook geeft dit, indien nodig, gelegenheid tot het verzamelen van aanvullende informatie. Precies zoals dit het geval is bij activiteit (d), is het zaak om de reacties die de terugkoppeling oplevert direct te verwerken in de verslagen. Voor deze activiteit volstaat een werktijd van ongeveer een week. De doorlooptijd kan iets langer zijn vanwege wachttijden.

g. Werkmateriaal

Het volgende onderdeel van het activiteitenplan vormt weer een onderdeel van het schrijftraject. In deze fase worden de resultaten van de activiteiten (e) en (f) al schrijvend herordend en bewerkt tot 'werkmateriaal'. De onderzoeker doet dit door het materiaal zoveel mogelijk te interpreteren vanuit de onderzoeksvragen. Het resulterende werkmateriaal is de grondstof voor hoofdstukken in het eindrapport.

Voorbeeld — Besluitvorming gemeenten

Stel dat je in de uitvoeringsfase zit van een bestuurskundig onderzoek naar de wijze waarop de besluitvorming in gemeenten verloopt. In dit kader heb je interviews afgenomen bij functionarissen in enkele gemeenten (materiaalverzameling). Je legt de inhoud van de interviews in verslagen vast en je laat deze controleren door de informanten (terugkoppeling). Vervolgens bestudeer je deze verslagen in het licht van de vragen uit de vraagstelling. Een van de deelvragen betreft het democratisch gehalte van de besluitvorming: wie is wanneer bij welk aspect van de besluitvorming tot op welke hoogte betrokken? Je constateert dat de onderzochte gemeenten op dit punt onderling nogal wat verschillen vertonen. Je maakt hiervan aantekeningen, op basis waarvan je een korte notitie schrijft. Daarin vergelijk je het democratische gehalte van de verschillende gemeenten met elkaar. Deze notitie vormt een deel van het werkmateriaal dat je later gaat gebruiken bij het schrijven van de verschillende versies van het onderzoeksverslag.

Kader 8.2

De benodigde tijd voor het maken van werkmateriaal is zeer uiteenlopend. Hoe helderder de vraagstelling, hoe eenvoudiger de omzetting van onderzoeksmateriaal in werkmateriaal. Enkele weken zal men toch al gauw voor deze activiteit moeten uittrekken.

h. Aanvullend materiaal

Vaak blijkt tijdens de rit dat de onderzoeker nog niet al het materiaal heeft verzameld om de vragen uit de vraagstelling volledig te kunnen beantwoorden. Hij kan in dat geval besluiten om extra interviews te houden, om nieuwe documentatie en literatuur te bestuderen of om een extra experiment uit te voeren. Als daar geen tijd voor is, kan dit aanleiding zijn om de betreffende onderdelen uit de vraagstelling bij te stellen of te schrappen. Niet zelden betekent dit ook een aanpassing van de doelstelling van het project. Om dit risico zo veel mogelijk te vermijden is het verstandig om voor een eventuele aanvulling bij voorbaat een of twee weken werktijd te reserveren.

i. Conceptversie(s)

Nu heeft de onderzoeker voldoende en voldoende uitgewerkt materiaal om aan het schrijven van de conceptversie(s) van het eindrapport te beginnen. *Let wel, het gaat hier nog steeds om conceptualiserend schrijven.* Opnieuw analyseert hij al schrijvend en herschrijvend het voorliggende werkmateriaal in het licht van de doel- en vraagstelling, en herformuleert hij de teksten tot een samenhangend geheel. Soms is het maken van een enkele conceptversie voldoende, maar vaak blijkt dat er (ruim) meer dan één conceptversie gemaakt moet worden om tot een enigszins duidelijke tekst te komen. Reserveer ten minste vier weken werktijd voor het schrijven van de verschillende conceptversies.

j. Onderzoeksrapport

Hier pas begint het communicatieve schrijven. Een onderzoek kan verschillende eindproducten hebben, zoals een onderzoeksrapport, scriptie of proefschrift. Dit onderzoeksrapport geeft niet alleen antwoord op de vragen uit de vraagstelling. Vaak ook worden voorstellen of aanbevelingen gedaan. Houd er rekening mee dat het maken van de eindversie lay-out-activiteiten met zich meebrengt. Men dient aandacht te besteden aan de bladspiegel, de paginering, de tabellen en figuren, de literatuurlijst, enzovoort. Voor het omzetten van de laatste conceptversie in een eindversie trekt men drie à vier weken werktijd uit. Behalve het eindverslag komen er nog andere (bij)producten van een onderzoek voor. Soms is het verstandig om een beknopte rapportage te maken ten behoeve van personen voor wie het niet nodig is om het gehele rapport te bestuderen, maar die wel de essentie van het onderzoeksresultaat willen weten. Daarnaast wordt in sommige gevallen het eindverslag omgewerkt tot een artikel in een wetenschappelijk tijdschrift of in een vakblad, of tot een paper voor een congres. Vaak worden deze en dergelijke bijproducten pas ter hand genomen na afloop van het onderzoek. In sommige gevallen echter behoren ze tot de onderzoeksopdracht. In dat geval moet de onderzoeker er in de planning de noodzakelijke werktijd voor reserveren.

Inhoudsopgave van het onderzoeksverslag
Een belangrijke bijdrage aan de ontwerpende functie van een planning geeft het maken van een globale en voorlopige inhoudsopgave van het onderzoeksrapport. Belangrijk hierbij is het zoeken naar sprekende en vooral ook korte titels voor de diverse hoofdstukken en eventueel paragrafen. Ook dit zoeken naar titels heeft een duidelijk iteratief karakter. Op diverse momenten in het ontwerpproces en zelfs ook bij de uitvoering moeten deze titels worden bijgesteld. De waarde van deze ontwerpactiviteit ligt dan ook veel meer in het proces dan in het product, in casu de titels zelf. Het nadenken hierover dwingt de onderzoeker om steeds na te gaan wat nu eigenlijk de kernpunten zijn in het onderzoek.

Toch komt het wellicht vreemd over om al voordat aan de uitvoering van het onderzoek begonnen wordt een inhoudsopgave te maken. Ligt het niet meer voor de hand om hiermee te wachten tot het onderzoeksgedeelte is afgesloten? We brengen hier enerzijds in herinnering onze opvatting van itererend ontwerpen en anderzijds die van conceptualiserend schrijven als een vorm van analyseren. In combinatie met een dienovereenkomstige voorkeur voor een parallelle tijdsplanning zal het niemand verbazen dat ons antwoord hierop ontkennend is. Een logische consequentie van de beslissing om al in een vroeg stadium te gaan schrijven is dat de onderzoeker ook al vroeg begint met zich een voorstelling te vormen van datgene wat dit schrijven uiteindelijk moet opleveren. Zo'n beeld in de vorm van een schematische inhoudsopgave met sprekende en korte titels helpt niet alleen om productgericht te werken. Het verhoogt ook de kans om te komen tot een voor anderen navolgbaar betoog. In dit kader brengen wij de eerder vermelde omschrijving van een onderzoek als een langgerekte redenering in herinnering.

Als voorbeeld van een mogelijke inhoudsopgave van een onderzoeksverslag presenteren we de inhoudsopgave van het verslag van het onderzoek naar de invoering van businessunits in een grote bankorganisatie (MGB). De lezer is dit onderzoek al in eerdere hoofdstukken tegengekomen. We geven per onderdeel van de inhoudsopgave een korte toelichting.

Titel: **Waarin een grote bank klein kan zijn**

Voorwoord

Samenvatting

Inhoudsopgave

Het onderzoeksverslag begint uiteraard met een titelblad. Zorg voor een korte sprekende titel die de inhoud dekt. In een kort voorwoord schetst de onderzoeker de achtergrond van het onderzoek en bedankt hij eventueel enkele personen en instanties die van belang zijn geweest voor de totstandkoming van het onderzoek. In een korte samenvatting van ten hoogste enkele pagina's wordt de essentie van de doel- en vraagstelling weergegeven en presenteert hij de belangrijkste resultaten en aanbevelingen van het onderzoek. Daarna maakt hij de inhoudsopgave van het onderzoeksverslag.

Hoofdstuk 1   De bank is uit zijn jasje gegroeid

Het eerste hoofdstuk omvat allereerst de beschrijving van het projectkader, waarin onder andere de aanleiding van het onderzoek is opgenomen. In een volgende paragraaf presenteert de onderzoeker de doelstelling van het onderzoek. In veel gevallen vormt de schematische weergave van het onderzoeksmodel (met toelichting) een verheldering van de manier waarop het onderzoek is aangepakt. Bij de centrale vragen van het onderzoek kan tevens de kern van het theoretisch kader van het onderzoek worden gepresenteerd. Dit hoofdstuk eindigt bijvoorbeeld met een globale indeling van het onderzoeksverslag.

Hoofdstuk 2   Kritieke succesfactoren voor de invoering van businessunits

Dit hoofdstuk bevat een verantwoording van het gekozen theoretisch kader, en daarmee van de totstandkoming van de onderzoeksoptiek.
In dit geval komt het erop neer dat dit hoofdstuk een antwoord geeft op de eerste centrale vraag van het onderzoek. In het gegeven voorbeeld, waarin gebruik is gemaakt van de methode van het splitsen van het onderzoeksmodel) luidt de eerste centrale vraag als volgt (zie pagina 125): *Hoe luiden de relevante kritieke succesfactoren voor een succesvolle invoering van het businessunit-concept bij MGB?*
Het antwoord op deze vraag wordt gegeven door in een aantal paragrafen de stappen te doorlopen die hebben geleid tot de onderzoeksoptiek. Zo presenteert de onderzoeker hier de globale optiek. Vervolgens beantwoordt hij de deelvragen van de eerste centrale vraag (zie pagina 129) in verschillende daarop volgende paragrafen. Daarna bespreekt hij de resultaten van het vooronderzoek die hebben geholpen om de onderzoeksoptiek definitief vorm te geven. Het hoofdstuk eindigt met de presentatie van de volledig uitgewerkte onderzoeksoptiek zelf.

Hoofdstuk 3 Methodologische verantwoording

In dit hoofdstuk vindt een verantwoording plaats van de gehanteerde methoden, zoals deze naar voren komen in het onderzoekstechnisch ontwerp. In het gegeven voorbeeld, waarin sprake is van een praktijkgericht onderzoek, wordt allereerst de organisatie beschreven waarbinnen het onderzoek is uitgevoerd. Dan volgt een verantwoording van de gekozen onderzoeksstrategie, de keuze van de databronnen en de wijze waarop die worden ontsloten. Ook wordt hier een beschrijving gegeven van de manier waarop de verzamelde gegevens zijn geanalyseerd. In een laatste paragraaf kan een behandeling volgen van de twee belangrijkste criteria van wetenschappelijk onderzoek: geldigheid en bruikbaarheid.

Hoofdstuk 4 Resultaten van het onderzoek

Hierin worden de overige resultaten van het onderzoek, naast de geconstrueerde onderzoeksoptiek, gepresenteerd. Allereerst wordt het antwoord op de tweede centrale vraag geformuleerd. In het gegeven voorbeeld luidt deze vraag (zie pagina 125): *2a. Hoe ziet de huidige situatie met betrekking tot de onder 1 genoemde factoren in de vier regionale kantoren eruit?*
2b. Hoe wordt de huidige situatie in de vier regionale kantoren (zie 2a) beoordeeld in het licht van de kritieke succesfactoren?
Het antwoord hierop krijgt geleidelijk vorm door in een aantal paragrafen de deelvragen van deze tweede centrale vraag (zie pagina 129) te beantwoorden. In vier paragrafen wordt de huidige situatie in elk van de vier regionale kantoren geschetst, en wel in het licht van de kritieke succesfactoren. Ook beoordeelt de onderzoeker in elk van deze paragrafen de stand van zaken met betrekking tot de genoemde kritieke succesfactoren. Daarna vat hij deze resultaten nog eens kernachtig samen.

Hoofdstuk 5 Conclusies en aanbevelingen

In dit hoofdstuk volgen een verantwoording van de conclusies uit de resultaten van het onderzoek en voorstellen en/of aanbevelingen voor verbetering. Allereerst wordt in dat kader de derde centrale vraag van het onderzoek beantwoord. Deze luidt in het gegeven voorbeeld (zie pagina 125): *Wat zijn de belangrijkste overeenkomsten en verschillen tussen de vier diagnoses in de regionale kantoren?*
Dit antwoord komt geleidelijk tot stand door in paragraaf 5.2 de deelvragen van deze centrale vraag te beantwoorden. Op grond van een vergelijking van overeenkomsten en verschillen tussen de situaties in de vier kantoren komt de onderzoeker tot conclusies met betrekking tot de haalbaarheid van een succesvolle invoering van businessunits. Vervolgens herneemt hij in paragraaf 5.3 de doelstelling van het onderzoek, luidend: 'Het doel van dit onderzoek is het geven van aanbevelingen voor ...' Als antwoord hierop geeft de onderzoeker aan welke maatregelen de organisatie zal moeten nemen om de huidige situatie met betrekking tot de kritieke succesfactoren te verbeteren. Ten slotte reflecteert hij op het onderzoek, waarbij hij kritisch terugkijkt op het ontwikkelde theoretische kader, de resultaten van het onderzoek en de gang van zaken

tijdens het onderzoek. Uiteraard eindigt het onderzoeksverslag met een correcte literatuurlijst en de presentatie van eventuele bijlagen.

De lezer dient zich te realiseren dat hij nu al op basis van de tijdens het ontwerpen van het onderzoek uitgevoerde activiteiten zowel hoofdstuk 1 als paragraaf 3.2 van het eindverslag zou kunnen schrijven.

Voor wie meer wil weten over het schrijven van rapporten is er uitgebreide literatuur beschikbaar. Men zie bijvoorbeeld Van den Heuvel (2009), Eco (2010) en Renkema (2014).

8.4 Tijdsplan

Nu er een totaaloverzicht is van activiteiten en van de daarvoor benodigde werktijden en doorlooptijden, is de onderzoeker in staat om een tijdsplan te maken. In dit tijdsplan geeft hij aan in welke periode van het gehele tijdstraject de diverse activiteiten moeten worden uitgevoerd en op welke tijdstippen bepaalde activiteiten en tussenproducten zoals de verschillende concept-hoofdstukken afgerond zullen zijn. Een eerste handige representatie van een tijdsplanning is een *tijd-as* (zie figuur 8.2).

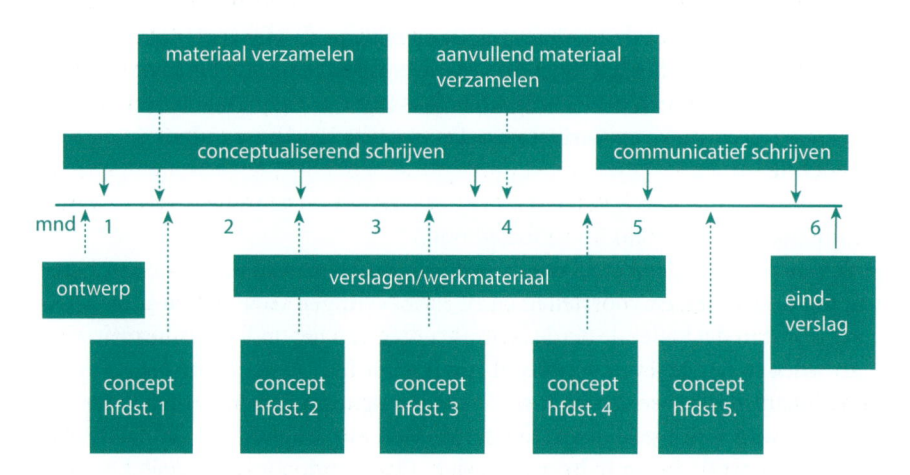

Figuur 8.2   Tijd-as als representatie van een planning

De lengte van deze as geeft de totale looptijd van het project aan. Op de streep plaatst de onderzoeker de voor de planning relevante data. Boven de streep wordt bij elk lijnstuk aangegeven welke activiteiten in deze periode moeten worden uitgevoerd. Onder de streep staat dan bijvoorbeeld welke (tussen)producten bij deze activiteiten opgeleverd zullen worden. Een voordeel van deze tijd-as is dat men in één oogopslag ziet welke activiteiten en (tussen)resultaten in het project als geheel in de afzonderlijke perioden moeten zijn afgerond.

Een nadeel is dat de parallelle planning visueel niet tot uiting komt. Een visualisering die in dat opzicht beter voldoet, is een soort staafdiagram zoals in figuur 8.3. De horizontale as stelt opnieuw de looptijd van het onderzoek voor. Deze keer is die verdeeld in zes gelijke stukken, die de zes maanden die het project mag duren aanduiden. Op de verticale lijn zijn de activiteiten van het onderzoek aangegeven. Als men dit diagram in verticale richting leest, dan wordt duidelijk welke activiteiten op een bepaald moment of in een bepaalde periode volgens de planning moeten worden uitgevoerd. Bij het maken van zo'n diagram dient de onderzoeker zich af te vragen hoe de verhouding tussen seriele en parallelle planning moet worden. Naast datgene wat hierover al is gezegd in de vorige paragraaf, geven wij hieronder enkele overwegingen.

Ten eerste geldt uit de aard der zaak dat activiteit (a) 'ontwerpen onderzoek' het begin is van alle uit te voeren activiteiten. Houd daarbij overigens wel in de gaten dat het ontwerpen van een onderzoek een iteratief karakter heeft. Men kan de opzet van het project voortdurend bijstellen als daar gegronde reden voor is. Vervolgens worden de activiteiten (b) 'voorbereiding onderzoek' en (c) 'uitwerking onderzoeksoptiek' gelijktijdig uitgevoerd. Beide activiteiten vormen de voorbereiding voor de verzameling en analyse van het onderzoeksmateriaal. Daarna komen in de meeste gevallen voor gelijktijdige uitvoering in aanmerking de activiteiten (d) 'verzameling onderzoeksmateriaal' en (e) 'verslaglegging en eerste analyse'. Het nut van deze gelijktijdigheid werd in het vorige hoofdstuk beargumenteerd. De activiteiten (f) 'terugkoppeling', (g) 'werkmateriaal', (h) 'aanvullend onderzoeksmateriaal' en (i) 'conceptversies' lopen vaak in elkaar over en het is in de meeste gevallen verstandig om de uitvoering ervan geheel of gedeeltelijk gelijktijdig te plannen. Naarmate de conceptversies meer gestalte krijgen, zal de tijd die nodig is voor het verzamelen en ordenen van materiaal, vanzelfsprekend teruglopen. Aan het einde van het traject staan de activiteiten met betrekking tot de definitieve versies van de producten (i) van het onderzoek.

De lezer ziet in figuur 8.3 dat is gezocht naar mogelijkheden om te parallelliseren. Maar het spreekt voor zich dat er vele activiteiten zijn die uitsluitend serieel kunnen worden gepland. Ook laten sommige onderzoeksstrategieën zich veel moeilijker parallelliseren dan andere. In dat opzicht zijn bijvoorbeeld het survey en de gevalstudie elkaars tegenpolen. Een klassieke grootschalige theorietoetsende survey die is gebaseerd op een kwantitatieve analyse van de resultaten van een schriftelijke enquête, wordt ook in onze visie nagenoeg lineair-serieel uitgevoerd. Is het doel theorieontwikkeling, dan wordt het survey bij voorkeur al veel meer parallel uitgevoerd. In een praktijkgerichte gevalstudie opteren wij zonder meer voor een iteratief-parallelle uitvoering van het onderzoek.

Ongeacht voor welke onderzoeksstrategie gekozen is, pleiten wij ervoor om in de planningsfase per onderdeel van het activiteitenplan na te gaan waar serialisering noodzakelijk en parallellisering nuttig is.

Het ontwerpen van een onderzoek

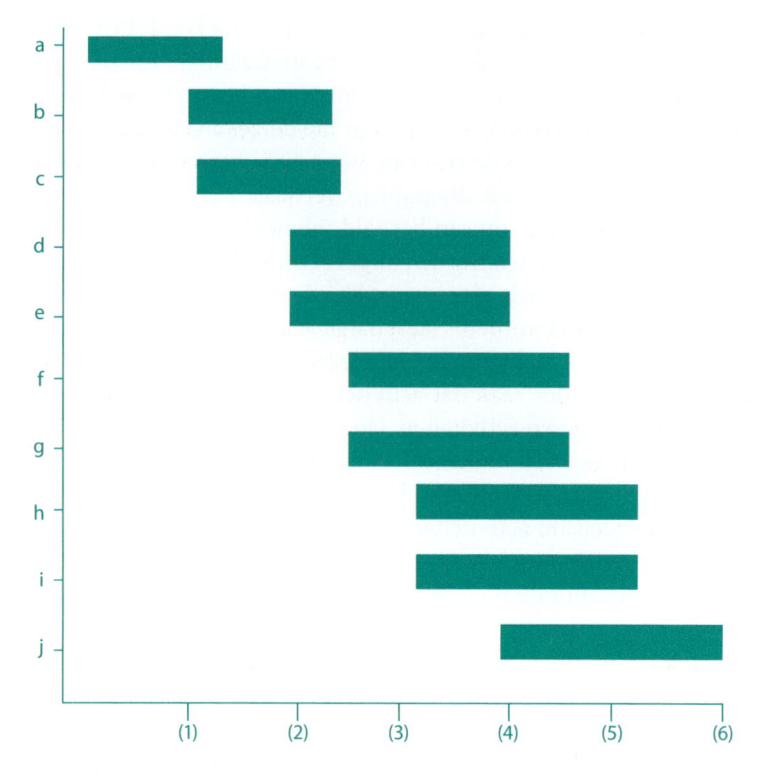

Figuur 8.3   Het tijdsplan van een onderzoek

Stappenplan en voorbeeld

> Onderzoeksplanning
>
> 1. Maak een *activiteitenplan* naar het model van het schema in figuur 8.1 en maak per activiteit een eerste voorlopige inschatting van de benodigde werktijd en doorlooptijd.
> 2. Maak een *tijdsplanning*, waarbij je nagaat welke activiteiten opvolgend in de tijd moeten gebeuren en welke activiteiten je parallel plant. Stel naar aanleiding hiervan de doorlooptijden bij.
> 3. Maak een *tijd-as* zoals in figuur 8.2.
> 4. Maak een *staafdiagram* naar het model van figuur 8.3.
> 5. Maak een *inhoudsopgave* van het onderzoeksrapport (respectievelijk de scriptie of het proefschrift).
>
> NB: Voer tijdens deze planning voortdurend *iteraties* uit. Maak hierbij ook een optelsom van alle werktijden. Overstijgen deze de beschikbare tijd, ga dan na tot welke aanpassingen in het ontwerp (inclusief de planning) dit aanleiding geeft.

Tot slot passen we dit stappenplan toe op het voorbeeld 'van ganser harte' uit de inleiding.

Stap 1: Activiteitenplan

a. Ontwerpen onderzoek
Omdat de studente dit ontwerp al voor een groot deel heeft voorbereid in een cursus 'ontwerpen van een onderzoek', heeft ze voor deze fase relatief weinig tijd nodig.
Werktijd: een week. Doorlooptijd: twee weken.

b. Voorbereiding onderzoek
Meer (werk)tijd heeft ze nodig voor het leggen van contacten met landbouworganisaties, landbouwdeskundigen en milieukundigen. Verder moet ze vragenlijsten voor de interviews maken. Vooral vanwege het zoeken naar documenten die ze bij heel verschillende organisaties moet opvragen, het maken van afspraken met deskundigen en met landbouwers die overdag druk zijn, heeft ze ook een relatief lange doorlooptijd nodig.
Werktijd: twee weken. Doorlooptijd: vijf weken.

c. Uitwerking onderzoeksoptiek
Het plan van de studente is om een boek over leefgewoonten van watervogels en enkele boeken en documenten over landinrichting door te bladeren. Op basis daarvan denkt ze een visie op foerageerplaatsen voor de grauwe gans te kunnen ontwikkelen. Ze heeft geluk, want de leden van een milieuorganisatie spelen haar spontaan al het benodigde wetenschappelijke materiaal in handen. Dit levert haar een riante tijdbesparing op.
Werktijd: een week. Doorlooptijd: twee weken.

d. Verzameling onderzoeksmateriaal
De studente koos voor de strategie van een gevalstudie. In dat kader plant ze in totaal twintig interviews: twee interviews met landbouwdeskundigen, twee met milieudeskundigen, één met een voorlichtingsdeskundige en vijftien interviews met landbouwers. De interviews worden op geluidsband opgenomen. Omdat ze relatief veel deskundigen benadert, kan ze de hoeveelheid documenten en literatuur tot een minimum beperken, wat veel tijd bespaart.
Werktijd: vijf weken. Doorlooptijd: twee maanden.

e. Verslaglegging en eerste analyse
Om werk te besparen besluit de studente de interviews niet integraal of als uittreksel schriftelijk uit te werken. In plaats van eerst alles uit te typen en vervolgens de teksten herhaaldelijk door te nemen, luistert ze de geluidsbanden rechtstreeks af. Ze doet dit in totaal drie keer, telkens aan de hand van één centrale vraag. Natuurlijk gaat dat elke ronde weer sneller, omdat zij steeds meer in haar geheugen krijgt. Daarbij voert zij slechts in haar pc in wat op het eerste oog relevant lijkt voor de beantwoording van de vragen. Op een vergelijkbare manier tast zij de inhoud van de documenten af. Sommige stukjes die zij nu schrijft, kan ze straks in de scriptie als citaat gebruiken.
Werktijd: vier weken. Doorlooptijd: vier weken.

f. Terugkoppeling
De studente koppelt de resultaten van haar activiteiten niet terug aan haar respondenten. Dit heeft alleen zin als de interviews integraal of als uittreksel worden uitgeschreven.
Werktijd: nihil. Doorlooptijd: nihil.

g. Ontwikkeling werkmateriaal
De studente neemt zich voor om de resultaten van de activiteiten e en f nogmaals kritisch door te lopen, met in haar achterhoofd de doelstelling van haar project. Deze luidt: het formuleren van richtlijnen en adviezen voor de ontwikkeling van voorlichtingsmateriaal, door het geven van inzicht in de standpunten, houdingen en motieven van boeren in relatie tot de 'set aside'-regeling van de overheid. Soms gaat ze daarbij nog even terug naar de geluidsbanden. Hier en daar schrijft zij al conceptadviezen uit.
Werktijd: twee weken. Doorlooptijd: twee weken.

h. Aanvullend materiaal
Pro memorie.
Werktijd: een week. Doorlooptijd: twee weken.

i. Concept-hoofdstukken
Deze studente weet van zichzelf dat ze drie conceptversies nodig heeft, wil ze tot echt goede teksten komen. Wel verschuift na elke ronde het karakter van haar werk, namelijk van intensief schrijven naar een extensieve tekstverwerking.
Werktijd: zes weken. Doorlooptijd: zes weken.

j. Producten
Na de drie conceptualiserende schrijfronden bestaat het communicatieve schrijven alleen nog maar uit het letten op punten en komma's, ervoor zorgen dat haar formuleringen helder zijn en het maken van een lay-out. Dan kan ze naar de copyshop om het resultaat te laten printen en de scriptie te laten inbinden. Dat duurt meestal maar een dag.
Werktijd: twee weken. Doorlooptijd: twee weken.

Stap 2: Tijdsplan
Gelijktijdig met de voorbereiding van het onderzoek ontwikkelt de studente de onderzoeksoptiek. Dit opent voor haar de mogelijkheid om uit de contacten met het 'veld' bruikbare ideeën te halen voor haar optiek. Ze schat in dat de doorlooptijd van deze activiteiten zes weken bedraagt.

Stap 3: Tijd-as
Vervolgens is zij van plan de gevalstudie uit te voeren volgens de sequentiële methode. Dit betekent dat de activiteiten (d) 'verzameling onderzoeksmateriaal' en (e) 'verslaglegging en eerste analyse' in één en dezelfde looptijd moeten

worden gepland. De geschatte werktijd van deze combinatie van activiteiten is negen weken en de doorlooptijd schat zij op tien weken.

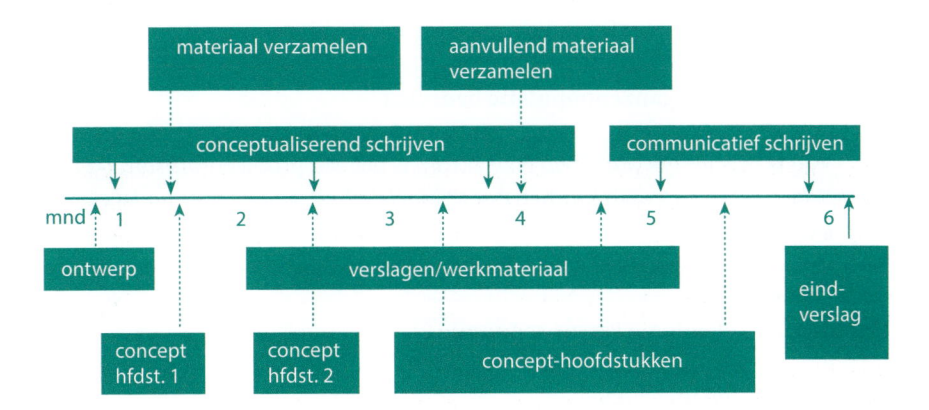

Figuur 8.4 Tijd-as van het onderzoek 'van ganser harte'

Stap 4: Staafdiagram

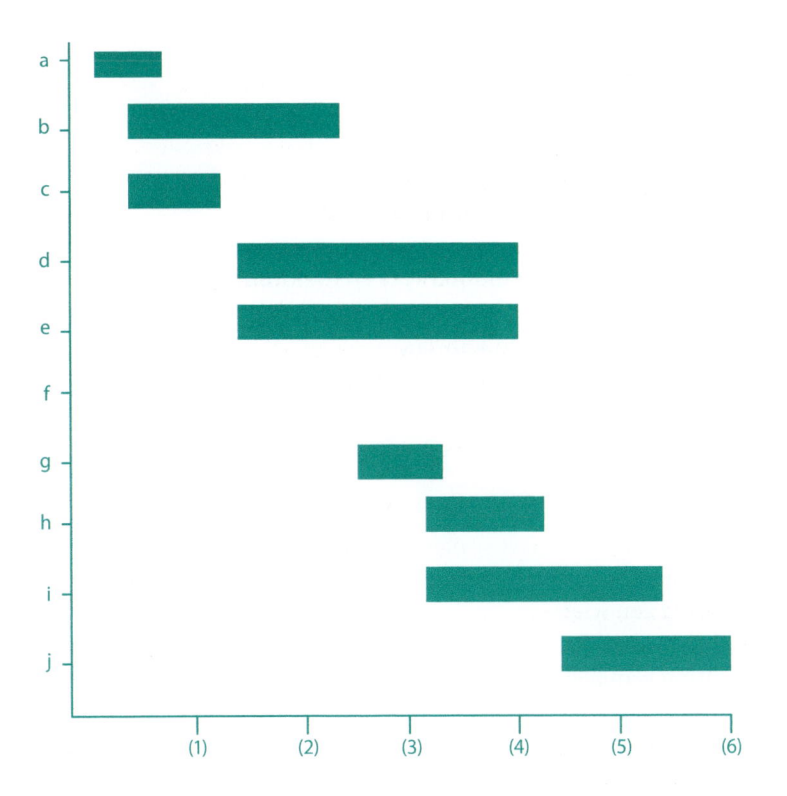

Figuur 8.5 Staafdiagram van het onderzoek 'van ganser harte'

Stap 5: Voorlopige inhoudsopgave
Titel: **Van ganser harte**

Subtitel: Problemen met de grauwe gans in Nederland

Hoofdstuk 1   Een ganzenpopulatie bedreigd
Inleiding
1.1   Wat is precies het probleem en waarom is het een probleem? (*projectkader*)
1.2   Wat zouden we eraan kunnen doen? (*doelstelling, onderzoeksmodel en centrale vragen*)
1.3   Indeling van het onderzoeksverslag

Hoofdstuk 2   Ecologie versus economie
Inleiding
2.1   Ecologische inzichten
2.2   Landbouweconomische theorieën
2.3   Een confrontatie van ideeën
2.4   Conceptueel model

Hoofdstuk 3   De onderzoeksopzet
Inleiding
3.1   De selectie van de casus
3.2   Onderzoeksstrategie
3.3   Dataverzameling
3.4   Data-analyse
3.5   Betrouwbaarheid, geldigheid en bruikbaarheid

Hoofdstuk 4   Opvattingen van landbouwers en deskundigen
Inleiding
4.1   Ervaringen en kennis van landbouwers
4.2   Wat deskundigen denken
4.3   Samenvatting resultaten

Hoofdstuk 5   Voorlichting
Inleiding
5.1   Conclusies
5.2   Aanbevelingen:
      – Voorlichting aan wie?
      – Voorlichting waarover?
      – Voorlichting wanneer?
      – Voorlichting via welke kanalen?
5.3   Reflectie op het onderzoek

Stap 6: Iteratie
Er is geen aanleiding om het onderzoek bij te stellen.

Appendix: Conceptueel model

Inleiding

Bij het ontwerpen van een onderzoek is het van groot belang dat de onderzoeker gebruikmaakt van bestaande theoretische inzichten. Op de meeste terreinen van de sociale wetenschappen is al veel onderzoek verricht, en de kennis die dit opleverde, kan een belangrijke basis leveren voor het ontwikkelen van de vraagstelling voor een nieuw onderzoek. Ook kan deze bestaande kennis een rol spelen bij de beantwoording van zo'n vraagstelling. Een belangrijk hulpmiddel om met bestaande theoretische inzichten een grondslag aan het onderzoek te geven is de ontwikkeling van een zogenoemd conceptueel model. Kort gezegd is dit een model waarin relaties worden gelegd tussen een set kernbegrippen. Bedoeld zijn hier oorzaak-gevolgrelaties tussen de verschijnselen die met de kernbegrippen worden aangeduid.

Omdat, zoals in de inleiding al is aangekondigd, een conceptueel model niet in elk type onderzoek een rol hoeft te spelen, is een behandeling ervan in de Appendix geplaatst. In deze Appendix laten we allereerst zien hoe een conceptueel model eruitziet (paragraaf 1) en uit welke basale relatiepatronen het is samengesteld (paragraaf 2). Paragraaf 3 gaat over het gebruik van het conceptueel model in een onderzoek. We besteden daarbij aandacht aan een enigszins verschillend gebruik ervan in kwalitatief en kwantitatief onderzoek, alsook in toetsend en explorerend onderzoek. In paragraaf 4 gaan we dieper in op de rol van het conceptueel model bij de afbakening van en het geven van richting aan het onderzoek. Tot slot presenteren we in de lijn van dit boek een stappenplan dat kan worden doorlopen bij het ontwikkelen van een conceptueel model (paragraaf 5).

1 De samenstelling van een conceptueel model

Zoals de lezer uit het bovenstaande al kon opmaken, bestaat het conceptueel *ontwerp* van een onderzoek uit een begripsmatige vormgeving van het onderzoek. In dit ontwerp bepaalt de onderzoeker *wat* hij gaat onderzoeken, en dus ook wat *niet*. In deze Appendix willen wij de lezer vertrouwd maken met een hulpmiddel dat uitermate handig is bij dit geven van richting aan en het afbakenen van het onderzoek, te weten een *conceptueel model*. Een conceptueel model is een schematische voorstelling van hoe een deel van de werkelijkheid in elkaar zit. Meer in het bijzonder geeft een conceptueel model aan hoe bepaalde verschijnselen in de werkelijkheid met elkaar (causaal) verband houden. Bijvoorbeeld, een fysicus legt een verband tussen het verhitten van ijzer en het uitzetten ervan. En een sociale wetenschapper legt een link tussen de religie die iemand belijdt en diens houding ten opzichte van natuur en milieu. Uiteraard hoeft het aantal zaken dat met elkaar in verband wordt gebracht, niet beperkt te zijn tot twee.

Meer in het bijzonder is een conceptueel model opgebouwd uit een tweetal categorieën van elementen: (a) een verzameling begrippen die duiden op bepaalde fenomenen uit de werkelijkheid, en (b) een verzameling van causale relaties tussen deze begrippen. Beide categorieën verdienen enige toelichting.

Ad a. Ten aanzien van de fenomenen en (kern)begrippen waarover wij hierboven spraken, moet men denken aan zaken die zich in verschillende modaliteiten of gradaties in de werkelijkheid voordoen. Bijvoorbeeld, leiderschapsstijl is een fenomeen dat zich in verschillende soorten ofwel variaties voordoet, zoals participatief leiderschap en autoritair leiderschap. Om die reden spreken onderzoekers van *variabelen*. Begrippen als structuur, cultuur, human resource management, beleidstheorie, milieu, enzovoort zijn vooralsnog geen variabelen. De reden is dat niet duidelijk is wat hier mogelijke variaties zijn. Maar bijvoorbeeld 'de *sterkte* van een structuur' is wél een variabele, aangezien deze sterkte in de werkelijkheid kan variëren van zwak tot sterk. We hebben hier een voorbeeld van een fenomeen dat zich voordoet in verschillende *gradaties*. De modaliteiten of gradaties die men aan een variabele onderkent of toekent, worden ook wel de *waarden* van die variabele genoemd. Dit heeft niets met een waardering of normativiteit te maken. In dit verband duiden waarden puur op verschillende modaliteiten of gradaties waarin het fenomeen in kwestie zich in de werkelijkheid kan voordoen. Van modaliteiten is sprake bij een zogenoemde *nominale* variabele. Dit is een variabele waarvan de waarden niet kunnen worden geordend in termen van meer of minder. Een voorbeeld is de hiervoor genoemde variabele 'leiderschapsstijl'. Andere voorbeelden zijn religie, geslacht en politieke opvatting. Van gradaties is echter sprake wanneer de variabelen kunnen variëren in termen van meer of minder. Dit laatste is bijvoorbeeld het geval bij de variabele 'sterkte van structuur'. Andere voorbeelden van variabelen waarvan de waarden kunnen worden gerangschikt in termen van meer of minder, sterker of zwakker, groter of kleiner, enzovoort, zijn leeftijd, bedrijfsgrootte, inkomen, mate van vervuiling, intelligentie, (mate van) politieke betrokkenheid, enzovoort. Bij het maken van een conceptueel model moeten de volgende twee regels in acht worden genomen, omdat men anders verderop onherroepelijk vastloopt. Allereerst moeten alle in het model op te nemen fenomenen of kernbegrippen te kenschetsen zijn als variabelen. Alles wat niet varieert, hoort per definitie niet thuis in een conceptueel model. Op de tweede plaats moet voor elk van de kernbegrippen ofwel variabelen in een begeleidende tekst (zie ook verderop) precies worden aangegeven welke waarden (modaliteiten of gradaties) de variabelen kunnen aannemen en welke daarvan in het betreffende onderzoek van belang zijn. Een handige tip is tot slot om de variabelen in een conceptueel model aan te duiden met een liefst zo *kort en sprekend mogelijk* label, dat vervolgens in een kader ofwel box wordt geplaatst.

Ad b. Wanneer wij spreken over de verzameling van relaties tussen de variabelen in een conceptueel model bedoelen wij zoals gezegd *causale* relaties ofwel oorzaak-gevolgrelaties. Deze causale relaties worden in een conceptueel model weergegeven door middel van een pijl die beide betrokken variabelen met elkaar verbindt. In de wetenschap en in vakliteratuur worden heel vaak causale relaties gelegd. Je komt ze onder diverse benamingen in de literatuur tegen, zoals: is een oorzaak van, heeft tot gevolg, heeft als consequentie, heeft een invloed of effect op, en dergelijke. Van een causale relatie tussen twee variabelen X en Y is sprake als we het idee hebben dat we door een verandering aan te brengen in X een verandering kunnen bewerkstelligen in Y. Zo is er een causale relatie tussen leiderschapsstijl en omzet, als we bijvoorbeeld het idee hebben dat we door de stijl van leidinggeven te veranderen van een autoritaire stijl naar een participatieve stijl, de waarde op de variabele 'omzet' kunnen doen wijzigen van 'laag' naar 'hoog'. De meest simpele maar ook meest fundamentele vorm waarin variatie in een variabele zich kan voordoen, is het wel of niet aanwezig zijn van het fenomeen in kwestie. Bijvoorbeeld, als er elektriciteit is, brandt de lamp en als er geen elektriciteit is, brandt deze niet.

Twee belangrijke eigenschappen van een causale relatie zijn de *richting* en de *sterkte* ervan. De richting betreft het onderscheid tussen een *positief* en een *negatief* causaal effect. Deze worden aangeduid door het plaatsen van een plusteken respectievelijk een minteken bij de betreffende causale pijl in het conceptueel model. Als hoge waarden op de ene variabele samengaan met of leiden tot hoge waarden op de andere, en lage waarden met/tot lage waarden, dan is er sprake van een positief effect. Gaan echter hoge waarden op de ene variabele juist samen met of leiden die tot lage waarden op de andere en vice versa, dan is sprake van een negatief effect. De lezer moet zich ervan vergewissen dat de woorden positief en negatief in dit verband andermaal in het geheel niet duiden op een waardering. Het betreft hier slechts de aard van het effect. Ook betekent een negatief effect niet dat er geen effect is. Integendeel, het effect kan zelfs heel sterk zijn. Een negatief effect betekent slechts dat ik door een toename (respectievelijk afname) in de ene variabele een afname (respectievelijk toename) in de andere variabele kan bewerkstelligen.

De lezer moet zich er voorts van vergewissen dat in het geval een van de twee of beide betrokken variabelen van nominale aard is/zijn, de richting van het verband *niet* is gedefinieerd. Immers, de volgorde van de waarden van een nominale variabele is willekeurig. We kunnen hier dus niet van een richting spreken. In zo'n geval dient de onderzoeker in plaats van te spreken van een positief of een negatief effect, in woorden aan te geven welke waarden op de ene variabele samengaan met, respectievelijk leiden tot, welke waarden van de andere variabele. Zo is in het eerdergenoemde voorbeeld van een effect van leiderschapsstijl op omzet de richting niet gedefinieerd. De onderzoeker dient in zo'n geval expliciet aan te geven of een autoritaire dan wel een participatieve leiderschapsstijl leidt tot meer omzet.

De tweede karakteristiek van een causale relatie is de zojuist al genoemde *sterkte* ervan. Deze kan variëren van geen effect, via een zwak naar een sterk tot zeer sterk effect. We spreken van een zwak effect als er relatief veel verandering in de oorzaak ofwel de onafhankelijke variabele nodig is voor slechts een kleine verandering in het gevolg ofwel de afhankelijke variabele. Maar kunnen we een substantiële verandering in de afhankelijke variabele bewerkstelligen door slechts een kleine wijziging in de onafhankelijke variabele, dan is er sprake van een sterk effect. De boxen met daarin de labels van de variabelen worden al dan niet met elkaar verbonden door pijlen. Dit al naar gelang de onderzoeker tussen twee variabelen een causale relatie veronderstelt. Aangeraden wordt om te komen tot een zodanige opstelling van de boxen, dat de te trekken pijlen elkaar niet of in ieder geval zo weinig mogelijk kruisen. Dit verhoogt de leesbaarheid van het model aanzienlijk, vooral als er relatief veel variabelen in het model zijn opgenomen. Soms is enig schuiven met de boxen nodig voordat men zo'n opstelling bereikt. Maar vooral in een model waarin veel variabelen zijn opgenomen, zijn kruisende pijlen soms onvermijdelijk.

Stel een eenvoudig conceptueel model bevat drie kernbegrippen ofwel variabelen: X = economische ontwikkeling, Y = democratische ontwikkeling en Z = welzijn. De lezer herkent hier drie belangrijke karakteristieken van ontwikkelingslanden. Dit model ziet er bijvoorbeeld als volgt uit:

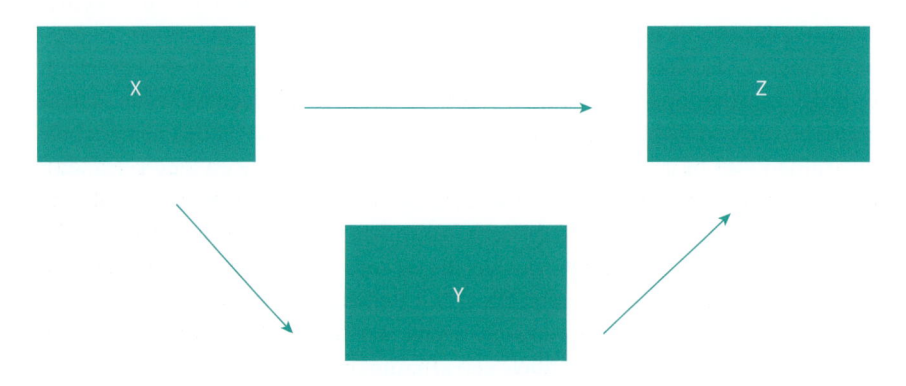

Figuur A.1 Conceptueel model van een variabele X met zowel een direct effect op Z als een indirect effect via Y

In dit model zijn tussen alle drie de kernbegrippen X, Y en Z pijlen getrokken. Dat betekent dat de onderzoeker veronderstelt dat economische ontwikkeling (X) zowel een direct als een indirect effect via democratische ontwikkeling (Y) heeft op welzijn (Z). Dat hoeft natuurlijk niet steeds voor elk ontwikkelingsland zo te zijn. Het kan bijvoorbeeld zijn dat de onderzoeker denkt dat er geen direct effect is van economische ontwikkeling (X) op welzijn (Z), in welk geval er tussen deze twee boxen geen pijl wordt getrokken. Er is dan slechts sprake van een *indirect* effect van X op Z via Y.

2 Soorten relaties en relatiepatronen

In een conceptueel model kan een viertal hoofdpatronen van causale relaties worden onderscheiden: (a) een direct effect, (b) een indirect effect, (c) een interactie-effect en (d) een feedbackeffect. Deze vier relatiepatronen, waarvan de eerste twee zojuist al kort ter sprake kwamen, worden hierna achtereenvolgens behandeld. Verderop in deze Appendix zullen we hier nog enkele patronen aan toevoegen.

a. Direct effect
In het eerste model hiervoor is er een *direct effect* van economische ontwikkeling (X) op welzijn (Z), getuige de pijl die rechtstreeks loopt van X naar Z. In tekening:

Figuur A.2 Conceptueel model dat bestaat uit een direct effect van X op Z

We noemden X de *onafhankelijke* variabele (oorzaak) en Z de *afhankelijke* variabele (gevolg). Wellicht is de term 'onafhankelijke variabele' wat verwarrend. Met deze aanduiding wordt niet gesuggereerd dat deze variabele door geen enkele andere factor in de werkelijkheid wordt beïnvloed, want dat is in het merendeel van de gevallen juist wel het geval. Met de term 'onafhankelijk' bedoelen we slechts te zeggen dat we *in een bepaald model* (of een deel daaruit) mogelijke oorzaken van de onafhankelijke variabele niet in de beschouwing (respectievelijk analyse) betrekken. De begrippen onafhankelijke en afhankelijke variabele zijn dus *relatieve* begrippen. Kijken we in figuur A.1 slechts naar het verband tussen democratische ontwikkeling (Y) en welzijn (Z), dan is democratische ontwikkeling (Y) de *onafhankelijke* variabele. Maar kijken we naar het verband tussen economische ontwikkeling (X) en democratische ontwikkeling (Y), dan is democratische ontwikkeling (Y) de *afhankelijke* variabele.

b. Indirect effect
Naast een direct effect heeft economische ontwikkeling (X) in figuur A.1, zoals gezegd, een *indirect effect* op welzijn (Z), namelijk een effect dat loopt van economische ontwikkeling (X) naar democratische ontwikkeling (Y) en vervolgens van deze laatste naar welzijn (Z). Ook in zo'n geval denkt de onderzoeker dat hij door een verandering aan te brengen in economische ontwikkeling (X), een verandering teweeg kan brengen in welzijn (Z). Namelijk door X te veranderen zal Y wijzigen, en deze laatste wijziging zorgt op haar beurt voor een

verandering in Z. Men noemt in zo'n geval democratische ontwikkeling (Y) een *interveniërende* variabele. Een andere term die men ook wel tegenkomt, is mediërende variabele.

Figuur A.3   Conceptueel model dat bestaat uit een indirect effect van X op Z via Y

De vraag is hoe de richting van een indirect effect kan worden bepaald. Als startpunt nemen we een indirect effect van X via Y op Z. Het spreekt voor zich dat als zowel het effect van X op Y als dat van Y op Z positief is, het indirecte effect van X op Z ook positief zal zijn: een toename in X zal leiden tot een toename van Y, en deze toename in Y zal op zijn beurt een toename in Z effectueren. Maar ook als beide directe effecten negatief zijn, is het indirecte effect positief (en *niet* negatief). Immers, een toename in X leidt tot een afname in Y, en deze afname in Y leidt op zijn beurt tot een toename in Z. En als een van beide directe effecten positief is en het andere negatief (of omgekeerd), dan is de richting van het indirecte effect negatief. We raden de lezer aan om dit voor zichzelf te beredeneren. Als algemene regel geldt hier de vermenigvuldigingsregel uit de wiskunde: plus maal plus is plus, min maal min is plus, min maal plus is min en plus maal min is min. Deze regel gaat ook op voor langere causale ketens met meer dan één interveniërende variabele, zoals de lezer eveneens door redenering kan verifiëren.

c.   *Interactie-effect*

De situatie kan zich voordoen dat er weliswaar een direct effect is van een variabele X op een andere variabele Y, maar dat dit slechts geldt voor bepaalde delen van de werkelijkheid. Het kan ook zijn dat het effect overal bestaat, maar in het ene segment van de werkelijkheid sterker is dan in een ander. In een extreem geval kan het zelfs zo zijn dat in het ene deel van de werkelijkheid het effect positief is en in een ander negatief. In al deze gevallen spreekt men van een *interactie-effect*. Een voorbeeld is de volgende causale hypothese. Materiële beloning (X) heeft een effect op prestaties (Y), maar dit geldt voor mannen sterker dan voor vrouwen. In het eerste deel van deze volzin staat een direct effect beschreven, maar het tweede deel geeft aan dat het om een *interactie-effect* gaat. De vraag is hoe dat precies zit. In het tweede deel van de zin hierboven ligt impliciet een variabele opgesloten, te weten de variabele 'geslacht' (Z). We kunnen dit onmiddellijk afleiden uit de twee waarden die deze variabele kan aannemen en die wél expliciet vermeld staan, te weten 'vrouw' en 'man'. Deze variabele wordt in zo'n geval aangeduid als een *interactievariabele*. Deze variabele interacteert namelijk met de onafhankelijke variabele X in zijn effect op de afhankelijke variabele Y. En het *gezamenlijke* effect van X en Z op Y noemen we een *interactie-effect*. Kenmerkend voor dit type effect is dat een derde variabele Z geen effect heeft op een variabele, maar op een *relatie* tussen twee variabelen, in dit geval op een direct effect van X op Y. Om die reden wordt in het kader van een conceptueel model een interactie-effect als volgt gevisualiseerd:

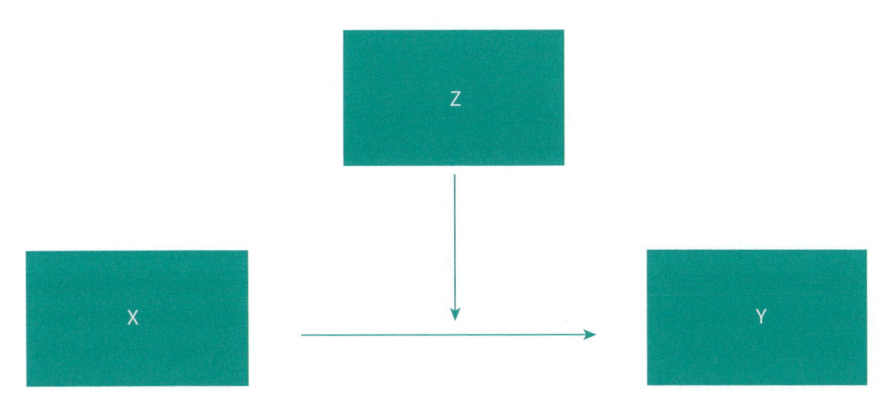

Figuur A.4 Conceptueel model dat bestaat uit een interactie-effect van X op Y met Z als interactievariabele

Een consequentie van het bestaan van interactie-effecten is dat een onderzoeker er altijd op bedacht moet zijn dat hij aanvankelijk ten onrechte denkt dat er tussen twee variabelen X en Y in een conceptueel model geen causaal effect bestaat. Het kan namelijk zijn dat de onderzoeker impliciet of expliciet een bepaald deel van de werkelijkheid op het oog heeft waar dit effect er inderdaad niet is. Maar dit sluit niet uit dat er in andere delen van de werkelijkheid wel degelijk een effect is van X op Y. Om die reden moet een onderzoeker altijd goed nadenken over de vraag wat zijn onderzoekspopulatie is. Vervolgens bepaalt hij voor welk deel van deze populatie hij denkt dat een interactie-effect geldig is. Bijvoorbeeld, vermoedelijk is er in de landen van de Europese Unie geen noemenswaardig effect van religie op inkomen. Maar dit sluit niet uit dat dit in de Oostbloklanden wel het geval is. Geografische regio, of liever de daar vigerende cultuur, is dan een mogelijke interactievariabele. Overigens, men behoeft in dit voorbeeld een mogelijke interactie niet nader te onderzoeken, *onder de conditie* dat de onderzoeker de onderzoekspopulatie expliciet afbakent tot de landen van de Europese Unie. Doet hij dit laatste niet, dan zit men fout als men aanneemt dat er (overal ter wereld) geen effect is van religie op inkomen.

d. Feedbackeffect

Het komt in een conceptueel model ook voor dat een variabele X een effect heeft op Y, en dat deze laatste op zijn beurt een effect heeft op X. We spreken dan van een *direct feedbackeffect* van Y op X. Het gehele relatiepatroon wordt aangeduid als een *wederkerig effect* tussen X en Y. Dit relatiepatroon wordt aangegeven door twee pijlen: een van X naar Y en een andere (de feedback) van Y naar X (zie figuur A.5).

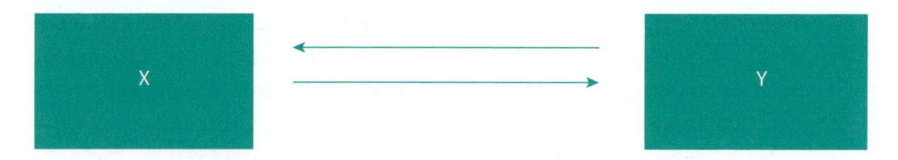

Figuur A.5   Conceptueel model dat bestaat uit een wederkerig effect tussen X en Y

Een voorbeeld van een wederkerig effect is het effect van de variabele 'mate van omgaan met criminele vrienden' (X) op 'de mate van crimineel gedrag' (Y). Omgaan met de verkeerde vrienden (X) leidt tot crimineel gedrag (Y). Maar vertoont men eenmaal crimineel gedrag (Y), dan zal dit weer verder aanleiding geven tot omgang met verkeerde vrienden (X), enzovoort.
Omdat beide effecten in dit voorbeeld positief zijn, zullen ze elkaar versterken. Meer algemeen geldt hier weer de vermenigvuldigingsregel uit de wiskunde. Hebben de betrokken effecten hetzelfde teken, beide positief of beide negatief, dan versterken ze elkaar. Dat wil zeggen, een toename (respectievelijk afname) in X zorgt dan voor een toename (respectievelijk afname) in Y, en deze laatste zorgt weer voor een verdere toename (respectievelijk afname) in X, enzovoort. Hebben de betrokken effecten aan elkaar *tegengestelde* tekens, dan geldt *niet* de vermenigvuldigingsregel. In afwijking van wat het geval is bij een indirect effect, is dan bij een wederkerig effect sprake van een zichzelf *neutraliserend* effect. Bijvoorbeeld: is het effect van X op Y positief en dat van Y op X negatief, dan ontstaat het volgende beeld. Een toename in X leidt tot een toename in Y, welke leidt tot een afname in X, leidend tot een *afname* in Y. Het spreekt voor zich dat een terugkoppeling ook *indirect* kan zijn, zoals is weergegeven in het onderstaande model.

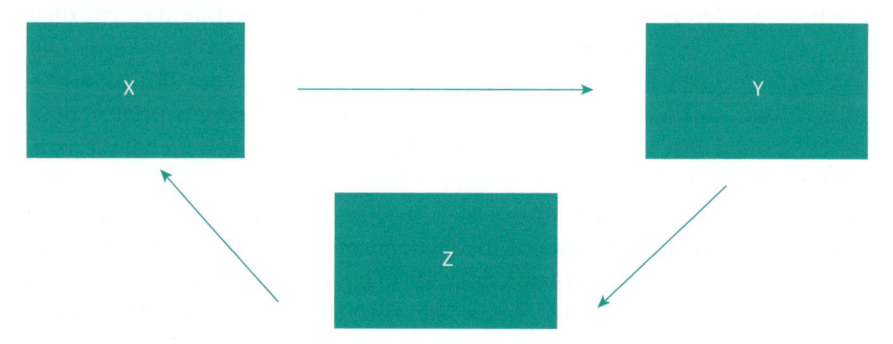

Figuur A.6   Conceptueel model met een indirect feedbackeffect

De feedback ofwel terugkoppeling komt hier tot stand via een derde (vierde, vijfde …) variabele Z. Deze variabele intervenieert dan in de terugkoppeling.

Bij conceptuele modellen in het algemeen, en bij modellen met een terugkoppeling in het bijzonder, is het van het allergrootste belang dat de onderzoeker voor elk effect (lees: pijl) aangeeft of het positief of negatief is. Zolang we dat niet

weten, blijft in feite duister wat er in het model precies 'gebeurt'. Tot slot wordt aanbevolen om zuinig te zijn met het trekken van pijlen tussen de variabelen in een conceptueel model. Pas als er het vermoeden is van een substantieel effect, positief of negatief, trekt men een pijl. Is het vermoeden twijfelachtig of het veronderstelde effect anderszins niet overtuigend, dan laten we een pijl bij voorkeur achterwege. De reden hiervoor is dat theorievorming, en in het verlengde hiervan conceptuele modellen, bestaan bij de gratie van het (re)construeren van een vereenvoudigd beeld van de werkelijkheid. In het verlengde hiervan moet worden gesteld dat een conceptueel model moet worden beschouwd als een sterk geschematiseerde weergave van een *verklarende* theorie. Er zijn twee redenen om hier te spreken van 'sterk geschematiseerd'. De eerste is dat in een theoretisch handboek de kernbegrippen van een theorie doorgaans uitvoerig worden beschreven. Daar vindt men antwoorden op vragen als: Wat betekent het begrip precies? In welke vormen of hoedanigheden doet het zich in de werkelijkheid voor? En onder welke condities is dat zo? Welke dimensies en aspecten, delen en onderdelen, soorten en ondersoorten zijn er aan het begrip te onderscheiden? Waardoor en op welke wijze komt een causaal effect tot stand? Al deze details vallen natuurlijk weg in een causaal model. De tweede reden is dat ook de causale relaties sterk zijn vereenvoudigd. In de tekstuele weergave van een theorie worden deze relaties vaak nader gespecificeerd en beschreven. Tussen welke aspecten van het kernbegrip bestaat de relatie precies? In welke vormen uit zich deze relatie? Welke uitzonderingen doen zich voor? In welke situaties of onder welke condities doet zich de relatie voor? Is het een rechtlijnig of een kromlijnig verband? Zijn er interveniërende variabelen in het spel? Is het een sterk of een zwak verband? Is het een positief of een negatief verband? De meeste van deze details vallen weg in een causaal model. Wat dat betreft moeten de pijlen in een conceptueel model worden beschouwd als een volledige black box. Ze zeggen niets over de aard van het causale verband, noch over de wijze waarop het tot stand komt. Daarom is het een goede zaak om bij een causaal model te verwijzen naar relevante theorieën. Ook is het een goede gewoonte om een conceptueel model vergezeld te doen gaan van een tekst waarin de genoemde zaken kort worden beschreven.
Maar de eenvoud van een causaal model is juist ook zijn kracht. Het voordeel boven een in tekst weergegeven theorie is dat men in een conceptueel model ofwel pijlendiagram een veel beter overzicht krijgt van alle relatiepatronen. Veel gemakkelijker dan in een tekst zien we bijvoorbeeld welke variabelen allemaal van invloed zijn op een bepaalde variabele in het model, en welke variabelen deze laatste zelf allemaal beïnvloedt. Vooral ook zien we sneller en beter de indirecte effecten en eventuele interactie-effecten. In een tekst moeten we dit alles moeizaam opsporen, omdat alles serieel en verspreid over de tekst beschreven staat. Maar in een model overzien we dit alles in één keer.
De vraag rijst wat nu de plaats en functie kan zijn van een conceptueel model in het proces van het ontwerpen (en later ook uitvoeren) van een onderzoek. Onze stelling is dat in het geval er een (causaal) verklarende theorie in het spel is, de onderzoeksontwerper zich in een vroeg stadium dient af te vragen wat

de kernbegrippen in het project zijn, en hoe deze onderling met elkaar verbonden zijn. Daarvoor raadpleegt hij zo veel mogelijk bestaande theorieën op het terrein waarop het project zich richt. Vrijwel elke auteur op elk willekeurig vakgebied maakt, zoals al eerder gezegd, gebruik van het type causaal denken zoals dat hierboven is geschetst. Men voorkomt ermee ook dat men iets gaat onderzoeken wat al voldoende bekend is.

Zijn theorieën niet of slechts summier voorhanden, dan dient men (daarnaast) vooral het gezonde verstand en een eventuele kennisvoorraad bij de onderzoeker zelf in stelling te brengen. Handig is om dit door middel van een brainstorm met anderen te doen. Niet alleen weten twee meer dan één. Bovendien stimuleert dit de creativiteit en fantasie, twee belangrijke schakels bij het ontwerpen van een onderzoek. Een derde en laatste hier te noemen mogelijkheid is om een korte voorstudie (pilotstudy) naar de problematiek in kwestie te verrichten.

3 Verschillend gebruik van een conceptueel model

Kwantitatief en kwalitatief onderzoek

De tot nu gemaakte opmerkingen over het conceptueel model zijn van toepassing op zowel het kwantitatieve als het kwalitatieve onderzoek. Dit in weerwil van het feit dat wel eens wordt gesuggereerd dat alleen in een kwantitatief onderzoek gebruikgemaakt wordt of kan worden van een conceptueel model. Naar onze mening kan de onderzoeker in beide typen onderzoek verwachtingen formuleren met betrekking tot de relaties tussen kernbegrippen in zijn onderzoek. In beide gevallen ook zal hij vaak gegevens verzamelen tijdens het onderzoek om antwoord te geven op de vraag in hoeverre de in het model weergegeven causale verbanden ook in de werkelijkheid worden aangetroffen. Dit neemt niet weg dat er tussen een kwalitatief en een kwantitatief onderzoek verschillen zijn in de aard van het conceptuele model en in de manier waarop het een rol speelt bij de uitvoering van het onderzoek.

Allereerst schuilen deze verschillen in de aard van de gekozen kernbegrippen ofwel variabelen. Zo hebben de variabelen in een kwantitatief onderzoek nauw afgebakende betekenissen en precies uitgewerkte operationaliseringen door middel van indicatoren, die op hun beurt zijn uitgewerkt in vooraf geconstrueerde meetinstrumenten. Stel, iemand bestudeert de invloed van religie op de politieke opvattingen van mensen door middel van een *kwantitatief* onderzoek. Deze persoon ontwikkelt dan bij voorkeur al in de ontwerpfase een instrument voor het meten van politieke opvattingen (zie hoofdstuk 5). Op deze manier krijgen de variabelen in het model van meet af aan een zeer specifieke en afgebakende betekenis.

In een kwalitatief onderzoek blijven de begrippen doorgaans tijdens de ontwerpfase nog globaal en hebben ze een ruime betekenis. De exacte betekenissen worden vaak pas vastgelegd tijdens de *uitvoering* van het onderzoek. Ook de operationaliseringen zijn in veel gevallen minder gesloten (zie bijvoorbeeld het open interview in hoofdstuk 5). Een voorbeeld kan dit meer open karakter van de begrippen in een conceptueel model toelichten.

Appendix: Conceptueel model

De figuren A.7 en A.8 laten uitwerkingen zien van eenzelfde ordening van variabelen. In beide gevallen gaat het om een onderzoek naar het interactie-effect van de gezondheidszorg op de relatie tussen eigenschappen van mensen (onafhankelijke variabele) en hun ziekte (afhankelijke variabele). Figuur A.7 laat een conceptueel model zien voor een kwantitatief onderzoek. Figuur A.8 toont een conceptueel model dat zich vooral leent voor een kwalitatief onderzoek.

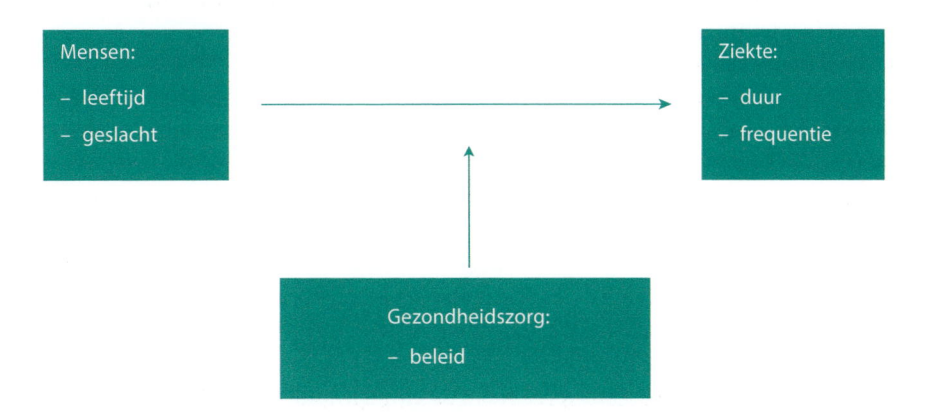

Figuur A.7   Een conceptueel model dat geschikt is voor een kwantitatief onderzoek naar gezondheidszorg

In feite is hier niet sprake van een model, maar van vier modellen. Er zijn twee onafhankelijke variabelen (leeftijd, geslacht) en twee afhankelijke (duur en frequentie van de ziekte). Er zijn dus vier combinatiemogelijkheden. Verder heeft elke variabele een zeer specifieke betekenis en heeft een kwantitatief karakter. Dit met uitzondering van geslacht, maar deze kan via de scores 0 (man) en 1 (vrouw) gemakkelijk worden 'gekwantificeerd'.

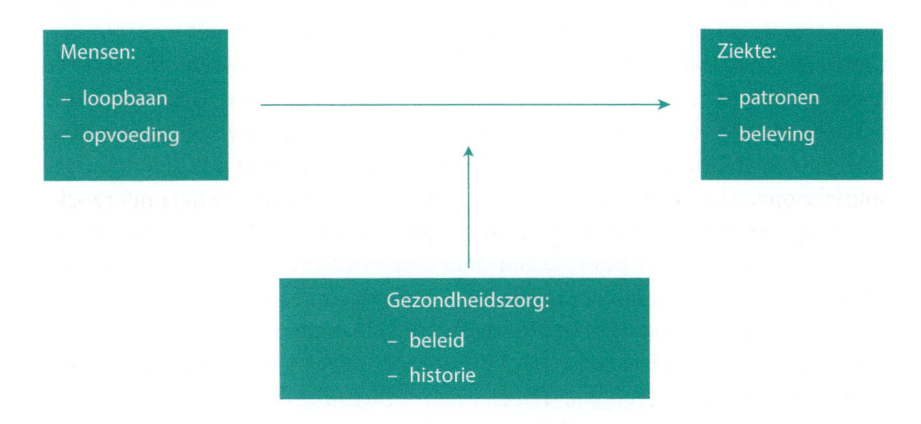

Figuur A.8   Een conceptueel model dat geschikt is voor een kwalitatief onderzoek naar gezondheidszorg

De begrippen, we spreken niet van variabelen omdat (nog) niet duidelijk is wat de waarden op deze 'variabelen' zullen zijn (zie hoofdstuk 5), hebben nog een zeer brede betekenis. Dit neemt niet weg dat we in een kwalitatief onderzoek kunnen nadenken over mogelijke relatiepatronen tussen deze fenomenen. Daarbij kunnen zich deze laatste geleidelijk ontwikkelen tot variabelen. Maar daarnaast kunnen conceptuele modellen in beide typen onderzoeken ondersteunend zijn voor de ontwikkeling van zowel een onderzoeksoptiek als van een vraagstelling (zie hoofdstuk 4).

Toetsend versus exploratief gebruik van conceptuele modellen
Hierboven tekende zich al enigszins af dat conceptuele modellen zich in kwantitatief onderzoek vooral lenen voor theorietoetsing, en in kwalitatief onderzoek voor theorieontwikkeling. Daarover nu meer.

a. Toetsend gebruik
Toetsing vormt een belangrijk aandeel van het gebruik van conceptuele modellen in het empirische onderzoek. Zoals we in de vorige paragraaf zagen, destilleren we daarbij uit de bestaande literatuur (theorie) een conceptueel model. Vervolgens gaan we na in hoeverre we in de empirie ondersteuning vinden voor de causale hypothesen waaruit het conceptueel model is opgebouwd; het model wordt getoetst. Let wel, elke pijl in zo'n model staat voor een causale hypothese. We kijken dus per pijl uit het model of in de werkelijkheid X inderdaad een effect heeft op Y.

De wijze waarop toetsing plaatsvindt, verschilt in kwantitatief en kwalitatief onderzoek nogal van elkaar. In een kwantitatief onderzoek kijken we strikt naar bepaalde getalsverhoudingen, en wordt berekend hoe groot de kans is dat een bepaald onderzoeksresultaat op grond van toeval ontstaat. Men spreekt hier wel van statistische toetsing, waarover aanstonds meer. In een kwalitatief onderzoek echter is men meer geneigd te kijken naar de betrouwbaarheid van de bron, de argumenten die voor een bepaalde causale redenering worden aangedragen, de variëteit van omstandigheden waarin het causale verband zich voordoet (overeind blijft), het aantal verschillende auteurs die een bepaald causaal verband constateren, en dergelijke. Een bij onderzoekers zeer bekende manier van toetsing op houdbaarheid betreft een zogenoemde controle op *schijnrelaties*. Het kan voorkomen dat we twee verschijnselen X en Y steeds samen zien optreden. Op grond daarvan denken we al gauw dat de ene variabele, zeg X, een effect heeft op de andere, zeg Y. Maar dit hoeft bij nader inzien helemaal niet het geval te zijn. Een enigszins vermakelijk voorbeeld kan dit toelichten. Het is een bij brandweerkorpsen algemeen bekend feit dat steeds als er veel brandweerlieden worden ingezet (X), de omvang van de schade groot is (Y), terwijl deze laatste stelselmatig binnen de perken blijft als er weinig personeel wordt ingezet. Men zou dan kunnen denken dat die brandweerlieden in feite de schade veroorzaken, in plaats van dat ze deze helpen voorkomen. Maar hier is sprake van een zogenoemde schijnrelatie. De ware toedracht is als volgt. Een derde variabele (Z), hier omvang van de brand, bepaalt zowel het aantal

Appendix: Conceptueel model

brandweerlieden dat wordt ingezet (X) als de omvang van de schade (Y). Hun beider afhankelijkheid van Z is de werkelijke reden waarom X en Y in de praktijk vaak samengaan, en *niet* een eventueel effect van X op Y, noch omgekeerd van Y op X. We zeggen dan dat variabele Z een *schijnmakende* variabele is. Hij maakt de correlatie (samenhang) tussen X en Y schijnbaar. Weergegeven in een conceptueel model ziet een en ander er als volgt uit.

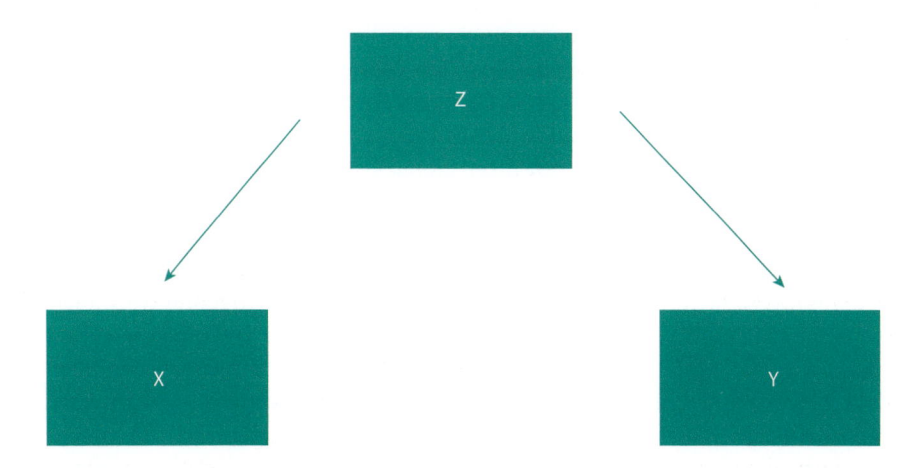

Figuur A.9   Conceptueel model met een verondersteld causaal verband tussen X en Y en met Z als schijnmakende variabele

Het toetsen op schijnrelaties houdt in dat de onderzoeker voor elk tweetal variabelen X en Y in het conceptuele model waartussen hij aanvankelijk een causale pijl heeft getrokken, nagaat of er niet een derde (eventueel vierde, vijfde ...) schijnmakende variabele is die beide beïnvloedt. Vindt men deze, dan kan dit betekenen dat er in werkelijkheid tussen de twee oorspronkelijke variabelen X en Y in het geheel geen causaal effect bestaat. In ieder geval is het zo dat een schijnmakende variabele zorgt dat het effect van X op Y zwakker is dan aanvankelijk gedacht. In extreme gevallen is dit effect er in het geheel niet.

Het toetsen op schijnmakendheid op basis van empirisch materiaal hoort eigenlijk bij de uitvoering van een onderzoek. Het valt dus als zodanig buiten de scope van dit boek. De reden waarom we er hier toch op ingingen, is dat al bij het ontwerpen met het fenomeen schijnbaarheid rekening moet worden gehouden. Immers, het heeft weinig zin om een conceptueel model in het onderzoek als leidraad te nemen, dan wel nader te exploreren (zie hierna), als de relaties daarin bij voorbaat op schijnbaarheid berusten. Daarom moet men al in de ontwerpfase per koppel variabelen in het model nagaan in hoeverre er een of meer schijnmakende variabelen te verwachten zijn. Vindt men die in de theorie of door logisch na te denken, dan moeten die *in elk geval* alsnog in het conceptuele model worden opgenomen. Doe je dit niet, dan leidt dat tot foutieve conclusies. Overigens bevinden we ons hier op het terrein van de causale analyse, een domein dat onderdeel uitmaakt van de meeste opleidingen in de menswetenschappen.

De lezer die theorietoetsend kwantitatief onderzoek wil gaan doen, raden we aan hiervan kennis te nemen. Maar nogmaals, we dienen niet te vergeten dat los van theorietoetsing (en ook -ontwikkeling) conceptuele modellen steeds nuttig zijn bij het ontwikkelen van een onderzoeksoptiek en een vraagstelling. Hiermee is hun potentiële belang voor het ontwerpen van onderzoek gegeven.

b. Exploratief gebruik

Een exploratief gebruik van conceptuele modellen wijkt op een tweetal punten af van het toetsende gebruikstype. Ten eerste is het doel niet nagaan in hoeverre het model juist of waar is. De opzet is om een model te verfijnen, te preciseren, er meer detail in aan te brengen. Om die reden, en dat is een tweede verschil, starten we hier met een meer globaal, meer abstract en minder ver uitgewerkt model dan in het geval van een meer toetsend type onderzoek. In een *globaal* model staan de kernbegrippen bijvoorbeeld voor hele ruime en open fenomenen en hebben zij een hoge graad van abstractie of algemeenheid. Een voorbeeld is een globale theorie die zegt dat de 'intelligentie' van jonge mensen bepalend is voor hun 'schoolprestaties'. Het begrip 'intelligentie' is zeer complex en abstract, en kan nog op vele verschillende manieren worden ingevuld. Meer concreet en minder complex zijn bijvoorbeeld dimensies of aspecten van intelligentie, zoals (a) 'rekenvaardigheid', (b) 'taalvaardigheid', (c) 'sociale vaardigheid' en (d) 'ruimtelijke oriëntatie'. Ook de tweede variabele is veelomvattend, nu niet zozeer omdat er meerdere dimensies en aspecten zijn, maar meerdere soorten. Verschillende soorten schoolprestaties zijn: (a) de hoogte van de cijfers die worden gehaald, (b) de snelheid waarmee een leertraject door de leerling wordt doorlopen, en (c) het niveau van de hoogst genoten opleiding die iemand in zijn schoolcarrière bereikt. Het globaal conceptueel model kan nu op verschillende manieren worden geconcretiseerd en minder complex worden gemaakt. In feite liggen er maar liefst twaalf causale relaties in opgesloten. Er zijn immers vier dimensies of aspecten aan intelligentie te onderscheiden, en drie soorten schoolprestaties. Elk van de vier dimensies van intelligentie kan volgens de globale theorie een effect hebben op elk van de drie soorten schoolprestaties. Maar we zouden bijvoorbeeld door middel van empirisch onderzoek kunnen gaan kijken (exploreren) welke van die relaties nu reëel zijn en welke daarvan het sterkste effect representeren. Kortom, met een globaal conceptueel model schept de onderzoeker de mogelijkheid om in de empirie te gaan zoeken naar verbijzondering, detail, specificatie, concreetheid, precies zoals dat hierboven gebeurde.

Niet alleen wat betreft de kernbegrippen kan worden gezocht naar detail en concretisering. Ook wat betreft de causale relaties in het model is door middel van een exploratief onderzoek verfijning mogelijk. Zo kan de onderzoeker nagaan of er in de empirie aanwijzingen zijn te vinden voor het bestaan van interveniërende variabelen in een direct effect als onderdeel van een voorlopig causaal model. Vindt men die, dan verandert dit directe effect alsnog in een indirect effect, met de nieuw gevonden variabele(n) als interveniërende variabele(n). Over het algemeen is dit zoeken naar interveniërende variabelen een uiterst nuttige bezigheid. Hoe meer interveniërende variabelen we vinden in de relatie tussen twee variabelen X en Y, hoe beter we over het algemeen begrijpen hoe het causale effect van X op Y werkt. Dit is dan ook een van de belangrijkste functies van een exploratief gebruik van conceptuele modellen in een onderzoek.

Nemen we als voorbeeld van dit laatste een causaal effect dat optreedt door het verhitten van een ijzeren staaf. Algemeen bekend is dat door dit verhitten (X = oorzaak) de staaf uitzet (Y = gevolg). Maar de vraag is hoe dat komt. Wat we zouden willen, is inzicht hebben in het causale mechanisme dat hier werkzaam is. Dit wordt een stuk duidelijker als we zoeken naar interveniërende variabelen. Deze zien er als volgt uit. Door het verhitten van het ijzer gaan de moleculen sneller bewegen (interveniërende variabele 1), door deze snellere bewegingen zijn de botsingen per tijdseenheid talrijker en harder (interveniërende variabelen 2 en 3), waardoor op hun beurt de intermoleculaire ruimten toenemen (interveniërende variabele 4), met als uiteindelijk effect een langer wordende staaf (afhankelijke variabele Y). We zijn hier dus vier interveniërende variabelen op het spoor, waardoor we veel meer inzicht hebben gekregen in de werking van de causale mechanismen die bij verhitting op gang komen. In schema ziet het conceptuele model er als volgt uit:

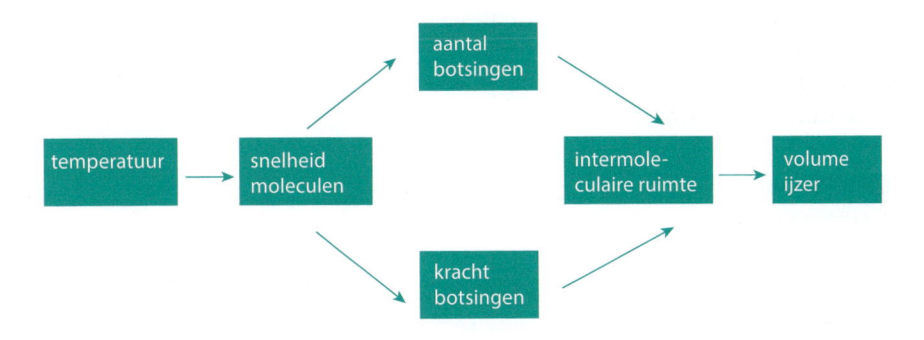

Figuur A.10   Conceptueel model 'verhitting en uitzetting'

Overigens kunnen we ook in het voorbeeld van een verband tussen intelligentie en schoolprestaties aan het begin van deze sub-paragraaf op zoek gaan naar interveniërende variabelen. Nadere beschouwing leert dat de drie variabelen die vallen onder het algemene (globale) label 'schoolprestaties', heel goed kunnen worden gezien als een oorzaak-gevolgreeks. Intelligentie kan leiden tot (a) 'sneller leren', waardoor (b) 'hogere cijfers' worden gehaald, waardoor ten slotte op zijn beurt (c) 'een hoger eindniveau van scholing' kan worden bereikt. Deze voorbeelden moeten de lezer aansporen om steeds zo veel mogelijk op zoek te gaan naar interveniërende variabelen.

Een andere mogelijkheid voor het verfijnen en detailleren van een conceptueel model is het op zoek gaan naar *dieper liggende* oorzaken en naar *meerdere* oorzaken van een en hetzelfde fenomeen. Bijvoorbeeld, voor wat een direct effect in het model van X op Y betreft, zoekt men naar een variabele Z die X beïnvloedt. Z is dan een dieper (dan X) liggende oorzaak (van Y). En als men naast Z ook nog variabelen V en W weet te lokaliseren met een effect op X, dan hebben we dus meerdere oorzaken van X (en indirect ook van Y) te pakken. Men duidt het relatiepatroon dat men dan krijgt, ook wel aan als *multiple causaliteit*. In het verlengde hiervan kan men uiteraard ook op zoek gaan naar verder weg liggende gevolgen en ook naar meerdere gevolgen van een fenomeen dan men tot dusver vermoedde. Samenvattend hebben we in een exploratief gebruik van een conceptueel model te maken met een model dat minder 'dichtgetimmerd' is en meer ruimte laat voor nadere specificering, concretisering en detaillering, zowel van de begrippen als van de relaties daartussen.

Tot slot wordt aanbevolen om een conceptueel model zo eenvoudig mogelijk te houden. Een model dat meer dan pakweg acht variabelen bevat en waarin al de genoemde relatiepatronen voorkomen, wordt al gauw te complex en schiet dan zijn doel voorbij. Meer hierover in de nu volgende paragraaf.

4 Afbakenen en richting geven

In deze paragraaf laten we aan de hand van een voorbeeld zien hoe men een afgebakend en richtinggevend conceptueel model maakt als onderdeel van het ontwerp van een onderzoek. We beginnen met een voorbeeld waarin een projectkader, de doel- en vraagstelling en een onderzoeksmodel voor een onderzoek worden beschreven.

Voorbeeld — Voorbeeldproject 'Organisatieverandervermogen'

Projectkader
Op het hoofdkantoor van een grote bank met vestigingen door heel het land wordt gewerkt aan een grootscheeps reorganisatieproject 'Aandacht voor Kwaliteit'. De bedoeling van de reorganisatie is de introductie van nieuwe verwerkingsprocedures. Het is niet de eerste keer dat de bank verandert. Er zijn de laatste tijd al heel wat veranderingsprojecten geweest. Terecht vraagt men zich op de centrale afdeling Personeel & Organisatie af of de medewerkers nog wel bereid en in staat zijn om deze nieuwe verandering te ondergaan. Uit eerder onderzoek weet men dat sommige medewerkers meer en andere minder bereid en in staat zijn om te veranderen. Er spelen drie factoren een rol: de regio, de vormgeving van de arbeidstaken en de verschillen die er bestaan in de organisatiecultuur binnen de vestigingen. Men besluit tot een onderzoek naar het vermogen tot organisatieverandering van de medewerkers.

Doelstelling
Het doen van aanbevelingen voor het project 'Aandacht voor Kwaliteit', gericht op het verbeteren van de acceptatie van het reorganisatieplan door de medewerkers
door
inzicht te geven in de invloed van de vormgeving van taken en van de organisatiecultuur op het vermogen tot organisatieverandering van de medewerkers in twee regio's.

Daarbij hoort het volgende onderzoeksmodel:

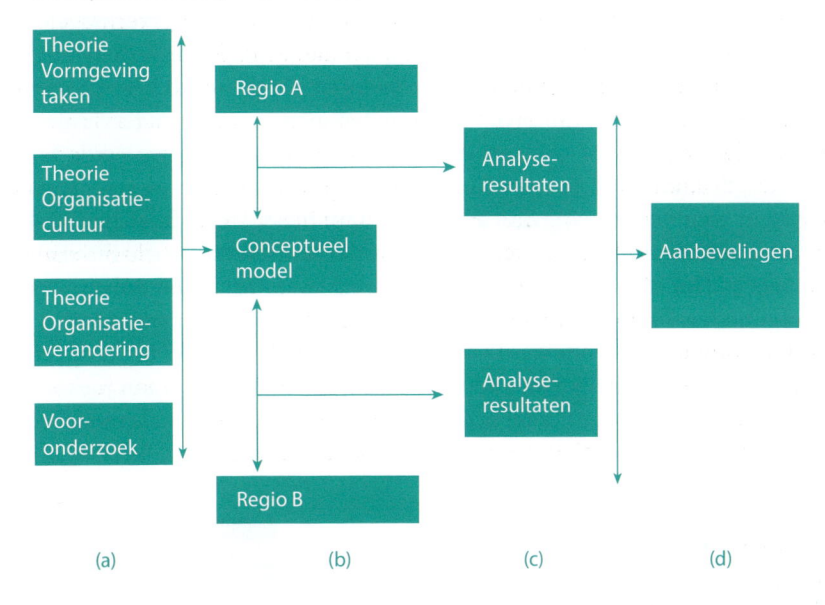

Figuur A.11   Onderzoeksmodel 'vermogen tot organisatieverandering'

Dit onderzoeksmodel wordt als volgt verwoord:
Op basis van de bestudering van relevante literatuur op het terrein van de drie kernbegrippen 'organisatieverandervermogen', 'vormgeving van arbeidstaken' en 'organisatiecultuur' wordt een conceptueel model ontwikkeld (a). Met behulp van dit conceptueel model wordt inzicht gegeven in de factoren die bepalend zijn voor het vermogen tot organisatieverandering van medewerkers in twee regio's (b). Door het vermogen tot organisatieverandering van beide groepen medewerkers met elkaar te vergelijken (c) wordt gezocht naar aanbevelingen voor verbetering van de acceptatie van het reorganisatieplan in het project 'Aandacht voor Kwaliteit' (d).

Kader A.1

In het onderzoeksmodel is ook het conceptueel model genoemd. Hierna laten we zien dit conceptueel model kan worden ontwikkeld. Hierboven bespraken we de mogelijkheid om te starten met een *globaal* conceptueel model als speciale mogelijkheid voor een exploratief onderzoek. Maar zeker voor beginnende onderzoekers is het raadzaam om in principe *altijd* met een globaal model te starten en dit vervolgens om te zetten in een specifiek model. De reden hiervan is dat de kernbegrippen die we in de literatuur vinden doorgaans erg breed, abstract en complex zijn, té breed, abstract en complex om met succes een onderzoek te kunnen starten. Een goed onderzoeksontwerp staat of valt echter met een adequate en rigoureuze afbakening en concretisering.

In het voorbeeld staan drie kernbegrippen, te weten 'organisatieverandervermogen', 'vormgeving van arbeidstaken' en 'organisatiecultuur'. Het spreekt voor zich dat we 'organisatieverandervermogen' kiezen als de afhankelijke ofwel te verklaren (respectievelijk te verbeteren) variabele. De onderzoeker wil immers weten welke factoren van invloed zijn op het verandervermogen om aanbevelingen te kunnen doen om het implementatietraject te verbeteren. Uit eerder onderzoek is gebleken dat diverse factoren die te maken hebben met de 'vormgeving van taken', van invloed zijn op het organisatieverandervermogen. Zo is eerder komen vast te staan dat de medewerkers met gevarieerde taken en veel zelfstandigheid in hun functie-uitoefening over het algemeen meer openstaan voor verandering dan andere medewerkers. De onderzoeker besluit daarom dat het kernbegrip 'vormgeving van arbeidstaken' de onafhankelijke variabele is. Het globale model, dat in dit geval twee variabelen omvat, ziet er als volgt uit (zie figuur A.12). Nota bene, de organisatiecultuur waarover in het onderzoeksmodel hiervoor werd gesproken, komt pas verderop in beeld als we gaan praten over mogelijke interactie-effecten. Voordat we daaraan toekomen, dienen we, conform onze eerder gegeven aanwijzingen, het globale model eerst te vereenvoudigen, op een manier zoals hierna beschreven.

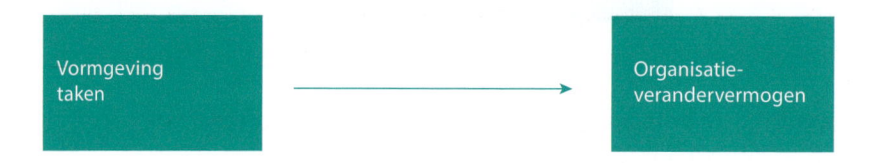

Figuur A.12 Globaal conceptueel model 'Organisatieverandervermogen'

Een volgende stap is het nader preciseren en definiëren van de twee kernbegrippen in het model in wording. Daarvoor dienen de begripsdomeinen die deze kernbegrippen representeren, ontrafeld te worden in *dimensies, delen of soorten* die binnen deze begripsdomeinen te onderkennen zijn. Bij deze taak van ontrafelen kan men gebruikmaken van de eerder in dit boek geïntroduceerde techniek van het uiteenrafelen door middel van boomstructuren (zie hoofdstuk 5), in combinatie met het bestuderen van wetenschappelijke literatuur over en verslagen van eerder onderzoek op het onderhavige terrein. Uiteenrafelen helpt de onderzoeker om een eerste overzicht te krijgen van de veelheid van zaken (variabelen) die doorgaans binnen het domein van een kernbegrip zijn te onderkennen. Deze veelheid laat de omvangrijkheid van het gekozen domein zien en nodigt doorgaans uit tot een nadere afbakening. Zoals blijkt uit relevante wetenschappelijke literatuur, vullen theoretici en uitvoerders van eerder onderzoek het betreffende kernbegrip meestal met een veelheid van onderling nauw samenhangende zaken in.

Appendix: Conceptueel model

> **Voorbeeld** — Uitwerking globaal conceptueel model 'organisatieverandervermogen'
>
> Na een uitgebreide zoektocht via catalogi van wetenschappelijke bibliotheken, elektronische zoeksystemen en het internet heb je een selectie gemaakt van te bestuderen literatuur die betrekking heeft op de kernbegrippen 'vormgeving taken', 'organisatieverandervermogen', alsook hun onderlinge relatie. Je bestudeert deze literatuur en kiest beargumenteerd welke van de door jou bestudeerde theoretische inzichten je gaat gebruiken om de twee kernbegrippen uit te werken en de relaties daartussen te definiëren. Zo kies je ervoor het kernbegrip 'vormgeving taken' uit te werken met behulp van het klassieke *Job Characteristics Model* van Hackman en Oldham (1980).[3] Volgens dit model omvat dit fenomeen vijf aspecten (variabelen): 'taakautonomie', 'taakvariëteit', 'taaksignificantie', 'taakidentiteit' en 'feedback'.
>
> Met betrekking tot 'organisatieverandervermogen' besluit je om gebruik te maken van de inzichten van Argyris (1994)[4] over organisationeel leren en van Wissema et al. (1996)[5] over het veranderen van organisaties. Bestudering van deze literatuur doet je besluiten tot het gebruik van een drietal aspecten van organisatieverandervermogen: 'veranderbereidheid' (passief verandervermogen), 'verandergezindheid' (actief verandervermogen) en 'leervermogen' (continu verandervermogen). Ook deze drie aspecten staan voor variabelen.
>
> Door al deze variabelen en dimensies in te vullen in het globaal conceptueel model ontstaat het volgende globaal conceptueel model:
>
> **Vormgeving taken:**
> - Taakautonomie
> - Taakvariëteit
> - Taaksignificantie
> - Taakidentiteit
> - Feedback
>
> → **Organisatieverandervermogen:**
> - Veranderbereidheid
> - Verandergezindheid
> - Leervermogen
>
> Figuur A.13   Globaal conceptueel model 'dimensies en variabelen'

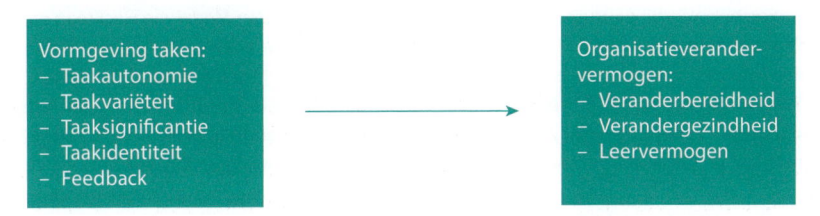

Kader A.1 (vervolg)

Dit model bestaat uit vijf variabelen uit het domein 'vormgeving taken' en drie aspecten van 'organisatieverandervermogen'. Tussen deze clusters van variabelen zijn in totaal 5 maal 3 is 15 relaties mogelijk. Dat is niet erg werkbaar, temeer daar er nog andere begrippen (bijvoorbeeld 'organisatiecultuur', zie hiervoor) een rol spelen. Daarom moet de onderzoeker, voordat deze het model verder specificeert, eerst kiezen welke van de genoemde variabelen en dimensies in

---

3 Hackman, J.R. & G.R. Oldham (1980). *Work redesign.* Amsterdam: Addison-Wesley.
4 Argyris, C. (1994). *On organizational learning.* Cambridge, MA: Blackwell.
5 Wissema, J.G., H.M. Messer & G.J. Wijers (1996). *Angst voor veranderen? Een mythe! Of: hoe u veranderingsbereidheid op de werkvloer vergroot.* Assen: Van Gorcum.

het onderzoek worden betrokken. Deze keuze wordt vooral ingegeven door de doelstelling van het onderzoek, waarin als het goed is de wil van de opdrachtgever is verdisconteerd. Ook de eigen interesses, deskundigheden en mogelijkheden, waaronder de beschikbare tijd, moeten in deze keuze nadrukkelijk een rol spelen. Deze keuzen dient men te *expliciteren* en te *beargumenteren*, zodat de lezer en/of de opdrachtgever goed kan beoordelen of deze keuzen zinvol zijn. In sommige gevallen vindt de selectie van variabelen plaats in een vooronderzoek. De onderzoeker duikt bijvoorbeeld opnieuw in de literatuur. Daaruit kan dan blijken dat sommige variabelen meer en andere minder significante verbanden laten zien. Ook kan een vooronderzoek bestaan uit een nadere verkenning van het projectkader. In een praktijkgericht onderzoek kan de onderzoeker bijvoorbeeld besluiten om het uitgewerkte globaal conceptueel model voor te leggen aan enkele deskundigen. Samen met hen wordt dan bijvoorbeeld besloten om – uit pragmatische overwegingen – het onderzoek tot enkele relaties te beperken. Ook kan men op zoek gaan naar rapporten over vroeger uitgevoerd onderzoek.

> **Voorbeeld** Uitwerking globaal conceptueel model 'organisatieverandervermogen'
>
> Je gaat op zoek naar artikelen die een overzicht geven van onderzoek dat de laatste jaren is gedaan op het terrein van de vormgeving van taken. Je beperkt je daarbij tot onderzoek waarbij gebruik is gemaakt van het *Job Characteristics Model* van Hackman en Oldham. Bestudering van deze artikelen leert al snel dat vooral het aspect *taakautonomie* een interessante variabele is gebleken. Je besluit om je tot deze dimensie te beperken. Samen met het hoofd Personeel & Organisatie van de bank besluit je tevens om het onderzoek te beperken tot 'veranderingsbereidheid' en 'veranderingsgezindheid'. Daarmee laat je 'leervermogen' willens en wetens buiten beschouwing en dus ook buiten het model. Het vooronderzoek leidt aldus tot het volgende zogenoemd *specifieke* conceptueel model in figuur A.14.
>
> Vormgeving taken:
> – Taakautonomie
>
> →
>
> Organisatieverandervermogen:
> – Veranderbereidheid
> – Verandergezindheid
>
> Figuur A.14 Specifiek conceptueel model 'Organisatieverandervermogen'
>
> Kader A.1 (vervolg)

Na deze eerste vereenvoudiging van het globaal conceptueel model ontstaat er ruimte om eventuele complicerende relatiepatronen, zoals interactie-effecten, feedbackeffecten en vervolgens vooral ook (een controle op) schijnmakende effecten, aan het model toe te voegen.

Voorbeeld	Uitwerking globaal conceptueel model 'organisatieverandervermogen'

Toegepast op het voorbeeld denken we bijvoorbeeld aan de mogelijk interacterende rol van het fenomeen 'organisatiecultuur', waarover wij eerder spraken. Opnieuw is het dan goed om op basis van relevante literatuur eerst een nadere uitwerking te maken van dit begrip. Voor deze uitwerking oriënteer je je bijvoorbeeld op het werk van Hofstede en zijn navolgers en kies je – uit de vele modellen die voorhanden zijn – voor de 'culture compass' van Hampden-Turner en Trompenaars (1994).[6] De culture compass bestaat uit zes bipolaire dimensies: universalisme-particularisme, individualisme-communitarisme, specificiteit-diffuusheid, affectiviteit-neutraliteit, verwerven-verkrijgen, sequentieel-synchroon, intern gericht-extern gericht. Hiervan besluit je uitsluitend de volgende drie dimensies mee te nemen: individualisme-communitarisme, affectiviteit-neutraliteit en intern gericht-extern gericht. Je voegt deze als variabelen toe aan het conceptueel model (zie figuur A.15).

Figuur A.15   Specifiek conceptueel model 'Organisatieverandervermogen' met interactie-effect

Kader A.1 (vervolg)

Tot slot moet de richting van het effect of de effecten in het model nog worden aangegeven. Als men bijvoorbeeld vermoedt dat de factor 'taakautonomie' van invloed is op de 'veranderingsbereidheid', verwacht men dan een positief of een negatief effect?

---

6   Hampden-Turner, Ch. & F. Trompenaars (1994). *The seven cultures of capitalism: value systems for creating wealth in the United States, Britain, Japan, Germany, France, Sweden, and the Netherlands.* London: Piatkus.

Voorbeeld — Voorbeeldproject 'Organisatieverandervermogen'

Nadat je via een *globaal* conceptueel model door een keuze van dimensies, aspecten, delen of soorten tot een toegespitst en uitgewerkt *specifiek* conceptueel model bent gekomen, formuleer je de in het model vervatte hypothesen. Daarbij geef je tevens met behulp van de symbolen [+] en [-] aan of je een positief of een negatief (direct) effect verwacht. Maar let wel, dat kan slechts als geen van beide betrokken variabelen van het nominale niveau is.

Hieronder formuleren we voor elke pijl in het model de bijbehorende hypothese, alsook het bijbehorende gedeelte van het conceptuele model. Deze hypothesen worden steeds aangeduid met het symbool A. Dit heeft betrekking op de *afhankelijke* variabelen, te weten 'veranderingsbereidheid' [A1] en 'veranderingsgezindheid' [A2].

A1: De 'mate van taakautonomie' heeft een positief effect op de 'mate van veranderingsbereidheid'.

[Mate van taakautonomie] → + → [Mate van veranderingsbereidheid]

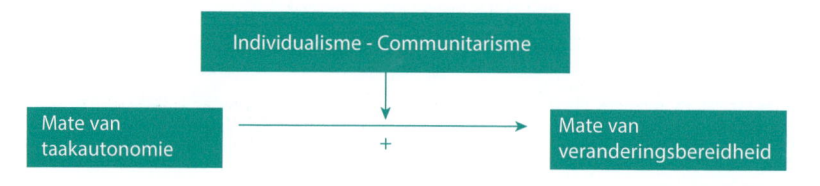

Figuur A.16a   Conceptueel model 'Organisatieverandervermogen' relatie A1

A2: De 'mate van taakautonomie' heeft een positief effect op de 'mate van veranderingsgezindheid'.

[Mate van taakautonomie] → + → [Mate van veranderingsgezindheid]

Figuur A.16b   Conceptueel model 'Organisatieverandervermogen' relatie A2

In de notatie hieronder wordt voor een aanduiding van de (interactie)hypothesen het symbool B toegevoegd. Dit slaat op de *interactie*variabelen uit het domein 'organisatiecultuur'. Dus B1 staat voor communitaristische versus individualistische organisatiecultuur, B2 voor affectieve versus neutrale organisatiecultuur, enzovoort.

A1/B1: De 'mate van taakautonomie' heeft een positief effect op de 'mate van veranderingsbereidheid', maar de sterkte van dit effect is afhankelijk van de organisatiecultuur. Meer in het bijzonder is dit effect sterker voor bedrijven met een communitaristische organisatiecultuur dan voor bedrijven met een individualistische organisatiecultuur.

[Individualisme - Communitarisme]
          ↓
[Mate van taakautonomie] → + → [Mate van veranderingsbereidheid]

Figuur A.16c   Conceptueel model 'Organisatieverandervermogen' relatie A1/B1

Appendix: Conceptueel model

A2/B1: De 'mate van taakautonomie' heeft een positief effect op de 'mate van veranderingsgezindheid', maar de sterkte van dit effect is afhankelijk van de organisatiecultuur. Meer in het bijzonder is dit effect sterker voor bedrijven met een communitaristische organisatiecultuur dan voor bedrijven met een individualistische organisatiecultuur.

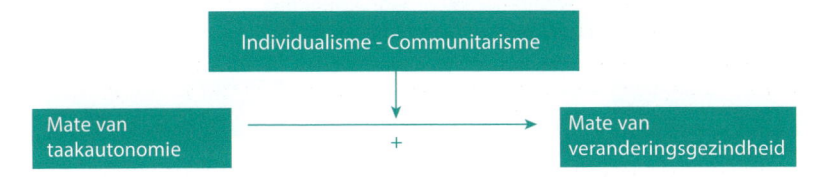

Figuur A.16d   Conceptueel model 'Organisatieverandervermogen' relatie A2/B1

A1/B2: De mate van taakautonomie heeft een positief effect op de 'mate van veranderingsbereidheid', maar dit effect is sterker voor bedrijven met een affectieve dan voor die met een neutrale organisatiecultuur.

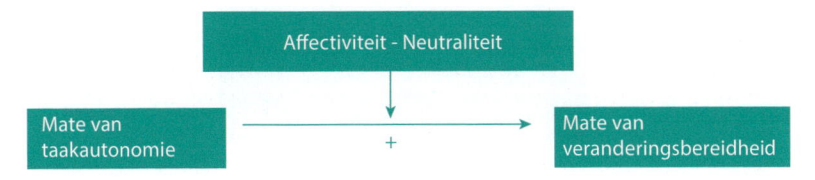

Figuur A.16e   Conceptueel model 'Organisatieverandervermogen' relatie A1/B2

A2/B2: De 'mate van taakautonomie' heeft een positief effect op de 'mate van veranderingsgezindheid', maar dit effect is sterker voor bedrijven met een affectieve dan voor die met een neutrale organisatiecultuur.

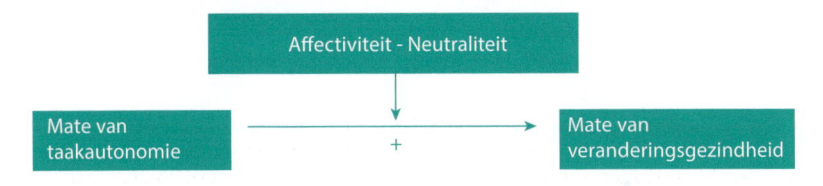

Figuur A.16f   Conceptueel model 'Organisatieverandervermogen' relatie A2/B2

A1/B3: De 'mate van taakautonomie' heeft een positief effect op de 'mate van veranderingsbereidheid', maar dit effect is sterker voor bedrijven met een intern gerichte dan voor die met een extern gerichte organisatiecultuur.

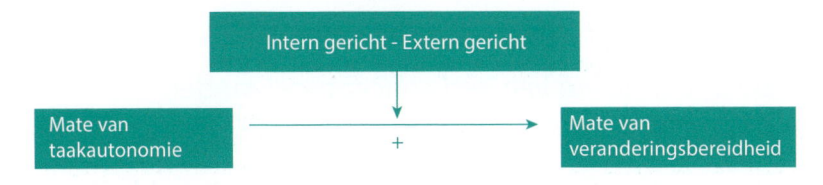

Figuur A.16g   Conceptueel model 'Organisatieverandervermogen' relatie A1/B3

Het ontwerpen van een onderzoek

A2/B3: De 'mate van taakautonomie' heeft een positief effect op de 'mate van veranderingsgezindheid', maar dit effect is sterker voor bedrijven met een intern gerichte dan voor die met een extern gerichte organisatiecultuur.

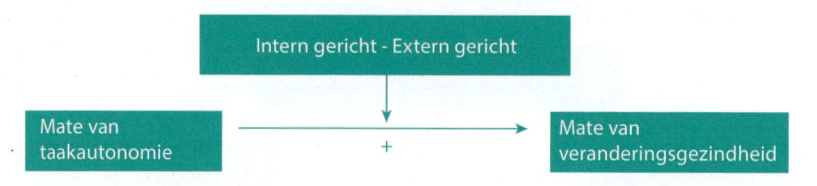

Figuur A.16h Conceptueel model 'Organisatieverandervermogen' relatie A2/B3

Het is ook mogelijk om de genoemde relaties in een en hetzelfde model weer te geven (zie figuur A.16i). Maar de begeleidende tekst zal er niet korter door worden: de aard van elk afzonderlijk interactie-effect moet worden beschreven, precies zoals dat hiervoor gebeurde.

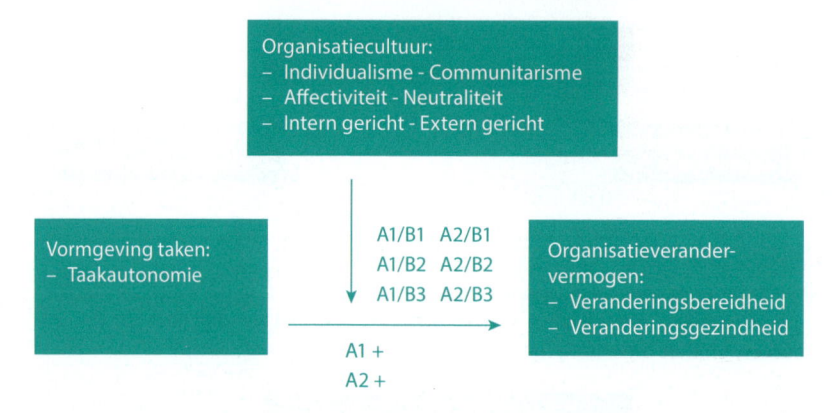

Figuur A.16i Definitief conceptueel model 'Organisatieverandervermogen' met relaties

Kader A.2

Tot zover een demonstratie van de afbakening van een *globaal* naar een *specifiek* conceptueel model, en vervolgens een verfijning van dit laatste met aanvullende relatiepatronen, hier van het interactietype, uitmondend in een *definitief* conceptueel model.

5 De ontwikkeling van een conceptueel model; stappenplan

In de vorige paragraaf werd een eenvoudig conceptueel model uitgewerkt, waarin slechts een direct effect en een interactie-effect voorkwamen. In deze slotparagraaf geven we een stappenplan waarbij in principe alle eerder in deze

Appendix voorkomende relatiepatronen aan bod (kunnen) komen. Vervolgens laten we de werking van dit uitgebreide stappenplan zien aan de hand van een voorbeeld. Ook nu weer volgen wij hetzelfde grondpatroon als in de vorige paragraaf. De onderzoeker begint met een eerste ordening van de kernbegrippen in een *globaal* conceptueel model. Vervolgens wordt dit door selectie van dimensies, delen, soorten enzovoort, alle op te vatten als variabelen, van de relaties daartussen, gereduceerd tot een *specifiek* model. Daarna worden complicerende relatiepatronen toegevoegd en eindigen we met een *definitief* conceptueel model. Overal waar we in het stappenplan spreken van variabele, bedoelen we een dimensie, aspect, (onder)deel, (onder)soort, (sub)type of (sub)categorie van kernbegrippen uit het globaal conceptueel model, dan wel aanvullende variabelen uit het definitieve model.

> Stappenplan
>
> 1. Bepaal in een theoriegericht project het causaal te verklaren kernbegrip Y, of in een praktijkgericht project het te veranderen kernbegrip Y (= afhankelijke variabele).
> 2. Bedenk of destilleer uit de literatuur een variabele X die vermoedelijk een *sterke invloed* heeft op Y (= onafhankelijke variabele).
> 3. Kijk of er een of meer variabele(n) P (Q, R) is (zijn) die naast X een *additionele invloed* heeft (hebben) op Y (= aanvullende onafhankelijke variabele(n)).
> 4. Ga na of er een of meer variabele(n) U (V, W) is (zijn) die als *interveniërende variabele(n)* onderdeel van het effect van X respectievelijk P (Q, R) op Y is (zijn).
>
> Het resultaat van deze vier stappen is het *globaal* conceptueel model.
>
> 5. Ga door middel van een kritische bestudering van de literatuur na welke variabelen er in het domein van de kernbegrippen van het globaal conceptueel model zijn te onderkennen.
> 6. Kies, eventueel op basis van een kort vooronderzoek, welke van deze variabelen je in het onderzoek zal 'meenemen'. Elimineer de overige variabelen uit het model, inclusief de bijbehorende pijlen.
>
> Het resultaat van deze stappen is het *specifiek* conceptueel model.
>
> Nadat op deze manier het globale model in omvang en complexiteit is gereduceerd tot een specifiek model, ga je in een drietal stappen 7, 8 en 9 na welke van de overige relatiepatronen eventueel in het model moeten worden opgenomen.
>
> 7. Ga na of er in het model in wording relaties zijn die vermoedelijk onderdeel uitmaken van een *interactie-effect* Z en, zo ja, voeg deze variabele(n) met bijbehorende pijl(en) toe aan het model (optioneel).
> 8. Kijk of er *substantiële* directe of indirecte *feedback*effecten in het model te vinden zijn en voeg de betreffende pijl(en) aan het model toe (optioneel).
> 9. Onderzoek of er mogelijk sprake is van *schijnmakende* relaties. Je doet dat door per koppel variabelen in het model na te gaan of er een of meer (nog niet in het model opgenomen) variabele(n) is (zijn) die op beide in het koppel betrokken variabelen een relatief *sterk* effect heeft (hebben). Indien dat het geval is, moet je deze variabele(n) alsnog in het model opnemen (noodzakelijk).

> 10. Formuleer de in het model neergelegde causale veronderstellingen (hypothesen) en plaats plussen en minnen bij de pijlen in het diagram, al naar gelang deze hypothesen. Nota bene, in geval beide of één van beide betrokken variabelen van nominaal niveau is, dan kan de richting van het verband *niet* met een plus of min worden aangegeven.
>
> Het resultaat is een definitief conceptueel model.
>
> Nota bene:
> 1. Neem bij dit alles voortdurend een *iteratieve werkwijze* in acht. Dat wil zeggen, kijk voortdurend of het zich aldus ontwikkelende conceptueel model aanleiding geeft tot veranderingen in de doelstelling, het onderzoeksmodel en/of de vraagstelling. Als dit zo is, voer deze veranderingen uit en doorloop opnieuw de stappen 1 tot en met 10.
> 2. Zoals hierboven al aangegeven zijn de stappen 7 en 8 optioneel. Dat wil zeggen dat je ze achterwege kunt laten zonder dat daarmee de validiteit van het model wordt geschaad. De enige consequentie is dat het model minder informatierijk is. Stap 9 daarentegen is verplicht. Voer je geen controle op schijnmakendheid uit, dan kan dit leiden tot ongeldige conclusies met betrekking tot de in het model opgenomen relaties.

We lichten dit stappenplan toe aan de hand van het volgende voorbeeld.

Voorbeeld — Voorbeeldproject 'Hoe gaan we om met ons milieu?'

Projectkader
Op het ministerie dat verantwoordelijk is voor het milieubeleid, maakt men zich zorgen. De afgelopen decennia is er, nationaal en internationaal, erg veel aandacht geschonken aan de mogelijke gevaren voor onze planeet als we niet zorgvuldiger omgaan met ons milieu. Toch lijkt het erop dat de burgers er nog altijd niet voldoende van doordrongen zijn dat iedereen – van hoog tot laag – een bijdrage aan een schoon milieu moet blijven leveren. Daarom lijken extra maatregelen nodig. Er wordt een werkgroep 'milieuzorg' opgericht die voorstellen gaat ontwikkelen voor een meer milieubewust gedrag van Nederlanders anno 2015.
Een van de eerste besluiten die de werkgroep neemt, is het instellen van een diagnostisch onderzoek naar de achtergronden en oorzaken van een onzorgvuldig milieugedrag van de burgers. Men verwacht daarbij dat er verschil is tussen het gedrag van inwoners van grote stedelijke gemeenten en van burgers in kleine plattelandsgemeenten. Burgers in de laatste categorie voelen zich waarschijnlijk meer betrokken bij het gemeentelijk milieubeleid dan burgers in grotere stedelijke gemeenten. Bovendien is in de kleinere gemeenten de sociale controle vermoedelijk groter.

Doelstelling
Het doen van aanbevelingen aan de werkgroep 'milieuzorg' voor het verbeteren van het milieubeleid van het ministerie, dat gericht is op het vergroten van het milieuvriendelijk gedrag van de Nederlandse burgers
door

Appendix: Conceptueel model

inzicht te geven in de factoren die een meer milieuvriendelijk gedrag van burgers kunnen bevorderen.

Daarbij hoort het volgende onderzoeksmodel:

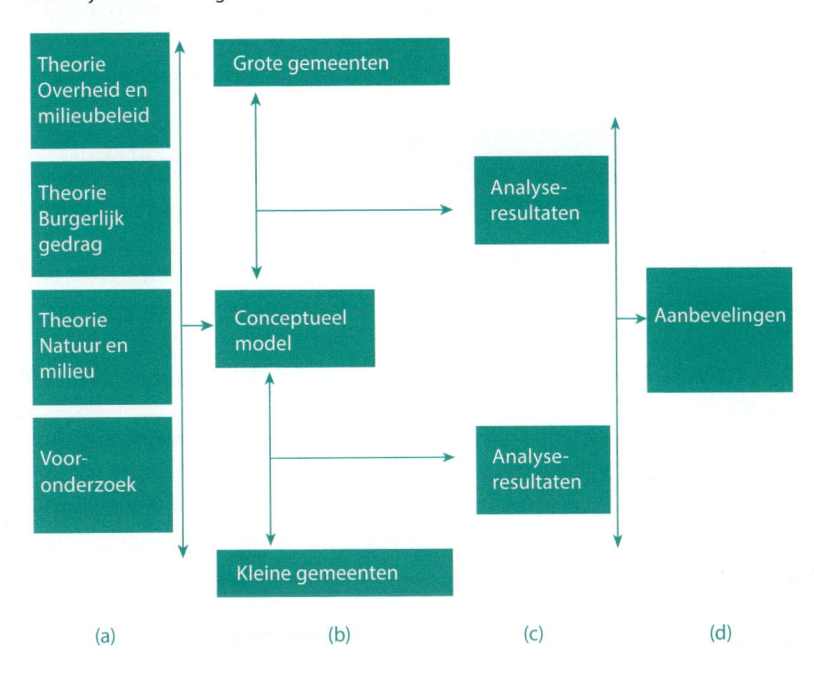

```
┌─────────────┐      ┌─────────────┐
│ Theorie     │      │ Grote       │
│ Overheid en │      │ gemeenten   │
│ milieubeleid│      │             │
└─────────────┘      └─────────────┘
                                           ┌─────────────┐
┌─────────────┐                            │ Analyse-    │
│ Theorie     │                            │ resultaten  │
│ Burgerlijk  │ ──────►                    │             │
│ gedrag      │                            └─────────────┘
└─────────────┘
                     ┌─────────────┐                         ┌──────────────┐
┌─────────────┐      │ Conceptueel │                         │ Aanbevelingen│
│ Theorie     │ ───► │ model       │ ──────────────────────► │              │
│ Natuur en   │      │             │                         │              │
│ milieu      │      └─────────────┘                         └──────────────┘
└─────────────┘
                                           ┌─────────────┐
┌─────────────┐                            │ Analyse-    │
│ Voor-       │ ──────►                    │ resultaten  │
│ onderzoek   │                            │             │
└─────────────┘                            └─────────────┘

                     ┌─────────────┐
                     │ Kleine      │
                     │ gemeenten   │
                     └─────────────┘

    (a)                   (b)                   (c)              (d)
```

Figuur A.17   Onderzoeksmodel 'Hoe gaan we om met ons milieu?'

Dit onderzoeksmodel wordt als volgt verwoord:
Op grond van relevante literatuur op het terrein van natuur en milieu, overheidsbeleid, milieuzorg en gedrag van burgers wordt een conceptueel model ontwikkeld (a). Met behulp van dit model wordt inzicht gegeven in de mate van milieu(on)vriendelijk gedrag van burgers in zowel grote als kleine gemeenten (b). Op basis van een vergelijking van feitelijk milieu(on)vriendelijk gedrag van beide groepen burgers (c) worden aanbevelingen gedaan voor verbetering van het milieubeleid van het ministerie (d) gericht op een meer milieubewust gedrag van de ingezetenen.

Kader A.3

Toepassing van het stappenplan op ons voorbeeld geeft het volgende beeld.

Stap 1:   Bepaal het *te verklaren of te veranderen* fenomeen Y (= afhankelijke variabele).

Op basis van een bestudering van het projectkader bepaal je wat de te verklaren of te veranderen variabele is. De lezer dient zich te realiseren dat als er noch sprake is van een te verklaren, noch van een te veranderen fenomeen, het gebruik van een conceptueel model in principe weinig kan bijdragen. Dit was precies onze reden om een behandeling ervan in een appendix te plaatsen. Het moet voorkomen dat beginnende onderzoekers geforceerd gaan zoeken naar een conceptueel model. Zo is dat meestal overbodig in een zuiver beschrijvend onderzoek, met dus uitsluitend onderzoeksvragen van een beschrijvend type. Uit de bestudering van het projectkader en de doelstelling van het gegeven voorbeeld echter blijkt zonneklaar dat het in dit geval gaat om de variabele *milieuvriendelijkheid van gedrag* (afhankelijke, want te veranderen variabele Y).

```
         ──────────▶   [ Milieuvriendelijk gedrag ]
                                   Y
```

Figuur A.18   Afhankelijke variabele Y

Stap 2: Kies een fenomeen X (onafhankelijke variabele) dat een *sterke invloed* heeft op Y.

Probeer op basis van wat je al over dit onderwerp weet, met gezond verstand en/of door middel van een oriëntatie op literatuur over dit onderwerp, een fenomeen te bedenken dat vermoedelijk in sterke mate bepalend is voor de milieuvriendelijkheid van gedrag. Dit zou bijvoorbeeld kunnen zijn het *belang* dat iemand hecht aan een schoon milieu (onafhankelijke variabele X).

```
[ Belang van schoon milieu ]   ──────────▶   [ Milieuvriendelijk gedrag ]
            X                                              Y
```

Figuur A.19   Onafhankelijke variabele X

Stap 3: Zoek (een) eventuele variabele(n) P (Q, R) met een *additionele invloed* op Y.

Uit de literatuur over milieuvriendelijk gedrag komt naar voren dat het *al dan niet kunnen beschikken over hulpmiddelen en voorzieningen* die behulpzaam zijn bij het zich milieuvriendelijk gedragen, sterk bepalend zijn voor de mate waarin burgers zich milieuvriendelijk gedragen (aanvullende onafhankelijke variabele P). Te noemen zijn zaken als de nabijheid van glasbakken en boxen voor chemisch afval en het regelmatig ophalen van containers voor biologisch afval.

Appendix: Conceptueel model

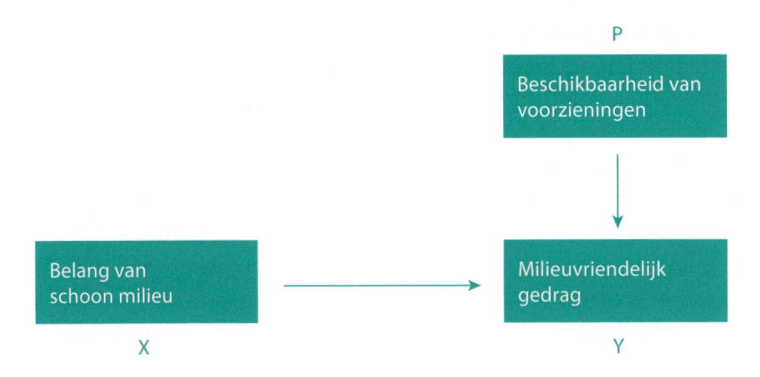

Figuur A.20 Additionele onafhankelijke variabele P

Stap 4: Bepaal eventuele *interveniërende* variabele(n) U (V, W).
Je gaat op zoek naar een of meer plausibele interveniërende variabele(n). Dit levert de veronderstelling op dat naarmate iemand meer het belang ziet van een schoon milieu, deze persoon ook meer te weten wil komen over dit onderwerp (interveniërende variabele U). Bovendien is het waarschijnlijk dat zo iemand ook een positieve houding (interveniërende variabele V) ontwikkelt ten aanzien van milieuvriendelijk gedrag. Beide variabelen U en V hebben op hun beurt vermoedelijk een positief effect op een daadwerkelijk milieuvriendelijk gedrag (Y) van de persoon in kwestie.

Het resultaat is een *globaal* conceptueel model. In schema ziet het er als volgt uit:

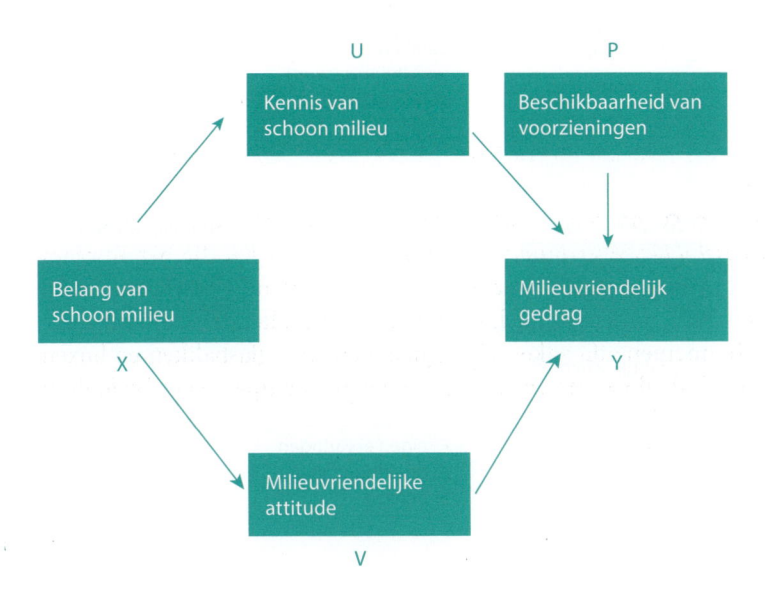

Figuur A.21 Globaal conceptueel model

Stap 5: Bepaal de eventuele dimensies en/of variabelen in het domein van de kernbegrippen in het globaal conceptueel model. Deze stap betreft het nader uitwerken van het globaal conceptueel model.

Voorbeeld uitwerking globaal conceptueel model

Na een uitgebreide zoektocht via catalogi van wetenschappelijke bibliotheken, elektronische zoeksystemen en het internet heb je een selectie gemaakt van te bestuderen literatuur die betrekking heeft op de variabelen 'milieuvriendelijk gedrag', 'belang van schoon milieu', 'kennis van schoon milieu', 'milieuvriendelijke attitude' en 'beschikbaarheid voorzieningen'. Je bestudeert deze literatuur en maakt op basis hiervan een uitwerking van de genoemde vijf kernbegrippen in dimensies en/of variabelen. Dit leidt tot een opsomming, die overigens niet uitputtend is, zoals weergegeven in het schematisch overzicht hierna.

Variabele	Dimensie	Aspect	Subaspect
milieuvriendelijk gedrag	object van gedrag	• afvalscheiding • hergebruik • spaarzaamheid • aanschafbeleid	
	intensiteit (actief-passief)		
	reikwijdte (individueel-collectief)		
belang van schoon milieu	economisch	• afzetmarkt • concurrentiepositie • werkgelegenheid	
	maatschappelijk	conflicten verschijningsvorm conflicthantering	• lokaal • nationaal • internationaal • manifest-latent • incidenteel-structureel • passief-actief • mediationvorm
kennis van schoon milieu	kennis van (sub)culturen		
	theoretische inzichten		
	praktijkinzichten		
	vaardigheden		
	ervaringen	• eigen ervaringen • ervaringen van derden	

Appendix: Conceptueel model

Variabele	Dimensie	Aspect	Subaspect
milieuvriendelijke attitude	geloof in noodzaak actie		
	mate van alertheid (actief-passief)		
	uiting	• denken • voelen • gedragsintentie	
beschikbaarheid voorziening	nabijheid		
	kwaliteit		
	informatie		
	regelhandhaving		

Door al deze dimensies en (sub)aspecten in te vullen in het globaal conceptueel model ontstaat een beeld zoals weergegeven in het conceptueel model in figuur A.22.

Kennis van schoon milieu
Kennis subculturen
Theoretische inzichten
Praktijkinzichten
Ervaring   eigen ervaring
              ervaring derden

Beschikbaarheid voorzieningen
Nabijheid
Kwaliteit
Informatie
Regelhandhaving

Belang van schoon milieu
Economisch   afzetmarkt
                concurrentiepositie
                werkgelegenheid
Politiek   lokaal
                nationaal
                internationaal
Maatschappelijk conflict   lokaal
                            nationaal
                            internationaal
                verschijning   manifest-latent
                                incidenteel-structureel
                hantering   passief-actief
                                mediation

Milieuvriendelijk gedrag
Object   afvalscheiding
                hergebruik
                spaarzaamheid
                aanschafbeleid

Intensiteit
Reikwijdte

Milieuvriendelijke attitude
Geloof in noodzaak actie
Mate van alertheid
Uiting   denken
                voelen
                gedragsintentie

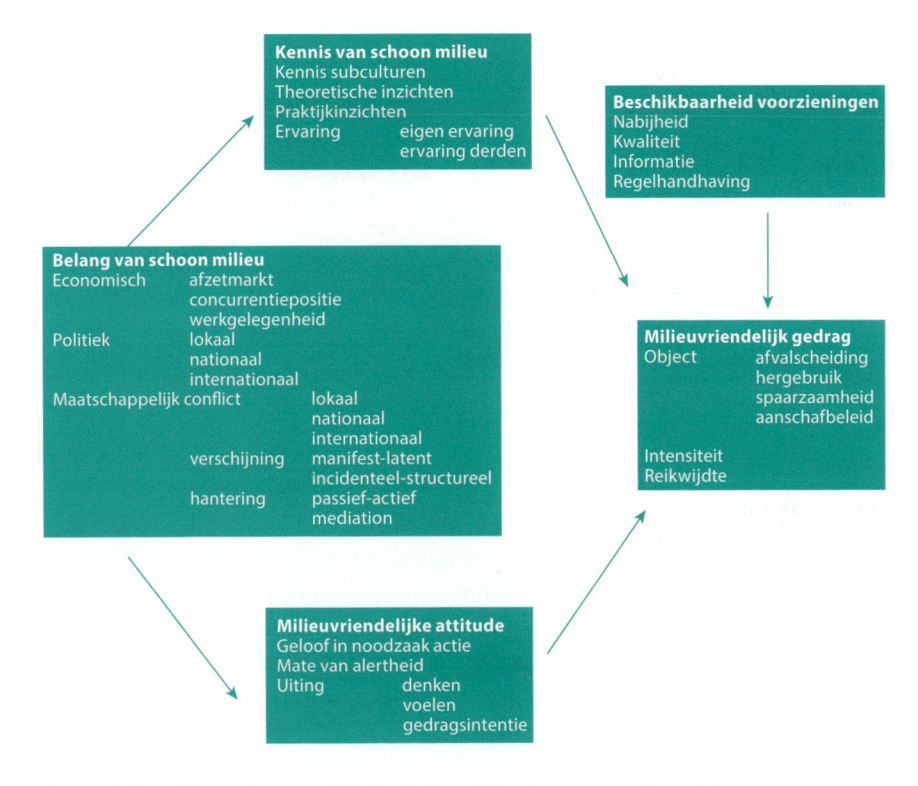

Figuur A.22   Dimensies en variabelen in het globaal conceptueel model

Het ontwerpen van een onderzoek

Stap 6: Kies de voor de gegeven doel- en vraagstelling relevante variabelen en selecteer de in het model besloten causale veronderstellingen (hypothesen).

Op basis van jouw kennis ter zake en belangstelling maak je de volgende selectie:
- Milieuvriendelijk gedrag: afvalscheiding
- Belang van schoon milieu: manifeste lokale conflicten
- Beschikbaarheid voorzieningen: nabijheid
- Kennis van schoon milieu: eigen ervaring
- Milieuvriendelijke attitude: mate van alertheid
  gedragsintentie

Het resultaat hiervan is een *specifiek* conceptueel model (zie figuur A.23).

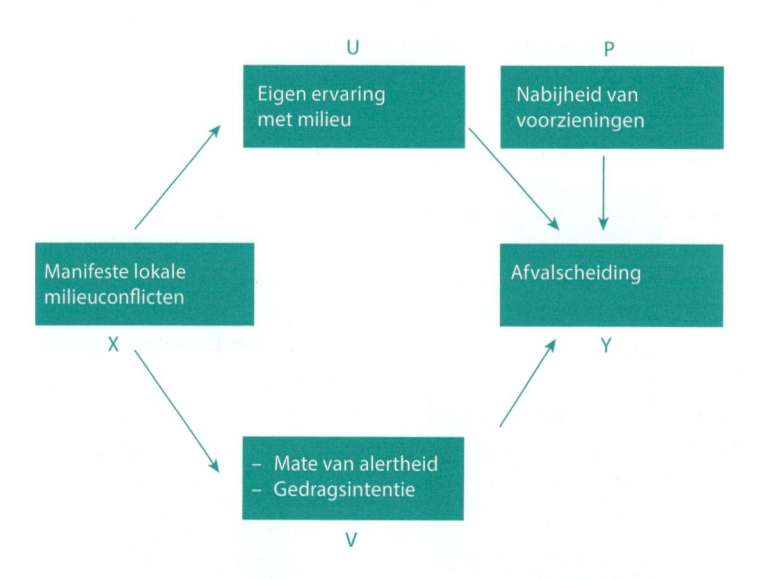

Figuur A.23 Specifiek conceptueel model

Stap 7: Bepaal eventuele *interactie-variabele(n) Z*.
Uit eerder onderzoek is gebleken dat er weliswaar een effect is van (X) 'manifeste lokale conflicten' (belang van schoon milieu) op (V) 'mate van alertheid' (milieuvriendelijke attitude), maar dat dit sterker geldt voor oudere personen dan voor jongere. Met andere woorden, 'leeftijd' interacteert met 'belang van schoon milieu' in zijn effect op 'milieuvriendelijke attitude'.
Omdat we hier vermoedelijk te maken hebben met een sterk interactie-effect, nemen we het op in het model (zie figuur A.24).

Appendix: Conceptueel model

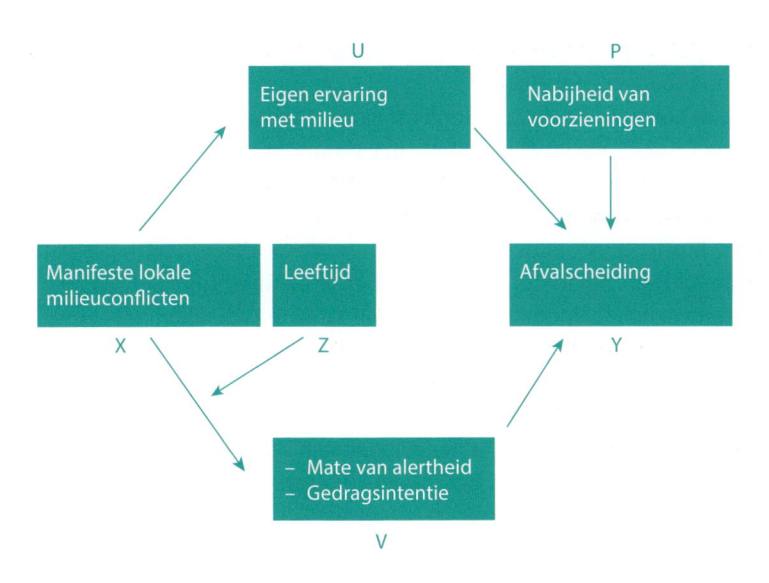

Figuur A.24 Specifiek conceptueel model met interactie-variabele Z ('leeftijd')

Stap 8: Bepaal of er directe of indirecte feedbackeffecten in het model te vinden zijn.
In het gegeven voorbeeld ligt een wederkerige relatie (direct feedbackeffect) tussen de variabele (U) 'eigen ervaring' en (V) 'mate van alertheid' voor de hand. Als mensen meer weten over een schoon milieu, dan zal dit hun houding ten opzichte van het milieu doen veranderen. Andersom zet een meer milieuvriendelijke houding mensen aan om meer te willen weten over een schoon milieu. We geven deze feedbackrelatie weer met behulp van twee in tegengestelde richting wijzende pijlen tussen de beide variabelen.

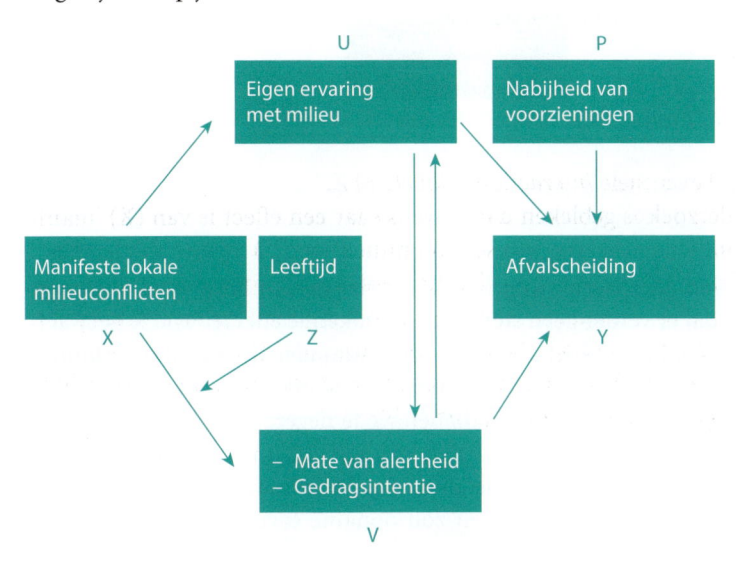

Figuur A.25 Specifiek conceptueel model met feedbackeffect tussen de variabelen U en V

Het ontwerpen van een onderzoek

Stap 9: Bepaal per koppel variabelen in het model of er sprake is van een schijnmakende variabele.

In deze stap is een controle op de geslotenheid van het model nodig. Een model heet gesloten als er geen variabelen buiten het model te vinden zijn met een effect op meer dan één variabele in het model. We hebben het dan over een schijnmakend effect. Vinden we zo'n variabele dan moeten we die alsnog opnemen in het model. Doe je dit niet dan kom je, zoals gezegd, op basis van dit model tot ongeldige conclusies. Bij nadere beschouwing blijkt het heel wel denkbaar dat een variabele 'media-belangstelling voor milieuzaken' (Q) zowel van invloed is op variabele X 'manifeste lokale conflicten' als op variabele U 'eigen ervaring'. Denk bijvoorbeeld aan de effecten van de actie 'An Inconvenient Truth' (2006) van Al Gore. Als dat zo is, dan is de eerder getrokken pijl tussen X en U (zie stap 4) geheel of gedeeltelijk een schijnrelatie. Dan is het nodig om variabele Q op te nemen in het model, met een directe pijl naar zowel variabele X als variabele U.

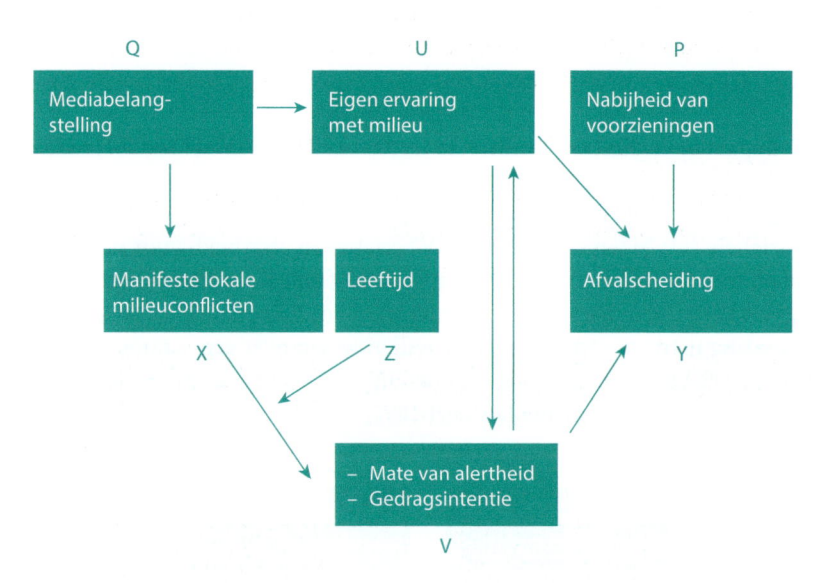

Figuur A.26 Specifiek conceptueel model met een schijnmakend effect van 'mediabelangstelling voor milieuzaken' (Q)

Een controle van alle overige koppels van variabelen in het model op schijnbaarheid leert dat er verder geen sterke schijnmakende effecten zijn te verwachten. Overigens kunnen we hier als vuistregel aanhouden dat slechts *substantiële* schijnmakende effecten in het model dienen te worden opgenomen. Zwakke of onzekere schijnmakende effecten dienen we te negeren. De reden hiervan is niet alleen dat we bijna altijd wel redenen kunnen verzinnen waarom er in een bepaald geval sprake is van interactie, maar dat dit er in werkelijkheid vaak niet of nauwelijks blijkt te zijn. Bovendien zou opname ervan een model al gauw compleet onoverzichtelijk maken.

Appendix: Conceptueel model

Stap 10: Formuleer de in het model neergelegde causale hypothesen en plaats plussen en minnen bij de pijlen.

Voor de richting van de verbanden geldt dat alle in het model opgenomen effecten positief zijn. Vandaar dat we alle pijlen voorzien van een plusteken. Het definitieve conceptuele model van links naar rechts lezend komen we uit op de volgende set van causale hypothesen (zie het schematische overzicht hierna).

A1		Er is een positief effect van 'manifeste lokale conflicten' op 'mate van alertheid'.
A2		Er is een positief effect van 'manifeste lokale conflicten' op 'gedragsintentie'.
A1/B		Er is een positief effect van 'manifeste lokale conflicten' op 'mate van alertheid', zij het dat dit sterker geldt voor oudere dan voor jonge mensen.
A2/B		Er is een positief effect van 'manifeste lokale conflicten' op 'gedragsintentie', zij het dat dit sterker geldt voor oudere dan voor jonge mensen.
C		Er is een positief effect van 'eigen ervaringen' op 'afvalscheiding'.
D1		Er is een positief effect van 'mate van alertheid' op 'afvalscheiding'.
D2		Er is een positief effect van 'gedragsintentie' op 'afvalscheiding'.
E1		Er is een wederzijds positief effect (directe feedback) tussen 'eigen ervaring' en 'mate van alertheid'.
E2		Er is een wederzijds positief effect (directe feedback) tussen 'eigen ervaring' en 'gedragsintentie'.
F		Er is een positief effect van 'nabijheid voorzieningen' op 'afvalscheiding'.
G		Er is een positief effect van 'mediabelangstelling' op 'manifeste lokale conflicten'.
H		Er is een positief effect van 'mediabelangstelling' op 'eigen ervaring'.

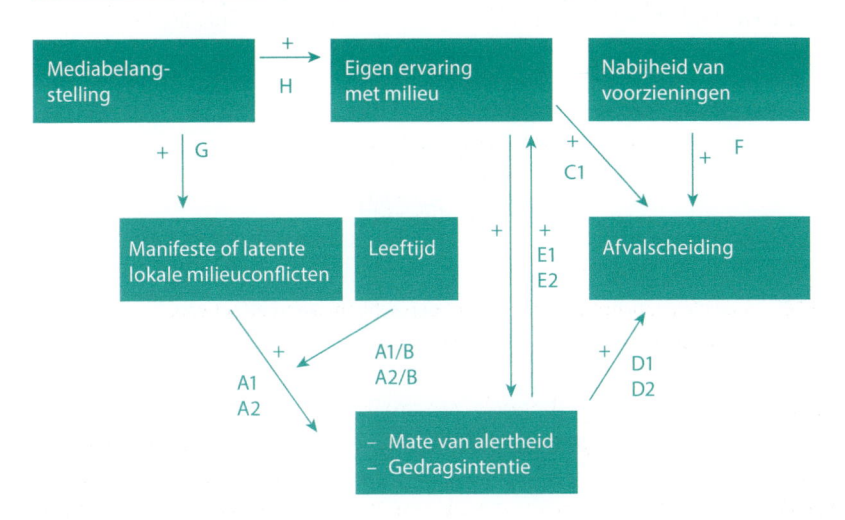

Figuur A.27 Definitief conceptueel model 'Hoe gaan wij om met ons milieu?'

Iteratie

Het verkregen resultaat geeft in dit geval geen aanleiding tot wijzigingen in de doel- en vraagstelling.

Literatuur

Geraadpleegde literatuur

Benschop, Y. & H. Doorewaard (1998). Covered by equality: The gender subtext of organization. *Organization Studies*, 19(5), 787-805.
Blumer, H. (1986). *Symbolic interactionism, perspective and method*. Englewood Cliffs, NJ: Prentice-Hall.
Cross, R., W. Baker & A. Parker (2003). What Creates Energy in Organizations? *MIT Sloan Management Review, Summer 2003*: http://sloanreview.mit.edu/article/what-creates-energy-in-organizations.
Hertog, F. den & E. van Sluijs (1995). *Onderzoek in organisaties. Een methodologische reisgids*. Assen: Van Gorcum.
Strauss, A.L. & J. Corbin (1990). Basics of qualitative research, grounded theory, procedures and techniques. Newbury Park: Sage.
Ultee, W. (1991). How classical questions were enriched. In A.F.L. Becker, Leeuw & K. Verrips (red.), *In pursuit of progress. An assessment of achievements in Dutch sociology*. SISWO publikatie 355. Amsterdam: SISWO.
Verschuren, P. (2009). *Praktijkgericht onderzoek. Ontwerp van organisatie- en beleidsonderzoek*. Amsterdam: Boom Academic.
Verschuren, P. (2011). *De probleemstelling voor een onderzoek*. Utrecht: Spectrum.

Aanbevolen literatuur

Hierna vindt de lezer literatuur, gerubriceerd naar enkele voor deze uitgave belangrijke categorieën. Aanbevolen wordt om deze te raadplegen zodra hij na het ontwerp een onderzoek van het betreffende type gaat uitvoeren. Vooral begeleiders van onderzoek wordt aangeraden van deze literatuur kennis te nemen.

Materiaalverzameling

Enquête en interview
Baarda, D.B., M.P.M. de Goede & M. Kalmijn (2007). *Basisboek enquêteren: handleiding voor het maken van een vragenlijst en het voorbereiden en afnemen van enquêtes*. Groningen: Wolters-Noordhoff.
Baarda, D.B., M.P.M. de Goede & A.G.E. van der Meer-Middelburg (2007). *Basisboek interviewen: handleiding voor het voorbereiden en afnemen van interviews*. Groningen: Wolters-Noordhoff.
Bartelds, J.F., H. Kluiter & K.G. van Smeden (1978). *Enquête-adviesboek. Een handleiding voor het verzorgen van schriftelijke enquêtes*. Groningen: Wolters-Noordhoff.
Belson, W.A. (1981). *The design and understanding of survey questions*. Aldershof: Gower.
Dillman, D.A. (1978). *Mail and telephone surveys: the total design method*. New York: Wiley.
Emans, B. (1990). *Interviewen. Theorie, techniek en training*. Groningen: Wolters-Noordhoff.

Jong, J. de & J. van der Zouwen (1987). *De vragenlijst in het sociaal onderzoek. Een confrontatie van onderzoekspraktijk en -methodiek.* Deventer: Van Loghum Slaterus.
Nederhof, A.J. (1981). *Beter onderzoek, bestrijding van foutenbronnen in sociaal wetenschappelijk onderzoek.* 's-Gravenhage: VUGA.

Observatie
Sande, J.P. van de (1986). *Een inleiding tot systematisch observeren.* Groningen: Wolters-Noordhoff.

Inhoudsanalyse
Holsti, O.R. (1969). *Content analysis for the social sciences and humanities.* Reading, MA: Addison-Wesley.
Krippendorff, K. (1980). *Content analysis, an introduction to its methodology.* Newsbury Park, CA: Sage.
Wester, F. & W. van Atteveldt (2006). *Inhoudsanalyse: theorie en praktijk.* Deventer: Kluwer.

Onderzoeksstrategieën

Survey
Baarda, D.B. & M.P.M. de Goede (1990). *Basisboek methoden en technieken. Praktische handleiding voor het opzetten en uitvoeren van onderzoek.* Leiden/Antwerpen: Stenfert Kroese.
Babbie, E.R. (1990). *Survey research methods.* Belmont, CA: Wadsworth.
Korzilius, H. (2000). *De kern van survey-onderzoek.* Assen: Van Gorcum.
Segers, J.H.G. (1975). *Sociologische onderzoekstechnieken.* Assen: Van Gorcum.
Swanborn, P.G. (1987). *Methoden van sociaal-wetenschappelijk onderzoek.* Meppel/Amsterdam: Uitgeverij Boom.
Verschuren, P. (2016). *Kernthema's in de methodologie.* Verschijnt medio 2016.

Casestudy
Dul, J. & T. Hak (2008). *Case study methodology in business research.* Amsterdam: Elsevier.
Hutjes, J.M. & J.A. van Buuren (1996). *De gevalsstudie. Strategie van kwalitatief onderzoek.* Meppel: Uitgeverij Boom.
Verschuren, P. (2003). Case study as a research strategy. *International Journal of Social Science Methodology,* 6(12), 121-139.
Yin, R.K. (2003). *Case study research: design and methods.* London: Sage.

Experimentele methode
Campbell, D.T. & J.C. Stanley (1966). *Experimental and quasi-experimental designs for research.* Chicago: Rand McNally.
Cook, T.D. & D.T. Campbell (1979). *Quasi-experimentation design and analysis issues for field settings.* Chicago: Rand McNally.
Geurts, J. & J. Vennix (red.) (1989). *Verkenningen in beleidsanalyse. Theorie en praktijk van modelbouw en simulatie.* Zeist: Kerckebosch.
Verschuren, P. (2016). *Kernthema's in de methodologie.* Verschijnt medio 2016.

Gefundeerde theoriebenadering

Boeije, H. (2014). *Analyseren in kwalitatief onderzoek: denken en doen.* Amsterdam: Boom onderwijs.

Glaser, B.G. & A.L. Strauss (1967). *The discovery of grounded theory: Strategies for qualitative research.* Chicago: Aldine [Nederlandse vertaling: De ontwikkeling van gefundeerde theorie. Alphen aan den Rijn: Samsom, 1976].

Maso, I. & A. Smaling (1998). *Kwalitatief onderzoek: praktijk en theorie.* Amsterdam: Uitgeverij Boom.

Strauss, A. & J. Corbin (1999). *Basics of qualitative research: techniques and procedures for developing grounded theory.* London: Sage.

Swanborn, P.G. (2002). *Basisboek sociaal onderzoek.* Amsterdam: Uitgeverij Boom.

Wester, F. (1987). *Strategieën voor kwalitatief onderzoek.* Muiderberg: Coutinho.

Voor een overzicht van onderzoeksstrategieën en het op methodologisch verantwoorde wijze maken van een keuze hieruit zie:

Verschuren, P. (2009). *Praktijkgericht onderzoek. Ontwerp van organisatie- en beleidsonderzoek.* Amsterdam: Boom Academic.

Literatuuronderzoek

Vorst, H.C.M. (1982). *Gids voor literatuuronderzoek in de sociale wetenschappen.* Meppel: Uitgeverij Boom.

Algemeen

Baarda, D.B. & M.P.M. de Goede (2006). *Basisboek: handleiding voor het opzetten en uitvoeren van kwantitatief onderzoek.* Groningen: Wolters-Noordhoff.

Baarda, D.B., M.P.M. de Goede & J. Teunissen (2005). *Basisboek kwalitatief onderzoek: handleiding voor het opzetten en uitvoeren van kwalitatief onderzoek.* Groningen: Stenfert Kroese.

Babbie, E.R. (1998). *The practice of social research.* Belmont, CA: Wadsworth.

Bleijenbergh, I. (2015). *Kwalitatief onderzoek in organisaties.* Den Haag: Boom Lemma uitgevers.

Doorewaard, H., A. Kil & A. van de Ven (2015). *Praktijkgericht kwalitatief onderzoek. Een praktische handleiding.* Amsterdam: Boom Lemma uitgevers.

Judd, C.M. et al. (1986). *Research methods in social relations.* Fort Worth: Harcourt Brace Jovanovich.

Nooij, A.T.J. (1990). *Sociale methodiek. Normatieve en beschrijvende methodiek in grondvormen.* Leiden/Antwerpen: Stenfert Kroese.

Verschuren, P.J.M. (2008). *Probleemanalyse in organisatie- en beleidsonderzoek.* Den Haag: Uitgeverij Lemma.

Wester, F., K. Renckstorf & P. Scheepers (red.) (2006). *Onderzoekstypen in de communicatiewetenschap.* Alphen aan den Rijn: Kluwer.

Schrijven van eindverslag

Eco, U. (2010). *Hoe schrijf ik een scriptie?* Amsterdam: Bert Bakker.

Heuvel, J.H.J. van den (2009). *Hoe schrijf ik scriptie of these?* Den Haag: Boom Lemma uitgevers.

Renkema, J. (2014). *Schrijfwijzer.* Amsterdam: Uitgeverij Boom.

Trefwoordenregister

A

activiteitenplan 244, 248
afbakening 18, 19, 37, 38, 134, 136, 139, 140, 144, 282, 283, 284
afhankelijke variabele 181, 185, 270, 271, 277, 281, 283, 291, 294
ambtelijk statistisch materiaal 197
analyse 158, 162, 243
    eerste 254
    inhouds- 230
    kwalitatieve 199
    kwantitatieve 162, 179, 197, 199, 261
    probleem- 49
analyseren 250
aselecte steekproef 164, 166
aspect 126, 296, 297
    sub- 296, 297

B

begripsbepaling 22, 131
beweerde 134, 135, 136, 138, 139, 140, 162, 163
boomdiagram 118, 119, 120, 126, 137, 138, 144, 147
boomstructuur 284
bronnen 207
bruikbaarheid 133
bureauonderzoek 159, 197, 199, 201, 202

C

casestudy 23, 158, 163, 179, 180, 182, 184, 186, 187, 204
    enkelvoudige 182
    vergelijkende 175, 181, 183, 184, 185
categorieënstelsel 230
causaal effect 273, 281
causale relatie 269, 275
centrale begrippen 149
centrale vragen 94, 99, 100, 103, 112, 118, 123
coding
    axial 193, 195
    open 192, 193, 195
    selective 194, 195
communicatief schrijven 249, 250
computersimulatie 175
conceptualiserend schrijven 249, 250, 256
confrontatie 72, 73, 82, 210, 249

D

data 209
    -bronnen 24, 185, 198, 209, 211, 212, 213, 215, 216, 218, 219, 220, 221, 230
    -generering 162, 166, 227
    -verzameling 207, 228
deelaspecten 126
deelvragen 99, 101, 110, 112, 113, 115, 118, 119, 122, 123, 128, 129
definiëring 17, 22, 133, 205
definitie 133, 147, 149, 200
    operationele 151
    stipulatieve 133, 145
Delphi-techniek 226
deskundigen 211, 212, 226
diagnose 49
dieperliggende oorzaken 281
dimensies 144, 296, 297
documenten 217, 218
    -analyse 195
    -onderzoek 163
doel
    extern 17, 49, 73, 98, 99
    in onderzoek 17, 40
    intern 17, 99
    van onderzoek 17, 40
doelstelling 17, 18, 19, 22, 26, 29, 33, 35, 37, 39, 42, 47, 118, 161
doelvariabele 171, 173, 177, 178
domein 134, 135, 136, 137, 139, 140, 146, 150, 162, 179
doorlooptijd 247, 249, 250, 251, 252, 253

E

effect
    direct 271
    feedback- 271, 291, 299
    indirect 271, 275, 280
    interactie- 271, 272, 273, 275, 277, 284, 291, 298
efficiëntie 95, 97, 99, 100, 112, 123

eisen
    contextuele 57
    gebruikers- 57
    structurele 57
enquête 48, 112, 136, 140, 142, 144, 162, 163, 165, 166, 204, 223, 224, 234, 235, 253
    schriftelijke 180, 227, 241
    telefonische 165, 180, 181
evaluatie 50
    plan- 79
    proces- 68, 79
    product- 68, 74, 79, 178
    -project 86
evaluatiefunctie 32
experiment 158, 170, 181, 186, 187
    laboratorium- 170, 172, 177
    quasi- 174
    veld- 174, 178
exploratief gebruik 278, 280, 282

F
feedbackeffect 273
    indirect 274
functie
    evaluatie- 32, 42
    motivatie- 32
    sturings- 42
functionele vereisten 57

G
gap analysis 51, 54
    diagnostische 55, 77, 90, 92, 124, 125
gefundeerde theoriebenadering 159, 184, 188, 192, 196
geldigheid 142, 166
    externe 174, 177, 180, 186
    interne 174, 177, 187
generaliseerbaarheid 158, 163, 177
generalisering 23
gevalstudie 23
groep
    controle- 170, 171, 172, 177, 178
    experimentele 170, 171, 172, 177, 178
groepsinterview 225

H
handelingsprobleem 35, 41, 47, 49, 50, 53, 97
hiërarchische methode 183, 184

'hoe kan'-constructie 113
holistische werkwijze 180
hypothese 75, 181

I
indicator 140, 141, 142, 144, 150, 276
informanten 211, 212, 235
inhoudsanalyse 231, 237, 254
instructies 141, 142, 143
instructies voor onderzoeker 140
instrumentalisering 140, 141, 144
instrumenten 142
interactie 288
interactievariabele 272, 273, 288
interveniërende variabele 272, 281, 291, 295
interventiecyclus 49, 109
interventie/verandering 50
interview 25, 112, 136, 150, 163, 177, 181, 204, 218, 223, 224, 234, 235, 236, 253
    gestructureerd 140, 142
interviewen 132, 241
interviewinstructies 141, 143
iteratie 91, 100, 101, 130, 240, 301
iteratief 248
    ontwerpen 25, 161, 207, 247
    -parallel 246
    proces 245
iteratieve
    benadering 130
    ontwerpbenadering 12, 27
    wijze 245
itereren 26
itererend ontwerpen 257

K
kennis
    beschrijvende 108, 115
    evaluatieve 109, 111, 115
    prescriptieve 109, 113
    verklarende 108, 111
    voorspellende 109
kennisbron 198, 200, 209, 211, 212, 215, 217, 219, 221, 230
kennisprobleem 41, 97
kennissoorten
    ondersteunende 108, 110, 123, 125
kritieke factoren 76
kritieke succesfactoren 77, 91, 130
kwalitatieve
    benadering 159

gegevens 179
inhoudsanalyse 198, 231
methoden 159, 179
meting 231
kwantificering 156
kwantitatieve
gegevens 162, 164
inhoudsanalyse 198, 231
verwerking 158
wijze 163

L
lineair-serieel 261
literatuuronderzoek 158, 198, 200, 201, 202, 221, 230, 233

M
matching 172
media 213, 214, 215
meetgeldigheid 142
meetinstrument 230, 276
member check 255
meten 231, 276
methodentriangulatie 180
meting 140, 141, 164
minimale variatie 181
model
conceptueel 17, 19, 21, 68, 74, 76, 77, 80, 86, 87, 124, 252, 267, 273, 274, 275, 276, 277, 278, 279, 280, 281, 283
definitief conceptueel 291, 292
globaal 280
globaal conceptueel 280, 281, 283, 285, 286, 287, 288, 290, 291, 295, 297
onderzoeks- 17, 19, 21, 29, 65, 67, 70, 81, 83, 84, 88, 90, 209, 284
specifiek conceptueel 286, 287, 288, 290, 291, 298
monitoring 51, 59, 79, 87, 245, 246, 248
motivatiefunctie 32
multiple causaliteit 282

N
nabootsing 175, 178
nameting 163, 169, 170, 173
natuurlijke context 236
nominaal niveau 288, 292
nominale variabele 268

non-respons 234
nulmeting 163, 165, 169, 170, 172, 173, 174, 177

O
observatie 25, 141, 163, 180, 185, 206, 227, 229, 234, 235, 236, 253
voorgestructureerde 227
omvang 135, 136
onafhankelijke variabele 270, 271, 272, 277, 284, 291, 294
ondervraging 223, 224, 230
ondervragingstechnieken 235
onderzoek
cross sectioneel 163
diagnostisch 53, 77, 119
evaluatie- 51, 59, 60, 68, 74, 75, 80, 85, 109, 178, 213
exploratief 280
kwalitatief 141, 160, 161, 180, 203, 209, 276, 277, 278
kwantitatief 140, 160, 195, 203, 209, 276, 277, 278
ontwerpgericht 56, 57, 78, 113
opinie- 53, 58
panel- 163, 169
praktijkgericht 35, 37, 40, 41, 43, 47, 48, 50, 62, 68, 74, 109, 133, 160, 168, 185, 186, 233, 286
praktijkgericht diagnostisch 90
probleemanalytisch 51, 59, 76
theoriegericht 35, 36, 37, 39, 41, 42, 43, 74, 133, 168, 186, 233, 247
theorieontwikkelend 75
theorietoetsend 45, 75
tijdreeks- 164, 166, 169
verandergericht 58, 79
onderzoeks-
eenheden 162, 179, 180
materiaal 24, 201, 205, 207, 209
object 71
optiek 17, 68, 69, 71, 73, 74, 75, 76, 78, 79, 80, 82
planning 24, 29, 240, 243
populatie 24, 136, 182, 252, 273
strategie 18, 23, 29, 155, 161
traject 249
verslag 249, 257
vraag 29, 93, 95, 96, 110, 112, 137, 218
ontrafelen 127, 284
ontwerp 50

conceptueel 16, 17, 26, 131, 134, 248
onderzoeks- 16, 18, 23, 25, 36, 244, 248
onderzoekstechnisch 18, 26, 27, 153, 248, 259
technisch 16, 205, 222
operationalisering 17, 22, 29, 140, 141, 142, 144, 145, 149, 205, 230, 276
operationele definitie 143

P

panelonderzoek 163, 166
parallellisering 249, 250, 261
participerend 180
participerende observatie 177, 227, 236, 253
pijlendiagram 128, 275
planning 18, 243, 244, 246
    parallelle 246, 247, 261
    seriële 246, 247, 261
populatie 136, 146, 163
praktijkgericht onderzoeker 49
praktijkgericht promotieproject 159
praktijkprobleem 31
prescriptie 111
project
    praktijkgericht 186
    theoriegericht 160
projectkader 17, 18, 19, 29, 35, 36, 47

R

rafelen 137, 138, 147, 148, 150
rafeltechniek 119
randomisatie 171, 177
rapportage 84, 243
rasteren 138
rastering 148, 150
reactief gedrag 228
reductionistische benadering 163, 180
relatiepatronen 271, 275
respondenten 210, 211
richting 269, 272

S

schaal 144
schaalmodel 175
schijnbaarheid 279
schijnmakende relatie 291
schijnmakende variabele 279, 300
schijnrelaties 278

schrijftraject 249
secundaire analyse 202
secundaire data 197
secundair onderzoek 197, 198, 199, 201, 202
sensitizing concepts 192
sequentiële methode 184
serialisering 261
simulatie 178, 206
sneeuwbalmethode 204
snowball sampling 182, 184, 185
sociaal wenselijk antwoord 234
Solomon four group design 173
spelsimulatie 175
splitsen onderzoeksmodel 102, 124
stappenplan 13, 28
statistische toetsing 278
steekproef 139, 162, 164, 165, 218, 252
    aselecte 162
    representatieve 202
steekproeftrekking 181
sterkte 269
stimulus-response techniek 212, 218
stipulatief 144
stipulatief definiëren 137
stipulatieve definitie 133, 134, 137, 139, 141, 147, 222
stipuleren 133
strategisch antwoord 217, 234, 235
strategische
    reactie 236
    steekproef 179, 180
    steekproeftrekking 181
strategisch gedrag 217
sturend 104, 113, 125
sturendheid 95, 96, 125
sturend vermogen 112, 113, 115
sturing 99
survey 157, 162, 179, 180, 186, 187, 189, 204, 261
survey-onderzoek 23, 162, 166, 167, 169
systematische observatie 228

T

taxonomie 120
testeffecten 169, 173
theoretisch kader 17, 19
theorie
    verklarende 275
theoriegericht
    onderzoek 160

project 202, 291
    promotieproject 159
theorie-ontwikkelend 92
theorietoetsing 109
tijdreeks 169
tijdschrijven 228
tijdsplan 244, 245, 260
toetsend gebruik 278
toetsing 278
topic list 141
trend 169
triangulatie 180, 182, 195, 222
    bronnen- 180, 185, 222
    methoden- 185, 204, 229
    onderzoekers- 183, 185
trianguleren 237, 240

U

uiteenrafelen 117, 118, 120
uiteenrafeling kernbegrippen 123
uitsplitsen kernbegrippen 126
unobtrusive measures 216, 217

V

valide 161
validiteit 178
    externe 136
    interne 136
variabelen 162, 163, 167, 209, 268, 272, 285
veldexperiment 158
vergelijken 188, 199
vergelijking 110, 189, 190, 191
verklaring 111
vermenigvuldigingsregel 272
verslaglegging 254
voorgestructureerdheid 223
voormeting 169
vooronderzoek 83, 286
voorspelling 111, 169
voorstructurering 224
voorstudie 80, 81, 276
voortdurende vergelijking 189, 195
vraag
    centrale 101, 102, 103, 104, 105, 112, 113, 128
    gesloten 140, 163, 177, 223
    'hoe kan' 97, 98
    meerkeuze- 223
    open 141, 177, 223

vraagstelling 17, 19, 22, 25, 29, 65, 84, 95, 96, 98, 100, 101, 102, 116, 123, 134, 149, 161, 196, 230
vragenlijst 230, 252

W

waarden 268, 269, 272
waarnemings-
    categorieën 227, 231
    opdrachten 141
    schema 227, 230
wederkerig effect 273
werkmateriaal 255
werktijd 246, 249, 250, 252, 253, 254

Z

zelfselectie 171, 175
zoekregisters 232
zoeksystemen 254